에센스 제2판

선물옵션

감형규 신용재

유원북스

제2판 머리말

최근 4차 산업혁명과 더불어 핀테크(Fintech), 블록체인(Block Chain) 및 가상자산, 인공지능(Artifi cial Intelligence: AI) 등 미래 금융산업에 큰 변화를 몰고 올 다양한 이슈들이 제기되고 있다. 또한 코로나19(COVID-19)로 인한 팬데믹(pandemic)의 장기화와 세계 공급망 차질, 세계 정치·경제 갈등 고조 등 대내외적 금융환경의 불확실성이 증가하고 있다. 이와 같은 상황에서 그 어느 때보다 금융의 역할이 강조되고 있다. 금융의 건전한 성장이 절실히 요구되고 있으며, 이를 통하여 국민경제의 발전을 도모할 수 있을 것이다.

선물, 옵션 등의 파생금융상품은 특성상 주식, 채권 등의 현물에 비해 하락장에서도 고수익이 가능하고 적은 투자금액으로 높은 수익을 기대할 수 있다. 그러나 대부분의 파생금융상품은 일반 주식이나 채권에 비해 복잡한 구조를 갖고 있어 파생금융상품의 위험구조를 제대로 이해하지 못할 경우 돌이킬 수 없는 위험에 직면할 수 있다. 과거 경험에 기초할 때, 파생금융상품과 관련된 금융위기가 발생한 배경에는 파생금융상품을 이용한 위험관리보다는 단기간 내에 고수익을 노린 투기적 유인이 크게 작용하였다는 점을 부인하기 어렵다. 이러한 점에서 파생금융상품의 역기능을 최소화하고 위험관리라는 순기능이 잘 발휘될 수 있도록 하는 제도적 기반을 마련하는 것이 요구된다.

본서는 선물, 옵션 등의 핵심이론을 초급자가 이해하는 데에도 무리가 없도록 하는 차원에서 되도록 쉽게 저술하고자 노력하였다. 본서는 총 12개의 장으로 구성되어 있으며, 제1장부터 제5장까지는 선물, 제6장은 스왑, 그리고 제7장부터 제12장까지는 옵션을 다루고 있다. 최근에 달라진 금융환경 등을 반영하여 제2판에서는 다음과 같은 사항들을 추가 또는 보완하였다.

첫째, 초판과 마찬가지로 파생금융상품의 전체적인 내용을 이해하는 데 무리가 없다고 판단되는 수준에서 가급적 복잡한 수식을 배제한 채 기초개념과 원리를 이해하는 데 주력하였다. 이는 본서가 파생금융상품 관련 지식을 독자들에게 되도록 쉽고 분명하게 전달하여 궁극적으로 건전한 파생금융상품 투자의 길잡이로서 자리매김하는 데 기여할 것으로 기대한다.

둘째, 파생금융상품 관련 업무분야의 현실적응력을 높일 수 있도록 파생금융상품시장의 변경된 제도를 충실히 반영하여 수정하였다. 이는 본서가 파생금융상품을 처음으로 접하는 학생뿐만 아니라 현업에 종사하고 있는 실무자에게도 유용한 지침서로 활용되는 기회를 제공할 것이다.

셋째, 엄선된 예제 및 연습문제를 새로이 추가하여 파생금융상품 개념 및 이론을 체계적으로 이해할 수 있도록 하였다. 파생금융상품은 그 근간이 되는 이론 및 모형을 기초로 이해하여야 하는 분야이다. 처음 파생금융상품을 접하는 독자들은 먼저 본서의 각 장에서 다루고 있는 주제들에 대한 기본적 개념을 체계적으로 이해하도록 노력한 후, 습득한 기본개념과 연결시켜 예제 및 연습문제를 다루는 것을 권한다.

넷째, 자기 주도적 학습이 가능하도록 책의 부록에 해당 연습문제의 풀이를 상세하게 제시하여 각종 전문자격 시험에 대비할 수 있도록 편의를 제공하였다. 연습문제는 완성/선택형 문제와 서술/계산형 문제 등 다양한 형식으로 구성되어 있다. 이를 통해 본서가 파생금융상품 분야의 이론서로서 뿐만 아니라 연습서로서도 손색이 없도록 하였다. 이러한 점에서 본서는 파생금융상품 관련 지식을 묻는 CFA(국제재무분석사), CPA(공인회계사), 위험관리사, 선물중개사 등의 전문자격 시험을 준비하는 독자들에게 초급수준에서 기초지식을 습득하고 나아가 응용력을 발휘하는 데 유용한 지침서가 될 수 있으리라 본다.

다섯째, 복잡하고 어려운 많은 내용을 소화하기 어려운 독자들을 위하여 파생금융상품의 핵심적 내용을 이해하는 데 무리가 없다고 생각되는 범위내에서 불필요한 내용을 과감하게 줄였다. 본서를 통해 전하고자 하는 핵심적이고 필수적인 내용을 살리면서도 학습의 효율을 고려하여 책을 경량화하고자 노력하였다. 이를 통해 본서에서 담고자 한 핵심가치는 유지하면서 독자들의 학습량에 대한 부담을 대폭 줄일 수 있을 것으로 기대한다.

그 동안 본서를 교재로 채택해주신 교수님과 독자 여러분의 격려 및 애정 어린 비평에 감사드린다. 초판에서의 부족한 점을 이번 개정판에서 일부 보완하려 노력하였으나, 아직 여러 가지 부족한 점이 있을 것으로 생각된다. 독자들의 기탄없는 비판과 조언을 통하여 향후 완벽하게 수정·보완할 수 있기를 기대해 본다. 그리고 본서는 국내·외 많은 문헌들을 참고하여 쓰여졌다. 이 자리를 빌려 국내·외 학자들의 양해를 구하며, 그들에게 깊은 감사의 뜻을 표한다.

본서가 출판되기까지 적극적으로 도와준 유원북스의 이구만 사장을 비롯하여 본서의 집필 단계에서 유익한 조언을 주신 문판수 박사께 고마운 마음을 전한다. 끝으로 본서를 저술하는 동안 고통을 분담하면서 아낌없는 격려와 성원을 보내준 가족 모두에게 충심으로 고마움을 표한다.

2022년 7월

저자 씀

■ 본서의 강의용 파워포인트 자료에 대한 문의는 출판사로 해 주시길 바랍니다.

차 례

에센스 선물옵션

제 I 편 선 물

제 1 장 선물거래의 기초개념

제 2 장 선물시장의 이해

제 3 장 선물의 가격결정

제12장 선물과 옵션의 결합

부 록

색 인

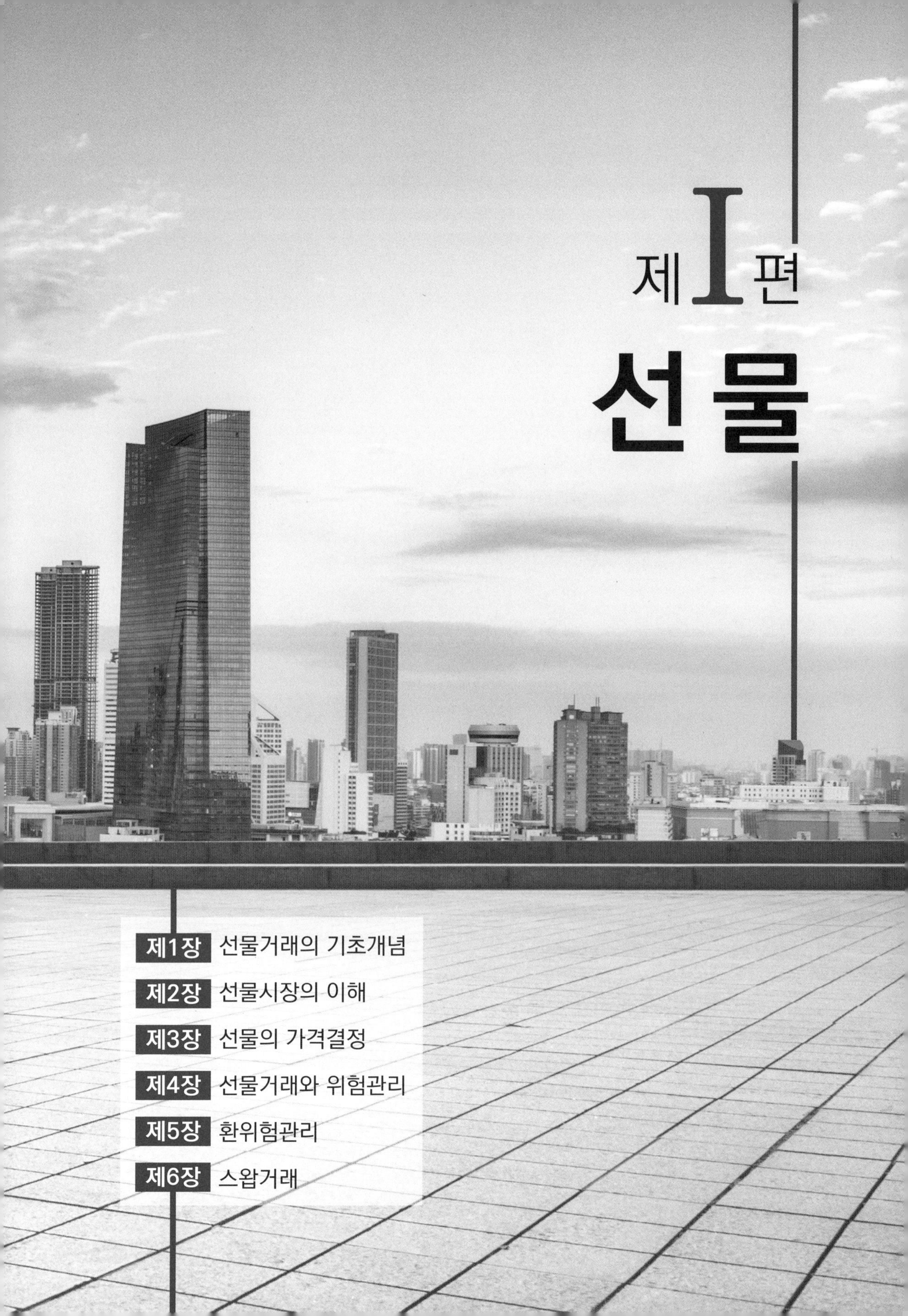

제 I 편 선물

제 1 장

선물거래의 기초개념

1. 선물거래의 의의와 종류
2. 한국거래소 선물의 주요 명세
3. 선물거래의 손익

선물계약(futures contract)은 미래의 일정한 시점에서 정해진 가격으로 자산을 사거나 팔기로 약정한 것이다. 선물계약(이하 선물이라 약칭함)은 제Ⅱ편에서 설명할 옵션과 더불어 가장 기본적인 파생상품(derivatives) 중의 하나이다. 선물은 실물상품(농산물, 축산물, 금속, 에너지 등)뿐만 아니라 금융상품(주가지수, 금리, 통화 등)을 대상으로 매우 다양하게 개발되고 있으며, 1970년대 이래 특히 금융선물시장의 성장과 함께 급격히 성장하고 있다. 우리나라에서는 1996년 5월 3일 증권거래소에 코스피200(Korea Stock Price Index 200 : KOSPI200)에 대한 주가지수 선물이 최초로 상장되었다. 그 후 주가지수선물 이외에 개별주식선물, 금리선물,통화선물, 일반상품선물 등 다양한 선물상품이 상장되어 거래되고 있다.

본장에서는 선물거래의 개념과 종류를 살펴본 뒤, 한국거래소에 상장된 선물의 주요 명세를 소개한다. 그리고 마지막으로 선물거래의 손익에 대해 살펴보고자 한다.

1 선물거래의 의의와 종류

1.1 선물거래의 의의

선물거래(futures trading)란 품질과 가격 등이 표준화된 일정량의 상품(현물)을 현재시점에서 약정된 가격으로 미래의 일정시점에 매입 또는 매도하기로 조직화된 거래소 내에서 약정하는 거래이다. 선물거래의 대상이 되는 특정 상품을 기초자산(underlying asset), 시장에서 거래되고 있는 기초자산의 현재가격을 현물가격(spot price), 선물계약이 이행(결제)되는 미래의 일정시점을 만기일(maturity date) 또는 인도일(delivery date), 만기일의 약정된 가격을 선물가격(futures price)이라고 한다. 여기서 선물가격은 만기일에 기초자산을 거래하기로 약정한 가격을 의미하는 것이지, 선물계약 자체의 가치(내재가치)를 의미하는 것은 아니다. 다시 말하면 선물가격은 현재시점에서 약정된 만기일에서의 상품 인수도가격이다.

선물거래는 매매계약의 체결과 동시에 매매대상물(상품)의 인수도와 대금결제가 이루어지는 현물거래(spot trading)와 대비되는 개념이다.[1] 선물거래와 현물거래의 차이를 그림으로 나타내면 [그림 1-1]과 같다.

선물거래는 선물거래소를 통해 나중에 거래하기로 오늘 약속하는 것이다.

1 현재시점에 상품을 인수도하고 일정한 기간이 지난 후 대금을 결제하는 거래를 외상거래 또는 신용거래라 하며, 이는 현물거래에 포함된다.

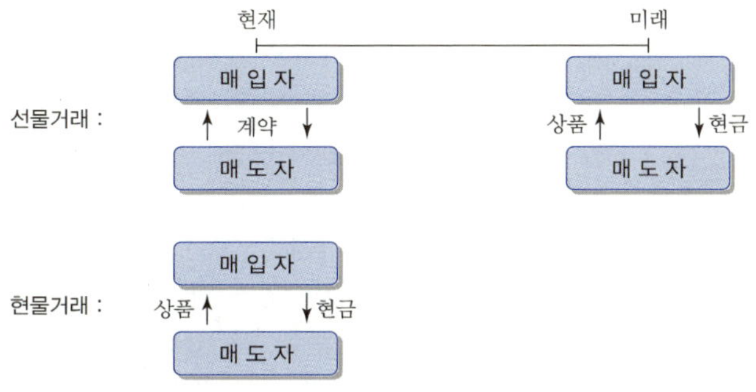

그림 1-1 선물거래와 현물거래

선도거래(forward trading)는 기초자산을 현재시점에서 약정된 가격으로 미래의 일정시점에 매입 또는 매도하기로 약정하는 거래라는 점에서 본질적으로 선물거래와 같다고 할 수 있다. 그러나 선물거래와 선도거래는 다음과 같은 몇 가지 점에서 서로 구분된다. 첫째, 선도거래는 특정한 장소 없이 장외시장(over-the-counter market)에서 당사자간 직접계약에 의해 이루어지는 반면, 선물거래는 조직화된 공식적인 시장, 즉 선물거래소(futures exchange)에서 공개입찰을 통해 이루어진다. 따라서 선물거래는 선도거래에 비해 계약상대방을 훨씬 쉽게 찾을 수 있으며, 높은 시장성으로 인하여 선물가격은 수요와 공급이 일치하는 균형수준에서 보다 쉽게 결정될 수 있다. 둘째, 선물계약은 거래소가 정한 계약조건(거래상품, 거래단위, 만기일 등)에 의해 표준화되어 있지만, 선도계약은 거래당사자간 합의에 의해 거래조건이 결정된다. 선물거래는 거래조건을 표준화함으로써 계약체결을 용이하게 하고 거래 자체의 유동성을 높여, 만기일 이전이라도 언제든지 필요한 시점에서 계약을 제3자에게 양도할 수 있게 한다. 셋째, 선물거래에서는 결제소(clearing house)가 거래의 상대방으로서 모든 선물계약의 청산(선물매입자와 선물매도자가 선물을 각각 매도, 매입함으로써 계약이행의무를 벗어나는 것)에 대하여 책임을 지며 계약의 이행을 보증하는 역할을 수행하기 때문에 청산위험(청산에 따른 결제가 제대로 이루어지지 않을 불확실성)이 거의 없다.[2] 하지만 선도거래의 경우 계약

알아두기

밭떼기, 입도선매, 그리고 선도거래

밭떼기는 농작물을 재배하는 농부가 수확기의 가격하락위험을 제거하기 위하여 농작물 도매상과 미리 정해진 가격으로 계약을 맺어 농작물을 판매하는 방법이다. 한편 밭떼기와 유사용어로 입도선매(立稻先賣 : 서 있는 벼를 판다)가 있다. 이는 벼가 다 자라기 전에 미리 매매를 체결하고 매매대금과 쌀의 실제 교환은 추수 이후에 이루어지는 거래행위를 말한다. 이러한 점에서 밭떼기와 입도선매는 일종의 선도거래에 해당한다.

자 쌍방간의 직접거래이므로 계약당사자의 신용도에 따른 위험이 존재한다. 선물거래에서는 계약의 이행을 보증하려는 제도적 장치로 일일정산(marking to market), 증거금(margin) 등의 제도를 두고 있다.

이상에서 설명한 선물거래와 선도거래의 차이점을 요약하면 〈표 1-1〉과 같다.

표 1-1 선물거래와 선도거래의 비교

구 분	선물거래	선도거래
거래장소	선물거래소	장외시장
거래조건	상품, 거래단위, 만기일 등이 표준화되어 있음	거래당사자간의 협의에 의해 결정됨
거래상대	알려져 있지 않음	직접거래로 알려짐
증 거 금	있음	없음
가격변동	매일매일 가격변동(일일정산)	만기일까지 변동 없음
상품인수도	인수도가 거의 없고, 대부분 반대매매에 의해 청산됨	대부분 만기일에 인수도됨
거래 신뢰도	결제소의 이행보증	거래당사자의 신용에 달려 있음
규제방식	엄격한 규제	자율적 규제
시장구조	완전시장	불완전시장

2 결제소에 대한 세부적인 사항은 제2장의 관련 내용을 참조바람.

1.2 선물거래의 종류

선물은 그 기초자산의 종류에 따라 크게 두 가지로 분류된다. 주요 원자재인 원유, 구리, 금, 은, 옥수수, 밀, 대두 등 일반 상품을 기초자산으로 거래하는 상품선물(commodity futures)과 주가지수, 금리, 통화 등을 기초자산으로 거래하는 금융선물(financial futures)로 구분될 수 있다. 선물계약에 대한 자세한 분류는 〈표 1-2〉와 같다.

표 1-2 선물계약의 분류

분 류			기초자산
상품선물	농림산물선물		옥수수, 밀, 대두, 설탕, 고무, 원면, 목재 등
	축산물선물		생우, 생돈, 냉동삼겹살 등
	귀금속선물		금, 은, 백금 등
	비철금속선물		구리, 알루미늄, 납, 아연, 주석 등
	에너지선물		원유, 천연가스, 가솔린, 난방유, LPG 등
금융선물	금리선물	장기금리	미국 T-bonds 등
		중기금리	미국 T-notes, 한국 국채 등
		단기금리	Eurodollars 등
	통화선물		미국 달러, 유럽연합 유로, 일본 엔, 영국 파운드, 중국 위안, 호주 달러, 캐나다 달러 등
	주가지수선물		코스피200지수, 코스닥150지수, S&P500, Dow Jones Industrial Average, NASDAQ 100, EURO STOXX 50, Nikkei225 등

알아두기

세계 선물시장의 유래

■ 미국 : 시카고상품거래소

현대적 의미의 선물거래소는 1848년 미국의 시카고에서 시작되었다. 미국의 동부지방에 위치하고 있는 시카고는 19세기 중반 일리노이와 미시간의 운하 개통으로 미국 중서부 곡창지대의 중심지인 동시에 곡물의 집산지가 되어 밀, 옥수수, 그리고 커피 등 곡물거래가 활발히 일어났다. 곡물거래의 중심지가 된 시카고에는 여러 문제가 발생하기 시작했다.

1842년에는 브라질에 허리케인이 발생했는데, 그로 인해 커피농장이 모두 쑥대밭이 되어 버렸다. 통신수단이 부족했던 그 시절 미국의 커피업자는 그 사실도 모른 채 원두커피 가공시설을 마구 늘려 놓았다. 커피 수확기가 되어도 브라질에서 원두커피가 오지 않자 시설투자를 늘린 사람은 대부분 망하게 되었다. 또 곡물거래물량에 비해 창고나 운송시설이 부족한 시카고는 겨울이 되면 운하에 얼음이 얼어 수송수단이 부족하게 되어 시카고에 발이 묶인 곡물은 아주 낮은 가격에 거래되었고, 얼음이 녹으면 재고부족으로 매우 비싼 가격에 곡물이 거래되기도 하였다. 이러한 폐단을 막기 위해 상인들은 고민 끝에 선물시장을 고안해 내었다. 미리 가격을 정해서 사고팔자는 취지였다. 즉 곡물생산이 급격이 늘거나 줄어도 미리 가격을 정해 놓았기 때문에 뒤늦게 낭패를 보는 사람이 줄게 되었다. 사업을 하는 사람들은 원료를 미리 구매하여 가격이 크게 오르는 것을 방지할 수 있었고, 농부들은 미리 팔아 버려서 수확한 다음에 물건이 팔리지 않아 손해를 보는 일이 적어졌다.

시간이 흐르면서 파생상품거래는 날로 활성화되기 시작했고 처음에는 곡물만 거래되었으나 금, 은, 동, 그리고 원유 등 많은 상품으로 확대되었다. 1970년대부터는 주가지수 등 금융상품이 발달하기 시작하여 오늘날 전 세계 파생상품의 대부분을 이 금융상품이 차지하게 되었다.

■ 일본 : 도지마 쌀 거래소

17세기경 일본의 도쿠가와 막부시절 막부정부는 지방 제후들의 세력확장을 막기 위해 이들을 매년 6개월 동안 강제로 오사카에 살도록 하였다. 이렇게 오사카에 거주하게 된 제후들 중 일부는 경비가 부족하여 가을에 수확 예정인 쌀을 담보로 물표를 발행하여 경비를 조달하곤 했다. 이 물표는 상인들 사이에서 거래가 되었는데, 상인들은 그 해에 풍년이 예상되면 쌀 가격이 하락할 것이므로 물표를 매도하고 흉년이 예상되면 반대로 물표를 사두어 이익을 취하였다. 이들 중 오사카 근교 도지마 지역의 요도야라는 거상(巨商)의 집은 항상 많은 상인이 몰려들어 정보를 교환하고 물표를 매매하는 장소로 이용되어 지금의 거래소 역할을 하였다.

'도지마 쌀 거래소'로 이름이 알려진 일본 최초의 상품거래소는 지금의 선물거래소와 일치하지는 않지만 매우 유사한 기능을 갖추고 있었다.

〈알기 쉬운 증권 · 파생상품시장 지표 해설(한국거래소, 2009)〉

2 한국거래소 선물의 주요 명세

현재 한국거래소(Korea Exchange : KRX)의 '파생상품시장 업무규정'에 의하면 장내선물시장을 주식상품시장, 금리상품시장, 통화상품시장, 일반상품시장, 선물스프레드시장 및 플렉스시장으로 구분하고 있다. 본절에서는 주가지수선물(코스피200선물, 미니코스피200선물, 코스닥150선물), 개별주식선물, 금리선물(3년 국채(KTB)선물, 5년 국채(KTB)선물, 10년 국채(KTB)선물), 통화선물(미국달러선물, 엔선물, 유로선물, 위안선물), 상품선물(금(gold)선물, 돈육선물) 등을 대상으로 한 선물의 주요 명세를 살펴보기로 한다.

2.1 기초자산

앞서 언급한 바와 같이 선물의 기초자산이란 거래의 대상물을 말한다. 기초자산(거래대상)은 상품의 품질 및 저장성, 가격구조 및 가격변동의 정도, 헤징(hedging, 위험회피)의 수요, 현물시장의 규모 등을 고려하여 선정한다.

주가지수선물

주가지수선물에는 코스피200선물, 미니코스피200선물, 코스닥150선물 등이 있다.[3] 코스피200선물의 기초자산은 코스피200지수이다. 코스피200지수는 한국거래소 유가증권시장에 상장된 주식 중 200개 종목에 대하여 비교시점의 시가총액을 기준시점(1990년 1월 3일)의 시가총액(기준시점의 주가지수=100포인트)과 비교하여 산출된 주가지수이다. 미니코스피200선물은 코스피200선물과 같이 코스피200지수를 기초자산으로 하는 상품이다. 미니코스피

3 주식상품시장에서 거래되는 선물로는 코스피200선물, 미니코스피200선물, 코스닥150선물 외에도 섹터지수선물(코스피200섹터지수선물, 배당지수선물), 해외지수선물(유로스톡스50선물), 코스피200변동성지수선물 등이 있다. 본서에서 구체적으로 다루지 않은 선물에 대해서는 한국거래소 파생상품시장 관련 규정을 참고바람.

200선물은 코스피200선물에 비해 1계약금액을 1/5 크기로 축소함으로써 소액투자 활성화 및 다양한 거래기회를 제공하는 차원에서 도입되었다. 코스닥150선물의 기초자산은 코스닥150지수이다. 코스닥150지수는 코스닥시장의 기술주 섹터에 중점을 두면서 코스닥 종합지수의 흐름을 잘 따라가도록 시장대표성, 섹터대표성, 유동성 등의 기준으로 선정된 150개 종목으로 구성된 주가지수이다. 코스닥150지수는 150개 종목에 대하여 기준일인 2010년 1월 4일의 주가지수를 1,000포인트로 하여 시가총액방식으로 산출된다.

개별주식선물

개별주식선물은 한국거래소에 상장된 보통주식으로서 다음의 요건을 모두 충족하는 주식을 기초자산으로 하고 있다. 첫째, 유통주식수가 200만주 이상, 소액주주수가 2,000명 이상, 1년간 총거래대금이 5,000억원 이상이다. 둘째, 시가총액과 재무상태 등을 감안하여 선정된 기업이 발행한 주식이다.

국채선물

국채선물은 가상의 국고채권표준물인 3년 국고채권표준물, 5년 국고채권표준물 및 10년 국고채권표준물을 기초자산으로 하고 있다. 여기서 가상의 국고채권표준물은 표면금리 5%, 6개월 단위 이자지급방식의 국고채를 말한다.

통화선물

통화선물은 미국 달러화, 일본 엔화, 유럽연합 유로화 등의 외국통화를 기초자산으로 한다. 우리나라의 경우 1999년 4월부터 미국달러선물이 상장되어 통화선물로는 첫 거래가 이루어졌다. 이후 엔화와 유로화 등에 대한 수요가 증가하면서 이들 외국통화를 기초자산으로 하는 통화선물의 필요성이 제기되어 2006년 5월에 엔선물, 유로선물이 상장되었고, 2015년 10월에는 위안선물이 상장되었다. 현재 한국거래소에서 거래되는 통화선물은 미국달러선물, 엔선물, 유로선물, 위안선물 등이다.

일반상품선물

일반상품 중 금선물은 순도 99.99%의 금괴를 기초자산으로 하고, 돈육선물은 돈육대표가격을 기초자산으로 한다. 돈육대표가격은 축산물 등급판정소가 '돈육대표가격 관리기준'에 따라 매일 오전 10시에 공표하는 돈육의 일별대표가격을 의미한다.

이상에서 소개한 한국거래소 선물계약의 유형과 기초자산을 요약하면 〈표 1-3〉과 같다.

표 1-3 한국거래소 선물계약의 분류

구 분		기초자산(거래대상)
주가지수선물 및 주식선물	코스피200선물	코스피200지수
	미니코스피200선물	코스피200지수
	코스닥150선물	코스닥150지수
	개별주식선물	한국거래소에 상장된 보통주식
금리선물	3년 국채선물	표면금리 5%, 6개월 단위 이자지급방식의 3년 만기 국고채
	5년 국채선물	표면금리 5%, 6개월 단위 이자지급방식의 5년 만기 국고채
	10년 국채선물	표면금리 5%, 6개월 단위 이자지급방식의 10년 만기 국고채
통화선물	미국달러선물	미국 달러화(USD)
	엔선물	일본 엔화(JPY)
	유로선물	유럽연합 유로화(EUR)
	위안선물	중국 역외위안화(CNH)*
상품선물	금선물	순도 99.99% 금괴
	돈육선물**	돈육대표가격(산출기관 : 축산물품질평가원)

* CNH(Chinese Yuan in Hong Kong)는 중국 정부가 위안화를 국제 기축통화로 육성하려는 노력에서 생겨난 것으로, 중국 본토에서 거래되는 위안화(Chinese Yuan, CNY)와는 달리 역외시장인 홍콩에서 거래되는 위안화를 말한다.

** 2021년 1월부터 새로운 결제월 종목의 거래개시(상장)가 중지됨(휴면 지정).

알아두기

한국의 선물거래소 설립과정

우리나라에서는 1974년 12월 대통령령으로 '조달기금법 및 주요 물자 해외선물거래 규정'이 공포되어 1975년부터 해외선물거래소를 이용한 원자재의 선물거래가 이루어졌다. 그리고 1995년 12월 29일 '선물거래법'이 제정되고 1996년 7월 1일 동 법령이 발효되면서 국내 선물거래소 설립 작업이 본격적으로 추진되었다. 이 작업 기간 동안에도 주가의 가격변동위험을 관리할 수 있는 수단이 필요함에 따라 대통령령에 의해 한시적으로 증권거래소에서 주가지수선물을 취급할 수 있게 되었다. 그 결과 1996년 5월 3일 증권거래소가 주가지수선물을 최초로 상장하였으며, 1997년 7월 7일에 주가지수옵션을 추가로 상장하게 되었다.

그 후 부산지역을 무역 및 금융의 중심지로 육성하고 지역경제의 균형발전을 위해 1999년 4월 부산에 국내 최초의 선물거래소가 설립되었다. 이후 2005년 1월 증권거래소와 선물거래소가 현재의 한국거래소(KRX)로 통합됨으로써 오늘에 이르고 있다.

2.2 가격표시방법

한국거래소는 투자자가 가격을 쉽게 인지하여 거래할 수 있도록 상품별로 가격을 표시하는 방법을 정하는데, 일반적으로 선물의 기초자산인 현물이 거래되는 시장에서의 가격표시방법을 감안하여 정한다. 즉 선물계약의 가격표시방식은 선물 만기일에 대상 현물을 인수도할 때 기준이 되는 현물의 단위당 가격으로 표시된다.

주가지수를 거래대상으로 하는 상품의 가격표시방법은 포인트(point)로 표시하고, 기초주권상품은 해당 기초주권의 가격표시방법과 동일하게 원화로 표시한다. 금리선물 중 국채선물은 액면 100원당 원화(백분율 방식)로 소수점 둘째 자리까지 가격을 표시하고 있다. 3년 국채선물의 가격이 100.00포인트라면 액면금액 1억원의 100.00%, 즉 1억원을 의미한다. 이처럼 가격을 다르게 표시하는 이유는 1억원을 그대로 가격표시할 경우 금액이 커져서 거래에 불편을 초래하기 때문이다. 통화선물의 가격표시방법은 해당 외국통화 1단위당(엔선물의 경우는 예외적으로 100엔당) 원화로 표시하고 있다. 예를 들어 미국달러선물을 1,050원에 1계약 거래한 경우에는 미국달러선물의 거래단위인 1만 미국달러를 1달러당 1,050원으로 거래한 것과 같다. 그리고 금선물의 가격표시방법은 1g(그램)당 원화로 표시하고, 돈육선물은 1kg(킬로그램)당 원화로 표시한다.

2.3 계약금액

선물거래를 성립시킬 수 있는 최소단위의 수량인 거래수량단위는 1계약이다. 선물의 1계약금액(contract size)은 선물 1계약의 크기를 화폐단위로 표현한 것으로서, 이는 선물의 가격에 거래승수를 곱하여 측정한 값을 말한다. 한편 선물의 주문수량은 선물 1계약의 건수(수량)를 의미한다. 거래승수는 기초자산의 가격수준 및 거래규모 등에 따라 설정하고 있다. 선물의 유형별 거래승수는 〈표 1-4〉와 같다.

표 1-4 선물의 거래승수

구 분		거래승수
주가지수선물 및 개별주식선물	코스피200선물	25만원
	미니코스피200선물	5만원
	코스닥150선물	1만원
	개별주식선물	10주
금리선물	3년 · 5년 · 10년 국채선물	100만원
통화선물	미국달러선물, 엔선물, 유로선물	1만
	위안선물	10만
상품선물	돈육선물	1천
	금선물	1백

한편 거래단위란 선물거래소에서 거래되는 선물 1계약의 규모를 의미한다. 즉 거래단위는 선물 1계약의 내용으로서 선물 1계약을 거래했을 때 만기에 인수도 대상이 되는 기초자산의 규모에 해당한다. 한국거래소 '파생상품시장 업무규정'에 의하면 거래단위는 선물상품에 따라 다음과 같이 달리 설정되어 있다. 금리선물은 액면가 1억원이고, 통화선물 중 달러선물은 1만달러, 엔선물은 1백만엔, 유로선물은 1만유로, 위안선물은 10만위안화이다. 그리고 상품선물 중 금선물은 100g, 돈육선물은 1,000kg이다.

2.4 호가가격단위와 최소가격변동금액

호가가격단위란 호가를 할 수 있는 최소단위의 가격을 말한다. 주식을 거래할 때 거래되는 주식의 가격에 따라 호가가격단위가 정해져 있는 것과

표 1-5 선물의 호가가격단위와 최소가격변동금액

구 분			호가가격단위	최소가격변동금액
주가지수선물 및 개별주식선물	코스피200선물		0.05포인트	12,500원(0.05p×25만원)
	미니코스피200선물		0.02포인트	1,000원(0.02p×5만원)
	코스닥150선물		0.1포인트	1,000원(0.1p×1만원)
	개별주식선물	코스피	10~1,000원	100~10,000원 (10원×10주~1,000원×10주)
		코스닥	1~100원	10~1,000원 (1원×10주~100원×10주)
금리선물	3년 국채선물 5년 국채선물 10년 국채선물		0.01포인트	10,000원 (0.01p×100만원 또는 0.01p×1/100×1억원)
통화선물	미국달러선물		0.1원/$	1,000원(0.1원×1만)
	엔선물		0.1원/¥100	1,000원(0.1원×1만)
	유로선물		0.1원/€	1,000원(0.1원×1만)
	위안선물		0.01원/1위안	1,000원(0.01원×10만)
상품선물	금선물		10원/g	1,000원(10원×100)
	돈육선물		5원/kg	5,000원(5원×1,000)

같이 선물거래에서도 선물상품에 따라 호가가격단위가 정해져 있다. 즉 투자자가 선물주문 시 표준화된 호가가격단위(tick)를 이용하여야 한다. 최소가격변동금액은 호가가격단위를 금액으로 나타낸 것으로 호가가격단위에 거래승수를 곱하여 측정된 값이다. 호가가격단위와 최소가격변동금액은 〈표 1-5〉와 같다.

2.5 결 제 월

결제월이란 최종거래일 또는 권리행사일이 도래하여 파생상품거래의 계약이 이행되는 달을 말하며, 인도월(delivery month)이라고도 한다. 만약 어느 종목의 최종거래일이 도래하여 거래가 종료되면 다음 결제월이 자동으로 상장되어 상장 결제월은 항상 일정 수가 유지된다.

코스피200선물과 코스닥150선물의 결제월은 분기월인 3, 6, 9, 12월이며, 3년 이내 7개 결제월(3, 9월 : 각 1개, 6월 : 2개, 12월 : 3개)이 상장된다.[4] 미니코스피200선물의 결제월은 매월이며, 6개월 이내 연속 6개의 결제월(분기월 : 2개, 비분기월 : 4개)이 상장된다. 한편 개별주식선물의 결제월은 매월이며, 3년 이내 9개의 결제월(3, 9월 : 각 1개, 6월 : 2개, 12월 : 3개, 기타월 : 2개)이 상장된다.

국채선물의 결제월은 3, 6, 9, 12월이고, 상장 결제월은 6개월 이내 분기월 2개이다. 통화선물의 결제월과 상장 결제월은 통화의 유형에 따라 달리한다. 미국달러선물의 결제월은 분기월 중 12개와 그 밖의 월 중 8개이며, 상장 결제월은 3년 이내 20개(1년 이내 : 매월, 1년 초과 : 매분기월)이다. 엔선물, 유로선물, 위안선물 등의 경우 결제월은 분기월 중 4개와 그 밖의 월 중 4개이며, 상장 결제월은 1년 이내 8개(연속 6개의 결제월과 그 밖의 분기월 2개)이다. 그리고 금선물은 1년 이내 7개 결제월(짝수월 6개와 그 밖의 월 1개)이 상장되

---

4 예를 들어 20×5년 3월 2일 시점에 상장된 코스피200선물은 20×5년 3, 6, 9, 12월, 20×6년 6, 12월, 20×7년 12월이 결제월인 상품이다.

표 1-6 선물의 결제월

구 분		결 제 월	상장 결제월
코스피200선물 코스닥150선물		3, 6, 9, 12월	3년 이내 7개 결제월 (3, 9월 : 각 1개, 6월 : 2개, 12월 : 3개)
미니코스피200선물		매월	6개월 이내 6개 결제월 (분기월 : 2개, 비분기월 : 4개)
개별주식선물		매월	3년 이내 9개 결제월 (3, 9월 : 각 1개, 6월 : 2개, 12월 : 3개, 기타월 : 2개)
금리선물	국채선물 (3년, 5년, 10년)	3, 6, 9, 12월	6개월 이내 2개 결제월
통화선물	미국달러선물	분기월 중 12개와 그 밖의 월 중 8개	3년 이내 20개 결제월 (1년 이내 : 매월, 1년 초과 : 매분기월)
	엔선물 유로선물 위안선물	분기월 중 4개와 그 밖의 월 중 4개	1년 이내 8개 결제월 (연속 6개의 결제월과 그 밖의 분기월 2개)
상품선물	금선물	짝수월 중 6개와 그 밖의 월 중 1개	1년 이내 7개 결제월
	돈육선물	분기월 중 2개와 그 밖의 월 중 4개	6개월 이내 6개 결제월

며, 돈육선물은 6개월 이내 6개 결제월(연속 6개의 결제월)이 상장된다. 현재 한국거래소에서 거래되고 있는 선물의 결제월을 요약하면 〈표 1-6〉과 같다.

2.6 최종거래일

최종거래일은 선물계약이 만료되는 날로서, 파생상품거래의 연계거래 편의성, 최종거래에 따른 결제자금의 일괄처리 등을 감안하여 정한다. 최종거래일이 지나면 선물계약의 효력이 상실되므로 투자자는 이에 유의하여야 한다. 선물의 상품별 최종거래일을 요약하면 〈표 1-7〉과 같다.

표 1-7 선물의 최종거래일

구 분		최종거래일*
주가지수선물 및 개별주식선물		결제월의 두 번째 목요일
금리선물		결제월의 세 번째 화요일
통화선물		결제월의 세 번째 월요일
상품선물	금선물 돈육선물	결제월의 세 번째 수요일

* 최종거래일이 공휴일인 경우 순차적으로 앞당김.

2.7 최종결제

최종거래일까지 반대매매에 의해 청산되지 않은 미결제약정에 대하여 최종결제를 하며, 현금결제 또는 인수도결제의 방법 중 상품별로 정한 방법에 따라 진행된다. 현금결제와 인수도결제의 구분은 투자자수요, 거래편의성, 거래관행 등을 감안하여 결정하게 된다. 현금결제(cash settlement)는 계약만료 시 기초자산을 인수도하지 않고 최종결제일에 최종결제가격을 사용하여 차금을 주고받아 계약을 종료하는 방식을 말한다. 그리고 인수도결제(physical delivery)란 계약만료 시 기초자산을 실제로 인수도하여 계약을 종료하는 방법으로 최종결제일에 최종결제가격으로 산출한 인수도금액과 인수도물품을 주고받아 최종결제하는 방식을 말한다.

한국거래소에서는 통화선물에 대하여만 인수도결제방법으로 최종결제를 하며, 그 밖의 선물은 현금결제방법에 따라 최종결제를 한다. 현금결제를 하는 선물의 최종결제일은 대부분 최종거래일의 다음 거래일($T+1$)이다. 하지만 돈육선물은 최종결제가격이 최종거래일의 다음 날에 공표되므로 최종거래일로부터 기산하여 3일째의 거래일($T+2$)에 최종결제를 한다. 한편 최종결제방법이 실물인수도인 선물은 실물인수 대상이 되는 기초자산의 준비기간 등을 고려하여, 최종거래일로부터 기산하여 3일째의 거래일($T+2$)을 최종결제일로 삼고 있다. 선물상품별 최종결제방법, 최종결제가격, 최종결제일을 요약하면 〈표 1-8〉과 같다.

표 1-8 선물의 최종결제

구 분		최종결제방법	최종결제가격	최종결제일
주가지수 선물 및 주식선물	주가지수선물	현금결제	최종거래일 주가지수(종가)	T(최종거래일)+1
	개별주식선물		최종거래일 기초주식 종가	
금리선물	3년 국채선물, 5년 국채선물, 10년 국채선물	현금결제	최종결제기준채권의 수익률을 고려하여 산출한 채권가격	$T+1$
통화선물		인수도결제	최종거래일 정산가격	$T+2$
상품선물	금선물	현금결제	최종거래일 한국거래소(KRX) 금시장 종가	$T+1$
	돈육선물	현금결제	최종거래일 다음 거래일 이후에 공표되는 돈육대표가격	$T+2$

알아두기

코스피200섹터지수선물 · 코스피200변동성지수선물

한국거래소는 코스피200섹터지수선물과 코스피200변동성지수선물을 2014년 11월 17일에 상장하였다. 이번에 새롭게 선보이는 지수선물은 기관투자자가 보다 효율적으로 위험관리를 할 수 있도록 만들어졌다.

코스피200섹터지수선물은 코스피200지수 구성종목을 산업군별로 재분류하여 산출한 코스피200섹터지수를 기초자산으로 하는 상품이다. 코스피200섹터지수선물은 주가지수를 거래대상으로 하고 있으며, 최종결제방법은 현금결제방식을 채택하고 있다. 코스피200섹터지수선물은 섹터 상장지수펀드(exchange traded fund : ETF)의 위험관리와 주가연계증권(equity linked securities : ELS) 등 파생결합증권의 기초자산으로 이용될 수 있도록 개발되었다. 현재 기관투자자는 섹터지수 ETF의 위험관리를 개별주식을 매매하거나 코스피200지수선물을 이용하는 방법으로 하고 있다. 개별주식이나 지수선물은 업종지수와 일대일로 매칭되지 않기 때문에 정교한 헤지는 불가능하다. 코스피200섹터지수선물은 현행 코스피200계열 업종지수 8개 중 선물시장에 적합하다고 판단된 업종지수를 개편해 에너지·화학, 금융, 정보기술, 경기소비재, 건설, 중공업, 헬스케어 등의 업종지수만 우선 상장하였다. 코스피200섹터지수선물의 1계약 금액은 섹터지수에 거래승수 1만원을 곱한 값이다. 호가단위는 0.2p로 최소가격변동금액은 2천원이다. 결제월물은 총 7개로 이 중 연월물은 거래기간 3년의 12월물이 3개, 반기 및 분기월물은 각각 2개씩 상장된다.

코스피200변동성지수선물은 코스피200옵션가격을 이용하여 미래(30일) 코스피200의 변동성을 나타낸 지수, 즉 코스피200변동성지수(volatility index of KOSPI200 : V-KOSPI200)를 기초자산으로 하는 상품이다. 변동성지수(volatility index : VIX)선물은 지수를 거래대상으로 하고 있어 최종결제방법은 현금결제방식을 채택하고 있다. 지금까지 기관투자자는 주가변동성을 코스피200옵션을 통해 간접헤지를 하거나 거래비용이 큰 장외(over-the-counter : OTC) 분산스왑을 이용해 관리해 왔으나, 앞으로는 V-KOSPI200을 기초자산으로 하는 변동성지수선물로 직접 위험관리를 할 수 있게 됐다. 변동성지수는 기준시점에서 30일 동안의 주가변동성에 대한 시장의 기대치를 옵션가격의 내재변동성을 이용해 측정한 지수로 주가지수와 변동성지수는 음(−)의 상관관계를 갖는다. 예를 들어 주가의 변동성이 커지는 경우 옵션가격도 상승해 투자자는 옵션가격변동 위험에 노출되는데, 이때 변동성지수선물로 이러한 위험을 헤지할 수 있다. 1계약 금액은 변동성지수선물 가격에 25만원을 곱한 값으로 변동성지수선물 가격이 20p인 경우 약정금액은 5백만원이 된다. 호가가격단위는 0.05p로 최소가격변동금액은 12,500원이다.

이상에서 설명한 코스피200섹터지수선물과 KOSPI200변동성지수선물의 거래제도를 요약하면 다음과 같다.

구　분	코스피200섹터지수선물	KOSPI200변동성지수선물
기초자산	코스피200에너지 · 화학, 코스피200정보기술, 코스피200금융, 코스피200경기소비재 코스피200건설, 코스피200중공업, 코스피200헬스케어 등	코스피200변동성지수
거래승수	1포인트당 1만원	1포인트당 25만원
가격의 표시	코스피200섹터지수선물 수치(포인트)	코스피200변동성지수선물 수치(포인트)
호가가격단위	0.2포인트	0.05포인트
최소가격변동금액	2,000원(0.2p × 1만원)	12,500원(0.05p × 25만원)
결제월	3년 이내의 7개 결제월 (분기월(3, 9월) 2개, 반기월(6월) 2개, 연월(12월) 3개)	최근 연속 6개월
상장 결제월	3년 이내의 7개 결제월	6개월 이내의 6개 결제월

최종거래일	각 결제월의 두 번째 목요일*	결제월이 속하는 월의 다음 월의 두 번째 목요일*부터 30일(calendar day) 전일에 해당하는 날*
최종결제일	최종거래일의 다음 거래일	최종거래일의 다음 거래일
결제방법	현금결제	현금결제

* 공휴일인 경우 순차적으로 앞당김.

3 선물거래의 손익

선물거래는 선물의 매입(long position)과 매도(short position)로 구분된다. 선물의 매입은 만기일에 약정된 가격(선물가격)으로 기초자산을 매입할 것을 계약한 것이며, 선물의 매도는 만기일에 선물가격으로 기초자산을 매도할 것을 계약한 것이다. 선물의 매입자가 그 상태를 벗어나기 위해서는 만기일에 기초자산을 실제로 인수하거나, 만기일 이전에 매입했던 선물을 다시 매도하여야 한다. 반면 선물의 매도자가 그 상태를 벗어나기 위해서는 만기일에 기초자산을 실제로 인도하거나, 만기일 이전에 매도했던 선물을 다시 매입하여야 한다. 선물포지션(futures position)을 마감하기 위하여 매입했던 선물을 만기일 이전에 재매도하는 것을 전매(轉賣) 또는 재매도청산(liquidation, long covering)이라 하고, 매도했던 선물을 만기일 이전에 재매입하는 것을 환매(還買) 또는 재매입청산(short covering)이라 한다. 이와 같이 반대매매(reversing trade)에 의해서 선물거래자가 선물포지션을 없애고 선물시장에서 빠져 나오는 것을 '선물포지션을 청산(close out)한다'고 표현한다.

선물의 매입자는 기초자산의 가격이 오를수록 선물가격이 상승하여 이익을 보게 되는 반면, 선물의 매도자는 기초자산의 가격이 하락할수록 선물가격이 하락하여 이익을 보게 된다. 선물의 청산일에서의 선물거래에 따른 이익은 다음과 같다.

• 선물매입거래의 이익 $= F_{t,T} - F_{0,T}$
• 선물매도거래의 이익 $= F_{0,T} - F_{t,T}$

여기서 $F_{0,T}$: 현재시점(선물의 계약일)에서 만기가 T인 선물의 가격
$F_{t,T}$: t시점(선물의 청산일)에서 만기가 T인 선물의 가격[5]

예를 들어 선물가격이 배럴(barrel)당 100,000원인 원유선물의 매입자와 매도자를 생각해 보자. 선물의 청산일에 원유의 선물가격이 배럴당 110,000원으로 상승하는 경우 원유선물 매입자와 매도자의 이익(배럴당)은 다음과 같이 계산된다.

• 원유선물 매입자의 이익 = 110,000원 − 100,000원 = 10,000원
• 원유선물 매도자의 이익 = 100,000원 − 110,000원 = − 10,000원

원유선물의 매입자는 배럴당 110,000원인 선물을 100,000원에 매입할 수 있기 때문에 10,000원의 이익을 얻을 수 있다. 그러나 원유선물의 매도자는 배럴당 110,000원인 선물을 100,000원에 매도해야 하기 때문에 10,000원의 손실을 보게 된다. 한편 선물가격이 하락하는 경우에는 정반대로 원유선물의 매입자가 손실을 입는 만큼 원유선물의 매도자는 이익을 보게 된다.

이상에서 보는 바와 같이 선물거래의 매입포지션에 따른 이익(또는 손실)과 매도포지션에 따른 손실(또는 이익)은 그 크기가 항상 동일하기 때문에 모든 선물거래의 손익은 정확하게 상쇄되어 0이 된다.[6] 따라서 선물거래를 제로섬게임(zero-sum game)이라 할 수 있다. 선물거래에 따른 손익을 그림으로 나타내면 [그림 1-2]와 같다.

5 선물가격은 만기일에 가까워질수록 현물가격에 수렴하며, 만기일에서 선물가격은 현물가격과 일치한다.

6 선물거래의 이익 = 선물매입거래의 이익 + 선물매도거래의 이익 $= (F_{t,T} - F_{0,T}) + (F_{0,T} - F_{t,T}) = 0$

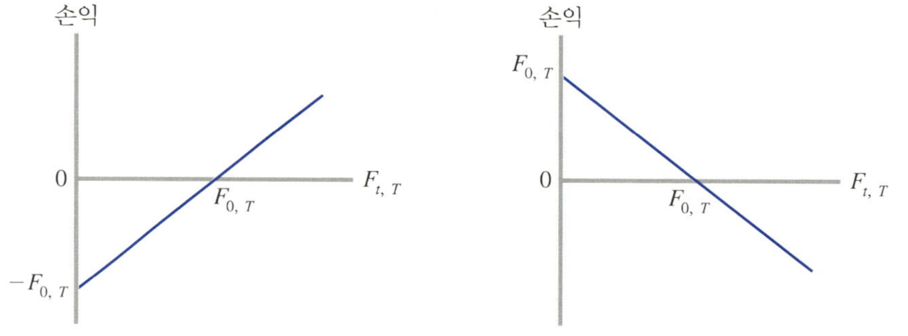

(a) 선물매입자의 손익 (b) 선물매도자의 손익

그림 1-2 선물거래 종료일, 즉 청산일(t)에서의 선물거래에 따른 손익

시사포커스

빅 쇼트, 파생상품거래로 큰 돈을 번 실화 영화

할리우드 영화 '빅 쇼트(The Big Short)'는 2008년 미국에서 '서브프라임 모기지'라 불린 부동산담보대출 부실로 초래된 미국과 세계 금융위기 실화를 집중조명하고 있다. 대형 투자은행 리먼 브러더스가 파산하는 등 극심한 혼돈의 와중에서 부실 징후를 먼저 알아챈 네 명의 천재들은 파생상품거래를 통해 수십억달러를 벌었다. 극중 크리스찬 베일은 13억달러, 스티브 카렐은 10억달러, 브래드 피트는 8,000만달러, 자레드 베넷은 4,700만달러를 각각 챙겼다. 이들은 어떤 방법을 사용했을까?

바로 영화의 제목이기도 한 '빅 쇼트',

즉 '위대한 매도'를 통해서다. 파생상품 거래에서 가격상승에서 수익을 올리는 포지션은 롱 포지션(long position), 가격이 하락할 때 돈을 벌면 쇼트 포지션(short position)이라고 한다. 한국에선 "롱을 잡았다" 또는 "쇼트를 쳤다" 식으로 말한다. 따라서 빅 쇼트란 거대한 매도, 의역하면 위대한 매도를 했다는 뜻이다.

핵심 인물 마이클 버리(크리스찬 베일 분)가 돈을 번 방법을 이해한다면 모든 게 풀린다. 다른 천재들의 방법도 비슷하기 때문이다. 영화 초반에 버리는 골드만삭스를 찾아가 뱅커들에게 "미국 부동산을 쇼트치고 싶다"고 말한다. 하지만 이런 상품은 없다. 그러자 버리는 부동산 CDO를 놓고 골드만 삭스와 CDS 계약을 맺자고 말한다.

CDO는 'collateralized debt obligations'의 약자로 '부채담보부증권'이란 파생상품이다. 집 사려는 사람들에게 돈을 빌려주고 은행들이 받은 다양한 채권을 조합해서 증권화시킨 것인데, 이 CDO는 돈 빌린 사람들이 빚만 잘 갚으면 일정 수익을 꾸준히 올리는 상품이다. 당시 미국 대형 투자은행들은 이 CDO를 전 세계 투자자들에게 팔아 짭짤한 수수료를 챙겼다. 한편 CDS(credit default swap : 신용부도스왑)란 일종의 보험계약이다.

CDO를 놓고 CDS 계약을 하자는 의미는 "CDO가 완전히 망하면, 즉 디폴트(채무불이행)가 나면 나에게 그 액수만큼의 보험금을 지급해 달라"는 것이다. 대신 CDS 매수자인 버리는 꾸준히 매달, 혹은 분기별로 보험료(프리미엄)를 내야 한다. 이 제안에 뱅커들은 웃으며 수락한다. 주택시장이 망할 가능성이 없다고 본거다. 그러니까 버리가 지급하는 CDS 프리미엄은 그야말로 공짜 돈인 셈이다.

결과는 CDO가 휴지 조각으로 끝났다. 신용불량자들에게 돈을 빌려주고 받은 차용증서를 한데 묶어서 CDO란 이름으로 전 세계에 판매했기 때문이다. 이것이 서브프라임 모기지 부실 사태의 뇌관이다.

그러나 버리가 돈을 벌려면 여기서부터 정신을 바짝 차려야 했다. 이론대로라면 그냥 끝까지 들고 있으면 된다. 그러나 계약 당사자들(대형 투자은행)이 부실로 초래된 엄청난 액수의 CDS를 물어주는 순간 부도가 나서 약정한 보험금을 받지 못한다. 그래서 중간에 포지션을 환매해야 한다. 버리의 프리미엄은 처음에는 낮았다. 하지만 CDO가 무너질 가능성이 높아질수록 프리미엄은 올라간다. 버리는 높아진 프리미엄에 자신의 CDS 매수 포지션을 골드만 삭스에 되사라고 요구한다. 바로 '빅 쇼트'다. 골드만 삭스는 프리미엄이 갈수록 높아지고 있기 때문에 중간 환매를 받을 수밖에 없었다. 버리는 천문학적인 돈을 벌어 월가의 역사를 새로 썼다.

〈한국경제, 2016. 1. 24 수정〉

주·요·용·어

key words

- **선물거래(futures trading)**

품질과 가격 등이 표준화된 일정량의 상품(현물)을 현재시점에서 약정된 가격으로 미래의 일정시점에 매입 또는 매도하기로 조직화된 거래소 내에서 약정하는 거래이다.

- **선물의 1계약금액(contract size)**

선물거래를 성립시킬 수 있는 최소단위의 수량인 선물 1계약의 크기를 화폐단위로 표현한 것으로서 선물의 가격에 거래승수를 곱하여 측정한 값을 말한다.

- **선물의 거래단위**

선물거래소에서 거래되는 선물 1계약의 규모, 즉 선물 1계약의 내용으로서 선물 1계약을 거래했을 때 만기에 인수도 대상이 되는 기초자산의 규모에 해당한다.

- **최소가격변동금액**

호가를 할 수 있는 최소단위의 가격, 즉 호가가격단위를 금액으로 나타낸 것으로 호가가격단위에 거래승수를 곱하여 측정된 값이다.

- **결 제 월**

최종거래일 또는 권리행사일이 도래하여 파생상품거래의 계약이 이행되는 달을 말하며, 인도월(delivery month)이라고도 한다.

- **최종거래일**

선물계약이 만료되는 날로서, 파생상품거래의 연계거래 편의성, 최종거래에 따른 결제자금의 일괄처리 등을 감안하여 정한다.

- **최종결제**

최종거래일까지 반대매매에 의해 청산되지 않은 미결제약정에 대하여 현금결제 또는 인수도결제의 방법으로 진행되는 방식의 결제를 말한다.

- **현금결제(cash settlement)**

기초자산을 인수도하지 않고 최종결제일에 최종결제가격을 사용하여 차금을 주고받아 계약을 종료하는 방식을 말한다.

- 인수도결제(physical delivery)

  기초자산을 실제로 인수도하여 계약을 종료하는 방법으로 최종결제일에 최종결제가격으로 산출한 인수도금액과 인수도물품을 주고받으면서 계약을 종료하는 방식을 말한다.

- 청산(close out)

  선물포지션(futures position)을 마감하기 위한 행위로서, 반대매매에 의해서 선물거래자가 선물포지션을 없애고 선물시장에서 빠져 나오는 것을 말한다.

Exercise

연습문제

■ 완성/선택형 문제

1 ( )란 품질과 가격 등이 표준화된 일정량의 상품(현물)을 현재시점에서 약정된 가격으로 미래의 일정시점에 매입 또는 매도하기로 조직화된 거래소 내에서 약정하는 거래이다.

2 선물의 대상이 되는 특정 상품을 ( ), 시장에서 거래되고 있는 대상자산의 현재 가격을 ( ), 선물계약이 이행(결제)되는 미래의 일정시점을 ( ), 미래 일정시점에서의 약정된 가격을 ( )이라고 한다.

3 선물계약은 주요 원자재인 원유, 구리, 금, 은, 옥수수, 밀, 대두 등 일반상품을 기초자산으로 거래하는 ( )과 주가지수, 금리, 통화 등을 기초자산으로 거래하는 ( )로 구분될 수 있다.

4 선물의 1계약금액은 선물 1계약의 크기를 화폐단위로 표현한 것으로서 선물의 가격에 ( )를 곱하여 측정한 값을 말한다.

5 선물의 ( )란 선물 1계약의 규모, 즉 선물 1계약의 내용으로서 선물계약의 만기시 인수도 대상이 되는 기초자산의 규모에 해당한다.

6 ( )이란 최종거래일 또는 권리행사일이 도래하여 파생상품거래의 계약이 이행되는 달을 말하며, 인도월(delivery month)이라고도 한다.

7 ( )는 기초자산을 인수도하지 않고 최종결제일에 최종결제가격을 사용하여 차금을 주고받아 계약을 종료하는 방식을 말한다.

Exercise

8 반대매매에 의해서 선물거래자가 선물포지션을 없애고 선물시장에서 빠져 나오는 것을 선물포지션의 (　　)이라 한다.

9 선물거래와 선도거래에 대한 다음의 설명 중 잘못된 것은?

① 선도거래는 본질적으로 선물거래와 유사하다.
② 선도거래는 장외시장에서 당사자간 직접계약에 의해 이루어지는 반면, 선물거래는 선물거래소에서 공개입찰을 통해 이루어진다.
③ 선물계약은 표준화되어 있지만, 선도계약은 거래당사자간 합의에 의해 거래조건이 결정된다.
④ 선물거래에서는 청산위험이 거의 없으나, 선도거래의 경우 계약자 쌍방간의 직접거래이므로 계약당사자의 신용도에 따른 위험이 존재한다.
⑤ 선도거래와 선물거래 모두 계약의 이행을 보증하려는 제도적 장치로 일일정산, 증거금 등의 제도를 두고 있다.

10 한국거래소에 상장된 코스피200선물의 거래조건으로서 적절치 않은 것은?

① 코스피200선물의 거래승수는 25만원이다.
② 코스피200선물의 최소가격변동폭은 0.05p이다.
③ 코스피200선물의 최소가격변동폭을 금액으로 환산하면 12,500원이다.
④ 코스피200선물의 결제월은 분기월인 3, 6, 9, 12월이며, 3년 이내 7개 결제월(3, 9월 : 각 1개, 6월 : 2개, 12월 : 3개)이 상장된다.
⑤ 코스피200선물의 만기 시 결제는 실물인수도 방식을 따른다.

11 한국거래소에 상장된 다음의 선물상품 중에서 최종결제방법이 다른 하나는?

① 코스피200선물　② 통화선물　③ 10년 국채선물
④ 코스닥150선물　⑤ 돈육선물

12 한국거래소 통화선물에 관한 다음 설명 중 잘못된 것은?

① 미국달러선물의 거래단위는 10,000달러로, 가격표시방법은 1달러당 원화로 표시된다.

Exercise

② 유로선물의 거래단위는 10,000유로로, 가격표시방법은 1유로당 원화로 표시된다.

③ 엔선물의 거래단위는 1,000,000엔으로, 가격표시방법은 100엔당 원화로 표시된다.

④ 모든 통화선물의 최종결제방법은 현금결제이다.

⑤ 위안선물의 거래단위는 100,000위안화이고, 최소가격변동금액은 1,000원이다.

13 P씨는 3년 국채선물을 102.50에 1계약 매입한 후 100.50에 전매(轉賣), 즉 재매도청산하였다. 이 선물거래로 인한 P씨의 손익은 얼마인가?

① 200만원 손실 ② 200만원 이익 ③ 2,000만원 손실
④ 2,000만원 이익 ⑤ 2억원 이익

■ 서술/계산형 문제

1 선물거래와 선도거래를 비교하여 설명하라.

2 기초자산의 유형에 따른 선물거래의 종류에 관해 설명하라.

3 한국거래소에 상장된 선물상품을 소개하고 각 상품의 주요 명세를 중심으로 비교하여 설명하라.

4 선물거래의 손익

투자자 K씨는 현재 한국거래소에서 거래되는 엔선물 1계약을 100엔당 1,050원에, 유로선물 1계약을 1유로당 1,480원에 각각 매도하였고, 일주일 뒤 엔선물은 100엔당 1,100원에, 유로선물은 1유로당 1,400원에 반대매매를 통해 포지션을 청산하였다. 이와 같은 선물거래로 인한 투자자 K씨의 손익은 얼마인가? (단, 증거금과 거래비용이 존재하지 않으며, 엔선물과 유로선물의 거래단위는 각각 1,000,000엔과 10,000유로이다.)

제 2 장

선물시장의 이해

1. 선물시장의 구조
2. 증거금제도
3. 한국거래소 선물의 거래절차
4. 선물거래자의 유형과 선물시장의 경제적 기능

선물의 역사는 아주 오래 되었지만, 현재와 같이 조직화된 선물거래는 1848년에 설립된 미국의 시카고상품거래소(Chicago Board of Trade : CBOT)에서 시작되었다고 할 수 있다. 그리고 시카고상업거래소(Chicago Mercantile Exchange : CME)의 부속거래소로 1972년 설립된 국제통화시장(International Monetary Market : IMM)에 금융선물이 도입되면서 선물거래는 획기적인 발전의 전기를 맞게 된다. 2007년 7월에 시카고상품거래소(CBOT)와 시카고상업거래소(CME)가 CME그룹(www.cmegroup.com)으로 통합되었다. 그리고 2008년 8월에는 CME그룹이 뉴욕상업거래소(New York Mercantile Exchange : NYMEX)를 인수하여 미국 최대 파생상품거래소가 되었다.

선물시장은 선물거래소, 결제소, 선물중개회사 등으로 구성되어 있다. 선물시장은 효율적인 운영을 위해 각종 다양한 제도를 두고 있다. 특히 결제소가 담당하는 일일정산과 증거금제도는 선물시장이 지닌 독특한 제도 중의 하나에 속한다. 본장에서는 선물시장의 구조와 증거금제도를 살펴본 뒤, 한국거래소에 상장된 선물의 거래절차를 소개한다. 그리고 선물거래자의 유형과 선물시장의 경제적 기능에 대해 설명하고자 한다.

1 선물시장의 구조

선물시장은 선물거래소, 결제소, 선물중개회사 등으로 구성되어 있다. 선물시장의 구조를 그림으로 나타내면 [그림 2-1]과 같다.

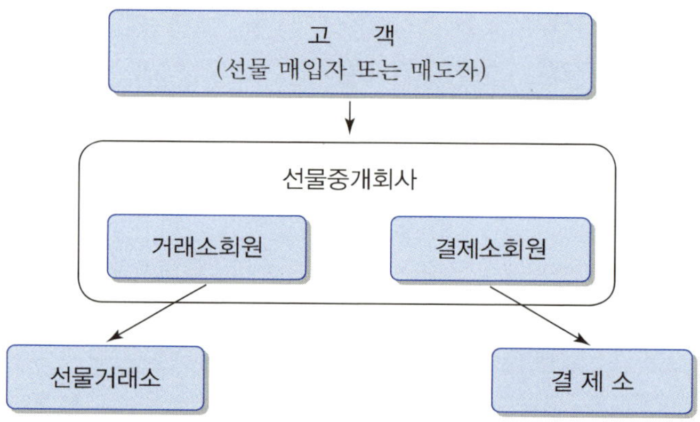

그림 2-1 선물시장의 구조

1.1 선물거래소

선물거래소(futures exchange)는 거래소회원(exchange member)인 장내거래자가 고객의 선물거래 또는 자신의 계산에 의한 선물거래를 상호 경쟁적으로 체결시키는 장소이다. 일반적으로 선물거래소는 일정액을 출자한 거래소회원에 의해 설립·운영되는 비영리회원 조직의 형태를 띤다. 선물거래소의 주요 기능은 조직화된 선물시장을 개설·운영하며, 선물거래가 원활하고 공정하게 이루어질 수 있도록 각종 관련 규정이나 규칙 등을 제정·시행하는 것이다.

1.2 결 제 소

결제소(clearing house)는 선물거래소에서 이루어지는 모든 거래를 결제하는 결제기관으로서 거래소와 동일하게 비영리회원 조직의 형태로 운영된다.[1] 결제소는 법적으로 선물매입자에 대하여 매도자 의무, 선물매도자에 대하여 매입자 의무를 지게 된다. 즉 결제소는 선물거래소에서 이루어지는 모든 선물계약에 대한 거래의 상대방으로서 선물계약의 이행을 보증하는 역할을 한다. 결제소가 없는 선도거래의 경우에는 매입자와 매도자가 직접적인 거래의 당사자가 되어야 하기 때문에 거래의 이행 여부는 거래당사자의 신용에 좌우된다. 그러나 선물거래의 경우 결제소의 존재로 인하여 선물시장에서 성립되는 계약은 개인간의 계약이 아닌 개인과 결제소간의 계약으로 변하기 때문에, 선물거래 참여자들이 거래상대방의 신용상태를 우려할 필요 없이 거래를 할 수 있게 되어 시장의 유동성이 제고된다.

결제소의 주요 기능에는 일일정산기능, 청산기능, 실물인수도기능 등이 있다.

일일정산기능

선물거래는 선도거래와 달리 시장에서 매일매일 거래가 이루어지고, 그 가격이 변하게 된다. 따라서 결제소는 매일매일 형성되는 정산가격(settlement price)을 기준으로 모든 거래참여자들의 미결제약정(open interest)에 대한 손익을 계산하여 반영하며, 이를 일일정산(marking to market)이라 한다. 선물의 정산가격은 시장 마감 직전에 거래된 선물계약을 대표하는 가격(종가 또는 평균가격)이며, 미결제약정은 반대매매 또는 만기일의 인수도 등에 의해서 청산되지 않고 남아 있는 선물계약을 의미한다.

이와 같은 일일정산을 통해 당일의 모든 선물 미결제약정에 대하여 매

---

1 결제소는 선물거래소의 한 부서조직으로 운영되거나, 몇 개의 거래소가 공동으로 설립하여 운영하기도 한다. 우리나라의 경우 한국거래소(KRX)의 파생상품시장이 선물거래소 및 결제소의 역할을 모두 하고 있다.

일 당일의 정산가격으로 재평가함으로써 실질적으로 매일 결제를 하는 것과 같은 효과를 볼 수 있다. 결제소의 일일정산제도에 의해 선물가격 변동으로 인한 손실이 누적되지 않고 매일매일 정산되기 때문에 계약당사자들의 계약불이행위험을 줄일 수 있다. 그러나 만기일에 결제되는 선도거래와 달리 선물거래는 일일정산으로 인하여 수시로 현금의 유·출입이 발생될 수 있기 때문에 선물거래자는 이에 필요한 현금을 확보해야 한다는 단점이 있다.

알아두기

당일차금과 갱신차금

일일정산에 의하여 수수하는 차금에는 당일차금과 갱신차금이 있다.

먼저 당일차금은 당일 체결된 모든 거래의 체결가격을 당일의 선물 종가로 재평가할 때 발생하는 차금이다. 예를 들어 고객 A는 향후 선물가격의 하락을 예상하여 당일 코스피200선물 12월물 1계약을 100p에 매도하였고, 고객 B는 향후 가격상승을 예상하여 동일 결제월물 1계약을 100p에 매수하였다고 가정하자. 당일의 선물 종가가 101p로 상승하였을 경우, 예상이 빗나간 매도자 A는 1p 낮게 매도한 결과가 되어 손실 50만원[(100p − 101p) × 50만원 × 1계약]의 당일차금이 발생하게 된다. 반면 예상이 적중한 매수자 B는 1p 낮게 매수한 결과가 되어 이익 50만원[(101p − 100p) × 50만원 × 1계약]의 당일차금이 발생하게 된다. 당일차금의 계산으로 고객 A의 미결제약정은 100p 매도 1계약이 아닌 최신의 선물 종가 101p 매도 1계약이 되고, 고객 B도 동일한 논리로 101p 매수 1계약이 된다.

한편 갱신차금은 당일 거래를 하지 않더라도 전일 선물 종가로 평가되어 있는 미결제약정을 당일의 종가로 재평가할 때 발생하는 차금이다. 예를 들어 고객 C가 전일 선물 종가 100p에 코스피200선물 12월물 1계약의 매도포지션을 보유한 상태에서 당일 선물 종가가 101p로 상승하였다고 가정하자. 이 경우 당일 거래를 하지 않았다 하더라도 1p만큼의 손실 50만원[(100p − 101p) × 50만원 × 1계약]의 갱신차금이 발생한다. 갱신차금의 계산으로 고객 C의 미결제약정은 전일의 선물 종가 100p 1계약이 아니라 최신의 선물 종가 101p 1계약이 된다.

이와 같이 일일정산, 즉 당일차금과 갱신차금의 수수는 결제금액을 일단위로 소액화함으로써 '하이리스크-하이리턴'(high risk-high return)의 선물거래를 투자자가 안심하고 거래할 수 있게끔 하는 제도적 장치다. 선물거래가 짧은 역사에도 결제불이행위험을 최소화하며 비약적으로 성장·발전할 수 있었던 중요한 이유 중 하나이다.

〈머니투데이, 2006. 1. 18 수정〉

청산기능

결제소는 기존의 선물포지션을 쉽게 마감 또는 청산(liquidation)할 수 있도록 해 준다. 선물거래자가 선물을 매입(매도)하였지만 이를 이행할 의도가 없는 경우 선물을 매도(매입), 즉 반대매매함으로써 계약이행의 의무를 벗어날 수 있다. 이와 같이 반대매매를 통하여 선물거래가 청산될 때 결제소는 확정이익과 손실을 청산 당일에 지급 또는 수취하게 된다. 확정이익이 났을 때는 예탁했던 증거금과 이익금을 함께 지급하며, 확정손실이 났을 때는 증거금과 손실액의 차액을 지급한다. 그러나 손실액이 예탁한 증거금을 초과할 때는 그 차액을 해당 회원으로부터 징수한다.

실물인수도기능

선물의 만기일까지 반대매매에 의해 청산되지 않은 선물포지션을 보유하고 있을 경우, 매입포지션에 있는 자는 현물을 인수하여야 하고, 매도포지션에 있는 자는 현물을 인도하여야 한다. 이때 결제소는 인도자와 인수자를 연결하여 실물의 인수도가 원활하게 이루어지도록 서류상 처리를 하고 실물을 직접 취급하지는 않는다.

1.3 선물중개회사

선물중개회사(futures commission merchant : FCM)는 고객의 주문에 따라 선물계약 체결, 증거금 및 계좌관리 등의 서비스를 제공하고 수수료를 받는다. 선물중개회사는 먼저 거래소회원인 경우와 거래소회원이 아닌 경우로 구분되는데, 거래소회원만이 투자자의 주문을 직접 처리할 수 있고 비회원인 중개회사는 거래소회원인 중개회사를 통해서 투자자의 주문을 처리할 수 있다. 그리고 이와 같은 회원제도의 운영은 결제제도에도 동일하게 적용된다. 선물중개회사를 결제소회원(clearing member)이냐 비회원이냐로 구분하고, 비결제소회원일 경우에는 결제소회원에게 결제업무를 위임하여 수행하도록 하고 있다.

2 증거금제도

매매계약의 체결과 동시에 상품의 인수도와 대금결제가 이루어지는 현물거래와 달리, 선물거래는 미래 일정시점에서 정해진 가격으로 상품을 인수도하고 대금을 결제하기로 약속한 것이기 때문에 결제일에 계약당사자가 약속을 이행하지 않을지도 모른다는 우려가 있을 수 있다. 즉 선물을 매입한 후 선물가격이 하락하거나 선물을 매도한 후 선물가격이 상승한 경우, 계약자가 계약이행에 따른 손실을 회피하기 위하여 계약을 이행하지 않을 가능성이 있다. 따라서 선물거래에서는 계약의 이행을 제도적으로 보장하는 것이 필요하며, 이와 같은 계약이행보증을 위한 제도의 하나가 증거금제도이다.

한편 이와 같은 증거금제도로 인해 선물거래자는 큰 금액을 맡기지 않고도 많은 포지션을 가질 수 있어 선물은 다른 금융상품들보다 매우 큰 레버리지효과(leverage effect)를 갖게 된다. 레버리지가 높다는 것은 계약불이행 등으로 인한 위험이 높다는 것을 의미하지만, 선물시장에서의 계약불이행 사례는 거의 없다. 이는 일일정산제도, 증거금제도 등의 제도적 장치에 기인한 것이라 할 수 있다.

증거금(margin)은 일일정산 시 발생될 수 있는 계약불이행을 방지하기 위한 수단으로, 예치해야 하는 현금 또는 현금성자산(유동성이 높은 유가증권 등)을 의미한다. 증거금에는 [그림 2-2]에서 볼 수 있는 바와 같이 고객이

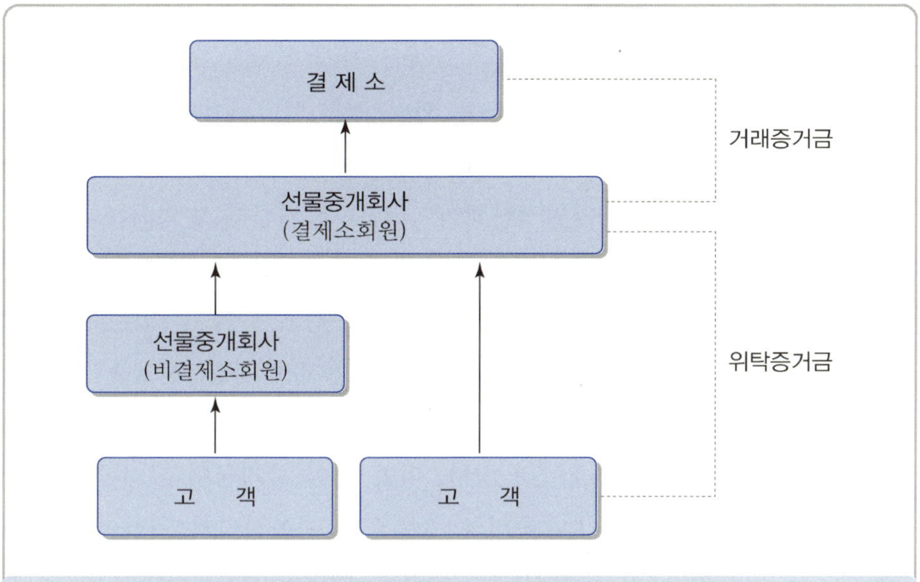

그림 2-2 증거금의 구분 : 위탁증거금과 거래증거금

선물중개회사에 납부하는 위탁증거금(customer margin)과 결제소회원인 선물중개회사가 결제소에 납부하는 거래증거금(clearing margin)이 있다.

2.1 위탁증거금

위탁증거금은 개시증거금과 유지증거금으로 구분된다.

개시증거금

개시증거금(initial margin)은 고객이 신규 또는 추가적으로 선물을 매수 또는 매도할 때 선물중개회사에 예치해야 하는 증거금을 의미한다. 개시증거금 수준은 기초자산의 가격수준과 변동성, 선물거래동기 등에 따라 다소 차이가 있으며, 한국거래소(KRX)는 분기마다 한번씩 변동성을 감안하여 개시증거금률을 조정해 공표하고 있다.

유지증거금

유지증거금(maintenance margin)은 고객이 자신의 선물거래 포지션을 유지하는 데 필요한 최소한의 증거금을 의미하며, 일반적으로 유지증거금은 개시증거금의 2/3 수준에서 결정된다. 선물거래에서는 시장가격 변동에 따라 발생하는 손익이 매일 일일정산되어 고객의 증거금에 반영되는데, 만일 선물가격이 크게 하락하여 손실금액이 고객의 증거금을 초과하게 되면 증거금은 그 기능을 상실하게 된다. 따라서 [그림 2-3]에서 볼 수 있는 바와 같이 증거금이 일정한 수준(유지증거금) 이하로 떨어지게 되면, 선물중개회사는 고객에게 증거금을 당초의 개시증거금 수준까지 현금으로 충당하도록 요구하며, 이를 마진콜(margin call)이라 한다. 이와 같이 증거금이 유지증거금 수준 이하로 떨어지는 경우 개시증거금 수준으로 회복시키기 위하여 고객이 추가적으로 납부해야 하는 증거금을 추가증거금(variation margin)이라 한다. 만일 고객이 요구받은 증거금(추가증거금)을 충당하지 않는 경우 선물중개회사는 개시증거금 부족분에 해당하는 고객의 미결제약정을 임의로 반대매매한다. 한편 증거금이 개시증거금 수준을 초과하는 경우, 그 초과분을 초과증거금(excess margin)이라 한다. 이와 같은 초과증거금에 대한 인출은 일부 선

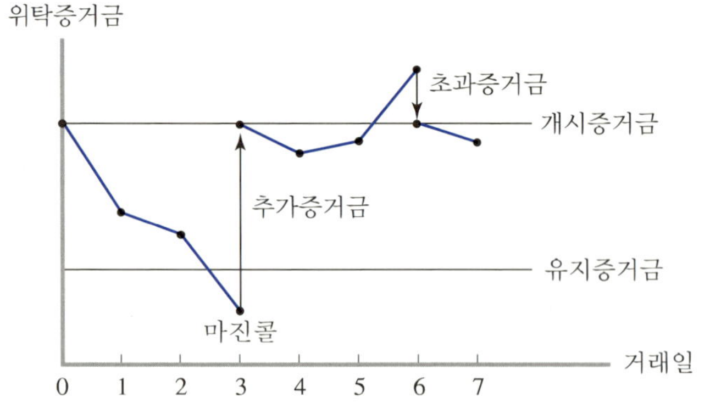

그림 2-3 위탁증거금 : 개시증거금과 유지증거금

물거래소에서 허용되고 있다.

알아두기

한국거래소 파생상품시장의 기본예탁금

기본예탁금은 고객이 계좌개설 이후 최초로 선물거래를 하고자 하거나 미결제약정을 보유하고 있지 않은 위탁자가 선물거래를 하고자 하는 경우에 필요한 증거금이다. 전문투자자의 기본예탁금은 없으나, 일반투자자의 경우 투자등급에 따라 기본예탁금 규모가 다르다. 선물·옵션매수 거래의 경우 1등급 일반투자자의 최저 기본예탁금을 1,000만원(모든 파생상품 거래 시 : 2,000만원) 이상으로 한다. 특히 투자자의 위탁증거금이 1,000만원 이하에서 결정되는 경우에도 미결제약정을 보유하고 있는 한 기본예탁금을 인출할 수 없다. 왜냐하면 앞서 언급한 바와 같이 기본예탁금은 선물거래를 하기 위한 최소한의 기본금액에 해당하기 때문이다.

2.2 거래증거금

거래증거금은 결제소회원인 선물중개회사가 자신 또는 고객의 미결제약정을 성실하게 이행하겠다는 증거로 결제소에 예치하는 것이며, 선물중개회사가 고객으로부터 납입받은 증거금 중에서 일부를 결제소에 예치하는 것이 일반적이다. 대부분의 경우 거래증거금은 유지증거금 수준에서 결정된다. 그리고 결제소회원이 아닌 선물중개회사는 결제소회원인 중개회사를 통하여 거래증거금을 결제소에 예치한다. 결제소회원의 거래증거금계좌도 고객의 위탁증거금계좌와 같은 방법으로 일일정산된다. 일일정산에 의해 거래증거금이 감소되는 경우 그만큼을 보충해야 하며, 거래증거금을 초과하는 금액은 인출될 수 있다. 결제소회원의 경우 위탁증거금에서의 유지증거금제도는 없고 개시증거금(거래증거금)제도만 있다고 할 수 있다.

예제 2-1 일일정산과 증거금

이매입은 3월 6일 현재, 3월 만기인 코스피200선물 10계약을 270.40포인트에 매입하였다. 반면 박매도는 3월 6일 현재, 3월 만기인 코스피200선물 10계약을 270.40포인트에 매도하였다. 거래일 이후 3월물 코스피200선물의 가격(종가)은 다음과 같다. (단, 최종거래일의 정산가격과 최종결제가격은 동일함.)

(단위 : 포인트)

일 자	3월물 코스피200 선물가격
3월 6일	270.40
7일	265.20
8일	262.20
9일*	268.40

* 최종거래일

두 거래자 모두 최종거래일까지 포지션을 유지한다고 가정한다. 일일정산의 결과에 따른 이매입과 박매도의 일자별 손익, 그리고 위탁증거금 변동내역을 계산하라. (단, 선물 1계약의 크기는 「코스피200 선물지수(가격)×25만원」이며, 개시증거금률은 9%, 유지증거금률은 6%이라 가정한다.)

해설

(1) 이매입의 일자별 손익, 위탁증거금 변동의 계산

3월 6일(선물계약일)에 이매입의 총거래금액(선물매입 계약액), 개시증거금, 유지증거금은 다음과 같다.

- 총거래금액＝코스피200 선물지수(가격)×25만원×10계약
  ＝270.40×25만원×10＝67,600만원
- 개시증거금＝총거래금액×0.09＝67,600만원×0.09＝6,084만원
- 유지증거금＝총거래금액×0.06＝67,600만원×0.06＝4,056만원

그리고 일일정산에 따른 이매입(선물매입자)의 일일정산이익(또는 손실)은 다음과 같이 계산된다.

- 이매입의 일일정산이익＝당일정산가격－전일정산가격

(단위 : 포인트, 만원)

일 자	선물가격	일일정산이익(손실)	누적이익(손실)	증 거 금	추가증거금
3. 6	270.40			6,084	
3. 7	265.20	(1,300)[1]	(1,300)	4,784	
3. 8	262.20	750)[2]	(2,050)	4,034	2,050[4]
3. 9	268.40	1,550[3]	(500)	7,634	

주) 1. (265.20－270.40)×25만원×10＝－1,300만원
2. (262.20－265.20)×25만원×10＝－750만원
3. (268.40－262.20)×25만원×10＝1,550만원
4. 6,084－4,034＝2,050만원

최종거래일(3. 9)에 이매입의 총이익(또는 손실)은 다음과 같이 계산될 수 있다.

이매입의 총이익＝(최종결제가격－선물약정가격)×50만원×10계약
＝(268.40－270.40)×25만원×10＝－500만원

즉, 이매입은 선물거래로 인해 500만원의 총손실이 발생하였다. 이는 최종거래일에서의 누적손실 500만원, 또는 증거금의 총감소액 500만원과 동일함을 알 수 있다.

증거금의 변동액＝최종거래일의 증거금－(개시증거금＋추가증거금)
＝7,634－(6,084＋2,050)＝－500만원

(2) 박매도의 일자별 손익, 위탁증거금 변동내역

증거금은 포지션의 종류와 관계없이 동일하다. 따라서 3월 6일(선물계약일)에 박매도의 총거래금액(선물매도 계약액)은 67,600만원, 개시증거금은 6,084만원, 유지증거금은 4,056만원으로 이매입의 경우와 같다.

그리고 일일정산에 따른 박매도(선물매도자)의 일일정산이익(또는 손실)은 다음과 같이 계산될 수 있다.

• 박매도의 일일정산이익＝전일정산가격－당일정산가격

(단위 : 포인트, 만원)

일 자	선물가격	일일정산이익(손실)	누적이익(손실)	증 거 금	추가증거금
3. 6	270.40			6,084	
3. 7	265.20	1,300[1]	1,300	7,384	
3. 8	262.20	750[2]	2,050	8,134	
3. 9	268.40	(1,550)[3]	500	6,584	

주) 1. (270.40－265.20)×25만원×10＝1,300만원
2. (265.20－262.20)×25만원×10＝750만원
3. (262.20－268.40)×25만원×10＝－1,550만원

최종거래일(3. 9)에 박매도의 총이익(또는 손실)은 다음과 같이 계산될 수 있다.

박매도의 총이익 = (선물약정가격 − 최종결제가격) × 25만원 × 10계약
= (270.40 − 268.40) × 25만원 × 10 = 500만원

즉 박매도는 선물거래로 인해 500만원의 총이익이 발생하였다. 이는 최종거래일에서의 누적이익 500만원, 또는 증거금의 총증가액 500만원과 동일함을 알 수 있다.

증거금의 변동액 = 최종거래일의 증거금 − (개시증거금 + 추가증거금)
= 6,584 − (6,084 + 0) = 500만원

3 한국거래소 선물의 거래절차

3.1 선물거래절차

선물을 거래하기 위해서는 우선 계좌개설을 하여야 하며, 그 뒤 증거금 납부, 주문, 거래체결, 체결내용의 통보 및 확인, 결제 등의 과정을 거친다. 선물의 거래절차를 요약하면 [그림 2-4]와 같다. 이러한 거래절차는 제 II 편에서 소개하는 옵션의 거래절차에도 준용된다.

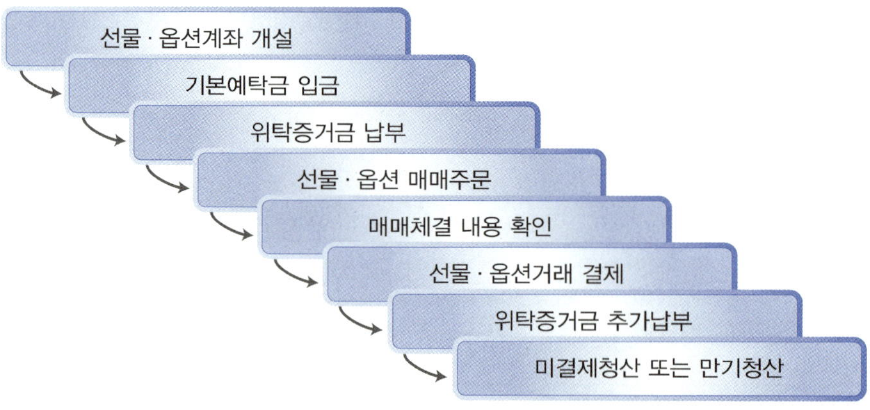

그림 2-4 선물의 거래절차

거래계좌 개설

한국거래소의 파생상품시장에서 선물을 거래하고자 하는 고객은 회원사 또는 회원사 제휴은행 등에서 거래계좌를 개설하여야 한다. 선물거래계좌를 이용하면 선물 이외에 제Ⅱ편에서 다룰 옵션거래도 동시에 가능하다. 선물·옵션거래를 가능하도록 하는 선물·옵션계좌는 주식거래 시 사용하는 위탁계좌와는 구분된다.

증거금 납부

선물거래에 있어서 증거금은 미래의 채무이행을 성실히 수행하겠다는 표시로 예탁하는 보증금 성격의 자금이라 할 수 있다. 따라서 투자자들은 선물거래에 의한 미래의 채무이행을 위하여 증거금을 예탁하고 모든 채무를 이행한 후에 해당 증거금을 찾아가게 된다.

주 문

고객은 주문 시 홈트레이딩시스템(home trading system : HTS), 컴퓨터 통신, 서면(팩스 포함), 전화 등을 이용하거나 회원사로 직접 방문할 수 있다.

거래체결

회원사에 접수된 고객의 주문은 신속하고 정확하게 파생상품시장본부 전산시스템에 전달되고 전달된 주문은 가격우선, 시간우선 등의 정해진 원칙에 따라 체결이 이루어진다.

체결내용의 통보

회원사는 주문이 체결되거나 미결제약정에 대하여 최종결제가 있을 경우에는 그 내용을 고객에게 전화, 휴대폰 문자서비스 또는 인터넷 및 컴퓨터 통신 등의 방법으로 통지한다.

3.2 청산 및 최종결제

보유하고 있는 선물·옵션에 대하여 최종거래일 이전에 반대매매에 의해 청산하는 방법과 결제일에 최종결제에 의해 청산하는 방법이 있다.

반대매매에 의한 청산

고객은 최종거래일 이전에 미결제약정을 반대매매로 종결할 수 있으며, 반대매매한 경우 고객이 미결제약정을 취할 때의 약정금액과 반대매매한 약정금액과의 차이에 해당하는 금액을 주고받음으로써 거래관계가 종결된다.

최종결제

최종결제방식에는 인수도결제방식과 현금결제방식이 있다.

- 인수도결제 : 최종거래일까지 반대매매가 되지 않은 미결제약정은 실물을 직접 인수하거나 인도하는 방식으로 최종결제 처리
- 현금결제 : 최종거래일의 정산가격(선물의 종가)과 최종결제가격(기초자산의 종가)의 차이에 거래승수 및 최종결제수량을 곱하여 산출된 금액을 주고받아 결제 처리[2]

알아두기

한국거래소 적격개인투자자제도

적격개인투자자제도란 파생상품시장을 전문투자자 위주의 위험관리시장으로 발전시키고 적격개인투자자제도는 파생상품시장을 전문투자자 위주의 위험관리시장으로 발전시키고 개인투자자 보호를 강화하고자 마련된 제도이다. 관련 규정에 따르면 개인투자자는 크게 전문투자자와 일반투자자로 분류되며, 일반투자자는 적격개인투자자제도 시행 전 일정요건을 갖춘 기존일반투자자와 적격개인투자자제도 시행 후 처음 계좌를 개설한 신규일반투자자로 구분된다. 전문투자자와 기

2 최종거래일에서 선물거래는 평상시와 달리 현물(기초자산)의 거래보다 일찍 종료된다.

존일반투자자는 파생상품교육과정 및 모의거래과정의 이수 의무가 면제된다. 하지만 신규일반투자자는 선물과 옵션 등의 파생상품을 거래하기 위해선 사전에 파생상품교육과정 및 모의거래과정을 이수하여야 한다. 파생상품교육과정은 파생상품 관련 교육으로 최소 1시간이상으로 하여 한국거래소 회원사가 정하는 일정시간 이상을 이수하는 방식으로 진행된다. 모의거래과정은 한국거래소의 파생상품 모의거래과정 또는 한국거래소가 인증한 회원사의 파생상품 모의거래과정을 최소 3시간 이상으로 하여 회원사가 정하는 일정시간 이상을 이수하는 방식으로 실시된다.

4 선물거래자의 유형과 선물시장의 경제적 기능

4.1 선물거래자의 유형

선물거래의 동기에 따라 선물거래자는 헤저(hedger), 투기자(speculator), 차익거래자(arbitrageur) 등 세 가지 유형으로 구분될 수 있다.

헤 저

헤저는 선물의 매입 또는 매도를 통해서 예상하지 못한 현물의 가격변동으로 인해 발생될 수 있는 손실을 최소화시킬 목적으로 선물거래를 하는 사람을 의미한다. 헤저의 선물거래 목적은 현물가격 변동에 따른 위험을 최소화하는 데 있다. 이 과정에서 헤저는 기회손실을 입을 수 있으나, 이는 현물포지션으로부터의 손실을 방어하기 위해 지불하는 대가로 보아야 할 것이다.

투 기 자

투기자는 현물시장에서의 포지션과 관계없이 선물가격 변동에 따른 시세차익을 얻기 위하여 선물거래를 하는 사람을 의미한다. 투기자의 선물거래 목적은 향후 기초자산 가격이 오를 것으로 전망되는 경우 선물 매입포지션을 취하고, 반대로 기초자산 가격이 내릴 것으로 예상되는 경우 선물 매도포지션을 취해 높은 투기적 이익을 얻는 데 있다. 그러나 예상이 빗나갈 경우 큰 손해를 볼 수도 있다. 이와 같이 투기자들은 보호되지 않은 포지션(uncovered position)을 보유함으로써 선물가격 변동에 따른 위험을 감수하더라도 높은 투기적 이익을 얻고자 한다. 투기자는 선물시장에서 헤저의 위험을 떠맡을 뿐만 아니라 선물시장의 안정을 도모하는 중요한 경제적 역할을 수행한다. 투기와 도박은 위험을 대가로 수익을 얻고자 한다는 점에서는 유사하지만, 투기는 사회적으로 유익한 기능을 수행하나 도박은 백해무익하다는 점에서 다르다.

차익거래자

차익거래자는 현물가격과 선물가격간의 일시적인 불균형을 이용하여 무위험이익을 얻을 목적으로 선물거래를 하는 사람을 의미한다. 현물가격 또는 선물가격이 균형에서 이탈하여 차익거래이익(arbitrage profit)이 존재하는 경우 이를 얻기 위하여 차익거래가 발생하게 되며, 이와 같은 차익거래과정에 의해 현물가격과 선물가격이 균형상태로 되돌아가게 된다.

4.2 선물시장의 경제적 기능

선물시장은 다음과 같은 몇 가지 중요한 기능을 수행한다.

가격변동위험의 관리

시장에서는 미래의 가격변동에 따른 위험이 항상 존재한다. 예를 들어 특정 원재료를 계속적으로 필요로 하는 제조업자의 경우에는 원재료의 가격상승에 따른 위험에 직면하게 되는 반면, 농산물을 생산하는 농부의 경우에는 수확기 농산물의 가격하락에 따른 위험에 직면하게 된다.

선물시장은 예상하지 못한 가격변동으로 인한 손실위험을 사전에 방지할 수 있는 수단을 제공한다. 현물시장에서의 포지션과 반대되는 포지션(예를 들어 현물 : 매입(또는 매도), 선물 : 매도(또는 매입))을 선물시장에서 취함으로써 위험을 회피할 수 있다. 이 경우 위험을 회피하려는 거래자, 즉 헤저로부터 위험을 부담하여 보다 큰 투기적 이익을 추구하려는 거래자, 즉 투기자에게로 위험이 전가된다. 이와 같이 선물시장은 가격변동에 따른 위험을 관리할 수 있는 수단을 제공함으로써 경영자는 경영계획과 투자계획을 보다 안정적으로 수립할 수 있고, 한정된 투자자금을 훨씬 효율적으로 활용할 수 있다.

가격의 예시

선물가격은 미래 특정 시점의 현물의 수요·공급에 대한 예상에 의해 결정되기 때문에 이것에 의해서 미래 현물가격의 동향을 사전에 예측할 수 있다. 이와 같은 선물시장의 가격예시기능(price discovery)으로 인하여 현물시장의 생산자나 투자자가 미래에 대한 일정한 예측을 할 수 있게 되어 장기적으로 현물시장의 안정을 가져온다.

시장효율성의 제고

선물시장은 전문적으로 시장정보를 수집하고 평가하는 다수의 투기자를 시장에 참여시킴으로써 시장정보의 양과 질을 높이고 거래비용을 절감시킨다. 즉 선물거래는 시장효율성을 높이고, 이에 따라 경제 전체의 자원배분 효율성을 증대시킨다.

자본형성의 촉진

선물시장은 투기자의 부동자금을 헤저의 산업자금으로 이전시키는 자본형성기능(capital formation function)을 간접적으로 수행한다. 선물시장이 효율적인 투자장소로 운영되면 투기자의 부동자금이 금융시장으로 유입되고, 이 자금은 다시 건전한 산업자금으로 활용될 수 있다.

특히 금융선물은 은행, 증권회사, 투자신탁 등 금융기관이 직면하는 주가변동위험과 이자율변동위험을 관리하는 데 있어 중요한 수단을 제공함으로써 저축과 투자의 흐름을 개선시킨다. 즉 선물시장을 이용하여 주가 및 이자율변동위험을 효과적으로 관리함으로써 주식과 채권 등 증권에 대한 수요가 증가하여 저축을 증대시킬 수 있다. 이 경우 기업의 자금조달이 용이해지고 자금조달비용이 감소하게 되기 때문에 투자가 촉진되어 궁극적으로 국가 전체의 부를 증진시킬 수 있다.

시사포커스

"파생상품은 제로섬 게임, 한 번 실패하면 재기 어려워"

▶ MZ세대 투기장 된 파생상품

"파생상품은 낮은 비용으로 위험을 회피하려는 목적에서 탄생한 상품이다. 수익을 내는 것이 아니라 수익을 지키는 게 목적인데, 고수익 투자처로 오해해선 안 된다."

윤재근 전 KDB유럽 은행장은 "파생상품에 대한 충분한 이해가 없다면 투기일 뿐"이라며 이렇게 말했다. 윤 전 행장은 KDB산업은행에서 금융공학실 스왑팀장, 옵션팀장, 금융파생팀장, 리스크관리부문장(부행장) 등을 역임했고 은행연합회 파생상품전문위원회 초대 의장을 지냈다. 국내에서는 처음으로 원화금리옵션(Option)과 통화장기스왑(Swap) 등을 거래한 선구자로 알려져 있다. 그의 저서 『파생상품, 그 모든 이야기』는 파생상품의 교과서이자 일반 투자자의 투자 길잡이로 꼽힌다. 20일 윤 전 행장을 만나 파생상품 투자에 대해 물었다.

▶ 투자금 날리고 파산 사례 많아

Q. 파생상품 투자가 각광받고 있다

A. "코로나19 확산 이후 금융 시장 투자자들이 큰 수익을 경험하면서 시장 눈높이가 올라갔다. 그런데 올해는 증시가 지지부진하다. 파생상품에 눈을 돌릴 만하다. 적은 돈으로도 큰 수익을 낼 수 있다는 점이 매력적으로 느껴질 수 있다. 그러나 파생상품은 단순히 주식 투자를 생각하고 접근해서는 안 된다."

Q. 주식 투자와 어떤 점이 다른가

A. "파생상품의 종류가 다양하니 일단 가장 쉬운 주식 선물(Future)을 예로 들어보자. 주식 현물은 쌀 때 사서 비쌀 때 파는 식으로 투자한다. 선물은 오를지 내릴지 방향을 예상하고 양쪽으로 베팅할 수 있다. 시점도 맞춰야 한다. 선물·옵션에는 만기가 있다. 언제까지 오를지 내릴지, 시점까지 정해서 베팅해야 한다. 예컨대 주식시장이라면 삼성전자 주식이 오를지 내릴지 정도만 알아도 투자의 신이 될 것이다. 파생상품은 그러나 시점까지 맞춰야 하고, 만기일을 길게 잡을수록 들어가는 비용이 커질수 있다."

Q. 주식 선물이 가장 쉽다고 했는데

A. "금리나 환율, 원자재 파생상품 등 일반 투자자에게 생소한 분야는 쉽게 설명할 방법이 없다. 기초자산이 되는 상품의 특성이 다양하니 하나하나 특성을 고려해야 한다. 거래 시간도 다르고 증거금 비율이나 청산 방식도 다르다. 주식시장보다 공부할 것이 더 많다는 뜻이다."

Q. 파생상품 투자에 관심이 있다면, 어떻게 공부하면 되나

A. "파생상품 전반을 공부하고 특성을 이해한 다음에 투자할 것을 권한다. 예컨대 선물 투자만 한다고 선물만 공부해선 안 된다. 선물·옵션·스왑 모두 이해해야 한다. 수요와 공급이 서로 영향을 주기 때문이다. 파생상품의 작동 방식을 이해했다면 투자하려는 상품의 기초자산 특성이나 시장 동향을 파악해야 한다. 거래 세부 조건도 미리 살펴야 한다."

▶ 파생상품 투자 주의사항

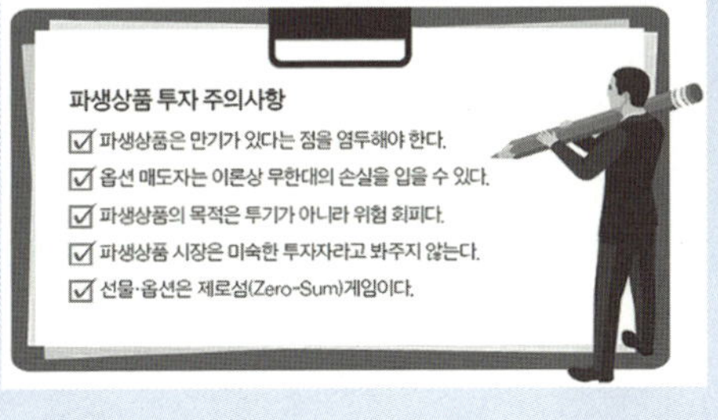

Q. 전문가가 아니라면 투자하기 어렵겠다

A. "파생상품은 아무나 투자하라고 만든 상품이 아니다. 금융당국에서 일정 시간 교육을 받은 뒤 자격을 갖춘 투자자에게만 파생상품에 투자할 수 있도록 하는 것도 그런 까닭이다. 주식처럼 수업료를 내고 시장에서 배우라고 하기엔 개인이 감당할 수준이 아니다."

Q. 투자자들이 반드시 기억해야할 부분은

A. "시장은 미숙한 개인 투자자라고 봐주지 않는다. 주식과 달리 선물·옵션은 정확한 이론상 가격을 계산할 수 있다. 수많은 전문가들이 가격이 조금만 정상 범위에서 이탈해도 바로 알아차리고 이익을 챙긴다. 더구나 선물·옵션은 제로섬 게임이라 누군가 이익을 내려면 상대방은 손실을 봐야 한다. 장이 좋으면 모두가 수익을 낼 수 있는 주식시장과는 다르다. 충분한 준비 없이 파생상품에 투자했다가는 낭패를 볼 뿐이다."

〈중앙일보 2021. 10. 23 수정〉

주 · 요 · 용 · 어 key words

- **선물거래소(futures exchange)**

거래소회원(exchange member)인 장내거래자가 고객의 선물거래 또는 자신의 계산에 의한 선물거래를 상호 경쟁적으로 체결시키는 장소이다.

- **결제소(clearing house)**

선물거래소에서 이루어지는 모든 거래를 결제하는 결제기관으로서 일일정산기능, 청산기능, 실물인수도기능 등을 맡는다.

- **일일정산(marking to market)**

매일매일 형성되는 정산가격(settlement price)을 기준으로 모든 거래참여자들의 미결제약정(open interest)에 대한 손익을 계산하여 반영하는 것을 말한다.

- **증거금(margin)**

일일정산 시 발생될 수 있는 계약불이행을 방지하기 위한 수단으로, 예치해야 하는 현금 또는 현금성자산을 의미한다.

- **위탁증거금(customer margin)**

고객이 선물중개회사에 납부하는 증거금으로서 개시증거금과 유지증거금으로 구분된다.

- **개시증거금(initial margin)**

고객이 신규 또는 추가적으로 선물을 매수 또는 매도할 때 선물중개회사에 예치해야 하는 증거금을 의미한다.

- **유지증거금(maintenance margin)**

고객이 자신의 선물거래 포지션을 유지하는 데 필요한 최소한의 증거금을 말한다.

- **거래증거금(clearing margin)**

결제소회원인 선물중개회사가 자신 또는 고객의 미결제약정을 성실하게 이행하겠다는 증거로 결제소에 예치하는 증거금이다.

- **헤저(hedger)**

선물의 매입 또는 매도를 통해서 예상하지 못한 현물의 가격변동으로 인해 발생될 수 있는 손실을 최소화시킬 목적으로 선물거래를 하는 사람을 의미한다.

• 투기자(speculator)

현물시장에서의 포지션과 관계없이 선물가격 변동에 따른 시세차익을 얻기 위하여 선물거래를 하는 사람을 의미한다.

• 차익거래자(arbitrageur)

현물가격과 선물가격간의 일시적인 불균형을 이용하여 무위험이익을 얻을 목적으로 선물거래를 하는 사람을 의미한다.

Exercise

연습문제

■ 완성/선택형 문제

1 (　　)는 거래소회원(exchange member)인 장내거래자가 고객의 선물거래 또는 자신의 계산에 의한 선물거래를 상호 경쟁적으로 체결시키는 장소이다.

2 결제소는 매일매일 형성되는 정산가격(settlement price)을 기준으로 모든 거래참여자들의 미결제약정(open interest)에 대한 손익을 계산하여 반영하며, 이를 (　　)이라 한다.

3 (　　)은 고객이 신규 또는 추가적으로 선물을 매수 또는 매도할 때 선물중개회사에 예치해야 하는 증거금을 의미하며, (　　)은 고객이 자신의 선물거래 포지션을 유지하는 데 필요한 최소한의 증거금을 의미한다.

4 (　　)는 선물의 매입 또는 매도를 통해서 예상하지 못한 현물의 가격변동으로 인해 발생될 수 있는 손실을 최소화시킬 목적으로 선물거래를 하는 사람을 의미하며, (　　)는 현물가격과 선물가격간의 일시적인 불균형을 이용하여 무위험이익을 얻을 목적으로 선물거래를 하는 사람을 의미한다.

5 선물결제소의 역할과 거리가 가장 먼 것은?

① 거래이행의 보증　　② 일일정산
③ 규정이나 규칙 등의 제정 · 시행　　④ 선물포지션의 청산
⑤ 실물인수도

Exercise

6 증거금제도에 대한 다음의 설명 중 적절하지 못한 것은?

① 선물거래에서 계약이행보증을 위해 실시하는 제도이다.

② 증거금은 반드시 현금으로 납부되어야 한다.

③ 고객이 선물중개회사에 납부하는 위탁증거금과 결제소회원인 선물중개회사가 결제소에 납부하는 거래증거금으로 구분된다.

④ 위탁증거금은 개시증거금과 유지증거금으로 구분된다.

⑤ 증거금이 일정한 수준(유지증거금) 이하로 떨어지게 되면, 선물중개회사는 고객에게 증거금을 당초의 개시증거금 수준까지 현금으로 충당하도록 요구하며, 이를 마진콜(margin call)이라 한다.

7 선물 등의 파생상품거래 시 결제불이행 방지를 위한 제도로서 적절하지 않은 것은?

① 증거금　　② 일일정산

③ 반대매매(청산)　　④ 상품표준화

⑤ 마진콜

8 다음 중 현물가격과 선물가격간의 일시적인 불균형을 이용하여 무위험이익을 얻을 목적으로 선물거래를 하는 사람은?

① 차익거래자　　② 헤저

③ 투기자　　④ 딜러

⑤ 기관투자자

9 선물시장의 경제적 기능에 대한 다음의 설명 중 거리가 먼 것은?

① 가격변동위험의 관리　　② 가격의 예시

③ 시장효율성의 제고　　④ 자본형성의 촉진

⑤ 투기적 거래의 방지

Exercise

■ 서술/계산형 문제

1 결제소의 기능과 선물시장의 증거금제도에 대하여 설명하라.

2 한국거래소 파생상품시장의 선물거래절차에 관하여 설명하라.

3 선물거래자의 유형에 관하여 설명하라.

4 선물시장의 경제적 기능에 대하여 설명하라.

5 일일정산이익과 총이익

이매입은 3월 15일 현재, 3월 만기인 코스피200선물 10계약을 262.30포인트에 매입하였다. 반면 박매도는 3월 15일, 3월 만기인 코스피200선물 10계약을 262.30포인트에 매도하였다. 거래 후 3월물 코스피200선물의 가격(종가)은 다음과 같다.

(단위 : 포인트)

일 자	코스피200선물가격(3월물)
3월 15일	260.40
16일	261.20

일일정산의 결과에 따른 이매입과 박매도의 일자별 손익, 그리고 3월 16일 거래종료 후 선물거래로 인한 총손익을 계산하라.

제 3 장

선물의 가격설정

선물의 가격결정과정은 기초자산의 특성에 따라 차이가 있다. 즉 선물의 기초자산이 투자목적으로 보유하는 자산(예를 들어 금융상품, 귀금속 등)이냐 또는 소비목적으로 보유하는 자산(예를 들어 비철금속, 에너지, 농림산물, 축산물 등)이냐에 따라 선물가격의 결정과정은 차이가 있다. 투자자산(investment assets)에 대한 선물의 가격은 차익거래논리에 의해 도출될 수 있다. 그러나 소비자산(consumptionassets)에 대한 선물의 가격결정에서 차익거래논리를 적용하기란 쉽지 않다.

본장에서는 먼저 투자자산에 대한 선물의 가격결정에 대해 살펴본 후, 대표적인 투자자산에 대한 선물인 주가지수선물, 금리선물, 통화선물 등의 가격결정에 대해 차례로 살펴본다. 그리고 마지막으로 소비자산에 대한 선물의 가격결정에 대해 살펴보고자 한다.

1 투자자산에 대한 선물의 가격결정

투자자산에 대한 선물의 이론적 가격은 차익거래기회가 존재하지 않는다는 전제하에서 도출되며, 이와 같은 선물가격결정모형을 보유비용모형(cost-of-carry model) 또는 현물-선물 패리티이론(spot-futures parity theorem)이라 한다. 차익거래는 자금을 추가로 투자하지 않고, 위험도 부담하지 않으면서 얻을 수 있는 이익, 즉 차익거래이익을 얻기 위한 거래를 의미한다.

1.1 완전시장에서의 보유비용모형

기본적인 보유비용모형을 도출하기 위하여 필요한 완전시장가정은 다음과 같다.

첫째, 일일정산 및 증거금이 존재하지 않는다. 이러한 가정은 선물가격과 선도가격을 동일하게 만든다.[1]

둘째, 거래비용(예를 들어 위탁매매수수료, 거래소수수료, 매수-매도 호가차이 등)과 세금이 존재하지 않는다.

셋째, 공매도(short selling)에 대한 제한이 없고, 공매도에 의해 취득한 자금을 전액 사용할 수 있다.[2]

넷째, 모든 투자자들은 무위험이자율로 얼마든지 자금을 차입하거나 대

---

1 선물의 일일정산제도가 존재하더라도 선물계약의 만기까지 이자율이 일정하다면, 선물가격과 선도가격은 일치하게 된다. 이에 대한 증명은 다음의 논문을 참조.
J. C. Cox, J. E. Ingersoll, and S. A. Ross, "The Relation between Forward Prices and Future Prices," *Journal of Financial Economics*, Vol. 9(December 1981), pp. 321~346.

2 공매도(空賣渡)는 말 그대로 없는 현물을 미리 파는 무차입 공매도(naked short selling)와 빌려온 현물을 매도하는 차입 공매도(covered short selling)로 나눌 수 있는데, 현재 우리나라에서는 무차입 공매도는 금지되어 있다. 차입 공매도는 증권회사, 한국증권금융, 한국예탁결제원 등에서 주식 등 현물을 빌려 매도하는 것으로 대주거래(개인)나 대차거래(기관, 외국인)와 유사한 개념이다. 그러나 대주(대차)거래로 일단 주식 등 현물을 빌렸다 하더라도 시장상황에 따라 매도하지 않을 수도 있기 때문에 차입 공매도와 반드시 일치하지는 않는다.

출할 수 있으며, 차입이자율과 대출이자율이 같다.

이와 같은 완전시장에서의 보유비용모형을 도출하기 위하여 다음과 같은 두 거래를 고려해 보자.

- 거래 Ⅰ : 현재시점에서 만기일이 T인 선물을 $F_{0,T}$로 매입함.
- 거래 Ⅱ : 현재시점에서 현금을 S_0만큼 차입한 후, 그 자금으로 현물(기초자산)을 매입함.

이상과 같은 두 거래로 인한 현재 및 만기일에서의 현금흐름을 살펴보면 〈표 3-1〉과 같다.

거래 Ⅰ과 Ⅱ 모두 현재시점에서 추가적인 자금의 지출 없이 만기에 현물을 보유하는 동일한 거래이다. 따라서 차익거래기회가 존재하지 않기 위해서는 만기일의 현금흐름이 같아야 한다.

표 3-1 거래 Ⅰ과 Ⅱ의 현금흐름

거 래		현금흐름	
		현재(0시점)	만기일(T시점)
거래 Ⅰ	선물을 $F_{0,T}$로 매입	0	$F_{T,T}-F_{0,T}=S_T-F_{0,T}$
거래 Ⅱ	현물을 S_0로 매입 현금 S_0 차입	$-S_0$ S_0	$S_T-C_T+D_T$ $-S_0(1+r_T)$
	합 계	0	$S_T-S_0(1+r_T)-C_T+D_T$

단, S_0 : 현재시점에서의 현물가격, S_T : 만기일에서의 현물가격
$F_{0,T}$: 현재시점에서 만기일이 T인 선물가격, $F_{T,T}$: 만기일에서의 선물가격
r_T : 현재시점에서 만기일인 T시점까지 기간의 무위험이자율[3]
C_T : 현물보유비용(보험료, 창고료, 수송비, 진부화 및 파손으로 인한 손실 등)의 T시점에서의 가치
D_T : 현물보유수익(이자수익, 배당금 등)의 T시점에서의 가치

3 r_T를 연율로 환산한 이자율, 즉 연리(annual interest rate)를 r이라 하고, 만기 T를 연 단위로 환산(예를 들어 3개월=0.25년)하여 나타낸다면, 복리계산방법에 따라 차입금의 원리합계를 $S_0(1+r)^T$ 또는 $S_0 \cdot e^{rT}$와 같이 나타낼 수도 있다.

$$S_T - F_{0,\,T} = S_T - S_0(1 + r_T) - C_T + D_T$$

그러므로

$$F_{0,\,T} = S_0(1 + r_T) + C_T - D_T \qquad (3\text{-}1)$$

식 (3-1)에 의하면 이론적 선물가격은 현물가격에 만기일까지 발생한 모든 보유비용(carry costs)을 합한 후, 보유수익(carry returns)을 차감한 값이라 할 수 있다.[4] 기초자산이 금융상품인 경우에는 배당, 이자수익 등 보유수익이 발생될 수 있으나, 보험료, 창고료, 수송비, 진부화 및 파손으로 인한 손실 등의 보유비용은 발생되지 않는다. 한편 기초자산이 실물상품인 경우에는 보험료, 창고료, 수송비, 진부화 및 파손으로 인한 손실 등의 보유비용이 발생될 수 있으나, 보유수익은 발생되지 않는 것이 일반적이다.

알아두기

다른 방법으로 보유비용모형 도출

만기일(T)에 거래 I과 II의 현금흐름을 일치시키는 방법에 의해서도 동일한 결과를 얻을 수 있다.

거 래		현금흐름	
		현재(0시점)	만기일(T시점)
거래 I	선물을 $F_{0,\,T}$로 매입	0	$F_{T,\,T} - F_{0,\,T} = S_T - F_{0,\,T}$
거래 II	현물을 S_0로 매입	$-S_0$	$S_T - C_T + D_T$
	현금 차입	$(F_{0,\,T} - C_T + D_T)/(1 + r_T)$	$-(F_{0,\,T} - C_T + D_T)$
	합 계	$(F_{0,\,T} - C_T + D_T)/(1 + r_T) - S_0$	$S_T - F_{0,\,T}$

위의 거래 I과 II는 모두 만기일에서 추가적인 자금의 지출 없이 만기에 현물을 보유하는 동일한 거래이다. 따라서 차익거래기회가 존재하지 않기 위해서는 현재의 현금흐름이 동일해야 한다.

$$(F_{0,\,T} - C_T + D_T)/(1 + r_T) - S_0 = 0$$

$$\therefore\ F_{0,\,T} = S_0(1 + r_T) + C_T - D_T$$

4 본서에서는 편의상 차입금에 대한 이자비용과 현물보유비용을 구분했지만, 이자비용도 현물보유에 따른 기회비용의 성격을 가지고 있으므로 현물보유비용에 포함된다고 할 수 있다.

1.2 선물을 이용한 차익거래

선물가격이 식 (3-1)의 이론적 선물가격과 다른 경우에는 차익거래가 발생하게 된다. 먼저 선물가격이 이론적 선물가격보다 높은 경우, 즉 「$F_{0,T} > S_0(1+r_T)+C_T-D_T$」인 경우에는 과대평가된(overpriced) 선물을 매도하고, 과소평가된(underpriced) 현물을 매입하여 보유하는 차익거래에 의해서 「$F_{0,T}-S_0(1+r_T)-C_T+D_T>0$」의 차익거래이익을 얻을 수 있다. 이와 같은 차익거래를 매수차익거래 또는 현물보유차익거래(cash-and-carry arbitrage)라 하며, 그 차익거래과정을 요약하면 〈표 3-2〉와 같다.

〈표 3-2〉와 같이 양(+)의 차익거래이익이 존재하는 경우에 모든 차익거래자들은 매수차익거래에 참여할 것이기 때문에, 선물 매도가 증가하여 선물가격이 하락하고 현물 매입이 증가하여 현물가격이 상승하게 된다. 매수차익거래는 선물가격이 이론적 선물가격과 같아질 때까지 지속적으로 발생하게 될 것이다.

한편 선물가격이 이론적 선물가격보다 낮은 경우, 즉 「$F_{0,T}<S_0(1+r_T)+C_T-D_T$」인 경우에는 과소평가된 선물을 매입하고, 과대평가된 현물을 공매도하는 차익거래에 의해서 「$S_0(1+r_T)+C_T-D_T-F_{0,T}>0$」의 차익거래이익을 얻을 수 있다. 이와 같은 차익거래를 매도차익거래 또는 역현물보유차익거래(reverse cash-and-carry arbitrage)라 하며, 그 차익거래과정을 요약하면 〈표 3-3〉과 같다.

표 3-2 「$F_{0,T}>S_0(1+r_T)+C_T-D_T$」일 경우의 차익거래 : 매수차익거래

차익거래	현금흐름	
	현재(0시점)	만기일(T시점)
선물을 $F_{0,T}$로 매도 현물을 S_0로 매입 현금 S_0 차입	0 $-S_0$ S_0	$F_{0,T}-S_T$ $S_T-C_T+D_T$ $-S_0(1+r_T)$
차익거래이익	0	$F_{0,T}-S_0(1+r_T)-C_T+D_T$

표 3-3 「$F_{0,T} < S_0(1+r_T) + C_T - D_T$」일 경우의 차익거래 : 매도차익거래

차익거래	현금흐름	
	현재(0시점)	만기일(T시점)
선물을 $F_{0,T}$로 매입 현물을 S_0로 공매도 현금 S_0 대출	0 S_0 $-S_0$	$S_T - F_{0,T}$ $-S_T + C_T - D_T$ $S_0(1+r_T)$
차익거래이익	0	$S_0(1+r_T) + C_T - D_T - F_{0,T}$

〈표 3-3〉과 같이 양(+)의 차익거래이익이 존재하는 경우에 모든 차익거래자들은 매도차익거래에 참여할 것이기 때문에, 선물 매입이 증가하여 선물가격이 상승하고 현물 공매도가 증가하여 현물가격이 하락하게 된다. 매도차익거래는 선물가격이 이론적 선물가격과 같아질 때까지 지속적으로 발생하게 될 것이다.

이상에서 설명한 바와 같이 선물가격이 이론적 선물가격과 다른 경우에는 차익거래가 발생하여 식 (3-1)이 성립하게 됨을 알 수 있다.

예제 3-1 완전시장에서의 보유비용모형

현재 금가격은 ₩46,000/g이고, 현재 무위험이자율은 연 4%이다. (단, 금선물의 거래단위는 100g이다.)

(1) 3개월 만기 금선물 1계약의 이론적 가격을 구하라.

(2) 3개월 만기인 금선물 1계약금액이 470만원인 경우 차익거래이익을 구하라.

(3) 3개월 만기인 금선물 1계약금액이 460만원인 경우 차익거래이익을 구하라.

해설

(1) $F_{0,T} = S_0(1+r_T) + C_T - D_T = 46{,}000 \times (1+0.01) = ₩46{,}460/g$

그러므로 금선물 1계약금액은 464.6만원(=₩46,460/g×100g)이다.

(2) 3개월 금선물가격(470만원) > 3개월 금선물의 이론적 가격(464.6만원)
→ 매수차익거래(현물보유차익거래)

차익거래	현금흐름(만원)	
	현재(0시점)	만기일(3개월 후)
3개월물 금선물 1계약 매도	0	$470-S_T$
금 100g 매입	−460	S_T
현금 460만원 차입	460	$-460\times(1+0.01)=-464.6$
차익거래이익	0	5.4

(3) 3개월 금선물가격(460만원) < 3개월 금선물의 이론적 가격(464.6만원)

→ 매도차익거래(역현물보유차익거래)

차익거래	현금흐름(만원)	
	현재(0시점)	만기일(3개월 후)
3개월물 금선물 1계약 매입	0	S_T-460
금 100g 공매도	460	$-S_T$
현금 4,600만원 대출	−460	$460\times(1+0.01)=464.6$
차익거래이익	0	4.6

알아두기

우리나라 상품선물의 거래제도

한국거래소 파생상품시장에서 거래되는 상품선물의 유형과 각 유형별 거래제도를 요약하면 다음과 같다.

구 분	금 선 물	돈육선물*
기초자산	순도 99.99% 금괴	돈육대표가격 (산출기관 : 축산품질평가원)
거래단위	100g	1,000kg
가격의 표시	원/g	원/kg
호가가격단위	10원	5원
최소가격변동금액	1,000원(100g × 10원)	5,000원(1,000g × 5원)
결제방법	현금결제	현금결제

* 2021년 1월부터 새로운 결제월 종목의 거래개시(상장)가 중지됨(휴먼지정).

2 주가지수선물의 가격결정

2.1 주가지수선물의 특성 및 거래제도

주가지수(stock price index)는 특정 주식시장에 상장된 주식들의 가격수준을 나타내는 지표로서 지수산정방법에 따라 시가총액가중식 주가지수(market value weighted index), 가격가중식 주가지수(price weighted index) 등으로 나눌 수 있다. 시가총액가중식 주가지수는 비교시점의 시가총액을 기준시점의 시가총액으로 나누어 구하는 반면, 가격가중식 주가지수는 비교시점의 단순주가평균을 기준시점의 단순주가평균으로 나누어 구한다.[5] 주가지수는 주식가격의 움직임을 나타내는 지수에 불과하지만 주가지수를 금액으로 환산하여 이를 선물거래의 대상으로 한 것이 주가지수선물(stock index futures)이다.

주가지수는 실체가 없는 추상적인 수치로서 만기일에 현물결제가 불가능하므로 현금결제를 통하여 주가지수선물거래를 청산하게 된다. 현재 우리

표 3-4 우리나라 주가지수선물의 거래제도

구 분	코스피200선물	미니코스피200선물	코스닥150선물	개별주식선물
기초자산	코스피200지수	코스피200지수	코스닥150지수	한국거래소 상장기업 주식
거래승수*	1포인트당 25만원	1포인트당 5만원	1포인트당 1만원	10주
호가가격 단위	0.05포인트	0.02포인트	0.1포인트	· 코스피 : 10~1,000원 · 코스닥 : 1~100원
최소가격 변동금액	12,500원 (0.05p×25만원)	1,000원 (0.02p×5만원)	1,000원 (0.1p×1만원)	· 코스피 : 100~10,000원 · 코스닥 : 10~1,000원
결제방법	현금결제	현금결제	현금결제	현금결제

* 선물 1계약금액(거래단위) = 해당 선물지수 × 거래승수

---

5 시가총액가중지수인 코스피(KOSPI)200지수의 산출산식은 다음과 같다.

$$\text{코스피200지수} = \frac{\text{코스피200 구성종목의 비교시점 시가총액 합계}}{\text{코스피200 구성종목의 기준시점 시가총액 합계}} \times 100$$

여기서 시가총액 = 보통주 주가 × 보통주 상장주식수

표 3-5 코스피200선물 시세표(20×1년 10월 8일 현재) (단위 : 포인트, 계약)

종 목	종 가	전일대비	시 가	고 가	저 가	거 래 량	미결제약정
20×1년 12월물	350.30	−0.50	349.30	350.60	348.70	175,202	121,790
20×2년 3월물	349.30	−0.45	348.05	349.40	347.65	512	2,453
20×2년 6월물	349.55	−1.55	349.55	349.55	349.55	1	1,176
20×2년 9월물	0.00	0.00	0.00	0.00	0.00	0	183
20×2년 12월물	0.00	0.00	0.00	0.00	0.00	0	85
20×3년 6월물	0.00	0.00	0.00	0.00	0.00	0	36
20×3년 12월물	0.00	0.00	0.00	0.00	0.00	0	0

나라에서 거래되고 있는 주가지수선물의 거래제도를 요약하면 〈표 3-4〉와 같다.

〈표 3-5〉는 코스피200선물 시세표를 예시한 것이다. 〈표 3-5〉에서 종가는 당일의 마지막 거래에 적용된 선물가격으로서 일일정산의 기준이 되며, 다음 날 거래의 기준가격이 된다. 시가는 당일의 첫 거래에 적용된 선물가격이며, 고가와 저가는 각각 당일 거래 중 가장 높은 가격과 낮은 가격을 의미한다. 여기서 종가로 산출된 20×1년 12월물 코스피200선물의 1계약 금액은 8,757.5만원(350.30×25만원)이 된다. 그리고 미결제약정은 반대매매 또는 만기일의 인수도 등에 의해서 청산되지 않고 남아 있는 선물계약을 의미한다.

2.2 주가지수선물의 가격결정

주가지수선물의 가격은 앞에서 설명한 보유비용모형에 의해서 결정될 수 있다. 주가지수의 경우 이자비용을 제외한 현물보유비용은 발생하지 않고, 보유수익인 배당이 발생하는 자산으로 볼 수 있다.[6] 그러므로 식

6 현금배당이 지급되는 경우 주가지수가 감소(배당락)하게 된다. 따라서 주가지수선물가격은 현금배당에 해당하는 만큼 감소하게 된다. 그러나 현물(주가지수와 동일한 포트폴리오)의 소유자는 현금배당을 받을 수 있으며, 이는 현물보유로 인한 수익, 즉 보유수익이라 할 수 있다.

(3-1)에 의해서 완전시장에서의 주가지수선물의 가격을 구하면 다음과 같다.[7]

$$F_{0,\,T} = S_0(1 + r_T) - D_T \qquad (3\text{-}2)$$

여기서 $F_{0,\,T}$: 현재시점에서 만기일이 T인 주가지수선물의 가격(지수)
S_0 : 현재시점에서의 주가지수
r_T : 현재시점에서 만기일까지 기간의 무위험이자율
D_T : 현재시점에서 만기일까지 기간 동안 지급된 배당(지수)의 T시점에서의 가치

또는

$$F_{0,\,T} = S_0(1 + r_T - d_T) \qquad (3\text{-}2)'$$

여기서 d_T : 현재시점에서 만기일까지 기간 동안 현물(주가지수)의 배당수익률(D_T/S_0)

식 (3-2) 또는 식 (3-2)′가 성립하지 않을 경우 차익거래가 발생하게 된다. 주가지수차익거래(index arbitrage)는 주가지수와 거의 같은 성격을 갖도록 만들어진 지수포트폴리오(indexed portfolio of stock) 또는 주가지수의 움직임을 잘 반영하는 소수의 대표적인 주식들로 구성한 포트폴리오 등을 이용함으로써 이루어진다. 그리고 대부분의 경우 주가지수차익거래는 프로그램거래(program trading)를 통해 이루어진다.[8]

그러나 주가지수와 동일한 포트폴리오 구성의 어려움, 정확한 배당예측의 어려움, 다수의 거래로 인한 높은 거래비용 발생 등으로 인하여 완전한 주가지수차익거래가 어려울 수 있다. 따라서 선물가격과 이론적 선물가격 사이에 다소의 괴리가 있을 수 있음을 유의해야 한다.

---

7 코스피200선물의 이론가격은 다음과 같이 계산된다.

$$\text{이론 선물가격} = \text{코스피200지수} \times \left[1 + (\text{연간 이자율} - \text{연간 배당수익률}) \times \frac{\text{잔여만기일 수}}{365}\right]$$

8 프로그램거래란 기관투자자들이 자신의 투자전략(예를 들어 차익거래전략 등)을 컴퓨터에 프로그래밍함으로써 시황변동 시 컴퓨터가 자동적으로 매매시점을 포착하여 알려주면, 기관투자자들이 시장 내외의 상황을 종합적으로 판단한 후 주문을 발주하여 거래가 이루어지도록 하는 고도의 투자기법이다.

알아두기

쿼드러플 위칭데이

쿼드러플 위칭데이(quadruple witching day)는 증권시장에서 코스피200선물, 코스피200옵션, 개별주식옵션, 개별주식선물 등 네 가지 주식 관련 상품의 만기가 동시에 겹치는 날을 의미한다. 즉 코스피200선물, 코스피200옵션, 개별주식옵션, 개별주식선물이 동시에 만기일이 되는 3, 6, 9, 12월이 쿼드러플 위칭데이이다. 쿼드러플 위칭데이는 '네 명의 마녀'가 심술을 부리듯이 선물이나 옵션의 만기일에 선물·옵션과 현물의 포트폴리오(차익거래에 의해 구성된 포트폴리오)를 청산하거나 포지션을 변경함으로써 현물시장에서 주식거래량이 늘어남과 동시에 주가의 변동성이 커지는 것을 의미한다.

한국시장의 선물·옵션 거래량은 전 세계 파생상품 거래량 중 으뜸으로, 꼬리가 몸통을 흔드는 현상, 즉 '왝더독'(wag the dog) 현상도 자주 나타나곤 하는데, 특히 쿼드러플 위칭데이에 심하다. 가끔 조용히 지나가는 경우도 있기는 하지만 쿼드러플 위칭데이가 가까워지면 투자자들은 심리적으로 위축되기 쉽다. 따라서 대부분의 경우 쿼드러플 위칭데이에는 투자자의 투자심리가 위축되면서 약세장이 펼쳐지기 때문에 투자자들은 평상시보다 좀더 신중하게 주식거래를 해야 한다. 그러나 쿼드러플 위칭데이에는 무조건 현물 주식시장이 약세를 보이는 것은 아니다. 선물·옵션과 연계돼 매물화될 수 있는 매수차익거래(현물매수, 선물·옵션 매도)의 잔고에 대한 청산물량이 많고 적음에 따라 장 분위기가 결정되기 때문이다. 매수차익거래의 잔고에 대한 청산물량이 적으면 증시충격은 그만큼 줄어들고, 많으면 증시악영향이 불가피하게 된다. 따라서 실제 증시에 미치는 영향의 정도는 심리적인 측면이 강한 쿼드러플 위칭데이보다는 그 시점에서 매수차익거래의 잔고에 대한 청산물량이 어느 정도인가에 따라 결정된다고 할 수 있다.

예제 3-2 주가지수선물의 가격결정

현재 KOSPI200지수는 240포인트, 무위험이자율은 연 8%, 그리고 KOSPI200지수에 포함되어 있는 주식들의 가중평균배당수익률은 연 4%이다. (단, 배당은 연중 균등하게 지급되며, 1개월은 30일이라고 가정한다.)

(1) 3개월 만기인 KOSPI200선물 1계약의 이론적 가격은? (단, KOSPI200선물의 계약당 거래승수는 ₩250,000임.)

(2) 현재 시장에서 3개월 만기 KOSPI200선물이 246포인트로 거래될 경우 차익거래를 통해서 얻을 수 있는 계약당 차익거래이익은 얼마인가?

(3) 현재 3개월 만기 KOSPI200선물이 236포인트로 거래될 경우 차익거래를 통해서 얻을 수 있는 계약당 차익거래이익은 얼마인가?

해설

(1) $F_{0,\,T} = S_0(1 + r_T - d_T) = 240 \times \left[1 + (0.08 - 0.04)\left(\frac{90\text{일}}{360\text{일}}\right)\right] = 242.4$포인트

3개월물 KOSPI200선물 1계약의 가격은 6,060만원(=242.4×₩250,000)이다.

(2) 「KOSPI200선물지수(246포인트) > 이론적 KOSPI200선물지수(242.4포인트)」
→ 매수차익거래

차익거래	현금흐름(만원)	
	현재(0시점)	만기일(3개월 후)
KOSPI200선물 1계약 매도[1] KOSPI200 복제포트폴리오 매입[2] 현금 차입	0 −6,000 6,000	$6,150 - S_T$ $S_T + 6,000 \times 0.01$ $-6,000 \times (1 + 0.02) = -6,120$
차익거래이익	0	90

1. 246포인트×25만원=6,150만원
2. 240포인트×25만원=6,000만원

(3) 「KOSPI200선물지수(236포인트) < 이론적 KOSPI200선물지수(242.4포인트)」
→ 매도차익거래

차익거래	현금흐름(만원)	
	현재(0시점)	만기일(3개월 후)
KOSPI200선물 1계약 매입 KOSPI200 복제포트폴리오 공매도 현금 대출	0 6,000 −6,000	$S_T - 5,900$ $-S_T - 6,000 \times 0.01$ $6,000 \times (1 + 0.02) = 6,120$
차익거래이익	0	160

3 금리선물의 가격결정

3.1 금리선물의 특성 및 거래제도

금리선물(interest rate futures)이란 이자율에 의해서 가격이 결정되는 기초자산(채권)에 대한 선물계약을 의미한다. 현재 우리나라에서 거래되고 있는 금리선물의 거래제도를 살펴보면 〈표 3-6〉과 같다.

표 3-6 우리나라의 금리선물 거래제도

구 분	3년 국채선물	5년 국채선물	10년 국채선물
기초자산	3년 만기 국고채권 (표면금리 5%, 6개월 단위 이자지급)	5년 만기 국고채권 (표면금리 5%, 6개월 단위 이자지급)	10년 만기 국고채권 (표면금리 5%, 6개월 단위 이자지급)
거래단위	액면가 1억원	액면가 1억원	액면가 1억원
가격의 표시	액면가 100원당 원화 (백분율 방식)	액면가 100원당 원화 (백분율 방식)	액면가 100원당 원화 (백분율 방식)
호가가격단위	0.01포인트	0.01포인트	0.01포인트
최소가격변동금액*	10,000원	10,000원	10,000원
결제방법	현금결제	현금결제	현금결제

* 3년(5년, 10년) 국채선물의 최소가격변동금액 = 0.01% × 1억원 = 10,000원

3.2 금리선물의 가격결정

앞에서 설명한 보유비용모형에 의해서 금리선물의 이론적 가격을 도출할 수 있다. 현재 우리나라에서 거래되고 있는 금리선물의 기초자산인 3년(5년, 10년) 만기 국고채권은 확정이자부채권이므로 현물 매입에 대한 기회비용인 이자비용을 제외한 현물보유비용은 발생하지 않으나, 보유수익(매 6개월 지급 액면이자)이 발생한다. 그러므로 식 (3-1)에 의해서 완전시장에서의 국채선물의 가격을 구하면 다음과 같다.

$$F_{0,\,T} = S_0(1 + r_T) - D_T \qquad (3\text{-}3)$$

여기서 $F_{0,\,T}$: 현재시점에서 만기일이 T인 국채선물의 가격

S_0 : 현재시점에서의 현물(3년 국채선물일 경우 T+3년 만기 국고채권) 매입가격[9]

r_T : 현재시점에서 만기일까지 기간의 무위험이자율

D_T : 현재시점에서 만기일까지 기간 동안 지급되는 액면이자의 T시점에서의 가치

한편 현재시점에서 결정된 국채선물의 만기일에 적용될 이자율, 즉 선도이자율(forward interest rate)에 의해 국채의 내재선도가격(implied forward price)을 계산하는 방법으로 국채선물의 가격을 구할 수도 있다. 즉 현재 우리나라에서 거래되고 있는 3년 국채선물의 가격($F_{0,\,T}$)은 다음과 같이 구할 수 있다.[10]

$$F_{0,\,T} = \frac{2.5}{1+\frac{r}{2}} + \frac{2.5}{\left(1+\frac{r}{2}\right)^2} + \cdots + \frac{2.5}{\left(1+\frac{r}{2}\right)^6} + \frac{100}{\left(1+\frac{r}{2}\right)^6} \qquad (3\text{-}4)$$

여기서 r : 선도이자율

선도이자율이 5%라면 3년 국채선물가격은 100.00(1계약금액=100.00%×1억원=10,000만원), 4.99%라면 3년 국채선물가격은 100.03(1계약금액=100.03%×1억원=10,003만원), 5.01%라면 3년 국채선물가격은 99.97(1계약금액=99.97%×1억원=9,997만원)이 된다.

현금결제방식을 채택하고 있는 국채선물의 최종결제가격은 식 (3-4)와 같은 방식으로 산출가능한데, 이를 식으로 나타내면 다음과 같다.

최종결제가격

$$= \frac{2.5}{1+\frac{r}{2}} + \frac{2.5}{\left(1+\frac{r}{2}\right)^2} + \cdots + \frac{2.5}{\left(1+\frac{r}{2}\right)^6} + \frac{100}{\left(1+\frac{r}{2}\right)^6} \qquad (3\text{-}5)$$

식 (3-5)에서 r은 최종결제수익률이다. 최종결제가격의 기준이 되는 현

9 채권매입일 이전에 발생된 미지급이자를 포함한 가격임.

10 5년, 10년 국채선물의 가격도 3년 국채선물과 유사한 방식으로 계산할 수 있다.

물바스켓 최종결제수익률은 바스켓(basket)에 포함된 최종결제기준채권들의 최종거래일 유통수익률을 산술평균하여 구한다.

4 통화선물의 가격결정

4.1 통화선물의 특성 및 거래제도

외환(foreign exchange) 기초자산으로 하는 통화선물(foreign exchange futures or foreign currency futures)은 1970년대 초반 국제통화제도가 고정환율제도에서 변동환율제도로 변화됨에 따라 급격한 환율변동에 따른 위험을 회피하기 위한 수단으로 거래되기 시작하였다. CME그룹에서는 유럽연합 유로(EURO : €), 영국 파운드(British Pound : £), 캐나다 달러(Canadian Dollar : C$), 일본 엔(Japanese Yen : ¥), 호주 달러(Australian Dollar : A$) 등 주요 통화에 대한 통화선물이 거래되고 있다.

알아두기

통화선물의 유래

두 차례에 걸친 세계대전을 계기로 미국의 군수산업은 크게 성장했으며 막대한 외화를 획득하게 되었다. 2차 대전이 끝난 뒤 미국이 보유한 금의 규모는 전 세계 금의 2/3 이상을 차지할 정도였다. 당시는 브레튼 우즈 체제(Bretton Woods system)였다. 1944년 미국의 브레튼 우즈에서 열린 연합국 통화금융회의에서 채택된 브레튼 우즈 조약은 국제통화기금(International Monetary Fund : IMF)과 국제부흥개발은행(International Bank for Reconstruction and Development : IBRD)이 창설되는 계기가 되기도 했는데, 이 조약의 특징은 바로 금환본위제도이다. 미국이 보유한 금과 각국의 공적 보유 달러를 일정비율(금 1트로이온스 : 35달러)로 교환하는 제도로서 고정환율제도를 의미한다. 이 고정환율제는 1971년 8월 15일 닉슨(Nixson) 쇼크 이후 점차 붕괴되면서 킹스턴 체제(Kingston system)로 바뀌게 된다. 지금까지 이어지고 있는 변동환율제도의 시대가 열린 것이다. 환율제도의 혁신적인 변화는 무역업자, 금융업자들에게 환율변동이라는 변수를 제공했고,

외환시장 전반에 걸쳐 환리스크 관리에 관한 문제가 부각되었다. 이러한 상황에서 당시 시카고대학 경제학 교수였던 프리드만(Milton Friedman)은 논문을 통해 외환시장에서의 선물거래제도 도입의 필요성을 주장했다. 이러한 사회적인 분위기로 인해 1972년 시카고상업거래소(Chicago Mercantile Exchange : CME)가 기존의 상품선물 거래조직과 분리하여 국제통화시장(International Monetary Market : IMM)을 개설하고 7개국 통화에 대한 통화 선물거래를 시작하게 되었다. 이후 1970년대 후반 금리 및 환율의 변동성이 증대되면서 헤지와 투기수단으로 부각되었고, 1980년대에는 세계 주요 선물거래소에서 통화선물이 상장되기 시작했다. 통화선물은 외국통화를 기초자산으로 하는 금융선물거래를 의미하며, 외환선물이라 부르기도 한다.

〈알기 쉬운 증권 · 파생상품시장 지표 해설(한국거래소, 2009)〉

현재 우리나라에서 거래되고 있는 통화선물의 거래제도를 요약하면 〈표 3-7〉과 같다. 한국거래소(KRX)에서의 통화선물 매입자는 만기일에 원화를 지급하고 외국통화를 매입하게 되며, 통화선물 매도자는 만기일에 외국통화를 매도하고 원화를 받게 된다.

표 3-7 우리나라 통화선물의 거래제도

구 분	미국달러선물	엔 선 물	유로선물	위안선물
기초자산	미국달러	일본엔화	유로화	중국 역외위안화
거래단위	US $10,000	JP ¥1,000,000	EU €10,000	CNH ¥100,000
가격의 표시*	원/$	¥100당 원화	원/€	원/CNH ¥
최소가격 변동폭	0.10원/$	0.10원/¥100	0.10원/€	0.01원/CNH ¥
최소가격 변동금액	1,000원 ($10,000×0.10원/$)	1,000원 (¥1,000,000× 0.10원/¥100)	1,000원 (€10,000× 0.10원/€)	1,000원 (100,000위안× 0.01원/위안)
결제방법	인수도결제	인수도결제	인수도결제	인수도결제

* 자국통화표시환율(외국통화 한 단위의 가격을 자국통화로 나타내는 방법)

4.2 통화선물의 가격결정

통화선물의 가격도 앞에서 설명한 보유비용모형에 의해서 결정될 수 있다. 통화선물의 경우 기초자산이 외화이므로 현물(외화) 매입에 대한 기회비용인 이자비용을 제외한 현물보유비용은 발생하지 않으나, 현물(외화)보유에 따른 보유수익(이자수익)이 발생한다. 그러므로 식 (3-1)에 의해서 완전시장에서의 통화선물의 가격을 구하면 다음과 같다.[11]

$$F_{0,T} = S_0(1 + r_T) - D_T \tag{3-6}$$

여기서 $F_{0,T}$: 현재시점에서 만기일이 T인 통화선물의 가격(환율)
S_0 : 현재시점에서의 현물(외화)의 가격(환율)
r_T : 현재시점에서 만기일까지 기간 동안의 무위험이자율(국내)
D_T : 현재시점에서 만기일까지 기간 동안 현물(외화)을 해당국(외국)에 투자하여 얻을 수 있는 무위험이자수익의 T시점에서의 가치($F_{0,T} \cdot r_T^F$)

또는 보유수익부분을 차감한 가치, 즉 $S_0/(1+r_T^F)$를 현물로 하는 경우 통화선물의 가격을 다음과 같이 도출할 수 있다.

$$F_{0,T} = S_0\left(\frac{1 + r_T}{1 + r_T^F}\right) \tag{3-6$'$}$$

여기서 r_T^F : 현재시점에서 만기일까지 기간의 무위험이자율(외국)

이는 앞의 〈표 3-1〉과 동일한 방법으로 구성된 〈표 3-8〉과 같은 두 개의 거래에 의해서 확인할 수 있다.

통화선물가격(환율)이 식 (3-6) 또는 식 (3-6)′에서 도출된 이론적 선물가격(환율)과 다를 경우, 매수차익거래 또는 매도차익거래가 지속적으로 발생하여 선물환율은 이론적 선물환율과 같아지게 된다.

---

11 환율은 자국통화표시환율로 표시되었다고 가정한다.

표 3-8 통화선물거래와 현물거래

거 래		현금흐름	
		현재(0시점)	만기일(T시점)
거래 I	통화선물을 $F_{0,\,T}$로 매입	0	$S_T - F_{0,\,T}$
거래 II	현물(외화)을 S_0로 매입	$-\dfrac{S_0}{1+r_T^F}$	S_T
	현금 차입	$\dfrac{S_0}{1+r_T^F}$	$-S_0\left(\dfrac{1+r_T}{1+r_T^F}\right)$
	합 계	0	$S_T - S_0\left(\dfrac{1+r_T}{1+r_T^F}\right)$

예제 3-3 통화선물의 가격결정

대미달러화 현물환율은 ₩1,120.60/$이고, 국내 이자율은 연리 4%이며, 미국내 이자율은 연리 2%이다. 1년 만기 미국달러선물 1계약의 가격은?

해설

먼저 1년 만기 미국달러선물의 환율을 구하면 다음과 같다.

$$F_{0,\,T} = S_0\left(\frac{1+r_T}{1+r_T^F}\right) = ₩1,120.60/\$ \times \left(\frac{1+0.04}{1+0.02}\right) = ₩1,142.57/\$$$

1년 만기 미국달러선물 1계약의 가격은 ₩11,425,700(=₩1,142.57/$×$10,000)이 된다.

알아두기

통화선물의 가격과 이자율평가이론

통화선물의 가격은 일정기간 후에 사고팔기로 약속하는 외국통화의 가격(선도가격)으로서 선물환율을 의미한다. 통화선물의 가격, 즉 선물환율의 결정원리는 이자율평가이론(interest rate parity theorem)에 근거한다.[12] 이자율평가이론에 의하면 현재 국내 원화를 국내은행에 예금하여 일정기간 후 얻게 되는 원리금과 국내 원화를 외환으로 환전하여 해외은행에 예금하여 일정기간 후 얻게 되는 원리금이 동일해진다. 이런 상황에서 선물환율을 구할 수 있다. [예제 3-3]을 이자율평가이론의 원리를 적용하여 풀이해 보면 다음과 같다.

국내에 ₩1,120.60원을 국내은행(연리 4%)에 예금하여 1년 뒤 받는 원리금은 ₩1,120.60×(1+0.04)이다. $1을 미국은행(연리 2%)에 예금하여 1년 뒤 받는 원리금은 $1×(1+0.02)이다. 이자율평가이론에 의하면 선물환율은 ₩1,120.60×(1+0.04)과 $1×(1+0.02)이 동일해지는 수준인 ₩1,142.57/$ $\left[= \dfrac{₩1,120.60 \times (1+0.04)}{\$1 \times (1+0.02)}\right]$에서 결정된다.

5 소비자산에 대한 선물의 가격결정

투자가치 때문이 아니라 소비가치를 생각해서 상품을 보유하는 투자자들은 상품(현물)을 매도하고 선물을 매입하는 거래를 꺼리게 된다. 왜냐하면 선물계약은 소비에 사용할 수 없기 때문이다. 따라서 차익거래논리에 의해서 도출된 보유비용모형을 그대로 적용하기는 어렵다.

5.1 편의가치와 선물가격

소비목적으로 보유하는 상품의 경우 상품보유에 따른 혜택 또는 잠재적 효용, 즉 편의가치(convenience value)가 존재하며, 이를 보상받지 못한다면 그 자산을 매도하고 선물을 매입하는 거래를 하지 않을 것이다. 상품보유로 인

12 이자율평가이론은 제5장에서 자세히 설명할 것이다.

한 편의가치는 앞에서 설명한 배당 또는 이자수익 등의 보유수익과 유사한 개념으로 볼 수 있다. 따라서 편의가치가 존재하는 경우 보유비용모형은 다음과 같이 수정될 수 있다.

$$F_{0,\,T} = S_0(1 + r_T) + C_T - D_T - V_T \qquad (3\text{-}7)$$

여기서 V_T : 현재시점에서 T시점까지 기간 동안 발생한 편의수익의 T시점에서의 가치

그러나 편의가치는 측정이 용이하지 않고 자산보유자에 따라 그 가치가 달라질 수 있다는 점에서 보유수익과는 다르기 때문에 식 (3-7)을 실제로 적용하는 데는 문제가 있다.

5.2 선물가격과 기대현물가격의 관계

시장의 불완전성과 선물거래대상인 기초자산의 특성상의 차이(예를 들어 보관이 불가능한 상품 등)로 인해 차익거래기회가 존재하지 않기 위한 선물가격의 범위는 확대된다. 특히 농산물 등 보관이 불가능한 상품의 경우에는 차익거래논리를 적용하기 어렵기 때문에 보유비용모형에 의해서는 선물가격의 범위도 정할 수 없을 것이다. 즉 지금까지 설명한 보유비용모형에 의해서 모든 선물의 가격을 제시하기는 어렵다.

이와 같은 경우 선물가격을 설명하는 대표적인 세 가지 가설은 다음과 같다.[13]

첫째, 기대가설(expectation hypothesis)에 의하면 선물가격은 만기일의 기대현물가격과 일치한다.

$$F_{0,\,T} = E(S_T) \qquad (3\text{-}8)$$

여기서 $E(S_T)$: 만기일의 기대현물가격

기대가설은 투자자들이 위험중립적이라는 다소 비현실적인 가정하에서

13 보유비용모형에서는 선물가격은 기대현물가격이 아닌 현물가격에 의해서 결정된다. 따라서 보유비용모형에 의해서 선물가격을 도출할 때는 투자자들의 위험에 대한 태도를 고려할 필요가 없음을 유의해야 한다.

도출된 것이다.

둘째, 정상적 백워데이션가설(normal backwardation hypothesis)에 의하면 선물가격은 만기일의 기대현물가격보다 낮게 형성된다.

$$F_{0,\,T} < E(S_T) \tag{3-9}$$

이와 같은 상황은 헤저들이 선물시장에서 매도포지션을 취하여 선물의 매도초과현상이 발생되는 경우, 헤저들은 투기자들이 선물을 매입하도록 유인하기 위하여 선물가격을 기대현물가격보다 낮게 형성시킨다는 것을 의미한다. 기대현물가격과 선물가격간의 차이는 헤저가 자신의 위험헤징에 대한 대가(투기자에게 위험을 전가하는 대가)로서 투기자에게 지급하는 위험프리미엄의 성격을 가지고 있다.

셋째, 콘탱고가설(contango hypothesis)에 의하면 선물가격은 만기일의 기대현물가격보다 높게 형성된다.

$$F_{0,\,T} > E(S_T) \tag{3-10}$$

이와 같은 상황은 헤저들이 선물시장에서 매입포지션을 취하여 선물의 매입초과현상이 발생되는 경우, 헤저들은 투기자들이 선물을 매도하도록 유인하기 위하여 선물가격을 기대현물가격보다 높게 형성시킨다는 것을 의미한다. 선물가격과 기대현물가격간의 차이는 헤저가 자신의 위험헤징에 대한 대가(투기자에게 위험을 전가하는 대가)로서 투기자에게 지급하는 위험프리미엄의 성격을 가지고 있다.

선물가격은 만기가 다가옴에 따라 기대현물가격에 접근하는 경향이 있다. 왜냐하면 만기일의 선물가격은 바로 현물가격과 일치하기 때문이다. 정상적 백워데이션하에서는 선물가격이 계속 상승하여 만기일에 현물가격과 같게 되며, 콘탱고하에서는 선물가격이 계속 하락하여 만기일에 현물가격과 같게 된다.[14] 이와 같은 관계를 그림으로 나타내면 [그림 3-1]과 같다.

14 실무에서는 현물가격이 선물가격보다 높은 구조를 지닌 시장을 백워데이션시장 또는 역조시

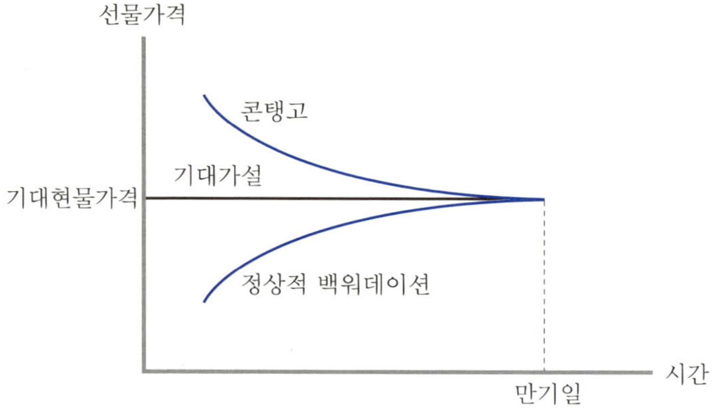

그림 3-1 선물가격과 기대현물가격의 관계

알아두기

날씨를 대상으로 한 선물

곡물, 청량음료를 생산하는 기업과 에너지, 레저 관련 기업들의 성과는 날씨의 영향을 많이 받는다. 따라서 이런 기업들은 날씨가 기업성과에 미칠 수 있는 영향을 제거하기를 원한다. 이런 기업의 수요에 부응할 수 있도록 날씨를 대상으로 한 선물인 날씨파생상품이 등장하게 되었다. 날씨파생상품은 1997년 장외시장에서 처음 거래되었으며, 1999년부터 날씨선물과 날씨선물에 대한 옵션이 시카고상업거래소(CME)에 상장되어 거래되고 있다. 날씨파생상품에는 온도를 대상으로 한 파생상품 이외에 일조일 수, 서리낀 날 수, 눈온 날 수 등을 대상으로 한 파생상품 등이 있다.

〈알면 신나는 파생상품 이야기(산업은행트레이닝센터, 2009. 5. 25)〉

장(inverted market)이라고 하며, 백워데이션시장과 반대의 양상을 지닌 시장을 콘탱고시장 또는 정상시장(normal market)이라고 한다.

시사포커스

거부의 꿈 이룬 수학자, 제임스 사이먼스

"싸게 사서 비싸게 팔라." 예부터 널리 알려진 '돈 버는 법'이다. 장사하는 상인이든 무역에 종사하는 기업가든, 심지어 주식투자자들도 이런 종목을 찾아 부자의 꿈을 키우고 있다. 그런데 이 원리로 수십조원의 돈을 움켜쥔 인물이 있다. 게다가 그는 학교에 머물던 서생 출신이기에 그의 인생 스토리는 한편의 드라마 같다. 2007년 한 해만 그는 약 3조원(28억달러)의 연봉을 챙겼다. 펀드매니저인 그가 이 정도 급여를 받으려면 고객들에게는 훨씬 더 많은 이익을 안겨줘야 한다. 실제 1989년 그가 만든 메달리언 펀드는 2007년까지 연평균 30%가 넘는 수익을 올렸다.

그는 미국의 르네상스 테크놀로지 명예회장인 제임스 사이먼스다. 1938년 보스턴의 신발공장 사장 아들로 태어난 그는 매사추세츠공대(MIT)에서 수학을 전공했다. 그는 스물세 살에 버클리대에서 박사학위를 받은 후 하버드, MIT에서 수학을 가르쳤다. 이후 뉴욕 주립대 스토니브룩의 수학과 주임교수로 재직하면서 그는 '천-사이먼스 이론'을 만들어 미국 수학협회의 기하학 부문 베블렌상을 수상했다.

그런 그가 1978년 금융계로 뛰어들었다. 이어 르네상스 테크놀로지라는 헤지

수학자 제임스 사이먼스(James Simons)

펀드를 만들고 수학, 물리학, 전산학 등 자연과학과 공학 전공자를 채용해 금융공학이란 새로운 분야를 개척했다. 방대한 과거 데이터 분석으로 정교하게 미래의 가격을 예측하는 모델을 만들고 이를 전산화해 상황변동에 따라 바로 컴퓨터가 자동으로 투자를 결정하는 방법을 고안해 냈다. 이로써 컴퓨터로 1초에 수백, 수천 번 매매주문이 가능해졌다. 소위 '퀀트펀드(Quant Fund)'라는 투자모델이 등장한 것이다.

고등수학으로 무장했다지만 수익구조는 간단하다. 매순간 싸게 사서 비싸게 파는 거래를 반복하는 것으로 수학과 컴퓨터를 활용, 남보다 먼저 싼 것과 비싼 가격을 찾아 빨리 주문을 내는 것이다. 상품가격은 두 가지가 존재할 수 있다.

하나는 현재 거래되는 '현물가격'이고 다른 하나는 3개월 후 등 미래에 거래되는 '선물가격'이다. 그런데 이 미래가격인 선물가격은 수학으로 현재의 가격으로 바꾸어 계산해 낼 수 있다. 같은 하나의 상품이라면 한 가지 가격만 존재해야 하지만 실제는 순간순간 약간의 가격 차가 발생한다. 사이먼스가 착안한 것은 바로 현물과 선물 중 싼 쪽을 사고 비싼 쪽에 파는 전략이다. 이를 '차익거래'라 한다.

또한 투자대상인 주식, 채권, 파생상품, 원자재 등의 내재가격을 계산해 이를 현재가격과 비교한다. 가격이 고평가됐는지 저평가됐는지를 판단해 만약 고평가이면 매도하고 반대로 저평가일 경우에는 매수해 초과이익을 추구하는 것이다. 이를 통해 그는 거부가 됐다. 그러자 그는 1993년 사이먼스 재단을 만들어 기부활동을 시작했다. 2009년 말 그는 은퇴를 결정하고 자선사업가의 길을 걷고 있다. 최근 그의 기부활동은 주로 과학연구 후원에 초점이 맞춰져 과학잡지를 만들고 대학에 수학과 물리학 발전을 위해 지원을 늘리고 있다. 그는 조만간 한국을 방문하여 코엑스에서 열리는 세계수학자대회(ICM)에 참석한다. 그가 젊은이들에게 보내는 메시지는 '내가 할 수 있으니 당신들도 할 수 있다'이다.

〈파이낸셜뉴스, 이호철 부이사장(한국거래소 경영지원본부장), 2014. 8. 5 수정〉

주 · 요 · 용 · 어
key words

- **보유비용모형(cost-of-carry model)**

투자자산에 대한 선물의 이론적 가격은 차익거래기회가 존재하지 않는다는 전제 하에서 도출가능하다는 선물의 가격결정모형으로서 현물-선물 패리티이론(spot-futures parity theorem)이라고도 한다.

- **이론적 선물가격**

보유비용모형에 의한 이론적 선물가격은 현물가격에 만기일까지 발생한 모든 보유비용(carry costs)을 합한 후, 보유수익(carry returns)을 차감한 값이라 할 수 있다.

☞ $F_{0,T} = S_0(1+r_T) + C_T - D_T$

- **매수차익거래**

선물가격이 이론적 선물가격보다 높은 경우 과대평가된(overpriced) 선물을 매도하고, 과소평가된(underpriced) 현물을 매입하여 보유하는 차익거래로서 현물보유차익거래(cash-and-carry arbitrage)라고도 한다.

- **매도차익거래**

선물가격이 이론적 선물가격보다 낮은 경우 과소평가된 선물을 매입하고, 과대평가된 현물을 공매도하는 차익거래를 역현물보유차익거래(reverse cash-and-carry arbitrage)라고도 한다.

- **주가지수선물(stock index futures)**

주식가격의 움직임을 나타내는 주가지수를 금액으로 환산하여 이를 선물거래의 대상으로 한 선물이다.

- **금리선물(interest rate futures)**

이자율에 의해서 가격이 결정되는 기초자산(채권)에 대한 선물계약을 의미한다.

- **통화선물(foreign exchange futures or foreign currency futures)**

외국통화를 기초자산으로 하는 선물계약으로서 급격한 환율변동에 따른 위험을 회피하기 위한 수단으로 유용하다.

- 소비자산의 가격결정

소비목적으로 보유하는 상품의 경우 상품보유에 따른 혜택 또는 잠재적 효용, 즉 편의가치(convenience value)가 존재하는데, 이를 반영한 소비자산의 이론적 가격은 보유비용모형에다 편의가치를 차감하는 방식으로 산출가능하다.

☞ $F_{0,T} = S_0(1 + r_T) + C_T - D_T - V_T$

- 기대가설(expectation hypothesis)

선물가격이 만기일의 기대현물가격과 일치한다는 주장으로서, 이는 투자자들이 위험중립적이라는 가정하에서 도출된 것이다.

- 정상적 백워데이션가설(normal backwardation hypothesis)

선물가격이 만기일의 기대현물가격보다 낮게 형성된다는 주장으로서, 이는 선물시장에서 매도초과현상이 발생되는 경우 헤저들이 투기자들로 하여금 선물을 매입하도록 유인하는 과정에서 나타나는 현상으로 설명된다.

- 콘탱고가설(contango hypothesis)

선물가격이 만기일의 기대현물가격보다 높게 형성된다는 주장으로서, 이는 선물의 매입초과현상이 발생되는 경우, 헤저들이 투기자들로 하여금 선물을 매도하도록 유인하는 과정에서 나타나는 현상으로 설명된다.

Exercise

연습문제

■ 완성/선택형 문제

1 이론적 선물가격은 현물가격에 만기일까지 발생한 ( )을 합한 후, ( )을 차감한 값이라 할 수 있다.

2 선물가격이 이론적 선물가격보다 높은 경우에는 과대평가된 ( )을 매도하고, 과소평가된 ( )을 매입하여 보유하는 매수차익거래에 의해서 차익거래이익을 얻을 수 있다.

3 외국통화를 기초자산으로 하는 통화선물은 급격한 ( )에 따른 위험을 회피하기 위한 수단으로 거래되기 시작하였다.

4 ( )이란 이자율에 의해서 가격이 결정되는 기초자산(채권)에 대한 선물계약을 의미한다.

5 소비자산을 기초자산으로 하는 선물의 가치는 투자자산의 보유비용모형에다 자산보유에 따른 혜택 또는 잠재적 효용, 즉 ( )를 추가로 공제하는 방식으로 측정할 수 있다.

6 농산물 등 보관이 불가능한 상품의 경우에는 차익거래논리를 적용하기 어렵기 때문에 보유비용모형에 의해서는 선물가격의 범위도 정할 수 없을 것이다. 이와 같은 경우 선물가격을 설명하는 대표적인 세 가지 가설은 다음과 같다.

첫째, ( )에 의하면 선물가격은 만기일의 기대현물가격과 일치한다.
둘째, ( )에 의하면 선물가격은 만기일의 기대현물가격보다 낮게 형성된다.
셋째, ( )에 의하면 선물가격은 만기일의 기대현물가격보다 높게 형성된다.

Exercise

7 보유비용모형에서 선물가격을 결정하는 요인과 거리가 가장 먼 것은?

① 현물가격　② 선물만기일의 기대현물가격
③ 이자비용　④ 보유수익
⑤ 보유비용

8 선물의 가격결정과 관련된 다음의 설명 중 옳지 않은 것은?

① 이론적 선물가격은 현물가격에 만기일까지 발생한 모든 보유비용을 합한 후, 보유수익을 차감한 값이라 할 수 있다.
② 선물가격이 일시적으로 이론적 가격을 이탈하면, 즉각적으로 차익거래자에 의해 차익거래가 일어나 선물가격은 이론적 가격으로 되돌아가고 더 이상 차익거래가 일어나지 않게 된다.
③ 선물가격이 이론적 선물가격보다 높은 경우에는 과대평가된 선물을 매도하고, 과소평가된 현물을 매입하여 보유하는 매수차익거래에 의해서 차익거래 이익을 얻을 수 있다.
④ 선물가격이 이론적 선물가격보다 낮은 경우에는 과소평가된 선물을 매입하고, 과대평가된 현물을 공매도하는 매도차익거래에 의해서 차익거래이익을 얻을 수 있다.
⑤ 완전시장과 달리 불완전시장에서는 차익거래가 일체 발생하지 않는다.

9 주가지수선물에 대한 다음의 설명 중 옳지 않은 것은?

① 주가지수는 실체가 없는 추상적인 수치로서 만기일에 현물결제가 불가능하므로 현금결제를 통하여 주가지수선물거래를 청산하게 된다.
② 주식을 보유하고 있는 투자자는 주가지수선물을 이용하여 체계적 위험을 줄일 수 있다.
③ 미결제약정은 반대매매 또는 만기일의 인수도 등에 의해서 청산되지 않고 남아 있는 선물계약을 의미한다.
④ 주가지수차익거래는 주가지수와 거의 같은 성격을 갖도록 만들어진 지수포트폴리오 또는 주가지수의 움직임을 잘 반영하는 소수의 대표적인 주식들로 구성한 포트폴리오 등을 이용함으로써 이루어진다.

Exercise

⑤ 우리나라에서 거래되고 있는 코스피200선물과 코스닥150선물의 거래승수는 모두 1포인트당 50만원이다.

10 선물에 관한 설명으로 가장 적절하지 않은 것은? (CPA 1차 2022)

① 선물가격과 현물가격의 차이를 베이시스(basis)라고 하는데 만기일이 가까워지면 베이시스는 점점 작아지고 만기일에는 선물가격과 현물가격이 같게 된다.

② 현물-선물 등가식(spot-future parity)이 성립하는 경우 효율적인 시장에서는 차익거래의 기회가 존재하지 않는다.

③ 선물가격은 보유비용(cost of carry)만큼 현물가격과 차이가 발생하는데 이때의 보유비용에는 현물구입자금에 대한 기회비용인 이자비용뿐만 아니라 현물의 보관비용도 포함된다.

④ 선물의 가격이 미래의 기대현물가격보다 높게 형성되었다가 만기일에 접근하면서 기대현물가격에 일치해간다는 가설은 정상적 백워데이션(normal backwardation) 가설이다.

⑤ 명목이자율이 국내보다 높은 외화의 경우 균형상태에서 원/외화 선물환율이 현물환율보다 낮다.

11 ㈜베타의 현재 주가는 10,000원이다. 이 주식을 기초자산으로 하며 만기가 6개월인 선물이 선물시장에서 11,000원에 거래되고 있다. 이 기업은 앞으로 6개월간 배당을 지급하지 않으며 현물 및 선물의 거래에 따른 거래비용은 없다고 가정한다. 무위험이자율 연 10%로 대출과 차입이 가능할 때 차익거래에 관한 다음의 설명 중 옳은 것은? (CPA 1차 2008 수정)

① [주식 공매도 + 대출 + 선물 매입] 전략을 이용해 차익거래이익을 얻을 수 있다.

② [주식 공매도 + 차입 + 선물 매입] 전략을 이용해 차익거래이익을 얻을 수 있다.

③ [주식 매입 + 대출 + 선물 매도] 전략을 이용해 차익거래이익을 얻을 수 있다.

④ [주식 매입 + 차입 + 선물 매도] 전략을 이용해 차익거래이익을 얻을 수 있다.

⑤ 차익거래 기회가 없다.

Exercise

12 A사 주식의 현재 주가는 10만원, 주식의 연간 배당수익률이 1%, 연간 이자율이 3%라고 할 때 잔존만기가 3개월(91일)인 A사 주식선물의 이론가격에 가장 가까운 것은? (단, 1년은 365일이며 이자율 및 수익률은 이산복리가 적용된다고 가정한다.)

① 100,320원 ② 100,380원
③ 100,433원 ④ 100,499원
⑤ 100,536원

13 배당을 지급하지 않는 주식 A의 현재 가격은 10달러이다. 현재 환율은 1달러 당 1,100원이고, 달러화에 대한 무위험이자율은 1%이며, 원화에 대한 무위험이자율은 3%이다. 주식 A를 1년 후에 원화로 구입하는 선도계약이 가능할 때, 선도가격에 가장 가까운 것은? 단, 무위험이자율로 차입과 대출이 가능하고, 공매도가 허용되며, 거래비용과 차익거래기회가 없다. (CPA 1차 2021)

① 10,786원 ② 11,000원
③ 11,110원 ④ 11,330원
⑤ 11,443원

14 선물가격결정에 관한 다음 설명 중 틀린 것은?

① 편의수익이란 현물을 실제로 보유할 때 선물 매입포지션이 주지 못하는 편의를 말하며, 상품선물의 가격결정 시 현물가격에 순보유비용(이자비용 + 보유비용 − 보유수익)을 더하고 편의수익을 차감한다.
② 보유비용모형에 의하면 선물의 이론가격은 현물가격에 순보유비용을 더하여 결정된다.
③ 주가지수선물의 가격결정 시 현물가격에 이자비용을 더하고 배당금 등의 수익을 차감한다.
④ 이자율이 배당수익률보다 높은 경우 주가지수선물의 이론가격은 현물가격보다 높게 형성된다.
⑤ 보유비용모형에 의하면 금융선물의 경우 순보유비용은 항상 양(+)의 값을 갖는다.

Exercise

▪ 서술/계산형 문제

1 현재 우리나라 주가지수선물의 거래제도에 대해서 설명하라.

2 현재 우리나라 금리선물의 거래제도에 대해서 설명하라.

3 현재 우리나라 통화선물의 거래제도에 대해서 설명하라.

4 선물가격과 기대현물가격의 관계에 대해서 설명하라.

5 보유비용모형

현재 금가격은 ₩45,000/g이고, 현재 무위험이자율은 연 2%이다. (단, 금선물의 거래단위는 100g이다.)

(1) 6개월 만기 금선물 1계약의 이론적 가격을 구하라.
(2) 6개월 만기인 금선물 1계약금액이 460만원인 경우 차익거래이익을 구하라.
(3) 6개월 만기인 금선물 1계약금액이 452만원인 경우 차익거래이익을 구하라.

6 금선물의 가격결정 (CPA 2차 2012)

만기가 1년인 금선물 계약을 고려하자. 금의 현물가격은 온스당 400달러이고 무위험이자율은 연 10%이다. 보관비용은 연간 온스당 2달러이며 만기에 지불된다. 금선물 1계약은 금 100온스 기준이다. 선물거래에 대해서는 만기에 가서 현물을 인수 또는 인도함으로써 계약을 이행한다고 가정하자.

(1) 금선물 1계약의 균형가격을 계산하라.
(2) 선물가격이 온스당 500달러인 경우 차익거래(arbitrage)를 통한 차익(payoff)을 계산하라. 계산결과는 아래의 표를 이용하여 시점별 현금흐름의 관점에서 표기하라. (단, 선물계약 1단위 기준으로 작성한다.)

Exercise

거래내용	$t=0$	$t=1$
⋮	⋮	⋮
차익(payoff)		

(3) 선물가격이 온스당 420달러인 경우 차익거래(arbitrage)를 통한 차익(payoff)을 계산하라. 계산결과는 물음 (2)와 동일하게 표를 이용하여 시점별 현금흐름의 관점에서 표기하라. (단, 선물계약 1단위 기준으로 작성한다.)

7 주가지수선물의 가격결정

현재 KOSPI200지수는 260포인트, 무위험이자율은 연 6%, 그리고 KOSPI200지수에 포함되어 있는 주식들의 가중평균배당수익률은 연 4%이다.

(1) 6개월 만기 KOSPI200선물 1계약의 이론적 가격은?

(2) 현재 6개월 만기 KOSPI200선물이 263.4포인트로 거래될 경우 차익거래를 통해서 얻을 수 있는 계약당 차익거래이익은 얼마인가? (단, 차익거래이익이 현재시점에서 발생되도록 차익거래과정을 구성하라.)

8 통화선물의 가격결정과 차익거래

대미달러화 현물환율은 ₩980.70/$이고, 국내 이자율은 연리 6%이며, 미국 내 이자율은 연리 5%이다. (단, 미국달러선물의 거래단위는 10,000달러이다.)

(1) 1년 만기 미국달러선물 1계약의 가격은?

(2) 1년 만기 선물환율이 ₩985.40/$일 경우, 미국달러선물 1계약을 이용하여 얻을 수 있는 차익거래이익은?

보론 불완전시장에서의 보유비용모형

현실적으로 볼 때 거래비용의 존재, 차입이자율과 대출이자율의 상이, 공매도에 대한 제한 등과 같은 불완전시장요인이 존재하기 때문에 이들을 고려해 주어야 보다 현실을 잘 설명할 수 있을 것이다. 불완전시장요인이 다음과 같다고 하자.[15]

- 매수차익거래를 할 때 발생하는 총거래수수료 : TF^a
- 매도차익거래를 할 때 발생하는 총거래수수료 : TF^b
- 매수호가(bid price) : S_0^b, 매도호가(asked price) : S_0^a (단, $S_0^b \leq S_0^a$)[16]
- 차입이자율 : r_T^b, 대출이자율 : r_T^l (단, $r_T^b \geq r_T^l$)
- 공매도자금 중 사용가능한 비율 : f (단, $0 \leq f \leq 1$)

이와 같은 불완전시장에서의 보유비용모형을 도출하기 위하여 먼저 선물이 과대평가되었다고 가정해 보자. 이 경우 투자자들은 〈표 3A-1〉과 같은 매수차익거래를 한다. 〈표 3A-1〉에서 매수차익거래기회가 존재하지 않기 위해서는 매수차익거래에서 만기일(T시점)의 현금흐름(차익거래이익)이 0보다 작아야 할 것이다.

$$F_{0,\,T} - (S_0^a + TF_0^a)(1 + r_T^b) - C_T + D_T - TF_T^a \leq 0$$

---

15 현물결제에 의해 청산될 수 있는 선물을 이용한 차익거래의 경우 만기일에 현물과 선물이 서로 상쇄되어 청산될 수 있기 때문에 현물포지션을 청산하기 위한 거래비용은 발생하지 않는 것이 일반적이다. 그러나 현금결제에 의해서만 청산되는 선물을 이용한 차익거래의 경우(예를 들어 주가지수선물 등)에는 현물을 선물의 청산에 이용할 수 없기 때문에 만기일에 현물포지션을 청산하기 위한 거래비용이 추가적으로 발생될 수 있음을 유의하여야 한다.

16 매수호가는 딜러(dealer)가 매입하겠다는 가격이고, 매도호가는 딜러가 매도하겠다는 가격이다. 따라서 고객의 입장에서 볼 때 매도할 수 있는 가격은 매수호가이며, 매입할 수 있는 가격은 매도호가가 됨을 유의해야 한다. 일반적으로 매도호가가 매수호가보다 크고, 그 차이(매도호가-매수호가)는 딜러의 입장에서 보면 매매이익의 원천이 되며, 고객의 입장에서 보면 거래비용의 성격을 띠고 있다.

표 3A-1 불완전시장에서의 매수차익거래

차익거래	현금흐름	
	현재(0시점)	만기일(T시점)
선물을 $F_{0,T}$로 매도	0	$F_{0,T}-S_T$
현물을 S_0^a로 매입	$-S_0^a$	$S_T-C_T+D_T$
거래수수료	$-TF_0^a$	$-TF_T^a$
현금 $(S_0^a+TF_0^a)$ 차입	$S_0^a+TF_0^a$	$-(S_0^a+TF_0^a)(1+r_T^b)$
차익거래이익	0	$F_{0,T}-(S_0^a+TF_0^a)(1+r_T^b)-C_T+D_T-TF_T^a$

그러므로 매수차익거래이익이 존재하지 않을 선물매도가격의 상한(upper bound)은 식 (3A-1)과 같다.

$$F_{0,T}\leq S_0^a(1+r_T^b)+C_T-D_T+TF_0^a(1+r_T^b)+TF_T^a \tag{3A-1}$$

한편 선물가격이 과소평가된 경우 투자자들은 〈표 3A-2〉와 같은 매도차익거래를 할 것이다.[17] 〈표 3A-2〉에서 매도차익거래기회가 존재하지 않기 위해서는 매도차익거래에서 만기일(T시점)의 현금흐름(차익거래이익)이 0보다 작아야 할 것이다.

표 3A-2 불완전시장에서의 매도차익거래

차익거래	현금흐름	
	현재(0시점)	만기일(T시점)
선물을 $F_{0,T}$로 매입	0	$S_T-F_{0,T}$
현물을 S_0^b로 공매도	$f\cdot S_0^b$	$-(S_T-C_T+D_T)+(1-f)S_0^b$
거래수수료	$-TF_0^b$	$-TF_T^b$
현금 $(f\cdot S_0^b-TF_0^b)$ 대출	$-(f\cdot S_0^b-TF_0^b)$	$(f\cdot S_0^b-TF_0^b)(1+r_T^l)$
차익거래이익	0	$-F_{0,T}+(f\cdot S_0^b-TF_0^b)(1+r_T^l)$ $+C_T-D_T+(1-f)S_0^b-TF_T^b$

17 현물을 공매도하는 경우 현재시점에서는 공매도자금(S_0^b) 중 일정비율(f), 즉 $f\cdot S_0^b$의 현금유입만 발생하게 된다. 그러나 일종의 증거금으로 남겨둔 공매도자금(일반적으로 이자를 지급하지 않음) $(1-f)S_0^b$는 만기일(T시점)에 회수되므로 이를 현금유입으로 고려해 주어야 한다.

$$-F_{0,T}+(f\cdot S_0{}^b-TF_0{}^b)(1+r_T{}^l)+C_T-D_T+(1-f)S_0{}^b-TF_T{}^b\leq 0$$

그러므로 매도차익거래이익이 존재하지 않을 선물매입가격의 하한(lower bound)은 식 (3A-2)와 같다.

$$F_{0,T}\geq S_0{}^b(1+f\cdot r_T{}^l)+C_T-D_T-TF_0{}^b(1+r_T{}^l)-TF_T{}^b \qquad (3A\text{-}2)$$

식 (3A-1), 식 (3A-2)에 의해서 불완전시장에서의 선물가격은 다음과 같은 범위 내에서 결정되며, 이 범위를 벗어나면 차익거래가 발생하게 된다.

$$\begin{array}{c}S_0{}^b(1+f\cdot r_T{}^l)+C_T-D_T\\-TF_0{}^b(1+r_T{}^l)-TF_T{}^b\end{array}\leq F_{0,T}\leq\begin{array}{c}S_0{}^a(1+r_T{}^b)+C_T-D_T\\+TF_0{}^a(1+r_T{}^b)+TF_T{}^a\end{array} \qquad (3A\text{-}3)$$

예제 3A-1 불완전시장에서의 보유비용모형

3개월물 금선물에 관한 자료는 다음과 같다. (※ 1트로이온스(troy ounce)=31.1035g)

- 금의 매수호가=$1,326/troy ounce, 금의 매도호가=$1,360/troy ounce
- 3개월간 금의 보관비용(3개월 후 일괄지급함)=$5/troy ounce
- 금선물의 양방향(round trip) 거래수수료*=$0.4/troy ounce
- 3개월간 차입이자율=1.2%, 대출이자율=1%
- 금의 공매도자금 중 사용가능한 비율=0.9

* 양방향 거래수수료는 동일한 선물을 매입 후 매도(또는 청산)하거나, 매도 후 매입(또는 청산)하는 데 소요되는 총수수료를 의미한다. (단, 선물거래수수료는 만기일에 지급된다고 가정함.)

차익거래기회가 존재하지 않기 위해서는 3개월물 금선물의 가격이 어떤 영역에 있어야 하는가?

해설

(1) 선물이 과대평가된 경우

차익거래	현금흐름	
	현재(0시점)	만기일(3개월 후)
3개월물 금선물을 $F_{0,\,T}$로 매도 금 1트로이온스를 매입 거래수수료 현금 \$1,360을 차입	0 $-\$1,360$ 0 \$1,360	$F_{0,\,T}-S_T$ $S_T-\$5$ $-\$0.4$ $-\$1,360\times(1+0.012)$
차익거래이익	0	$F_{0,\,T}-\$1,381.72$

이와 같은 현물보유차익거래기회가 존재하지 않기 위해서는 현물보유차익거래에서 만기일(T시점)의 현금흐름(차익거래이익)이 0보다 작아야 할 것이다.

$F_{0,\,T}-\$1,381.72\le 0 \quad \therefore\ F_{0,\,T}\le \$1,381.72$

(2) 선물가격이 과소평가된 경우

차익거래	현금흐름	
	현재(0시점)	만기일(3개월 후)
3개월물 금선물을 $F_{0,\,T}$로 매입 금 1트로이온스를 공매도* 거래수수료 현금 $\$1,326\times0.9$를 대출	0 $\$1,326\times0.9$ 0 $-\$1,326\times0.9$	$S_T-F_{0,\,T}$ $-(S_T-\$5)+\$1,326\times0.1$ $-\$0.4$ $\$1,326\times0.9\times(1+0.01)$
차익거래이익	0	$-F_{0,\,T}+\$1,342.53$

* 금을 공매도하는 경우 저장비용이 절감되기 때문에 금의 저장비용만큼 현금유출이 감소됨.

이와 같은 역현물보유차익거래기회가 존재하지 않기 위해서는 역현물보유차익거래에서 만기일(T시점)의 현금흐름(차익거래이익)이 0보다 작아야 할 것이다.

$-F_{0,\,T}+\$1,342.53\le 0 \quad \therefore\ F_{0,\,T}\ge \$1,342.53$

(3) (1)과 (2)의 결과에 의해서 차익거래기회가 존재하지 않기 위해서는 3개월물 금선물은 다음과 같은 범위 내에 있어야 한다.

$\$1,342.53\le F_{0,\,T}\le \$1,381.72$

즉 선물가격이 $\$1,342.53\le F_{0,\,T}\le \$1,381.72$ 범위를 벗어나면 차익거래가 발생하게 된다.

제 4 장

선물거래와 위험관리

1. 헤지의 기본원리
2. 최소분산헤지비율
3. 주가지수선물을 이용한 헤징
4. 금리선물을 이용한 헤징

보론 1 : 자산배분전략

보론 2 : 순자산면역화전략

위험관리(risk management)는 기업의 경영활동에서 발생되는 불확실성의 원인을 파악하여 최소화함으로써 기업이 입을 수 있는 손실을 줄이거나 방지하는 활동이다. 선물, 옵션 등 파생상품은 효과적인 위험관리수단으로 이용되고 있다. 헤지(hedge)는 현물시장에서의 가격위험(price risk)을 줄이는 것을 의미한다. 선물을 이용함으로써 현물시장에서의 예측하지 못한 가격변동에 따른 위험을 저렴하고 효과적으로 제거할 수 있다. 이는 선물의 주요한 존재이유 중의 하나이다.

본장에서는 선물을 이용하여 위험을 관리하는 방법에 대해서 설명하고자 한다.

1 헤지의 기본원리

1.1 헤지의 의의

선물시장을 이용한 헤지는 현물시장에서의 가격위험을 제거하기 위해 현물시장에서의 포지션과 반대되는 포지션을 선물시장에서 취하는 것을 의미한다. 헤지를 선물시장에서 취하는 포지션에 따라 매입헤지(long hedge)와 매도헤지(short hedge)로 나눈다.

매입헤지는 미래에 구입할 예정인 현물의 가격상승으로 인한 손실을 방지하기 위하여 선물을 매입하는 것을 의미한다. 매입헤지로 인하여 미래 현물가격의 변동에 관계없이 미래에 구입할 현물의 가격을 현재시점에서 고정시킬 수 있다. 예를 들어 정유회사가 원유가격변동으로 인한 위험을 제거하기 위하여 앞으로 구입할 원유에 대하여 선물계약을 맺는 경우, 이를 매입헤지라 한다. 그러나 원재료인 원유가격의 변동에 따라 생산제품인 석유제품의 판매가격이 연동되어 변할 경우 원재료(원유)에 대한 헤징을 함으로써 오히려 제품(석유제품)의 가격변동에 따른 위험에 노출될 수 있다. 따라서 제품의 판매가격이 안정되어 있을 때 미래에 구입할 원재료에 대한 선물의 매입, 즉 매입헤지에 의해 위험을 제거할 수 있음을 유의해야 한다.

한편 매도헤지는 현재 보유하고 있는 현물의 미래 판매가격 하락으로

인한 손실을 방지하기 위하여 선물을 매도하는 것을 의미한다. 매도헤지로 인하여 미래 현물가격의 변동에 관계없이 미래에 판매될 현물의 가격을 현재시점에서 고정시킬 수 있다. 예를 들어 농부가 농산물 가격변동으로 인한 위험을 제거하기 위하여 앞으로 수확할 농산물을 매도하는 선물계약을 맺는 경우, 이를 매도헤지라 한다.

선물을 이용한 헤징의 목적은 미래의 불확실한 현물가격을 현재시점에서 고정시키는 것이지, 보다 많은 이익을 보장받는 것은 아니라는 점을 유의해야 한다. 현물가격이 불리하게 변동했을 때는 선물의 이익으로 인하여 현물에서의 손실이 상쇄될 수 있지만, 현물가격이 유리하게 변동했을 때는 선물의 손실이 오히려 현물에서의 이익을 상쇄시킬 수 있다.

알아두기

헤지(hedge)의 어원

헤지거래

파생상품의 주요 기능 중 하나가 바로 보유자산에 대한 위험관리이다. 이러한 기능을 헤지(hedge)라고 표현한다. 헤지라는 말은 본래 '가축을 보호하기 위해 낮은 키의 나무로 만든 울타리'를 뜻하는 고대 그리스어 'hecke'에서 유래했다. 헤지의 사전적 의미는 '도박이나 투자를 할 때 위험을 줄여주는 수단이나 행위'를 말한다. 따라서 헤지는 어떤 외부의 위험에 대한 대비책이라는 의미로 해석될 수 있다. 선물, 옵션 등의 파생상품을 이용한 헤지거래는 현재 보유하고 있는 현물의 불확실한 가치에 대하여 파생상품시장에서 반대되는 포지션으로 울타리를 침으로써 가격변동에 따르는 위험을 축소 또는 회피하기 위한 거래이다.

〈알기 쉬운 증권·파생상품시장 지표 해설(한국거래소, 2010)〉

1.2 베이시스

베이시스의 개념

베이시스(basis)는 선물가격과 현물가격간의 차이를 말한다.[1] 이러한 베이시스는 선물가격에 대한 현물가격의 할증 또는 할인 정도를 나타낸다.

베이시스 = 선물가격 − 현물가격

베이시스는 현물가격과 선물가격간의 상대적인 변화를 반영한다. 따라서 베이시스는 현물과 선물가격에 영향을 미치는 요인에 의해 변동된다고 할 수 있다. 한편 베이시스 변동은 현물가격이나 선물가격의 변동에 비해 상대적으로 더 안정적이고 예측가능한 것으로 알려져 있다.

선물가격이 현물가격으로 수렴하는 특성에 의해서 만기일의 베이시스는 0이 된다. 그러나 만기일 이전에는 베이시스가 0이 되지 않으며, 그 크기 또한 일정하지 않다. 시간변화에 따른 베이시스의 변동은 [그림 4-1]과 갈

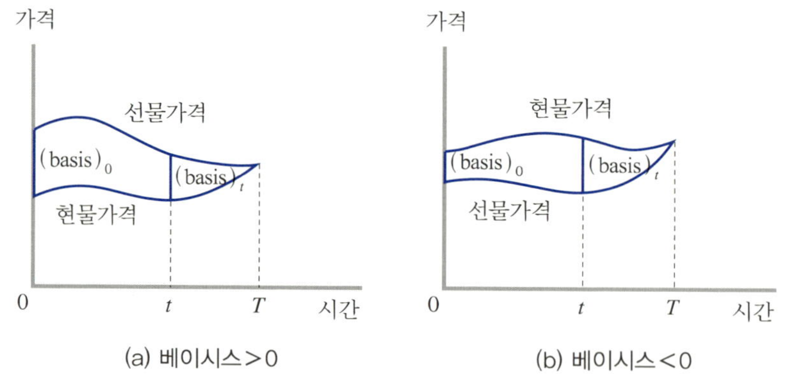

그림 4-1 시간변화에 따른 베이시스의 변동

1 금융선물과 달리 상품선물에서는 베이시스를 「현물가격-선물가격」으로 정의하기도 한다. 베이시스를 어떻게 정의하든 부호의 방향만 다를 뿐 결과적으로 선물가격과 현물가격의 차이를 의미한다.

다. 베이시스 변동은 베이시스 강화와 약화로 구분된다. 선물가격이 현물가격보다 상대적으로 높아질 때 베이시스가 강화되었다고 하며, 현물가격이 선물가격보다 상대적으로 높아질 때 베이시스가 약화되었다고 한다.

베이시스위험

선물의 만기일(T) 이전인 헤지종료일(t)에서 헤저(hedger)의 손익은 현물과 선물의 손익을 합하여 다음과 같이 구할 수 있다.

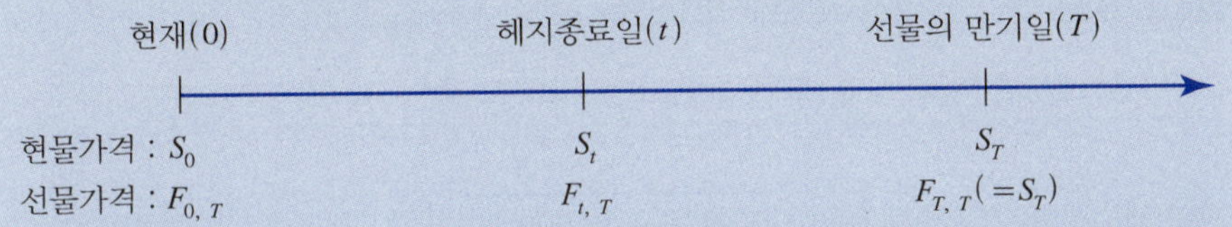

- 매입헤지의 손익 $=(S_0-S_t)+(F_{t,T}-F_{0,T})=(F_{t,T}-S_t)-(F_{0,T}-S_0)=(\text{basis})_t-(\text{basis})_0$
- 매도헤지의 손익 $=(S_t-S_0)+(F_{0,T}-F_{t,T})=(F_{0,T}-S_0)-(F_{t,T}-S_t)=(\text{basis})_0-(\text{basis})_t$

헤저의 손익은 현재와 헤지종료일간 베이시스의 차이라 할 수 있다.

현재시점(0시점)의 베이시스는 알려져 있으나, 헤지종료일(t시점)에서의 베이시스는 불확실하다.[2] 따라서 베이시스가 변동하는 경우 헤저는 가격위험 대신에 **베이시스위험**(basis risk)을 부담하게 된다. 베이시스위험은 헤지포지션에 영향을 미친다. 베이시스가 예상보다 축소되는 경우에는 매도헤지가 유리한 반면, 베이시스가 예상보다 확대되는 경우에는 매입헤지가 유리하다. 그러나 베이시스가 일정하거나 헤지종료일과 선물의 만기일이 같은 경우에는 베이시스위험이 제거될 수 있다.[3]

---

2 S_t, $F_{t,T}$가 확률변수이므로 t시점의 베이시스는 확률변수이다.

3 베이시스가 일정하다면, '$(\text{basis})_0=(\text{basis})_t$'이다. 따라서 헤저의 손익이 0, 즉 위험이 제거된다. 또는 헤지종료일이 선물의 만기일과 일치한다면, $(\text{basis})_t=0$이다. 따라서 헤저의 손익은 현재시점에서 확정된 값(상수)인 $(\text{basis})_0=S_0\cdot r_T$ 또는 $-(\text{basis})_0=-S_0\cdot r_T$이므로 역시 위험이 제거된다고 할 수 있다. 여기서 헤저의 손익이 0이 되는 경우는 베이시스가 일정하게 유지되는 특별한 상황임을 유의해야 한다.

이상에서는 현물과 선물의 기초자산이 동일하다는 전제하에서의 베이시스위험을 살펴보았다. 그러나 선물거래는 일부 표준화된 상품에 대해서만 이루어지고 있기 때문에 현물과 동일한 자산에 대한 선물을 발견하기 어렵다. 따라서 실제로는 현물과 선물의 기초자산이 정확하게 일치하지 않을 수 있으며, 이와 같은 경우의 헤지를 교차헤지(cross hedge)라 한다. 교차헤지에서는 현물과 선물의 기초자산간의 불일치로 인한 추가적인 베이시스위험이 발생하게 된다.

예제 4-1 헤저와 투기자의 손익

6월 1일 현재 상품 A에 대한 현물과 선물가격은 다음과 같다.

(6월 1일)
현물 A : 100만원
선물 A : 110만원

6월 30일의 상품 A에 대한 현물과 선물가격이 다음과 같다. 현물을 보유(매입)하고 선물을 매도한 헤저와 그 거래의 상대방인 투기자의 이익은 각각 어떻게 되겠는가?

(가) (6월 30일)	(나) (6월 30일)	(다) (6월 30일)
현물 A : 130만원	현물 A : 130만원	현물 A : 130만원
선물 A : 140만원	선물 A : 100만원	선물 A : 145만원

해설

선물계약시점(6월 1일)의 베이시스 = 선물가격 − 현물가격
= 110만원 − 100만원 = 10만원

(가) 베이시스 = 140만원 − 130만원 = 10만원(베이시스 일정) → 완전헤지

구 분	헤저의 손익*	투기자의 손익
현물 A 선물 A	30만원(= 130 − 100) − 30만원(= 110 − 140)	 30만원(= 140 − 110)
합 계	0	30만원

* 헤저의 손익 = $(\text{basis})_0 - (\text{basis})_t$ = 10만원 − 10만원 = 0

(나) 베이시스 = 100만원 − 130만원 = −30만원(베이시스 축소) → 불완전헤지

구 분	헤저의 손익*	투기자의 손익
현물 A 선물 A	30만원(=130−100) 10만원(=110−100)	 −10만원(=100−110)
합 계	40만원	−10만원

* 헤저의 손익 = $(\text{basis})_0 - (\text{basis})_t$ = 10만원 − (−30만원) = 40만원

(다) 베이시스 = 145만원 − 130만원 = 15만원(베이시스 확대) → 불완전헤지

구 분	헤저의 손익*	투기자의 손익
현물 A 선물 A	30만원(=130−100) −35만원(=110−145)	 35만원(=145−110)
합 계	−5만원	35만원

* 헤저의 손익 = $(\text{basis})_0 - (\text{basis})_t$ = 10만원 − 15만원 = −5만원

2 최소분산헤지비율

현물과 선물의 기초자산, 헤지기간과 선물의 만기일 등이 완전하게 일치하는 경우 완전헤지(perfect hedge)가 가능하다. 그러나 이는 현실적으로 어렵기 때문에 불완전헤지(imperfect hedge)를 전제로 위험을 최소화시키려는 노력이 중요하게 된다.

헤저가 현물 1단위와 선물 H단위를 결합하여 헤지포트폴리오를 구성하는 경우 이 포트폴리오의 가치변동(ΔV_H)은 다음과 같다.

$$\Delta V_H = \Delta S + H \Delta F \tag{4-1}$$

여기서 ΔS : 헤지기간 동안 현물의 가격변동($S_t - S_0$)
ΔF : 헤지기간 동안 선물의 가격변동($F_{t,T} - F_{0,T}$)
H : 현물 1단위에 대한 선물의 헤지비율

헤지포트폴리오의 가치변동에 따른 위험은 식 (4-1)에 분산(variance)을 취함으로써 다음과 같이 구할 수 있다.

$$Var(\Delta V_H) = Var(\Delta S) + H^2 Var(\Delta F) + 2HCov(\Delta S,\ \Delta F) \tag{4-2}$$

여기서 $Var(\cdot)$: 분산

$Cov(\Delta S,\ \Delta F)$: ΔS와 ΔF간의 공분산(covariance)[4]

헤지포트폴리오의 위험인 $Var(\Delta V_H)$를 최소화하기 위한 헤지비율, 즉 최소분산헤지비율(minimum variance hedge ratio) H^*를 구하면 다음과 같다.[5]

$$H^* = -\frac{Cov(\Delta S,\ \Delta F)}{Var(\Delta F)} = -\frac{\rho(\Delta S,\ \Delta F)\sigma(\Delta S)}{\sigma(\Delta F)} \tag{4-3}$$

식 (4-3)에서 최소분산헤지비율의 부호가 음(−)인 것은 선물의 포지션이 현물포지션과 정반대임을 의미한다. 그리고 식 (4-3)에서의 최소분산헤지비율은 과거자료(표본자료)를 이용하여 다음과 같은 회귀식에 의해 추정될 수 있다.

$$\Delta S_t = \alpha + \beta \Delta F_t + \varepsilon_t \tag{4-4}$$

여기서 ΔS_t : t기간에서 현물의 가격변동

ΔF_t : t기간에서 선물의 가격변동

α : 절편

β : 회귀계수

ε_t : 잔차항

식 (4-4)에 의해서 추정된 회귀계수($\hat{\beta}$)에 의해서 구한 최소분산헤지비율은 다음과 같다.

$$H^* = -\hat{\beta} \tag{4-5}$$

---

4 $Cov(\Delta S,\ \Delta F) = \sigma(\Delta S)\sigma(\Delta F)\rho(\Delta S,\ \Delta F)$

여기서 $\sigma(\cdot)$: 표준편차(standard deviation)로서 분산의 제곱근($\sqrt{Var(\cdot)}$)임.

$\rho(\Delta S,\ \Delta F)$: ΔS와 ΔF간의 상관계수(correlation coefficient)

5 식 (4-2)를 완전제곱식으로 표현하면 다음과 같다.

$$Var(\Delta V_H) = Var(\Delta F)\left[H + \frac{Cov(\Delta S,\ \Delta F)}{Var(\Delta F)}\right]^2 + Var(\Delta S)\left[1 - \rho^2(\Delta S,\ \Delta F)\right]$$

그러므로 $H = -\frac{Cov(\Delta S,\ \Delta F)}{Var(\Delta F)}$일 때 $Var(\Delta V_H)$는 최소값이 된다.

한편 식 (4-3)을 식 (4-2)에 대입하여 정리하면, 헤지포트폴리오의 최소위험[$Var(\varDelta V_H)^*$]을 구할 수 있다.[6]

$$Var(\varDelta V_H)^* = Var(\varDelta S)[1-\rho^2(\varDelta S,\ \varDelta F)] \tag{4-6}$$

식 (4-6)에서 볼 수 있는 바와 같이 현물과 선물의 가격변동간 상관관계가 클수록(현물과 선물의 기초자산간 일치성이 높을수록) 헤지포트폴리오의 위험이 더 작아짐을 알 수 있다. 예를 들어 $\rho^2(\varDelta S,\ \varDelta F)=1$이면 헤지포트폴리오의 위험은 0이 되어 완전헤지가 가능하나, $\rho^2(\varDelta S,\ \varDelta F)=0$이면 헤지포트폴리오의 위험은 $Var(\varDelta S)$, 즉 현물의 가격위험과 동일하게 된다.

예제 4-2 최소분산헤지비율

㈜ABC에너지는 3개월 후 1,000,000갤런의 난방용 연료를 매입할 예정이며, 현재 이 회사는 가솔린에 대한 선물을 매입하여 현물(난방용 연료)의 가격위험을 헤징하려고 한다. 다음의 자료를 이용하여 ㈜ABC에너지의 최소분산헤지비율과 헤징에 필요한 선물의 최적계약수를 구하라. (단, 가솔린선물의 1계약은 42,000갤런임.)

- 난방용 연료 갤런당 가격의 3개월간 변동액의 표준편차=0.06
- 가솔린선물 갤런당 가격의 3개월간 변동액의 표준편차=0.05
- 난방용 연료와 가솔린선물의 3개월 동안 가격변동간 상관계수=0.8

해설

$$H^* = -\frac{\rho(\varDelta S,\ \varDelta F)\sigma(\varDelta S)}{\sigma(\varDelta F)} = -\frac{0.8\times 0.06}{0.05} = -0.96$$

현물(난방용 연료) 1갤런당 가솔린선물 0.96갤런 매입해야 한다. 즉 ㈜ABC에너지가 헤지포트폴리오의 위험을 최소화하기 위해서 총 960,000갤런(=0.96×1,000,000갤런)의

6 최소분산헤지의 유효성(effectiveness of minimum variance hedge)은 다음과 같이 측정될 수 있다.

$$e^* = \frac{Var(\varDelta S) - Var(\varDelta V_H)^*}{Var(\varDelta S)} = \rho^2(\varDelta S,\ \varDelta F)$$

가솔린선물을 매입해야 함을 의미한다.

$$\therefore \text{ 가솔린선물의 최적계약수(매입)} = \frac{960{,}000}{42{,}000} = 22.86\text{계약}$$

헤징을 통해 헤지포트폴리오의 위험을 최소화하기 위해서는 가솔린선물을 22.86계약 매입해야 한다. (현실적으로 선물은 소수 단위로 매입할 수 없기 때문에 가솔린선물을 23계약 매입할 것이다.)

3 주가지수선물을 이용한 헤징

개별주식이나 주식포트폴리오의 체계적 위험을 관리하기 위하여 주가지수선물을 이용할 수 있다.

3.1 베타헤징 : 최소분산헤지비율

현물(주식포트폴리오)의 가격변화율(수익률), 즉 $r_S = \frac{\Delta S}{S_0}$, 주가지수선물의 가격변화율(수익률), 즉 $r_F = \frac{\Delta F}{F_{0,T}}$를 이용하여 식 (4-3)을 변형시키면 다음과 같다.

$$H^* = -\frac{S_0}{F_{0,T}}\left(\frac{Cov(r_S, r_F)}{Var(r_F)}\right) = -\frac{S_0}{F_{0,T}}\beta_{SF} \qquad (4\text{-}7)$$

여기서 S_0 : 주식포트폴리오의 현재가치
$F_{0,T}$: 현재시점에서 만기가 T인 주가지수선물 1계약의 가격(선물지수×거래승수)
β_{SF} : 주가지수선물 수익률에 대한 주식포트폴리오 수익률의 민감도[7]

7 β_{SF}는 다음과 같은 회귀식에 의해서 추정될 수 있다.

$$r_S = \alpha + \beta_{SF} r_F + \varepsilon_t$$

식 (4-7)에서 주가지수선물 수익률(r_F)과 시장포트폴리오 수익률(r_M)이 동일하게 움직인다고 가정한다면, β_{SF} 대신 주식포트폴리오의 베타값 β_S를 이용하여 최소분산헤지비율(최소분산헤지에 필요한 최적계약수)을 구할 수 있다.

$$H^* = -\frac{S_0}{F_{0,T}}\beta_S \qquad (4\text{-}8)$$

여기서 $\beta_S = \dfrac{Cov(r_S, r_M)}{Var(r_M)}$

주가지수선물을 이용하여 구성된 헤지포트폴리오의 수익률은 거의 무위험수익률에 가까워진다. 따라서 무위험수익률을 얻는 것이 헤저의 목적이라면 현재시점에서 보유하고 있는 주식들을 매도한 후, 그 대금을 무위험자산에 투자하는 방법이 훨씬 간단하다. 그럼에도 불구하고 헤징이 필요한 이유로 다음과 같은 두 가지를 들 수 있다.

첫째, 포트폴리오를 잘 구성하여 시장보다 더 좋은 성과를 얻을 수 있다고 예상되지만 시장전체의 불확실성으로 인한 위험이 걱정이 되는 경우에 주가지수선물을 이용하면, 시장에 대한 상대적인 성과는 그대로 유지하면서 시장의 불확실성에 따른 위험, 즉 체계적 위험을 제거할 수 있다.

둘째, 주식포트폴리오를 장기간 보유할 경우에 단기적인 시장위험을 제거하기 위하여 헤징을 한다. 단기적으로 포트폴리오를 매도하여 무위험자산에 투자한 후 포트폴리오를 재구성하려면 많은 비용이 발생하기 때문에 주가지수선물을 이용하여 헤징을 하는 것이 더 유리할 수 있다.

3.2 체계적 위험의 조정

시장상황에 따라 포트폴리오의 베타를 변화시키고자 할 때도 주가지수선물을 이용할 수 있다. 현재 S_0의 가치를 가지는 포트폴리오를 보유하고 있는 투자자가 임의의 헤지비율 H에 의해 헤지포트폴리오를 구성하는 경우 그 수익률은 다음과 같다.

$$r_H = \frac{\Delta S + H\Delta F}{S_0} = \frac{\Delta S}{S_0} + H \cdot \frac{F_{0,T}}{S_0} \cdot \frac{\Delta F}{F_{0,T}} = r_S + \frac{F_{0,T}}{S_0} \cdot H \cdot r_F$$

따라서 헤지포트폴리오의 베타(β_H)는 다음과 같이 구할 수 있다.

$$\beta_H = \beta_S + \frac{F_{0,T}}{S_0} \cdot H \cdot \beta_F \tag{4-9}$$

식 (4-9)에서 주가지수선물 수익률(r_F)과 시장포트폴리오 수익률(r_M)이 동일하게 움직인다고 가정한다면, 주가지수선물의 베타(β_F)는 1이 된다. 그러므로 현재 보유하고 있는 주식포트폴리오 베타(β_S)를 임의의 헤지포트폴리오 베타(β_H)로 조정하기 위한 헤지비율은 다음과 같다.[8]

$$H = (\beta_H - \beta_S)\frac{S_0}{F_{0,T}} \tag{4-10}$$

시장상황이 좋을 경우에는 베타가 클수록 유리한 반면, 시장상황이 좋지 않으면 베타가 작을수록 유리하다. 그러므로 시장상황에 따라 다음과 같은 투자전략을 세울 수 있다.

- 강세시장(bull market) 예상 : $\beta_H > \beta_S \rightarrow H > 0$(주가지수선물 매입)
- 약세시장(bear market) 예상 : $\beta_H < \beta_S \rightarrow H < 0$(주가지수선물 매도)

이와 같이 주가지수선물을 이용하여 베타를 조정하는 방법은 주식(현물)시장을 이용하여 포트폴리오를 재구성하는 방법보다 거래비용이 훨씬 저렴하다.

---

8 식 (4-10)에서 헤지포트폴리오의 베타(β_H)를 0으로 만들기 위한 헤지비율을 구하면, 그 헤지비율이 식 (4-8)의 최소분산헤지비율과 동일함을 알 수 있다.

예제 4-3 주가지수선물을 이용한 포트폴리오의 관리

국민연금은 현재 다음과 같은 주식포트폴리오를 보유하고 있다.

주 식	투자액(억원)	베 타
A	3	2.0
B	2	1.5
C	5	3.0

현재 KOSPI200지수는 238.50포인트, 3개월물 주가지수선물은 240.00포인트이다. (단, KOSPI200선물의 거래승수는 1포인트당 50만원이다.)

(1) 국민연금이 향후 3개월간 주식포트폴리오의 가치변동에 따른 위험을 헤징하기 위하여 필요한 주가지수선물의 최적계약수는 얼마인가?

(2) 국민연금은 향후 주식시장이 호황일 것으로 예상하여 현재 주식포트폴리오의 베타보다 1.2만큼 더 높이려고 한다. 이때 매입하여야 하는 선물계약수는 얼마인가?

해설

(1) $\beta_S = 2.0 \times \left(\frac{3억원}{10억원}\right) + 1.5 \times \left(\frac{2억원}{10억원}\right) + 3.0 \times \left(\frac{5억원}{10억원}\right) = 2.4$

$$\therefore\ H^* = -\frac{S_0}{F_{0,T}}\beta_S = -\frac{10억원}{240.00 \times 500{,}000원} \times 2.4 = -20계약$$

위험을 헤징하기 위해서 국민연금은 주가지수선물 20계약을 매도하여야 한다.

(2) $H = (\beta_H - \beta_S)\frac{S_0}{F_{0,T}} = (3.6 - 2.4) \times \left(\frac{10억원}{240.00 \times 500{,}000원}\right) = 10계약$

주식포트폴리오의 베타를 3.6으로 조정하기 위해서 주가지수선물 10계약을 매입하여야 한다.

4 금리선물을 이용한 헤징

이자율변동에 따른 위험은 주로 채권의 듀레이션(duration)에 기인한다. 따라서 이자율변동에 따른 위험을 제거하는 것을 듀레이션헤징이라 하며, 이는 현물(채권)시장 또는 금리선물시장 등을 이용하여 이루어진다.

4.1 듀레이션

듀레이션의 의의

듀레이션은 채권의 만기일까지의 각 기간을, 각 기간에 들어오는 현금흐름의 현재가치가 채권의 현재가치에서 차지하는 비율로 가중하여 합한 가중평균만기(weighted average maturity)를 의미한다. 듀레이션은 매컬리(F. R. Macaulay)에 의해서 제시되었으며, 이를 매컬리 듀레이션이라고도 한다.[9] 다음과 같은 현금흐름유형을 가지고 있는 채권의 듀레이션을 구해 보자.

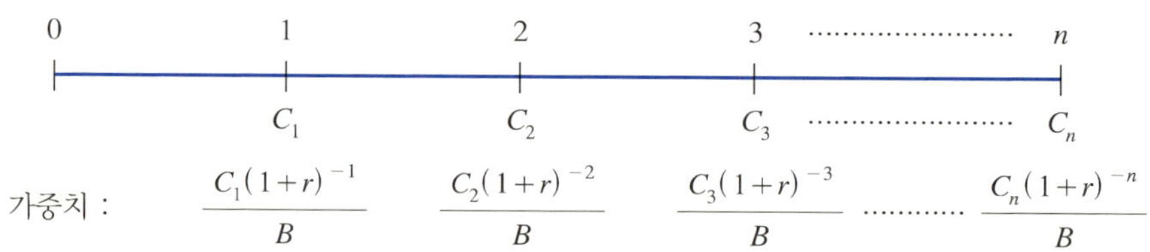

각 현금흐름이 발생되는 연수와 그 가중치를 곱한 후 모두 합하여 채권의 듀레이션 D를 구하면 다음과 같다.

---

9 Frederick R. Macaulay, *Some Theoretical Problems Suggested by the Movements of Interest Rates, Bond Yields, and Stock Prices in the United States since 1856* (New York : National Bureau of Economics Research, 1938).

$$D = \frac{1 \times C_1 (1+r)^{-1}}{B} + \frac{2 \times C_2 (1+r)^{-2}}{B} + \cdots + \frac{n \times C_n (1+r)^{-n}}{B} \quad (4\text{-}11)$$

여기서 C_t : t시점에서의 현금흐름($t=1, 2, \cdots, n$)

r : 시장이자율(또는 만기수익률)

$B = \frac{C_1}{1+r} + \frac{C_2}{(1+r)^2} + \cdots + \frac{C_n}{(1+r)^n}$

일반적으로 이표채의 듀레이션은 만기보다 작은 반면, 순수할인채권의 듀레이션은 만기와 동일하다.[10] 이표채와 순수할인채권에 대한 듀레이션과 만기의 관계를 그림으로 나타내면 [그림 4-2]와 같다.

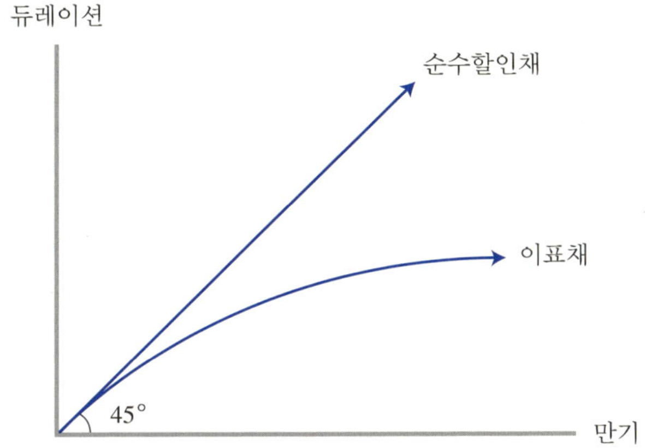

그림 4-2 듀레이션과 만기의 관계

10 원금의 상환 없이 이자만 영구적으로 지급하는 채권인 영구채(consols)의 듀레이션은 $\left(\frac{1+r}{r}\right)$이다.

그리고 채권포트폴리오의 듀레이션은 각 채권의 시장가치에 의한 구성비율로 가중평균하여 구할 수 있다.

$$D_p = W_1 D_1 + W_2 D_2 + \cdots + W_N D_N \tag{4-12}$$

여기서 D_p : 채권포트폴리오의 듀레이션
D_j : 채권 j의 듀레이션($j=1, 2, \cdots, N$)
W_j : 채권 j의 구성비율$\left(\dfrac{\text{채권 } j\text{의 시장가치}}{\text{채권포트폴리오의 시장가치}}\right)$

듀레이션은 다음과 같은 특성을 가지고 있다.

첫째, 다른 조건이 동일하다면 일반적으로 만기가 길수록 듀레이션이 증가한다.[11]

둘째, 다른 조건이 동일하다면 액면이자율이 낮을수록 듀레이션이 증가한다. 이는 액면이자율이 낮을수록 만기일 원금상환액의 현재가치가 차지하는 상대적 비중, 즉 만기일의 가중치가 높아지기 때문이다.

셋째, 다른 조건이 동일하다면 시장이자율이 낮을수록 듀레이션이 증가한다. 이는 시장이자율이 낮을수록 만기일에 가까운 시점의 현금흐름의 현재가치가 높아져서, 만기일에 가까운 시점의 가중치가 상대적으로 높아지기 때문이다.

채권가격 변화와 듀레이션

일반적으로 만기가 길수록, 액면이자율이 낮을수록 듀레이션은 길어진다. 그러므로 듀레이션을 만기와 액면이자율을 동시에 고려한 상환기간으로 생각할 수 있다. 이자율변동에 따른 채권가격변동액은 다음과 같이 구할 수 있다.[12]

---

11 액면이자율이 상당히 낮은 할인채(deep discount bond)의 경우 만기가 길수록 듀레이션이 증가하다가 만기가 일정수준에 도달하면 듀레이션이 감소할 수도 있다.

12 식 (4-13)은 근사적으로 성립함을 유의해야 한다. 즉 이 식에 의해 계산된 채권가격의 변동액은 근사값으로서 실제 채권가격의 변동액과 약간 다를 수 있다. 이 식의 도출과정은 감형규 · 신용재, 『파생금융상품』(유원북스, 2015), pp. 132～133 참조.

$$\Delta B \fallingdotseq -\frac{D}{1+r} \cdot \Delta r \cdot B \qquad (4\text{-}13)$$

여기서 ΔB : 채권가격의 변동액
B : 채권가격
Δr : 시장이자율의 변동
$\frac{D}{1+r}$: 수정듀레이션(modified duration)

식 (4-13)에서 듀레이션(D)이 길어질수록 이자율변화에 대해서 채권가격이 보다 민감하게 변함을 알 수 있다.

예제 4-4 채권가격 변화와 듀레이션

액면금액이 10,000원이고, 액면이자율이 12%인 3년 만기의 채권이 있다. 시장이자율이 8%일 경우 다음의 물음에 답하라.

(1) 이 채권의 현재 시장가치는 얼마인가?
(2) 이 채권의 듀레이션을 구하라.
(3) 이자율이 8%에서 10%로 인상될 경우, 채권의 가격은 어느 정도 변동하겠는가?

해설

(1) $B = \frac{1{,}200}{(1+0.08)} + \frac{1{,}200}{(1+0.08)^2} + \frac{11{,}200}{(1+0.08)^3} = 11{,}030.84\text{원}$

(2) $D = 1\text{년} \times \frac{1{,}200/(1+0.08)}{11{,}030.84} + 2\text{년} \times \frac{1{,}200/(1+0.08)^2}{11{,}030.84} + 3\text{년} \times \frac{11{,}200/(1+0.08)^3}{11{,}030.84}$

$= 2.71\text{년}$

(3) $\Delta B \fallingdotseq -\frac{D}{1+r} \cdot \Delta r \cdot B$이므로 채권가격의 변화율, 즉 $\Delta B/B$는 다음과 같다.

$$\Delta B/B \fallingdotseq -\left(\frac{D}{1+r}\right) \cdot \Delta r = -\left(\frac{2.71}{1.08}\right) \times 0.02 = -0.05$$

즉 이자율이 8%에서 10%로 2%포인트 상승하면, 채권가격은 약 5% 하락한다.

채권의 가격변화와 볼록성

식 (4-13)과 같이 듀레이션에 의해서 채권가격변동액을 산출할 때 오차가 발생하게 되며, 이는 [그림 4-3]과 같이 채권가격이 원점에 대해 볼록한 형태를 갖기 때문이다. [그림 4-3]에서 시장이자율이 r에서 r^+로 상승할 때 듀레이션에 의해서는 채권가격이 $(B - B_D^-)$만큼 하락한 것으로 측정되나, 실제로는 그것보다 작은 $(B - B^-)$만큼 하락하게 된다. 한편 시장이자율이 r에서 r^-로 하락할 때 듀레이션에 의해서는 채권가격이 $(B_D^+ - B)$만큼 상승한 것으로 측정되나, 실제로는 그것보다 큰 $(B^+ - B)$만큼 상승하게 된다. 따라서 이자율변동 시 듀레이션에 의해 측정된 채권가격은 항상 실제 채권가격보다 저평가되는 경향을 갖게 된다. 이와 같은 오차는 이자율변동폭이 커질수록 더 확대된다. 그러므로 채권가격변동액을 보다 정확하게 산출하기 위해서는 듀레이션뿐만 아니라 볼록성(convexity)도 고려해 주어야 한다.

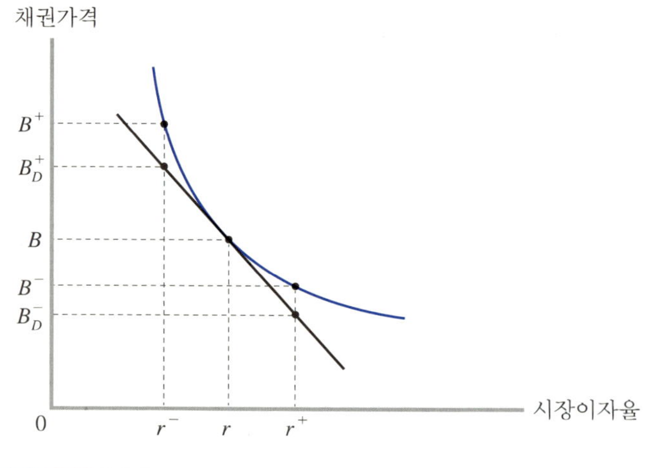

그림 4-3 채권가격의 볼록성

4.2 듀레이션에 근거한 헤징전략

식 (4-3)을 이용하여 다음과 같은 최소분산헤지비율을 구할 수 있다.

$$H^{*} = -\frac{\rho(\Delta B_S,\ \Delta B_F)\,\sigma(\Delta B_S)}{\sigma(\Delta B_F)} \tag{4-14}$$

여기서 ΔB_S : 채권포트폴리오(헤지대상자산)의 가격변동
ΔB_F : 금리선물의 가격변동

금리선물을 헤징에 이용할 때 식 (4-14)를 사용할 수 있다. 그러나 듀레이션 개념도 헤징전략의 수립 시 유용한 대체적 수단이 될 수 있다.

먼저 듀레이션을 이용한 식 (4-13)에 의해 채권포트폴리오, 즉 헤지대상자산의 가치변화를 측정하면 다음과 같다.

$$\Delta B_S = -\frac{D_S}{1+r_S}\cdot \Delta r_S \cdot B_S \tag{4-15}$$

여기서 B_S : 헤지대상자산의 가치
D_S : 헤지종료일에서 헤지대상자산의 듀레이션
r_S : 헤지대상자산의 수익률
Δr_S : 헤지대상자산의 수익률 변화

또한 같은 방법으로 금리선물의 계약당 가치변화를 측정하면 다음과 같다.

$$\Delta B_F = -\frac{D_F}{1+r_F}\cdot \Delta r_F \cdot B_F \tag{4-16}$$

여기서 B_F : 금리선물 1계약의 가격
D_F : 선물만기일에서 선물계약 기초자산의 듀레이션
r_F : 금리선물계약의 수익률
Δr_F : 금리선물계약의 수익률 변화

헤저가 H계약의 금리선물로 채권포트폴리오(헤지대상자산)를 헤지하기 위하여 구성한 헤지포트폴리오의 가치변화 ΔV_H는 다음과 같다.

$$\Delta V_H = \Delta B_S + H\,\Delta B_F \tag{4-17}$$

그러므로 식 (4-15)와 식 (4-16)을 식 (4-17)에 대입한 후, 헤지포트폴리오의 가치변화를 0으로 만드는 헤지비율 H^*를 구하면 다음과 같다.

$$H^* = -\frac{\Delta B_S}{\Delta B_F} = -\left(\frac{D_S^m}{D_F^m}\right)\left(\frac{B_S}{B_F}\right)\left(\frac{\Delta r_S}{\Delta r_F}\right)$$

$$= -\left(\frac{D_S}{D_F}\right)\left(\frac{B_S}{B_F}\right)\left(\frac{\Delta r_S}{\Delta r_F}\right)\left(\frac{1+r_F}{1+r_S}\right) \tag{4-18}$$

여기서 D_S^m : 헤지종료일에서 헤지대상자산의 수정듀레이션$\left(\frac{D_S}{1+r_S}\right)$

D_F^m : 선물만기일에서 선물계약 기초자산의 수정듀레이션$\left(\frac{D_F}{1+r_F}\right)$

식 (4-18)에서 수익률 및 수익률 변화가 항상 일정하다고 가정한다면, 즉 $r_S = r_F$, $\Delta r_S = \Delta r_F$이라면 헤징을 위한 선물의 최적계약 수 H^*는 다음과 같다.[13]

$$H^* = -\left(\frac{D_S}{D_F}\right)\left(\frac{B_S}{B_F}\right) \tag{4-19}$$

식 (4-19)에서 H^*의 부호가 음(−)인 것은 선물포지션이 현물포지션과 반대임을 의미한다. 여기서는 현재 채권포트폴리오를 보유하고 있다는 전제하에서 구한 헤지비율이기 때문에 부호가 음(−), 즉 금리선물을 매도하는 것으로 나타나고 있다. 금리선물을 이용하여 헤지할 때, 이자율과 선물가격이 반대방향으로 움직인다는 것을 명심해야 한다. 따라서 이자율이 하락할 때 손실이 발생하는 기업(변동금리채권 또는 고정금리채무 보유)은 선물을 매입해야 하는 반면, 이자율이 상승할 때 손실이 발생하는 기업(고정금리채권 또는 변동금리채무 보유)은 선물을 매도해야 한다.

한편 주가지수선물과 마찬가지로 현재 보유하고 있는 채권포트폴리오 듀레이션(D_S)을 임의의 헤지포트폴리오 듀레이션(D_H)으로 조정하기 위한 헤

13 최소분산헤지비율에 의해서 식 (4-19)와 동일한 결과를 얻을 수 있다. 구체적인 내용은 『파생금융상품』(2015, 유원북스), p. 136 참조.

지비율을 다음과 같이 구할 수 있다.[14]

$$H = \left(\frac{D_H - D_S}{D_F}\right)\left(\frac{B_S}{B_F}\right) \tag{4-20}$$

예제 4-5 듀레이션에 근거한 헤징전략

ABC주식회사는 현재로부터 약 2개월 후 판매대금으로 6억원을 받을 예정이며, 이 자금은 현재로부터 8개월 후 실시되는 실물투자의 재원으로 활용할 계획이기 때문에 판매대금을 회수하는 즉시 6개월 만기인 순수할인채권 A에 투자할 계획이다. 2개월 만기인 순수할인채권 B(91일 만기)에 대한 선물 1계약의 가격은 현재 9,800만원이다. ABC주식회사는 현재로부터 2개월간 이자율 하락에 따른 손실을 염려하여 순수할인채권 B 선물로 헤징을 하려고 한다. 이 경우 순수할인채권 B 선물의 최적계약수는?

해설

순수할인채권은 듀레이션과 만기가 동일하다. 즉 헤지대상자산인 6개월 만기 순수할인채권 A의 듀레이션은 0.5년이며, 선물의 기초자산인 순수할인채권 B의 듀레이션은 0.25년이다. 그러므로 이자율 하락에 따른 손실위험을 제거하기 위해 매입해야 하는 순수할인채권 B 선물의 최적계약수는 다음과 같다.

$$H^* = \left(\frac{0.5\text{년}}{0.25\text{년}}\right)\left(\frac{600{,}000{,}000}{98{,}000{,}000}\right) = 12.24\text{계약}$$

---

14 식 (4-17)은 다음과 같이 나타낼 수 있다.

$$-\frac{D_H}{1+r}\cdot \Delta r \cdot B_S = -\frac{D_S}{1+r_S}\cdot \Delta r_S \cdot B_S + H\cdot\left(-\frac{D_F}{1+r_F}\cdot \Delta r_F \cdot B_F\right)$$

여기서 $\Delta r = \Delta r_S = \Delta r_F$, $r = r_S = r_F$이라면, 다음과 같이 정리할 수 있다.

$$B_S D_H = B_S D_S + H\cdot B_F D_F$$

위의 식을 풀면, 식 (4-20)을 도출할 수 있다. 한편 $r \neq r_S \neq r_F$일 경우 수정듀레이션을 사용하여야 한다.

시사포커스

금융시장의 공짜 점심, 차익거래

노벨 경제학상을 수상한 밀턴 프리드먼은 '공짜 점심은 없다(There is no such a thing as free lunch)'는 말을 자주 사용했다. 누군가가 공짜로 점심을 준다고 해도 시간에 대한 기회비용을 지불해야 한다는 의미이다. 서부개척시대에 술 마신 다음날 공짜로 제공된 점심이 사실 전날 술값에 포함되었다는 것에서 유래되었다는 설도 있다. 한치 앞도 예측하기 어려운 금융시장에서는 공짜 점심을 먹을 수 있을까? 놀랍게도 금융시장에서도 공짜 점심, 즉 위험 없는 수익을 만드는 사람들이 있다. 바로 현물과 선물 시장에서 차익거래자(Arbitrager)가 그들이다.

차익거래를 이해하기 위해서 먼저 선물에 대해 알아야 한다. 선물은 옵션(Option)이나 스왑(Swap)과 같은 파생상품 중 하나로서, 어떤 상품을 미래 시점에 매매하기로 미리 가격을 정하여 약속하는 거래를 말한다. 쉽게 이야기하면 상인과 농부가 가을에 수확될 배추를 여름에 미리 거래하는 것이다. 한국에서 가장 많이 거래되는 선물은 '코스피200 선물'이다. 한국을 대표하는 200개 상장기업들의 주가를 지수로 표현한 것이 '코스피200 지수'인데 이 지수를 미리 정해진 가격에 매매하기로 약속하는 거래인 것이다. 만약 앞으로 경제가 좋아져서 주가가 오를 것으로 예상된다면 미리 선물을 사두었다가 나중에 팔게 되면 이득을 볼 수 있게 되는 것이다.

파생상품은 현물 시장과 다르게 제로섬 게임이다. 누군가 이득을 얻는다면 다른 누군가는 그만큼 손실을 본다는 것이다. 현물시장에서는 가격이 상승하면 사고 판 사람이 모두 이익을 볼 수 있는 구조지만, 같은 상품을 기초로 하는 파생상품시장에서는 사고 판 사람들의 손익구조가 반대이기 때문에 합이 제로가 된다. 물론 엄밀히 말하면 파생상품 거래에는 수수료가 있기 때문에 손익의 합은 항상 음수가 된다. 그렇다면 차익거래로 어떻게 공짜점심을 먹을 수 있을까?

차익거래는 현물과 선물의 차이를 이용하여 무위험수익을 추구하는 투자이다. 즉, 현물과 선물 중에서 고평가된 상품은 팔고 저평가된 상품을 사는 전략이다. 선물 가격이 현물 가격보다 높은 상태는 콘탱고(Contango), 현물 가격이 선물 가격보다 높은 상태를 백워데이션(Backwardation)이라고 한다. 이자비용 등으로 인해 선물 가격이 높은 콘탱고가 일반적이지만 가끔은 백워데이션이 되는 경우도 있다. 선물이 고평가된 콘탱고 상황에서는 선물을 매도하고 현물을 매수하는 차익거래를 한다.

기초자산 가격과 선물 가격에 차이가 발생하면 항상 이익을 얻을 수 있을까? 아쉽게도 항상 무위험이익을 얻을 수 있는 것은 아니다. 실제 가격 데이터를 살펴보면 코스피200 지수와 코스피200 선물 가격에 차이가 발생한다. 이론적으로 선물 가격은 코스피200 지수에 이자비용과 배당 수입을 고려해야 한다. 이자비용과 배당 수입을 고려하면 무위험 수익을 얻을 수 있는 기회는 현저히 줄어든다. 기회는 줄어들지만 많은 거래를 하면 큰 수익을 만들 수 있다. 밀턴 프리드먼이 언급한 기회비용이 전혀 없는 공짜 점심은 아니지만, 차익거래를 통해서 위험 없는 수익을 만들 수 있다는 점에서 공짜 점심을 먹을 수도 있다.

외국인과 기관투자자는 전산 시스템을 갖추고 있고 거래대금도 많기 때문에 차익거래를 활발하게 하고 있다. 개인투자자는 상대적으로 차익거래를 할 기회가 적지만 차익거래 관련 정보를 잘 이용한다면 보다 현명하게 거래를 할 수 있다. 시장에서 선물이 고평가되고 현물이 저평가되면, 현물 매수가 활발해질 수 있다고 판단할 수 있다. 이와 같이 개인투자자는 선물과 현물의 가격 차이를 투자 지표로 활용할 수 있다. 또한 선물은 미래 시점에서 사고파는 계약이므로 거래하는 사람들의 기대를 반영한다고 볼 수 있다. 개인투자자가 이를 이용해서 시장 상황을 파악할 수 있다. 그리고 선물 만기일에 시장의 변동성이 높아진다는 점을 이해한다면 투자에 많은 도움이 될 것이다.

국내 파생상품시장에는 주가지수, 개별주식, 금리, 일반상품 등 다양한 파생상품이 상장되어 있다. 최근에는 소액투자자가 선물시장에 원활히 참여할 수 있도록 미니선물도 상장한 바 있다. 하지만 개인이 전문지식 없이 파생상품에 투자하는 것은 쉽지 않다. 무분별하게 파생상품에 투자하면 원금 이상의 큰 손실을 입을 수 있기 때문이다. 파생상품은 손익구조가 복잡하고 어렵기 때문에 충분히 이해하고 투자해야 한다. 이를 위해 한국거래소는 투자자를 대상으로 파생상품 투자에 대해 교육프로그램을 제공하고 있으며, 파생상품시장을 공정하게 운영하기 위해 다각도의 노력도 기울이고 있다. 금융시장과 파생상품에 대한 투자자들의 건전한 이해를 바탕으로 우리 파생상품시장이 계속 힘차게 발전해 나아가길 바란다.

〈국제신문, 이민영 연구위원(한국거래소 증권 · 파생상품연구센터), 2021. 8. 7 수정〉

주 · 요 · 용 · 어

key words

- **매입헤지(long hedge)**

미래에 구입할 예정인 현물의 가격상승으로 인한 손실을 방지하기 위하여 선물을 매입하는 것을 의미한다.

- **매도헤지(short hedge)**

현재 보유하고 있는 현물의 미래 판매가격 하락으로 인한 손실을 방지하기 위하여 선물을 매도하는 것을 의미한다.

- **베이시스(basis)**

선물가격과 현물가격간의 차이를 말한다. 이러한 베이시스는 선물가격에 대한 현물가격의 할증 또는 할인 정도를 나타낸다.

- **베이시스위험(basis risk)**

현재시점의 베이시스는 알려져 있으나, 헤지종료일에서의 베이시스는 불확실하므로 베이시스가 변동하는 경우 헤저가 부담하는 위험을 말한다.

- **교차헤지(cross hedge)**

현물과 선물의 기초자산이 정확하게 일치하지 않을 수 있으며, 이와 같은 경우의 헤지를 말한다.

- **최소분산헤지비율(minimum variance hedge ratio)**

현물과 선물로 구성된 헤지포트폴리오의 위험을 최소화하기 위한 헤지비율을 말한다.

☞ $$H^* = -\frac{Cov(\Delta S, \Delta F)}{Var(\Delta F)} = -\frac{\rho(\Delta S, \Delta F)\sigma(\Delta S)}{\sigma(\Delta F)}$$

- **듀레이션(duration)**

채권의 만기일까지의 각 기간을, 각 기간에 들어오는 현금흐름의 현재가치가 채권의 현재가치에서 차지하는 비율로 가중하여 합한 가중평균만기를 의미한다.

- 채권포트폴리오의 듀레이션

채권포트폴리오의 듀레이션은 각 채권의 시장가치에 의한 구성비율로 가중평균하여 구한 값이다.

☞ $D_p = W_1 D_1 + W_2 D_2 + \cdots + W_N D_N$

- 이자율변동에 따른 채권가격변화

이자율이 증가(감소)할 때 채권가격은 감소(증가)하는데, 듀레이션이 길어질수록 이자율변화에 대해서 채권가격이 보다 민감하게 변한다.

☞ $\Delta B \fallingdotseq -\dfrac{D}{1+r} \cdot \Delta r \cdot B$

- 듀레이션을 이용한 헤징전략

금리선물과 채권포트폴리오(헤지대상자산)로 구성된 헤지포트폴리오의 위험을 최소화하기 위한 헤지비율은 듀레이션을 이용하여 구할 수 있다.

☞ $H^* = -\left(\dfrac{D_S}{D_F}\right)\left(\dfrac{B_S}{B_F}\right)$

Exercise

연습문제

■ 완성/선택형 문제

1 헤지를 선물시장에서 취하는 포지션에 따라 ( )와 ( )로 나눈다.

2 ( )는 선물가격과 현물가격간의 차이를 말한다.

3 현물과 선물의 기초자산이 정확하게 일치하지 않을 수 있으며, 이와 같은 경우의 헤지를 ( )라 한다.

4 ( )은 채권의 만기일까지의 각 기간을, 각 기간에 들어오는 현금흐름의 현재가치가 전체 현금흐름의 현재가치에서 차지하는 비율로 가중하여 합한 가중평균만기를 의미한다.

5 일반적으로 ( )가 길수록, ( ) 또는 ( )이 낮을수록 듀레이션은 길어진다.

6 이자율변동 시 채권가격변동액을 보다 정확하게 산출하기 위해서는 듀레이션뿐만 아니라 ( )도 고려해 주어야 한다.

7 금리선물을 이용하여 헤지할 경우 이자율이 하락할 때 손실이 발생하는 기업(변동금리채권 또는 고정금리채무 보유)은 선물을 ( )해야 하는 반면, 이자율이 상승할 때 손실이 발생하는 기업(고정금리채권 또는 변동금리채무 보유)은 선물을 ( )해야 한다.

8 헤지에 대한 다음의 설명 중 거리가 먼 것은?

① 선물을 이용함으로써 현물시장에서의 예측하지 못한 가격변동에 따른 위험을 저렴하고 효율적으로 제거할 수 있다.

Exercise

② 선물시장을 이용한 헤지는 현물시장에서의 가격위험을 제거하기 위해 현물시장에서의 포지션과 동일한 포지션을 선물시장에서 취하는 것을 의미한다.

③ 매입헤지로 인하여 미래 현물가격의 변동에 관계없이 미래에 구입할 현물의 가격을 현재시점에서 고정시킬 수 있다.

④ 매도헤지는 현재 보유하고 있는 현물의 미래 판매가격 하락으로 인한 손실을 방지하기 위하여 선물을 매도하는 것을 의미한다.

⑤ 선물을 이용한 헤지의 목적은 미래의 불확실한 현물가격을 현재시점에서 고정시키는 것이지, 보다 많은 이익을 보장받는 것은 아니다.

9 베이시스(basis)위험에 대한 다음의 설명 중 거리가 먼 것은? (단, 베이시스 = 선물가격 − 현물가격)

① 선물가격이 현물가격으로 수렴하는 특성에 의해서 만기일의 베이시스는 0이 된다.

② 베이시스가 예상보다 축소되는 경우에는 매도헤지가 유리한 반면, 베이시스가 예상보다 확대되는 경우에는 매입헤지가 유리하다.

③ 베이시스가 일정하거나 헤지종료일과 선물의 만기일이 같은 경우에는 베이시스위험이 제거될 수 있다.

④ 베이시스위험이 제거되면 헤저의 손익은 항상 0이 된다.

⑤ 현물과 선물의 기초자산이 정확하게 일치하지 않을 경우의 헤지, 즉 교차헤지(cross hedge)에서는 현물과 선물의 기초자산간의 불일치로 인한 추가적인 베이시스위험이 발생하게 된다.

10 A사가 현재 유가증권시장에 상장된 주식으로 구성된 포트폴리오를 20억원 보유하고 있다. 주식포트폴리오 베타는 1.5, 현재 코스피200선물의 가격은 200.00포인트이다. 주식시장의 하락을 걱정하는 A사의 입장에서 이용가능한 헤징전략으로 가장 적절한 것은?

① 코스피200선물 30계약을 매입　　② 코스피200선물 30계약을 매도

③ 코스피200선물 60계약을 매입　　④ 코스피200선물 60계약을 매도

⑤ 스타지수선물 60계약을 매도

Exercise

11 시장이자율이 1% 상승할 때, 다음 채권들 중에서 어느 채권의 가격하락률이 가장 클 것으로 판단되는가?

① 액면이자율이 5%인 10년 만기 채권
② 액면이자율이 10%인 7년 만기 채권
③ 액면이자율이 10%인 10년 만기 채권
④ 액면이자율이 10%인 7년 만기 채권
⑤ 10년 만기 순수할인채권

12 듀레이션에 대한 다음의 설명 중 잘못된 것은?

① 이표채의 듀레이션은 만기보다 작다.
② 시장이자율이 5%일 경우 5년 만기 순수할인채의 듀레이션은 5년이다.
③ 시장이자율이 5%일 경우 영구채의 듀레이션은 21년이다.
④ 다른 조건이 동일하다면 액면이자율이 낮을수록 듀레이션이 감소한다.
⑤ 다른 조건이 동일하다면 시장이자율이 낮을수록 듀레이션이 증가한다.

13 채권의 듀레이션에 관한 설명으로 가장 적절하지 않은 것은? 단, 이표채의 잔존만기는 1년을 초과한다고 가정한다. (CPA 1차 2016)

① 영구채의 듀레이션은 $\left(\frac{1+\text{만기수익률}}{\text{만기수익률}}\right)$이다.
② 다른 조건이 동일할 때, 액면이자율이 낮은 이표채의 듀레이션이 더 길다.
③ 모든 채권은 발행 이후 시간이 경과하면 그 채권의 듀레이션은 짧아진다.
④ 다른 조건이 동일할 때, 만기수익률이 상승하면 이표채의 듀레이션은 짧아진다.
⑤ 이표채의 듀레이션은 만기보다 짧다.

14 다음 중 금리선물 매도에 의한 헤지가 필요한 경우로 묶인 것은?

a. 변동금리채권을 보유하고 있는 경우
b. 고정금리채권을 보유하고 있는 경우
c. 향후 채권발행을 계획하고 있는 경우
d. 변동금리로 자금을 차입한 경우

① a ② a, b ③ b, c
④ a, c, d ⑤ b, c, d

15 H사는 현재 300억원의 채권포트폴리오를 관리하고 있다. 현재 포트폴리오의 평균 듀레이션은 2년, 근월물인 3년 국채선물의 가격은 100.00이다. 향후 금리상승을 우려하여 H사는 3년 국채선물을 이용한 헤징을 실시하고자 한다. 다음 중 매도하여야 할 선물계약 수에 가장 가까운 것은? (단, 3년 국채선물의 기초자산인 3년 국채의 듀레이션은 2.8년이라고 가정한다.)

① 200계약 ② 214계약 ③ 218계약
④ 222계약 ⑤ 226계약

■ 서술/계산형 문제

1 헤지의 기본원리에 대해서 설명하라.

2 주가지수선물을 이용한 헤징에 대해서 설명하라.

3 만기, 액면이자율, 시장이자율과 듀레이션의 관계에 대해서 설명하라.

4 채권의 가격변화와 볼록성의 관계에 대해서 설명하라.

5 듀레이션에 근거한 헤징전략에 대해서 설명하라.

6 헤저와 투기자의 손익

상품 A를 보유하고 있는 헤저는 7월 1일 상품 A를 기초자산으로 하는 선물을 매도하였다. 7월 1일과 7월 31일의 상품 A의 현물과 선물의 가격은 다음과 같다.

Exercise

7월 1일	7월 31일
현물 A : 100만원 선물 A : 110만원	현물 A : 130만원 선물 A : 150만원

헤저와 그 거래의 상대방인 투기자의 이익은 어떻게 되겠는가?

7 최소분산헤지비율

㈜한경에너지는 3개월 후 2,000,000갤런의 난방용 연료를 매입할 예정이며, 현재 이 회사는 가솔린에 대한 선물을 매입하여 현물(난방용 연료)의 가격위험을 헤징하려고 한다. 난방용 연료와 가솔린선물의 가격변동성에 관한 정보는 다음과 같다.

- 난방용 연료 갤런당 가격의 3개월간 변동액의 표준편차=0.02
- 가솔린선물 갤런당 가격의 3개월간 변동액의 표준편차=0.04
- 난방용 연료와 가솔린선물의 3개월 동안 가격변동간 상관계수=0.8

위의 자료를 이용하여 ㈜한경에너지의 최소분산헤지비율과 헤징에 필요한 선물의 최적계약수를 구하라. (단, 가솔린선물의 1계약은 30,000갤런임.)

8 주가지수선물을 이용한 포트폴리오의 관리

국민연금은 현재 다음과 같은 주식포트폴리오를 보유하고 있다.

주　식	투자액(억원)	베　타
A	3	1.2
B	2	2.8
C	4	1.0
D	1	1.8

국민연금은 향후 3개월간 주식포트폴리오의 위험을 관리하기 위하여 만기가 4개월 후인 KOSPI200선물을 이용하려고 한다. 시장수익률의 대용치인 KOSPI200 수익률의 분산은 0.04, 무위험이자율은 연 10%, KOSPI200의 가중배당수익률은 연 4%이며, 현재 KOSPI200지수는 160.00포인트이다.

Exercise

(1) 만기가 4개월 후인 KOSPI200선물의 이론적 가격은 얼마인가?

(2) 국민연금이 향후 3개월간 주식포트폴리오의 가치변동에 따른 위험을 헤징하기 위하여 필요한 선물계약수는 얼마인가?

(3) 국민연금은 향후 주식시장이 호황일 것으로 예상하여 현재 주식포트폴리오의 베타보다 1.0만큼 더 높일 경우 필요한 선물계약수는 얼마인가?

(4) "일반적으로 헤징의 결과 기대되는 수익은 무위험이자율이다. 따라서 국민연금의 경우 주식포트폴리오를 보유하고 선물계약을 매도하여 헤징하는 복잡한 방법을 선택하기보다는, 단순히 주식포트폴리오를 매도한 후 그 대금을 무위험이자율로 투자하는 것이 더 좋다"라는 주장에 대하여 논평하라.

9 채권가격의 변화와 듀레이션

액면금액이 10,000원이고, 액면이자율이 10%인 2년 만기의 채권이 있다. 시장이자율이 6%일 경우 다음의 물음에 답하라.

(1) 이 채권의 현재 시장가치는 얼마인가?

(2) 이 채권의 듀레이션을 구하라.

(3) 이자율이 6%에서 10%로 인상될 경우, 채권의 가격은 어느 정도 변동하겠는가? (단, 채권의 듀레이션을 이용하여 구하라.)

10 장기 금리선물의 헤징전략과 듀레이션관리

현재 시장에서 거래되고 있는 채권과 채권선물자료는 다음과 같다.

구 분	가격(액면 100원당 가격)	만기수익률(%)	듀레이션(년)
국채 A	100.00	10	6.82
3개월 만기 국채 B 선물	96.40	12	7.84
AAA등급의 회사채	92.50	14	6.27

국채 B 선물의 거래단위는 액면가 1억원이다. 그리고 국채 B 선물에 대한 국채 A의 수익률의 변화비율은 1이며, 국채 B 선물에 대한 AAA등급 회사채의 수익률의 변화비율은 1.2이다.

Exercise

(1) 국채 A에 50억원을 투자하고 있는 펀드매니저 갑은 이자율위험을 헤지하기 위해 3개월 만기 국채 B 선물을 이용하려고 한다. 이 경우 3개월 만기 국채 B 선물의 최적계약수는?

(2) 펀드매니저 을은 20억원의 펀드를 조성하여 AAA등급의 회사채에 투자하려고 한다. 펀드를 조성하는 데 2개월의 시간이 소요되며 그 사이에 이자율이 하락할 가능성이 높은 것으로 예상된다. 이 경우 펀드매니저 을이 취할 수 있는 헤지전략은?

(3) 국채 A에 10억원을 투자하고 있는 펀드매니저 병은 향후 이자율이 하락할 것으로 예상하고 있다. 따라서 펀드매니저 병은 보유하고 있는 국채 A의 수정듀레이션을 8년으로 증가시키려 한다. 이 경우 펀드매니저 병이 취할 수 있는 전략은?

보론 1 자산배분전략

자산배분전략(asset allocation strategy)은 시장상황에 대한 예측을 근거로 보유하고 있는 자산포트폴리오를 적절하게 재구성하는 전략을 의미한다. 즉 약세시장이 예상되는 경우 주식의 투자비중을 줄이는 반면에 채권의 투자비중을 증가시키고, 강세시장이 예상되는 경우에는 채권의 투자비중을 줄이는 반면에 주식의 투자비중을 증가시키는 전략이다. 현물시장(주식 또는 채권)을 이용하는 것보다 주가지수선물을 이용하는 경우 상대적으로 저렴한 거래비용 때문에 효율적으로 자산배분전략을 수행할 수 있다.

주가지수선물을 이용한 자산배분전략에는 주가하락이 예상되는 경우 주가지수선물을 매도함으로써 주가하락에 따른 손실을 제거하는 전략, 즉 합성무위험채권(synthetic risk-free bond) 전환전략과 주가상승이 예상되는 경우 주가지수선물을 매입함으로써 주가상승으로 인한 이익을 얻으려는 전략, 즉 합성주식포트폴리오(synthetic stock portfolio) 전환전략이 있다.

먼저 합성무위험채권 전환전략은 보유하고 있는 주식포트폴리오 규모만큼 주가지수선물을 매도하는 전략으로서 〈표 4A-1〉과 같다. 〈표 4A-1〉에서 볼 수 있는 바와 같이 주식포트폴리오를 보유(매입)하고 동시에 주가지수선물을 매도함으로써 만기일에 주가에 관계없이 무위험채권과 동일한 수익률(무위험이자율) r_T를 얻을 수 있음을 알 수 있다.

표 4A-1 합성무위험채권(주식포트폴리오-주가지수선물) 전환전략

거 래	현금흐름	
	현재(0시점)	만기일(T시점)
주식포트폴리오 S_0로 매입 주가지수선물을 $F_{0,T}$로 매도	$-S_0$ 0	S_T+D_T $F_{0,T}-S_T=S_0(1+r_T)-D_T-S_T$
합 계	$-S_0$	$S_0(1+r_T)$

표 4A-2 합성주식포트폴리오(무위험채권 + 주가지수선물) 전환전략

거 래	현금흐름	
	현재(0시점)	만기일(T시점)
무위험채권을 S_0로 매입(대출)	$-S_0$	$S_0(1+r_T)$
주가지수선물을 $F_{0,T}$로 매입	0	$S_T - F_{0,T} = S_T - S_0(1+r_T) + D_T$
합 계	$-S_0$	$S_T + D_T$

한편 합성주식포트폴리오 전환전략은 보유하고 있는 무위험채권 규모만큼 주가지수선물을 매입하는 전략으로서 〈표 4A-2〉와 같다. 〈표 4A-2〉에서 볼 수 있는 바와 같이 무위험채권을 보유(매입)하고 동시에 주가지수선물을 매입함으로써 만기일에 주식포트폴리오를 매입한 것과 동일한 수익률을 얻을 수 있음을 알 수 있다.

이상에서 설명한 자산배분전략은 주가지수선물의 기초자산과 헤지대상자산인 현물이 동일한 경우에 가능한 전략이다. 따라서 자산배분전략에서 사용되는 주식포트폴리오는 주가지수선물의 기초자산과 동일하게 구성된 지수 복제포트폴리오임을 유의해야 한다.[15]

예제 4A-1 **주가지수선물을 이용한 자산배분전략**

무위험이자율은 연 12%, 가중평균배당수익률은 연 4%이며, 현재 KOSPI200지수는 240.00포인트이고, 3개월물 주가지수선물은 이론적 가치와 동일한 244.80포인트[$=240.00\times(1+0.03-0.01)$]이다. 다음의 물음에 답하라.

(1) ㈜청운투자신탁의 펀드매니저인 박펀드는 현재 KOSPI200지수 복제포트폴리오를 12억원 보유하고 있다. 향후 주가가 하락할 것으로 예상되는 경우

15 지수 복제포트폴리오로서 상장지수펀드(exchange traded fund : ETF) 등을 이용할 수 있다. 상장지수펀드는 특정 주가지수와 연동되는 수익률을 얻을 수 있도록 설계된 지수연동형 펀드(index fund)로서 현물 주식으로 설정·해지되며, 거래소에서 주식처럼 거래되는 펀드를 말한다.

박펀드가 이 포트폴리오를 3개월 동안 무위험채권으로 전환시키기 위한 전략은?

(2) ㈜청운투자신탁의 펀드매니저인 박펀드는 현재 무위험채권을 12억원 보유하고 있다. 향후 주가가 상승할 것으로 예상되는 경우 박펀드가 무위험채권을 3개월 동안 KOSPI200지수 복제포트폴리오로 전환시키기 위한 전략은?

해설

(1) 먼저 보유하고 있는 주식포트폴리오를 합성무위험채권으로 전환하기 위하여 매도해야 하는 주가지수선물 계약수는 다음과 같이 구할 수 있다.

$$\text{주가지수선물의 매도계약수} = \frac{\text{주식포트폴리오의 가치}}{\text{주가지수(현물)} \times \text{거래승수}} = \frac{1,200,000,000}{240.00 \times 250,000} = 20\text{계약}$$

그러므로 박펀드는 주가지수선물을 20계약 매도함으로써 현재의 주식포트폴리오를 다음과 같이 합성무위험채권으로 전환시킬 수 있다.

거 래	현금흐름(억원)	
	현재(0시점)	만기일(3개월 후)
주식포트폴리오 매입(보유) 주가지수선물 20계약 매도*	−12 0	$S_T + 12 \times 0.01$ $12.24 - S_T$
합 계	−12	12.36

* 주가지수선물 20계약의 매도금액 = 244.80 × 250,000원 × 20계약 = 12.24억원

합성무위험채권을 구성한 박펀드의 투자성과는 만기일의 주식가치(S_T)에 관계없이 12억원을 무위험채권에 투자하는 경우 3개월 후에 얻을 수 있는 12.36억원[= 12억원 × (1 + 0.03)]과 동일함을 알 수 있다.

(2) 먼저 보유하고 있는 무위험채권을 합성주식포트폴리오로 전환하기 위하여 매입해야 하는 주가지수선물 계약수는 다음과 같이 구할 수 있다.

$$\text{주가지수선물의 매입계약수} = \frac{\text{무위험채권의 가치}}{\text{주가지수(현물)} \times \text{거래승수}} = \frac{1,200,000,000}{240.00 \times 250,000} = 20\text{계약}$$

그러므로 박펀드는 주가지수선물을 20계약 매입함으로써 현재의 무위험채권을 다음과 같이 합성주식포트폴리오로 전환시킬 수 있다.

거 래	현금흐름(억원)	
	현재(0시점)	만기일(3개월 후)
무위험채권 매입(대출) 주가지수선물 20계약 매입	−12 0	$12\times(1+0.03)$ $S_T-12.24$
합 계	−12	$S_T+0.12$

합성주식포트폴리오를 구성하는 경우 박펀드는 만기일의 주식가치(S_T)에 향후 3개월 동안의 배당금 0.12억원(=12억원×0.01)을 합한 투자성과, 즉 주식포트폴리오를 보유하는 것과 동일한 투자성과를 얻을 수 있다.

보론 2 순자산면역화전략

은행 등 금융기관에서 자산과 부채의 만기구조가 다를 수 있다. 금융기관이 보유하고 있는 자산과 부채의 듀레이션이 서로 다른 경우, 이자율변동에 따라 순자산가치(자기자본가치)가 변동하게 된다. 순자산면역화전략(net worth immunization strategy)은 자산과 부채의 듀레이션을 적절히 조정하여 이자율변동에 따른 순자산가치의 변동위험을 제거하기 위한 전략이다. 가장 대표적인 순자산면역화전략은 은행 등 금융기관에서 주로 사용하는 듀레이션갭관리(duration gap management)라고 불리는 자산 · 부채관리(asset and liability management : ALM)이다.[16] 이는 자산과 부채의 듀레이션의 차이(gap)를 일정한 수준으로 제한하는 데 초점을 둔다. 듀레이션갭관리를 하는 하나의 효과적인 방법은 자산의 시장가치로 가중된 자산의 듀레이션과 부채의 시장가치로 가중된 부채의 듀레이션을 일치시킴으로써, 이자율변동에 따른 순자산가치의 변동위험을 면역화시키는 것이다. 이와 같은 자산과 부채의 구성을 가지고 있는 금융기관의 경우 순자산가치의 듀레이션은 0이 되며, 그 금융기관은 이자율변동에 관계없이 순자산가치를 유지할 수 있다.

이상에서 설명한 내용을 앞의 식 (4-13)을 이용하여 보다 구체적으로 살펴보자. 이를 위해 시장가치로 작성된 금융기관의 재무상태표는 〈표 4A-3〉과 같으며, 자산과 부채의 듀레이션은 각각 D_A, D_L이라고 하자.

---

16 전통적인 ALM기법으로 금리변동에 따른 순이자소득(이자수익 − 이자비용)의 변동을 관리하는 갭관리(gap management)가 있다. 금리민감자산(rate sensitive asset : RSA)과 금리민감부채(rate sensitive liability : RSL)의 차이를 갭이라 하며, 이는 금리변동에 따른 순이자소득의 민감도 또는 위험도를 나타내는 척도이다.

$$\text{순이자소득의 변동} = RSA \times \Delta r - RSL \times \Delta r = (RSA - RSL)\Delta r$$
$$= \text{갭} \times \Delta r (\text{갭} = 0 \rightarrow \text{이자율위험 제거})$$

그러나 갭관리는 순자산가치의 변동효과를 정확하게 반영하지 못한다는 단점이 있다.

표 4A-3 금융기관의 재무상태표

자산의 가치(A)	부채의 가치(L) 자기자본가치(E)

〈표 4A-3〉에서 자기자본가치의 변동(ΔE)은 다음과 같이 측정될 수 있다.

$$\Delta E = \Delta A - \Delta L = \left(-\frac{D_A}{1+r_A}\cdot \Delta r_A \cdot A\right) - \left(-\frac{D_L}{1+r_L}\cdot \Delta r_L \cdot L\right) \qquad (4A\text{-}1)$$

여기서 r_A : 자산의 수익률(대출이자율)
r_L : 부채의 이자율(예금이자율)

식 (4A-1)에서 r_A와 r_L이 모두 시장이자율 r과 같다면, 식 (4A-1)을 다음과 같이 나타낼 수 있다.

$$\Delta E = -(D_A \cdot A - D_L \cdot L)\left(\frac{\Delta r}{1+r}\right) \qquad (4A\text{-}1)'$$

단, $r_A = r_L = r$

식 (4A-1)′에서 자기자본가치의 변동(ΔE)을 0으로 만들기 위해서는, 즉 이자율변동에 따른 위험을 제거하기 위해서는 다음과 같은 관계를 가지도록 자산과 부채를 구성하면 된다.

$$D_A \cdot A = D_L \cdot L \qquad (4A\text{-}2)$$

예제 4A-2 순자산면역화전략 (CPA 2차 1999 수정)

K은행의 재무상태표의 구성은 다음과 같으며, 만기가 3년인 장기채권은 10%의 이자를 매년 말 지급하고, 만기가 1년인 정기예금은 10%의 이자를 연말에 지급한다.

재무상태표 (단위 : 억원)

장기채권	1,000	정기예금	700
		자 본 금	300

(1) 이자율이 11%로 상승할 경우 자기자본의 가치변화를 계산하라.

(2) 이자율이 11%로 상승할 경우 자산과 부채의 듀레이션을 이용하여 자기자본가치의 변화를 계산하라.

(3) 물음 (1)과 (2)의 가치변화에 차이가 있다면 그 이유에 대하여 설명하라.

(4) 이자율변동에 따른 위험을 제거하기 위해서는 부채의 듀레이션을 얼마로 하여야 하는가? (단, 자산의 듀레이션은 변경할 수 없다.)

해설

(1) 이자율이 11%로 상승하는 경우 K은행의 장기채권(A')과 정기예금(L')의 현재가치를 구하면 다음과 같다.

- $A' = \dfrac{100}{1+0.11} + \dfrac{100}{(1+0.11)^2} + \dfrac{1,100}{(1+0.11)^3} = 975.56$억원
- $L' = \dfrac{770}{1+0.11} = 693.69$억원

  $\rightarrow E' = A' - L' = 975.56 - 693.69 = 281.87$억원

그러므로 자기자본가치의 변동액($\varDelta E$)은 다음과 같이 구할 수 있다.

$\varDelta E = E' - E = 281.87 - 300 = -18.13$억원

또는

$$\begin{aligned}\varDelta E &= \varDelta A - \varDelta L = (A' - A) - (L' - L)\\ &= (975.56 - 1,000) - (693.69 - 700) = -18.13\text{억원}\end{aligned}$$

(2) 자산과 부채의 듀레이션을 구하면 다음과 같다.

- $D_A = \dfrac{1 \times \left(\dfrac{100}{1.1}\right) + 2 \times \left(\dfrac{100}{1.1^2}\right) + 3 \times \left(\dfrac{1,100}{1.1^3}\right)}{1,000} = 2.7355$년
- $D_L = \dfrac{1 \times \left(\dfrac{770}{1.1}\right)}{700} = 1$년

$$\begin{aligned}\therefore\ \varDelta E &= -(D_A \cdot A - D_L \cdot L)\left(\frac{\varDelta r}{1+r}\right)\\ &= -(2.7355 \times 1,000 - 1 \times 700)\left(\frac{0.01}{1+0.1}\right) = -18.5\text{억원}\end{aligned}$$

(3) 듀레이션에 의해서 채권가격변동액을 산출할 때는 이자율과 채권가격간의 함수가 선형이라는 가정이 포함되어 있다. 그러나 실제로는 이자율과 채권가격이 비선형관계, 즉 원점에 대해 볼록한 형태를 갖기 때문에 오차가 발생하게 된다.

(4) ΔE가 0이 되기 위해서는 $D_A \cdot A = D_L \cdot L$이 성립해야 한다.

$2.7355 \times 1{,}000 = D_L \times 700 \rightarrow D_L = 3.9079$년

부채(정기예금)의 듀레이션을 3.9079년으로 늘릴 경우 이자율변동에 따른 위험을 제거할 수 있다.

제 5 장

환위험관리

1. 외환시장
2. 환율결정이론
3. 환위험의 의의 및 측정
4. 환위험의 관리

기업들은 국내뿐만 아니라 외국에서도 영업활동을 하기 때문에 기업의 재무상태 및 경영성과는 환율변동에 따라 영향을 받을 수 있다. 그러므로 기업은 여러가지 다양한 환위험관리기법을 동원하여 환율변동에 따른 불확실성을 줄이려고 노력하게 된다. 그러나 환위험을 감소 또는 제거시키는 데는 비용이 수반될 수 있으며, 환위험관리의 궁극적인 목표는 환위험 최소화가 아니라 기업가치 극대화 임을 유의해야 한다.

본장에서는 외환시장과 환율결정이론, 그리고 환위험을 관리하는 방법에 대해서 설명하고자 한다.

1 외환시장

외환시장(foreign exchange market)은 한 국가의 통화와 다른 국가의 통화가 서로 교환되는 시장, 즉 외환의 수요와 공급을 연결하는 기능적 의미에서의 시장 또는 거래메커니즘을 말한다. 국제무역과 다국적기업의 활동이 활발해지면서 외환시장의 규모가 크게 증가되어, 외환시장은 세계최대의 금융시장으로 성장하였다. 외환거래의 대부분은 미국 달러(USD, $), 유럽연합 유로(EUR, €), 영국 파운드스털링(GBP, £), 일본 엔(JPY, ¥), 캐나다 달러(CAD, C$), 호주 달러(AUD, A$) 등 몇 개의 통화에 의해 이루어지고 있다.

외환시장에는 은행, 기업, 개인, 정부 등이 참가한다. 외환시장은 거래당사자에 따라 외국환은행과 고객(기업, 개인, 정부 등) 사이에 외환거래가 이루어지는 대고객시장(customer market)과 외국환은행간에 거래가 이루어지는 은행간시장(inter-bank market)으로 구분되는데, 일반적으로 외환시장이라 할 때에는 은행간시장을 지칭한다. 은행간시장에서의 외환거래는 외국환은행의 딜러(dealer)들이 직접 거래하는 장외 직접거래시장과 외국환중개회사를 통한 장내 거래소시장을 통해 이루어진다. 중개회사를 통한 장내 거래소시장은 대부분의 외국환은행이 참가하며 매일 오전 9시에서 오후 4시 30분까지 거래가 이루어진다. 장외시장(over-the-counter market)은 딜러들이 주로 전화나 로이터 딜링머신(Reuters dealing machine, 외환거래 전용 채팅기계)을 통해 사거나 팔려고 하는 외국 돈의 가격을 제시하여 제시가격이 서로 일치하는 상대와 거래를 하는데, 이렇게 거래가 이루어질 때마다 환율은 시시각각 변동하는 것이다.

환율(exchange rate)은 한 나라의 통화(currency)가 다른 나라의 통화로 교환되는 비율을 의미한다. 환율은 자국통화와 외국통화 둘 중 어느 하나를 기준으로 표시할 수 있는데, 어느 통화를 기준으로 하느냐에 따라 직접표시환율(direct quotation) 또는 자국통화표시환율(지급환율), 간접표시환율(indirect quotation) 또는 외국통화표시환율(수취환율)로 구분된다. 직접표시환율은 외국통화 한 단위의 가격을 자국통화로 표시하는 방법이며, 이와 반대로 간접표시환율은 자국통화 한 단위의 가격을 외국통화로 표시하는 방법이다. 예를 들어 우리나라의 경우 1달러=1,000원 또는 ₩1,000/$은 직접표시환율이며, 1원=0.001달러 또는 $0.001/₩은 간접표시환율이다.[1] 일반적으로 환율은 직접표시방법에 의해 표시된다. 직접표시환율을 사용하는 우리나라의 경우 달러환율의 절대치가 커지는 경우(예 달러당 1,000원에서 1,200원), 환율이 상승하였다고 한다.[2] 이것은 달러가치가 원화에 비해 상승한 반면, 원화가치는 달러에 비해 하락하였음을 뜻한다.

그러나 외환시장에서는 여러 나라의 통화가 거래되므로 자국통화와 외국통화의 교환비율뿐만 아니라 외국통화 상호간의 교환비율도 나타낼 수 있다. 일반적으로 외국통화 1단위에 대한 미달러화의 교환비율을 나타내는 방법, 즉 £1=$1.50 또는 $1.50/£를 미국식(American terms)이라 하며, 미국달러 1단위에 대한 외국통화의 교환비율인 $1=£0.67 또는 £0.67/$를 유럽식(European terms)이라고 한다. 미달러화가 세계 기축통화(vehicle currency)의 역할을 담당하면서부터 국제외환거래의 대부분은 미달러화와의 매매거래를 통하여 이루어지고 있어, 국제외환시장에서 환율은 대부분 미달러화 1단위에 대한 외국통화의 비율인 유럽식으로 표시되고 있다. 그러나 영국 파운드화와 호주 달러화 등 몇 개 통화는 미국식으로 표시되기도 한다.

외환시장에서의 거래는 크게 현물환거래(spot trade), 선물환거래(forward trade), 스왑거래(swap trade) 등 세 가지로 구분된다. 현물환거래는 외환거래 계약 후 통상 2영업일 이내에 현금결제(cash settlement)가 이루어지는 거래를 말하며, 이때 적용되는 환율을 현물환율(spot exchange rate)이라 한다.[3] 일반

1 직접표시환율과 간접표시환율은 상호 역수의 관계를 가진다.

2 환율의 변동을 나타낼 때 통화의 상대적 가치상승과 가치하락을, 고정환율제도하에서는 각각 평가절상(revaluation), 평가절하(devaluation)라는 표현을 사용하나, 변동환율제도하에서는 환율상승(appreciation), 환율하락(depreciation)이라고 표현한다.

3 현물환거래에 따른 지불지시(수표 등)가 은행제도를 통해서 결제되는 데는 보통 2영업일이

적으로 환율이라 하면 현물환율을 말한다.

그리고 선물환거래는 외환매매계약 체결일로부터 일정기간(통상 2영업일) 경과 후 특정일에 외환을 결제하기로 약정한 거래를 말하며, 이와 같은 거래에 적용되는 환율을 선물환율(forward exchange rate)이라 한다.[4] 선물환거래와 유사한 것으로서 통화선물거래(foreign currency futures)가 있다. 통화선물거래는 선물환거래와 마찬가지로 미래의 일정시점에서 외환을 인도 또는 인수하겠다는 계약이지만, 세계주요통화에 대해서만 표준화되어 조직화된 시장에서 거래되고 만기 이전에 청산이 가능하다는 점에서 다르다.

선물환율은 현물환율보다 높을 수도 있고 낮을 수도 있다. 만약 선물환율이 현물환율보다 높다면, 외국통화의 선물환이 할증(premium)되어 거래된다고 말한다.[5] 반대로 만약 선물환율이 현물환율보다 낮으면, 외국통화의 선물환이 할인(discount)되어 거래된다고 말한다. 선물환할증(또는 선물환할인)은 현물환율에 대한 선물환율의 변화율(보통 연율)로 다음과 같이 나타낼 수 있다.

$$\text{선물환할증(또는 할인)} = \frac{\text{선물환율} - \text{현물환율}}{\text{현물환율}} \times \frac{12}{\text{선물계약기간(월)}} \times 100(\%)$$

예를 들어 대미달러화 현물환율이 ₩1,000/$이고 3개월 선물환율이 ₩1,020/$인 경우, 선물환할증은 다음과 같이 구할 수 있다.

$$\text{선물환할증} = \frac{1{,}020 - 1{,}000}{1{,}000} \times \frac{12}{3} \times 100(\%) = 8\%$$

즉 미달러화의 선물환은 현물환에 비해 8% 할증거래됨을 알 수 있다.[6]

소요된다.

4 본서에서는 실무에서 일반적으로 사용되는 용어인 '선물환거래'와 '선물환율'을 사용하고 있으나 이들의 정확한 명칭은 '선도환거래'와 '선도환율'이라 할 수 있다.

5 이는 선물환거래 시 자국통화가 할인(discount)됨을 의미한다.

6 반면 원화의 선물환은 7.84% 할인거래된다.

스왑거래는 미래의 일정시점에서 재매입(재매도)한다는 계약을 체결하면서 외환을 매도(매입)하는 거래를 말하며, 이때 재매입가격(선물환율)과 매도가격(현물환율)의 차이를 스왑률(swap rate)이라 한다. 스왑거래의 핵심은 결제일을 달리하는 실제로 두 개인 거래(현물환거래와 선물환거래)를 하나의 거래로 묶어서 체결한다는 것이다. 예를 들어 은행 A가 은행 B로부터 1백만달러를 원화로 매입하고, 은행 B와 3개월 만기의 선물환 1백만달러를 매도하는 계약을 동시에 체결하는 것이 스왑거래이다. 이 경우 은행 A는 지금 필요한 1백만달러를 확보하고, 나중에 이를 되팔 수 있다.

예제 5-1 재정환율

현재 한국 외환시장에서의 대미달러화 환율은 ₩1,140/$이며, 일본 외환시장에서의 대미달러화 환율은 ¥82/$이다. 외환시장은 효율적이고, 거래비용이 존재하지 않는다.

(1) ¥100에 대한 원화환율, 즉 재정환율(arbitrage rate)은 어떻게 되겠는가?

(2) 물음 (1)에서 구한 재정환율과 실제환율이 일치하지 않을 경우 어떻게 되겠는가?

해설

(1)

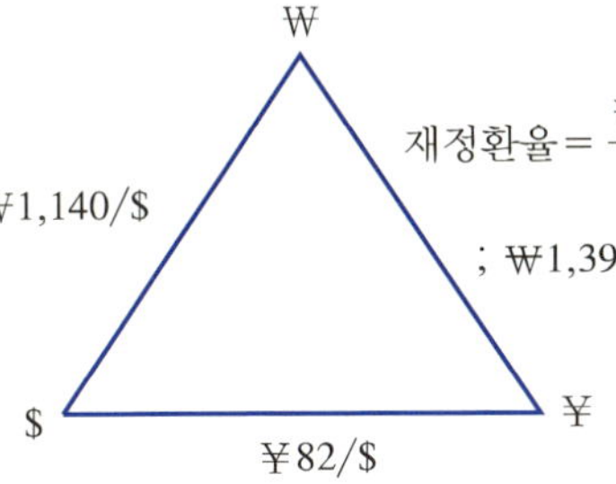

$$재정환율 = \frac{₩1,140/\$}{¥82/\$} = ₩13.9024/¥$$

; ₩1,390.24/¥100

(※ 재정환율을 계산하기 위하여 사용된 미달러화와 엔화의 환율을 교차환율(cross rate)이라 한다.)

$$\frac{(1/1,020)-(1/1,000)}{(1/1,000)} \times \frac{12}{3} \times 100(\%) = -7.84\%$$

(2) 외환시장이 효율적이고 거래비용이 존재하지 않을 경우, 재정환율이 실제환율과 서로 상이하다면 시장간 삼각차익거래(intermarket triangular arbitrage)가 발생되어 재정환율과 실제환율이 같아지게 될 것이다.

2 환율결정이론

2.1 일물일가의 법칙과 구매력평가

현물환율의 결정에 관한 가장 단순한 이론으로서 일물일가의 법칙(law of one price)을 들 수 있다. 이는 동일한 상품은 어느 나라에서 구매하는가에 관계없이 그 가격이 같아야 한다는 주장이다.

$$P_0 = S_0 \cdot P_0^F \qquad (5\text{-}1)$$

여기서 S_0 : 현재 현물환율(자국통화표시환율)
P_0 : 현재 특정 상품의 국내가격
P_0^F : 현재 동일한 특정 상품에 대한 외국에서의 외국통화표시가격

일물일가의 법칙은 자유롭고 완전한 국제적 상품 차익거래를 통하여 이루어진다. 국제적 상품 차익거래란 두 나라간에 있어서의 특정 상품의 가격 차이가 있는 경우, 가격이 낮은 나라에서 그 특정 상품을 매입한 후 가격이 높은 나라에서 매각함으로써 이익을 얻는 것을 말하며, 이와 같은 거래는 일물일가의 법칙이 성립할 때까지 계속될 것이다. 일물일가의 법칙은 운송비 및 기타 거래비용이 없고, 관세 등의 무역장벽이 존재하지 않으며, 양국에서 거래되는 특정 상품이 완전히 동질적이어야 성립될 것이다. 그러나 현실적으로 운송비 및 기타 거래비용, 관세, 제품의 차별성 등으로 인하여 실제환율은 일물일가의 법칙에 의해 산출되는 환율과 차이가 난다.

알아두기

빅맥지수

일물일가의 법칙을 적용한 대표적인 사례로는 전 세계 각국에서 판매되고 있는 맥도날드사 햄버거인 빅맥(Big Mac)의 가격을 기준으로 계산된 환율, 즉 「빅맥지수」를 들 수 있는데, 이는 영국의 경제전문지 「이코노미스트」(The Economist)가 매분기마다 한 번씩 발표하고 있다. 예를 들어 빅맥의 가격이 국내에서는 개당 4,000원이고, 미국에서는 개당 4달러라고 하자. 이 경우 빅맥의 가격을 기준으로 환산된 미달러화에 대한 원화의 환율, 즉 빅맥지수를 구하면 다음과 같다.

$$S_0 = \frac{P_0}{P_0^F} = \frac{₩4,000}{\$4.00} = ₩1,000/\$$$

최근 애플의 MP3 플레이어인 아이팟과 스마트폰인 아이폰을 이용하여 산출된 「아이팟지수」(iPod index) 또는 「아이폰지수」(iPhone index)도 발표되고 있다. 이들은 빅맥지수와 마찬가지로 각 국가별 구매력과 물가를 쉽게 비교할 수 있게 해 준다. 맥도날드의 빅맥 햄버거는 각국에서 그 나라의 원료를 이용해 만들기 때문에 국가별 물가비교에 오류가 있을 수 있다는 지적을 받아 왔다. 이러한 빅맥지수의 단점을 보완한 것이 바로 아이팟/아이폰지수다. 아이팟지수는 호주 커먼웰스시큐리티가 68개국 아이팟(8G 나노)의 구매가격을 미국 달러로 환산해 2007년 1월 처음 선보였다. 한편 아이폰지수는 캐나다 CBC 뉴스가 2008년 7월 기준으로 21개국 27개 통신업체의 아이폰 3G 가격을 비교한 것이다. 이외에도 스타벅스 커피가격에 기초해 작성되는 「카페라테지수」(Caffe Latte index) 등도 주요 국가의 물가수준과 적정 환율을 비교하는 지수로 사용되고 있다.

소비자들은 여러 상품을 구매하기 때문에 앞에서 설명한 일물일가의 법칙을 하나의 상품뿐만 아니라 다수의 상품에 적용시킨 것을 **구매력평가이론**(purchasing-power parity theorem)이라 한다. 즉 구매력평가이론은 구매되는 나라에 관계없이 다수의 상품으로 구성된 상품의 시장바스켓(market basket)

가격이 동일하도록 환율이 조정된다는 것을 의미한다.[7] 또한 구매력평가를 상대적인 개념으로 발전시킨 것을 상대적 구매력평가이론(relative purchasing-power parity theorem)이라 하는데, 이는 양국간 물가상승률의 상대적인 차이가 양국간 환율의 변화율을 결정한다는 것이다.

$$\frac{P_1}{P_0} = \frac{S_1}{S_0} \times \frac{P_1^F}{P_0^F} \tag{5-2}$$

여기서 S_1 : 1기간 후 현물환율(자국통화표시환율)
P_1 : 1기간 후 특정 상품의 국내가격
P_1^F : 1기간 후 동일한 특정 상품에 대한 외국에서의 외국통화표시가격

또는

$$1+\pi = (1+s) \times (1+\pi^F) \tag{5-3}$$

여기서 s : 자국통화표시환율의 변화율
π : 국내의 물가상승률
π^F : 외국의 물가상승률

식 (5-3)에 의해 자국통화표시환율의 변화율 s를 구하면 다음과 같다.

$$s = \frac{1+\pi}{1+\pi^F} - 1 \tag{5-4}$$

그리고 $s \cdot \pi^F$가 무시할 정도로 아주 작다면, 식 (5-3)은 다음과 같은 근사식으로 나타낼 수 있다.

$$\pi \fallingdotseq s + \pi^F \tag{5-5}$$

그러므로 식 (5-5)에 의해 s는 다음과 같이 나타낼 수 있다.

$$s \fallingdotseq \pi - \pi^F \tag{5-6}$$

근사식인 식 (5-6)에 의하면 자국통화표시환율의 변화율은 국내와 외국의 물가상승률의 차이와 같게 됨을 알 수 있다. 상대적 구매력평가이론에 의하면 국내의 물가상승률이 외국에 비해 높은 경우, 자국통화표시환율의 변화율이 증가(환율이 상승)하여 자국통화의 가치가 감소하게 됨을 알 수 있다.

---

7 이를 절대적 구매력평가이론이라 하기도 한다.

구매력평가가 성립한다는 것은 동일한 어떤 자산에 대한 실질수익률이 어느 나라의 투자자들에게나 모두 같음을 의미한다. 예를 들어 미국의 어떤 자산이 달러로 연 12%의 수익률을 나타내고 있으며, 연간 물가상승률이 미국과 한국에서 각각 6%, 10%라고 하자. 또한 양국간에 구매력평가가 성립하여 연간 달러화가 원화에 비해 4% 정도 가치가 상승하였다고 하자. 그러면 이 자산에 대한 원화표시의 연간 수익률은 약 16%(12%+4%)가 될 것이다. 이 경우 물가상승률을 감안한 연간 실질수익률은 약 6%로 미국의 투자자(12%−6%) 또는 한국의 투자자(16%−10%) 모두 동일할 것이다. 이와 같이 환율변동은 단지 양국의 물가상승률의 차이를 반영하여 양국간의 실질수익률을 동일하게 만드는 데 불과하므로 동일한 자산에 대한 투자결정에 어떠한 영향도 미치지 않는다.

예제 5-2 구매력평가이론

향후 1년 동안 국내의 물가상승률은 10%, 미국의 물가상승률은 6%가 되리라 예상된다. 현재 대미달러화 환율이 1달러당 1,000원이라고 할 때, 1년 후 대미달러화 환율은 어떻게 되겠는가?

해설

$$s = \frac{S_1}{S_0} - 1 = \frac{1+\pi}{1+\pi^F} - 1 = \frac{1+0.1}{1+0.06} - 1 = 0.0377$$

$$\frac{S_1}{1,000} = 1.0377$$

따라서 1년 후 대미달러화 환율 S_1은 다음과 같이 구할 수 있다.[8]

$$S_1 = ₩1,000/\$ \times 1.0377 = ₩1,037.7/\$$$

1년 후 대미달러화 환율이 1달러당 1,037.7원으로 상승하여 원화가치가 하락할 것으로 예상된다.

---

8 근사식에 의해 1년 후 대미달러화 환율 S_1을 구하면 다음과 같다.

$$s \fallingdotseq \pi - \pi^F = 0.1 - 0.06 = 0.04 \rightarrow S_1 \fallingdotseq ₩1,000/\$ \times 1.04 = ₩1,040/\$$$

2.2 이자율과 환율 : 이자율평가이론

일물일가의 법칙을 금융시장에도 적용할 수 있는데, 이는 동일한 금융상품의 가격은 완전한 금융시장을 가정할 때 국제적으로 동일한 가격(환율을 조정한 이자율)을 가지게 됨을 의미한다.[9] 이와 같은 전제하에서 이자율평가이론(interest rate parity theorem)은 선물환율의 할증(또는 할인)이 두 국가간의 상대적 이자율 차이에 의해 결정된다는 것이다. 이 이론은 국내 이자율이 외국의 이자율보다 높다면 외국통화의 선물환이 할증거래되며, 그리고 국내 이자율이 외국의 이자율보다 낮다면 외국통화의 선물환이 할인거래된다는 것을 의미한다.

이자율평가이론을 설명하기 위하여 다음의 두 투자를 생각해 보자.

- 투자 1 : 국내통화 1단위를 국내에 기간당 이자율 r로 1기간 투자함.

- 투자 2 :

① 외국통화로 환전한 자금 $(1/S_0)$을 해외에 이자율 r^F로 1기간 투자함.[10]

② 동시에 1기간 후 상환받는 투자의 원리금 $(1/S_0)(1+r^F)$를 자국통화

---

9 동일한 금융상품이란 만기와 위험이 동일함을 의미한다.

10 S_0는 자국통화표시 현물환율이며, 자국통화 1단위에 대한 외국통화의 교환비율은 그 역수인 $1/S_0$이 된다.

로 환전하기 위하여 선물환율 $F_{0,1}$로 1기간 후에 만기가 되는 선물환 매도계약을 체결함.

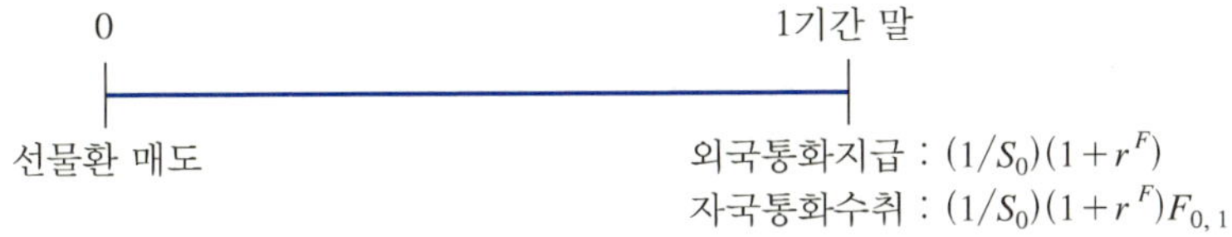

금융시장에서의 일물일가의 법칙에 의해 1기간 후 국내투자와 해외투자의 성과는 같아야 한다.

$$\text{국내 투자성과} = \text{해외 투자성과}$$
$$1+r \quad = (1/S_0)(1+r^F)F_{0,1}$$

그러므로[11]

$$\frac{F_{0,1}}{S_0} = \frac{1+r}{1+r^F} \tag{5-7}$$

또는

$$\frac{F_{0,1}-S_0}{S_0} = \frac{1+r}{1+r^F} - 1 \tag{5-8}$$

그리고 식 (5-8)을 근사식으로 표현하면 다음과 같다.

$$\frac{F_{0,1}-S_0}{S_0} \fallingdotseq r - r^F \tag{5-9}$$

식 (5-9)에 의하면, 선물환율의 할증(또는 할인)은 국내의 이자율에서 외국의 이자율을 차감한 값임을 알 수 있다. 국내의 이자율이 외국의 이자율보다 높을 때($r-r^F>0$) 외국통화의 선물환은 할증거래되며, 반대로 국내의 이자율이 외국의 이자율보다 낮을 때($r-r^F<0$) 외국통화의 선물환은 할인거래된다. 이자율평가이론에 의하면 금융시장과 외환시장이 서로 상충관계에 있

---

11 식 (5-7)은 제3장에서 설명한 통화선물의 가격을 나타내는 식 (3-6)′과 동일함을 알 수 있다.

음을 알 수 있다. 상대적으로 명목금리가 낮은 외화에 투자하는 경우 단기금융시장에서는 금리 차이만큼 수익률이 낮으나, 외환시장에서의 선물환할증에 의해 보상을 받게 된다. 반대로 금리가 높은 외화에 투자하여 단기금융시장에서 상대적으로 높은 수익률을 얻게 되는 경우에는 외환시장에서 그만큼 선물환할인으로 상쇄된다.

예제 5-3 이자율평가이론

대미달러화 현물환율은 ₩1,140/$이고, 국내 이자율은 연리 4%이며, 미국 내 이자율은 연리 3%이다. 1년 만기 선물환율을 구하라.

해설

$$\frac{F_{0,1}-S_0}{S_0}=\frac{1+r}{1+r^F}-1 \rightarrow \frac{F_{0,1}-1{,}140}{1{,}140}=\frac{1+0.04}{1+0.03}-1$$

위의 식을 풀어 1년 만기 선물환율 $F_{0,1}$을 구하면 다음과 같다.

$F_{0,1}=₩1{,}151.07/\$$

2.3 피셔효과와 국제피셔효과

피셔효과

피셔효과(Fisher effect)에 의하면 국내의 명목이자율은 실질이자율과 예상물가상승률의 합과 같다.[12]

$$r \fallingdotseq R+\pi \qquad (5\text{-}10)$$

여기서 r : 국내의 명목이자율
R : 국내의 실질이자율
π : 국내의 예상물가상승률

12 이 식은 근사식이며, 정확한 식은 다음과 같다.
$r=R+\pi+R\cdot\pi$

그리고 외국에 있어서의 명목이자율(r^F), 실질이자율(R^F), 예상물가상승률(π^F)의 관계도 또한 피셔효과에 의해 다음과 같이 나타낼 수 있다.

$$r^F \fallingdotseq R^F + \pi^F \tag{5-11}$$

식 (5-10)에서 식 (5-11)을 빼면 다음과 같은 식을 얻을 수 있다.

$$r - r^F \fallingdotseq (R - R^F) + (\pi - \pi^F) \tag{5-12}$$

식 (5-12)는 국내와 해외의 명목이자율의 차이는 국내와 해외의 실질이자율의 차이와 예상물가상승률의 차이를 합한 것과 같다는 것을 말해 준다. 그런데 장기에 있어서는 국내와 해외의 실질이자율이 서로 같아지는, 즉 $R - R^F = 0$이 되는 경향이 있다. 따라서 장기적으로 국내와 해외의 명목이자율의 차이는 국내와 해외의 예상물가상승률의 차이와 같게 된다.

$$r - r^F \fallingdotseq \pi - \pi^F \tag{5-13}$$

국제피셔효과

국제피셔효과(international Fisher effect)는 상대적 구매력평가이론, 즉 식 (5-6)에 피셔효과, 즉 식 (5-13)을 대입하여 다음과 같이 구할 수 있다.[13]

$$\frac{E(S_1) - S_0}{S_0} \fallingdotseq r - r^F \tag{5-14}$$

여기서 $E(S_1)$: 1기간 후 현물환율의 기대치

식 (5-14)는 근사식이며, 왼쪽 항 $\frac{E(S_1) - S_0}{S_0}$은 현재(0시점)로부터 1기간 후(1시점)의 자국통화표시환율의 예상변화율(s)을 나타낸다. 식 (5-14)에

13 이 식을 보다 정확한 관계식으로 표현하면 다음과 같다.

$$\frac{E(S_1) - S_0}{S_0} = \frac{1 + r}{1 + r^F} - 1$$

한편 국제피셔효과를 위험노출 이자율평가이론(uncovered interest parity)이라고도 한다.

서 볼 수 있는 바와 같이 국제피셔효과는 예상되는 현물환율의 변화율이 양국간 명목이자율의 차이와 같다는 것이다. 국내의 이자율이 외국의 이자율보다 높을 때($r-r^F>0$) 미래의 예상현물환율이 상승하며(국내 통화가치가 감소하며), 국내의 이자율이 외국의 이자율보다 낮을 때($r-r^F<0$) 미래의 예상현물환율이 하락하게(국내 통화가치가 증가하게) 된다. 국제피셔효과에 의해서도 금융시장과 외환시장이 서로 상충관계에 있음을 알 수 있다. 다시 말하면, 단기금융시장에서의 이자율 차이가 현물환시장에서의 예상환율변화에 의해 정확히 상쇄된다는 것이다.[14]

예제 5-4 국제피셔효과

1년 만기 정부채의 수익률이 국내와 미국에서 각각 12%, 8%이며, 대미달러화 현물환율이 ₩1,000/$라고 할 때, 1년 후의 대미달러화 현물환율수준은 어떻게 되리라고 예상할 수 있는가?

해설

$$\frac{E(S_1)-S_0}{S_0}=r-r^F \rightarrow \frac{E(S_1)-1{,}000}{1{,}000}=0.12-0.08=0.04$$

위의 식을 풀어 1년 후의 대미달러화 예상현물환율 $E(S_1)$을 구하면 다음과 같다.

$$E(S_1)=₩1{,}040/\$$$

선물환율은 미래의 현물환율의 기대값과 밀접한 관계를 가지고 있다. 선물환계약의 매입 및 매도 의사결정은 미래의 현물환율의 기대에 달려 있다. 따라서 외환시장이 균형상태에 있다고 할 때, 선물환율은 미래 현물환율에 대한 불편추정치가 될 수 있을 것이다. 이자율평가이론을 나타내는 식 (5-9)와 국제피셔효과를 나타내는 식 (5-14)를 비교해 보면, 선물환율과 미래

14 이것이 성립하지 않으면 이자율 차이에 따른 초과이득을 얻기 위하여 차익거래를 실시할 것이며, 이를 위험노출(uncovered) 금리차익거래라 한다.

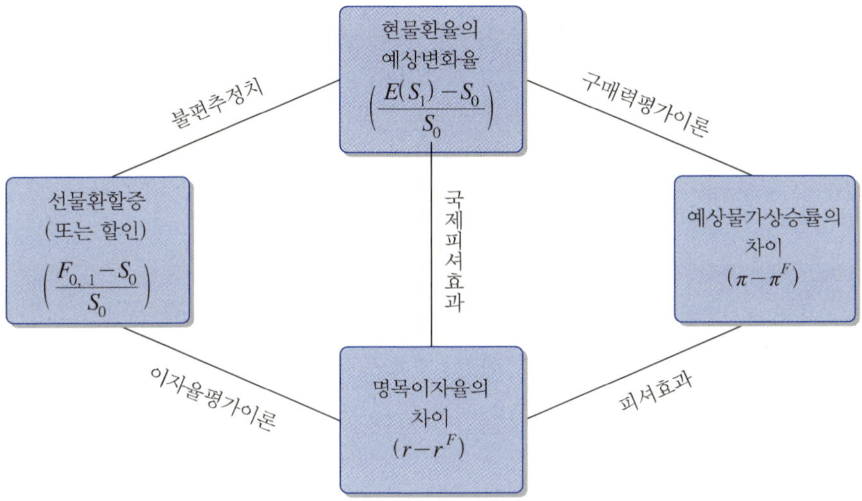

그림 5-1 환율결정이론

예상현물환율이 같아짐을 알 수 있다.

지금까지 설명한 환율결정이론들의 관계를 그림으로 나타내면 [그림 5-1]과 같다.

3 환위험의 의의 및 측정

환위험(foreign exchange risk)이란 환율이 변동함으로써 기업의 재무적 성과가 변동할 가능성을 말하며, 흔히 환노출(foreign exchange exposure)이라 하기도 한다.

3.1 환노출의 의의와 종류

환노출은 환율변동으로 인한 기업의 수익성, 순현금흐름, 그리고 시장가치의 변동가능성을 측정하는 것으로서, 거래노출(transaction exposure), 환산노출(translation exposure), 경제적 노출(economic exposure) 등 세 가지로 구분된다. 이들을 비교하여 나타내면 [그림 5-2]와 같다.

[그림 5-2]에서 볼 수 있는 바와 같이 환산노출은 환율변동 이전에 완료된 거래에 의해서 나타나며, 거래노출은 환율변동 이전에 거래가 발생되었으나 대금결제가 이루어지지 않은 경우에 나타난다. 그리고 경제적 노출은 환율변동 이후의 거래와 관련된 것이다.

3.2 환노출의 측정

거래노출의 측정

거래노출은 환율변동 이전에 거래가 발생되었으나, 환율변동 이후에 결제가 이루어지는 외화표시 자산 또는 부채의 가치변동을 측정하는 것이다. 이와 같은 거래노출은 외화표시 매출채권 또는 매입채무, 외화표시 자금의

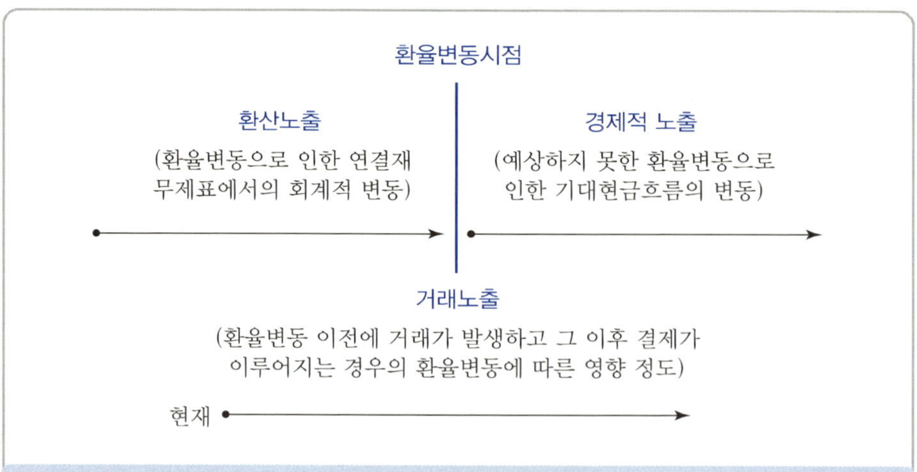

그림 5-2 환노출의 종류

차입 또는 대출 등을 발생시키는 거래에 의해서 나타난다. 기업은 외화표시 채무(매입채무 또는 차입금)를 보유하는 경우 환율상승 시 손실을 보는 반면, 외화표시 채권(매출채권 또는 대출금)을 보유하는 경우 환율하락 시 손실을 보게 된다.

환산노출의 측정

환산노출은 다국적 연결재무제표 작성 시 외국 자회사의 외화표시 재무제표를 보고통화(reporting currency), 즉 모기업 국가통화로 환산해야 하기 때문에 발생되는 소유주 지분의 회계적 변동가능성으로서, 환율변동으로 인해 가치의 변동이 초래되는 외화표시 자산과 부채의 차이로 측정된다. 이와 같은 의미에서 환산노출을 회계적 노출(accounting exposure)이라 하기도 한다.

경제적 노출의 측정

경제적 노출은 예상하지 못한 환율변동으로 인하여 기업의 미래 영업현금흐름이 변동하게 되며, 그 결과 발생하는 기업 현재가치에서의 변동을 측정하는 것이다. 이와 같은 경제적 노출을 운영적 노출(operating exposure), 경쟁적 노출(competitive exposure), 또는 전략적 노출(strategic exposure)이라고도 한다. 환율변동이 미래 매출량, 판매가격, 또는 원가에 미치는 영향에 의해 기업가치의 변동 정도가 결정된다고 할 수 있다.

4 환위험의 관리

환노출에 의해 기업의 재무성과가 불확실하게 되기 때문에 기업은 여러 가지 다양한 환위험관리기법을 동원하여 환율변동에 따른 불확실성을 줄이려고 노력하게 된다. 그러나 환위험을 감소 또는 제거시키는 데는 비용이 수반될 수 있으며, 환위험관리의 궁극적인 목표는 환위험 최소화가 아니라 기업가치 극대화임을 유의해야 한다.

거래노출, 환산노출, 경제적 노출 등 환노출을 측정한 후, 그 환위험을 관리하기 위한 다양한 전략이 사용될 수 있다. 거래노출은 기업이 다양한 변화를 줄 수 있는 여지가 있으므로 전략적인 환위험관리가 가능한 반면, 환산노출 또는 경제적 노출은 적극적으로 대응하기에는 여러 가지 한계가 있다.

4.1 거래노출의 관리

대내적 환노출관리방법

대내적 환노출관리방법으로는 네팅(netting), 매칭(matching), 리딩(leading)과 래깅(lagging) 등이 사용된다. 네팅은 다국적기업의 본사 및 현지자회사들간에 발생하는 채권과 채무의 차액만을 일정한 기간마다 결제하는 방법으로서, 각 채권·채무의 이행비용을 절감하고, 자금결제의 효율성을 제고할 수 있다. 매칭은 다국적기업의 사내거래뿐만 아니라 제3자와의 거래에도 이용할 수 있는 것으로서, 통화별로 현금흐름의 규모 및 시기를 의도적으로 일치시키는 방법이다. 리딩과 래깅은 각종 대금지급시기를 인위적으로 앞당기거나 지연시키는 방법이다. 예를 들어 자국통화의 평가절하가 예상되는 경우 외화채권의 수취는 늦추고, 외화부채의 지급은 가급적 빨리 하는 반면, 자국통화의 평가절상이 예상되는 경우 외화채권의 수취는 빨리 하고, 외화부채의 지급은 가급적 늦게 한다. 이 방법은 주로 본사와 현지자회사간에 많이 이용되며, 제3자와의 거래에서는 당사자간의 이해대립으로 인해 이용되기 어렵다.

대외적 환노출관리방법

대외적으로 환노출을 관리하는 대표적인 방법으로는 선물환 또는 통화선물시장을 이용하는 방법, 금융시장을 이용하는 방법 등이 있다.

선물환시장을 이용한 헤징은 선물환매매계약에 의해 미래 일정시점의 불확실한 미래 현물환율을 현재시점의 선물환율로 고정시킴으로써 환율변동에 따른 위험을 없애는 방법이다. 즉 외화표시 채권을 보유하고 있는 경우 현재시점에서 선물환을 매도하는 반면, 외화표시 채무를 보유하고 있는 경우 현재시점에서 선물환을 매입하는 전략이다.[15]

금융시장을 이용한 헤징은 외화자산이 있는 경우에는 외화부채를 조달하여 환위험을 없애고, 외화부채가 있는 경우에는 외화자산을 취득하여 환위험을 제거하는 방법이다. 예를 들어 외화표시 채무(채권)를 보유하고 있는 경우 국내금융시장에서 원화로 자금을 차입(대출 또는 예금)하고, 동시에 국제금융시장에서 외화로 대출 또는 예금(차입)함으로써 환위험을 제거하는 방법이다. 이 방법은 금융계약에 의해 환위험을 없앤다는 점에서 원칙적으로 선물환시장을 이용하는 방법과 차이가 없으나, 이용시장이 국내·외 금융시장이라는 점에서 서로 다르다. 이 방법은 선물환시장을 이용하는 방법보다 장기계약체결이 가능하며, 선물환시장이 발달하지 못한 지역과의 거래에 대해 사용될 수 있다. 그러나 금융시장을 이용한 헤징은 상대적으로 비용이 많이 든다. 금융시장이 효율적이고 일체의 거래비용이 존재하지 않는 경우에는 이자율평가이론이 성립하기 때문에 선물환시장을 이용한 헤징과 금융시장을 이용한 헤징은 동일한 효과를 가져다 줄 수 있다.

이상에서 설명한 방법 외에 통화옵션시장 또는 통화스왑시장 등을 이용할 수도 있다.

4.2 환산노출의 관리

환산노출을 관리하는 대표적인 기법은 재무상태표 헤지(statement of financial position hedge)로서, 이는 다국적기업의 연결재무상태표상의 항목 중

---

15 통화선물은 선물환과는 달리 미래의 외화자금 결제일이 불확정적인 거래에 이용될 수 있고, 환율변동의 추이에 따라 결제일 이전이라도 유리한 시점에서 쉽게 반대매매를 할 수 있으며, 거래비용이 저렴하다는 장점이 있다. 그러나 통화선물시장에서 제시된 몇 개의 통화에 대해서만 거래가 가능하며, 거래형태도 표준화되어 있기 때문에 개별적인 요구를 충족시키기 어렵다는 단점이 있다.

환위험에 노출된 특정 외화표시 자산항목들의 합계가 동일 통화표시 부채항목들의 합계와 일치하도록 하는 방법이다. 이와 같은 경우 순환산노출액은 0이 되며, 특정 외국통화의 가치가 변하더라도 환차손 또는 환차익이 발생하지 않게 된다. 재무상태표 헤지를 하려면 재무상태표상의 항목들의 표시통화를 변경시켜야 하는데, 이는 자금차입비용 또는 영업활동의 효율성 측면에서 부담이 될 수 있다.

4.3 경제적 노출의 관리

경제적 환노출을 관리하는 가장 효율적인 방법은 영업활동 및 자본조달 원천을 다변화하여 분산효과를 도모하는 것이다. 즉 수출시장, 수입선, 생산거점, 차입통화 등을 다변화할 경우 환율이 변동하더라도 손실과 이익이 서로 상쇄되어 안정적인 기업가치를 유지할 수 있다.

알아두기

키코(KIKO)

"은행 말 안 듣자니…" 중소기업 울린 파생상품 덫 〈출처 : 한국일보〉

키코(knock in-knock out : KIKO) 상품은 선진국에서 환위험 헤지목적으로 개발된 통화옵션상품의 일종으로, 우리나라에는 2005년에 도입되어 2008년까지 약 700개의 수출 · 입업체들에게 환위험을 헤지하기 위해 선물환 상품과 함께 널리 이용되었다. 2006년과 2007년에 원/달러 환율이 900~970원 사이에서 대단히 안정적으로 움직였다. 원/달러 선물환 가격이 한국과 미국의 금리역전으로 인해 현물환보다 더 낮게 형성되자 기존의 통화옵션 상품의 행사가격이 떨어져 과거 대비 고객만족도가 낮아졌다. 또한 헤지 이후에 환율이 예상과 달리 상승하면서 헤지거래 손실이 발생함으로써 기업체 헤지담당자들의 고민이 커졌다. 따라서 고객의 매도가격이 현물환보다 더 높고 헤지 이후에 환율이 반대로 상승하여도 일정구간에는 손실이 발생하지 않는 상품인 키코 상품이 태어나게 되었다.

키코는 환율변동에 따른 피해를 최소화하기 위한 일종의 위험회피(헤지) 통화옵션이다. 기업과 은행간에 원/달러 환율변동의 상·하한선을 정한 뒤 실제 환율변동이 계약범위 안에서 변동할 때 기업에 수익이 나는 형태이다. 즉 계약한 환율범위 내에서 환율이 움직일 경우에는 기업에 유리한 가격으로 달러를 거래할 수 있지만 환율이 한 번이라도 하한선 아래로 내려가면(녹 아웃) 계약이 무효화된다. 또 환율이 상한선에 도달하면(녹 인) 기업이 계약금액의 2배에 달하는 달러화를 매입해서 오히려 시장가보다 낮은 약정환율로 은행에 팔아야 한다. 녹 인의 경우 기업은 큰 손실을 보게 된다. 이와 같이 환율이 하한과 상한 사이에서 변동한다면 기업에게 어느 정도 이익을 안겨줄 수 있지만, 궁극적으로는 얻을 수 있는 이익에 비하여 손실의 위험성이 훨씬 크다. 2008년 9월 미국 투자은행 리먼브러더스의 파산신청으로 한국에서 환율이 급등하였을 때, 은행과 키코 계약을 맺은 중소기업들이 큰 손실을 보았으며, 견실한 중견기업체가 환차손으로 흑자도산한 사례도 있다.

예제 5-5 환위험관리 : 선물환시장 또는 금융시장을 이용한 헤징

한국의 D전자는 5월 1일 현재 미국에 TV를 수출하고, 6개월 후인 10월 30일에 1,000만달러를 받기로 하였다. 5월 1일 현재 환율 및 이자율에 관한 자료는 다음과 같다.

- 현물환율＝₩1,150/$
- 6개월물 선물환율＝₩1,200/$
- 한국의 이자율＝8%
- 미국의 이자율＝6%

D전자의 재무관리자는 환율변동에 따른 위험을 제거하기 위하여 다음과 같은 두 가지 방안을 고려하고 있다.

- 제1안 : 6개월물 선물환을 매도함.
- 제2안 : 미국 내 은행에서 차입하여 조달한 자금을 국내통화로 환전하여 국내은행에 예금함.

(1) 두 가지 방안 중 어느 것이 더 유리한가?

(2) 두 방안이 무차별하려면, 6개월 만기 선물환율은 얼마가 되어야 하는가?

해설

(1) 두 안에 의해 6개월 후 받을 수 있는 TV 판매대금을 계산하면 다음과 같다.

① 제1안 : 6개월물 미달러화 선물환 1,000만달러 매도
6개월 후 총수입액 = 1,000만달러 × ₩1,200/$ = 1,200,000만원

② 제2안 :

- (미국 내 은행에서의 차입금액) $\times \left(1+\frac{0.06}{2}\right)$ = 1,000만달러

→ 미국 내 은행에서의 차입금액 = 970.8738만달러

- 국내 은행에서의 예금액 = 970.8738만달러 × ₩1,150/$ = 1,116,504.87만원

∴ 6개월 후 총수입액(국내은행 예금액의 원리합계)

= 1,116,504.87만원 $\times \left(1+\frac{0.08}{2}\right)$ = 1,161,165.07만원

따라서 6개월 후 총수입액이 더 많은 제1안을 선택하는 것이 유리하다.

☞ 두 안의 성과가 서로 다를 경우 차익거래(과대평가된 미달러선물을 매도하고 과소평가된 현물을 매입함)를 할 수 있으며, 그 차익거래과정은 다음과 같다.

차익거래	현금흐름(만원)	
	현재(0시점)	만기일(6개월 후)
미달러선물 매도 현물(미달러화) 매입* 현금차입	0 − 1,150 × (1,000/1.03) 1,150 × (1,000/1.03)	$1,000 \times 1,200 - S_T$ S_T − 1,150 × (1,000/1.03) × 1.04
차익거래이익	0	38,834.95

* 현물인 미달러화는 매입 후 미국 내 은행에 예금함.

(2) 두 안이 차이가 나는 것은 선물환율이 국내와 미국간의 이자율 차이를 완전히 반영하지 못하기 때문이다. 따라서 이자율평가이론에 의해 6개월물의 선물환율을 구하면 다음과 같다.

$$\frac{F_{0,\,6개월} - 1,150}{1,150} = \frac{1+0.04}{1+0.03} - 1 = 0.009709$$

$\therefore\ F_{0,\,6개월}$ = ₩1,161.17/$

시사포커스

세계 빅맥 가격 비교하면 각국 통화 가치 알 수 있어요

작년 3월 달러당 1,285원(종가 기준)을 기록했던 원·달러 환율은 이후 지속적으로 하락해 지난 4일에는 1,082원을 기록했다. 9개월 전보다 무려 200원 가까이 하락한 것이다. 해외 유학생에게 송금하는 가정은 200원 저렴하게 달러를 살 수 있어 웃을 수 있겠지만, 달러로 표시된 애플 주식을 갖고 있다면 주식가격의 변동이 없었더라도 달러당 200원씩 손해를 입게 된다.

▶ 환율은 외화의 가격

해외여행 준비물품 목록에는 캐리어, 여권 등 여러 가지가 있겠지만 그중 빠질 수 없는 것이 여행지에서 사용할 외국 돈(외화)으로 환전하는 일이다. 환전 시 외화에 대해 지불하는 우리나라 돈(원화)이 '환율'인데 미국 달러, 일본 엔화 등 외화를 일종의 상품으로 생각하고 그 가격을 환율로 생각하면 이해가 쉬울 것이다.

은행에 가보면 한번쯤 은행원 뒤의 모니터에 국가별 환율이 계속 변동하면서 표시되는 것을 본 적이 있을 것이다. 환율이 변동하는 원인에는 여러 가지가 있지만, 다른 상품들과 마찬가지로 환율도 대체로 외환시장에서의 외화 수요와 공

Country	Dollar/national currency exchange rat	$1 in terms of the Big Mac Index expressed in national currency	Price of Big Mac
Russia	77.42	23.24	$1.74
Turkey	13.42	4.30	$1.86
Indonesia	14382.00	5851.98	$2.36
Malaysia	4.19	1.72	$2.39
Romania	4.41	1.82	$2.40
Ukraine	28.37	11.88	$2.43
India	74.62	32.70	$2.55
South Africa	15.47	6.87	$2.58
Azerbaijan	1.70	0.77	$2.65
Taiwan	27.81	12.91	$2.70
Japan	115.23	67.13	$3.38
Poland	4.09	2.42	$3.44
Croatia	6.72	4.07	$3.52
Qatar	3.64	2.24	$3.57
Honduras	24.61	15.32	$3.62
Nicaragua	35.46	23.06	$3.78
South Korea	1205.50	791.74	$3.82

As of January 2022
Source: The Economist

급에 따라 영향을 많이 받는다. 예를 들어 외국에서 상품을 많이 수입할 경우 수입대금을 외화로 결제해야 하므로 외화 수요가 증가하고 외화가격(환율)은 상승하게 된다. 이때 환율이 1,000원에서 1,200원으로 200원 상승한 경우 외화를 사기 위해 200원을 더 지불해야 하므로 원화 가치가 상대적으로 하락했다고 하여 '원화 평가절하'로 표현하기도 한다(환율 상승=원화 평가절하). 역으로 수출이 늘어 국내에 외화가 많아지면 외화 가격은 하락하고 원화 가치는 상대적으로 올라가므로 '원화 평가절상'이 나타난다(환율 하락=원화 평가절상).

▶ 헤지는 환율 변동 위험을 낮추는 방책

외국에 제품을 수출하거나 원재료를 수입하는 기업들은 환율 수준에 따라 이익과 손실이 크게 달라지므로 아무래도 환율 변화에 민감할 수밖에 없다. 이들 기업은 환율 변동에 따른 위험을 줄이기 위해 다양한 '환 헤지' 방법을 사용한다. 참고로 헤지(hedge)의 사전적 의미는 '울타리'로 금융에서는 위험을 낮추거나 없애 보유한 자산 등을 보호하는 의미로 통상 사용되므로, '환 헤지'는 '외환 위험을 낮추는 방지책' 정도로 이해하면 된다.

헤지에는 먼저 기업 내부적으로 거래 상대방과의 외화 수취·지급 시기와 규모를 일치(매칭)시키는 방법이 있다. 거래 상대방에게서 수취한 외화를 다른 상대방에게 그대로 지급해 기업의 외환 위험을 최소화하게 된다.

보다 일반적으로는 환 변동보험에 가입하거나, 시장에서 선물 옵션 등 파생상품 거래를 통해 미래에 수취하거나 지급할 외화를 현재 수준의 환율로 미리 확정하는 방법 등을 많이 사용한다. 예를 들어, 기업이 환율 1,200원인 시점에 제품 수출 계약을 맺고 1년 뒤 달러대금을 수취하기로 한 경우 1년 뒤 환율이 1,300원이 되면 현재 대비 100원의 이익을, 1,100원이 되면 100원의 손실을 입을 것으로 예상할 수 있다. 따라서 기업이 1년 뒤에 받을 달러를 현재 환율인 1,200원에 팔기로 미리 계약을 체결해 놓으면 기업은 미래 환율의 변동 여부와 관계없이 1년 뒤 1,200원의 일정한 환율로 거래할 수 있다. 이 경우 환율 변동에 따른 이익도 손실도 발생하지 않는다.

▶ 적정 환율은 어떻게 구할까

영국 경제주간지 '이코노미스트'가 1986년부터 반기마다 발표하는 국가별 '빅맥지수'를 통해 정확하지는 않지만 국가별 환율의 적정 수준을 가늠해볼 수 있다. 빅맥지수는 전 세계에 걸쳐 판매되고 품질도 비슷한 맥도날드 빅맥 햄버거의 국가별 가격을 달러 기준으로 환산한 후 실제 환율과 비교한 지표다. 예를 들어, 미국에서 빅맥 가격이 5달러, 우리나라는 4,500원이면 '빅맥=5달러=4,500원'이어야 하므로 '1달러=900원'을 적정 환율로 생각할 수 있다. 그런데, 실제 환율이 '1달러=1,000원'이라면 적정 환율에 비해 상대적으로 높은 수준에 있다고 추정할 수 있다.

이코노미스트에 따르면 2021년 1월 기준 전체 56개 국가 중 3개국(스위스, 스웨덴, 노르웨이)을 제외한 53개국의 시장 환율이 빅맥 환율보다 높았고(자국 통화 절하 상태), 원화도 300원가량 높은 것으로 계산된다(시장 환율 1,097.4원 vs 빅맥 환율 795.1원). 최근에는 빅맥지수와 유사한 방식의 스타벅스 지수나, 애니콜 지수 등도 등장했다. 제품 가격은 물가, 규제 수준 등 다양한 요인에 영향을 받기 때문에 빅맥지수 등을 절대적으로 신뢰하기보다는 여러 국가의 환율 수준을 판단하는 참고자료 정도로 생각함이 적절할 것이다.

교통, 인터넷 등의 발달로 국가 간 거래가 크게 증가하고, 개인의 해외직구 등이 급증하면서 환율이 우리 생활에 미치는 경제적 영향력도 커지고 있다. 평소 환율의 변화와 움직임에 대해 관심을 갖고 지켜보면 좋은 가격으로 환전하는 등 가계의 합리적인 소비에도 일부 도움이 될 것이다.

〈한국경제, 2021. 1. 25 수정〉

주 · 요 · 용 · 어

key words

- 외환시장(foreign exchange market)

한 국가의 통화와 다른 국가의 통화가 서로 교환되는 시장, 즉 외환의 수요와 공급을 연결하는 기능적 의미에서의 시장 또는 거래메커니즘을 말한다.

- 환율(exchange rate)

한 나라의 통화(currency)가 다른 나라의 통화로 교환되는 비율을 의미한다.

- 직접표시환율(direct quotation) 또는 자국통화표시환율(지급환율)

외국통화 한 단위의 가격을 자국통화로 표시하는 방법이다.

☞ 1달러＝1,000원 또는 ₩1,000/$

- 간접표시환율(indirect quotation) 또는 외국통화표시환율(수취환율)

자국통화 한 단위의 가격을 외국통화로 표시하는 방법이다.

☞ 1원＝0.001달러 또는 $0.001/₩

- 현물환거래(spot trade)

외환거래계약 후 통상 2영업일 이내에 현금결제가 이루어지는 거래를 말하며, 이때 적용되는 환율을 현물환율(spot-exchange rate)이라 한다.

- 선물환거래(forward trade)

외환매매계약 체결일로부터 일정기간(통상 2영업일) 경과 후 특정일에 외환을 결제하기로 약정한 거래를 말하며, 이와 같은 거래에 적용되는 환율을 선물환율(forward-exchange rate)이라 한다.

☞ $$\text{선물환할증(또는 할인)} = \frac{\text{선물환율} - \text{현물환율}}{\text{현물환율}} \times \frac{12}{\text{선물계약기간(월)}} \times 100(\%)$$

- 스왑거래(swap trade)

미래의 일정시점에서 재매입(재매도)한다는 계약을 체결하면서 외환을 매도(매입)하는 거래를 말하며, 이때 재매입가격(선물환율)과 매도가격(현물환율)의 차이를 스왑률(swap rate)이라 한다.

- 상대적 구매력평가이론(relative purchasing-power parity theorem)

양국간 환율의 변화율은 양국간 물가상승률의 상대적인 차이에 의해 결정된다.

☞ $s = \dfrac{1+\pi}{1+\pi^F} - 1$ 또는 $s \fallingdotseq \pi - \pi^F$

- 이자율평가이론(interest rate parity theorem)

선물환율의 할증(또는 할인)은 두 국가간의 상대적 이자율 차이에 의해 결정된다.

☞ $\dfrac{F_{0,1} - S_0}{S_0} = \dfrac{1+r}{1+r^F} - 1$ 또는 $\dfrac{F_{0,1} - S_0}{S_0} \fallingdotseq r - r^F$

- 국제피셔효과(international Fisher effect)

예상되는 현물환율의 변화율은 양국간 명목이자율의 차이와 같다.

☞ $\dfrac{E(S_1) - S_0}{S_0} = \dfrac{1+r}{1+r^F} - 1$ 또는 $\dfrac{E(S_1) - S_0}{S_0} \fallingdotseq r - r^F$

- 환위험(foreign exchange risk)

환율이 변동함으로써 기업의 재무적 성과가 변동할 가능성을 말하며, 흔히 환노출(foreign exchange exposure)이라 하기도 한다.

- 거래노출(transaction exposure)

환율변동 이전에 거래가 발생되었으나, 환율변동 이후에 결제가 이루어지는 외화표시 자산 또는 부채의 가치변동을 측정하는 것이다.

- 환산노출(translation exposure)

다국적 연결재무제표 작성 시 외국 자회사의 외화표시 재무제표를 보고통화(reporting currency), 즉 모기업 국가통화로 환산해야 하기 때문에 발생되는 소유주 지분의 회계적 변동가능성으로서, 환율변동으로 인해 가치의 변동이 초래되는 외화표시 자산과 부채의 차이로 측정된다.

- 경제적 노출(economic exposure)

예상하지 못한 환율변동으로 인하여 기업의 미래 영업현금흐름이 변동하게 되며, 그 결과 발생하는 기업 현재가치에서의 변동을 측정하는 것이다.

- **대내적 환노출관리방법**

네팅(netting), 매칭(matching), 리딩(leading)과 래깅(lagging) 등이 사용된다.

- **대외적 환노출관리방법**

선물환 또는 통화선물시장을 이용하는 방법, 금융시장을 이용하는 방법 등이 있다.

- **재무상태표 헤지(balance sheet hedge)**

다국적기업의 연결재무상태표상의 항목 중 환위험에 노출된 특정 외화표시 자산항목들의 합계가 동일 통화표시 부채항목들의 합계와 일치하도록 하는 방법이다.

Exercise

연습문제

■ 완성/선택형 문제

1 (　　)은 한 국가의 통화와 다른 국가의 통화가 서로 교환되는 시장, 즉 외환의 수요와 공급을 연결하는 기능적 의미에서의 시장 또는 거래메커니즘을 말한다.

2 (　　)는 외환매매계약 체결일로부터 일정기간(통상 2영업일) 경과 후 특정일에 외환을 결제하기로 약정한 거래를 말하며, 이와 같은 거래에 적용되는 환율을 (　　)이라 한다.

3 (　　)은 선물환율의 할증(또는 할인)이 두 국가간의 상대적 이자율 차이에 의해 결정된다는 것이다.

4 (　　)은 환율변동 이전에 거래가 발생되었으나, 환율변동 이후에 결제가 이루어지는 외화표시 자산 또는 부채의 가치변동을 측정하는 것이다.

5 대미달러화 현물환율이 ₩1,100/$이고 3개월 선물환율이 ₩1,080/$인 경우, 미달러화의 선물환은 현물환에 비해 얼마나 할증 또는 할인 거래되고 있는가?

① 7.27% 할증　② 7.27% 할인　③ 7.41% 할증
④ 7.41% 할인　⑤ 7.52% 할증

6 현재 한국 외환시장에서의 대미달러화 환율은 ₩1,010/$이며, 일본 외환시장에서의 대미달러화 환율은 ￥90/$이다. 외환시장은 효율적이고 거래비용이 존재하지 않는다고 할 경우 ￥100에 대한 원화환율, 즉 재정환율(arbitrage rate)에 가장 가까운 것은?

① ₩1,122.22　② ₩1,133.33　③ ₩1,144.44

Exercise

④ ₩1,155.55 ⑤ ₩1,166.66

7 외환시장과 환율에 관한 다음의 설명 중 적절하지 않은 것은?

① 외환시장은 거래당사자에 따라 외국환은행과 고객(기업, 개인, 정부 등) 사이에 외환거래가 이루어지는 대고객시장과 외국환은행간에 거래가 이루어지는 은행간시장으로 구분된다.

② 직접표시환율(또는 자국통화표시환율)을 사용하는 우리나라의 경우 환율이 상승하였다는 것은 달러가치가 원화에 비해 하락한 반면, 원화가치는 달러에 비해 상승하였음을 뜻한다.

③ 일반적으로 외국통화 1단위에 대한 미달러화의 교환비율을 나타내는 방법, 즉 £1=$1.50 또는 $1.50/£를 미국식(American terms)이라 하며, 미국 달러 1단위에 대한 외국통화의 교환비율인 $1=£0.67 또는 £0.67/$를 유럽식(European terms)이라고 한다.

④ 현물환거래는 외환거래계약 후 통상 2영업일 이내에 현금결제가 이루어지는 거래를 말하며, 이때 적용되는 환율을 현물환율이라 한다.

⑤ 스왑거래는 미래의 일정시점에서 재매입(재매도)한다는 계약을 체결하면서 외환을 매도(매입)하는 거래를 말한다.

8 선물환과 통화선물에 대한 다음의 설명 중 적절하지 않은 것은?

① 장내파생상품인 통화선물과 달리 선물환은 장외파생상품이다.

② 통화선물과 선물환은 미래의 일정시점에서 외환을 인도 또는 인수하겠다는 계약이라는 점에서 유사하다.

③ 통화선물과 선물환은 대부분 만기일 이전 반대매매에 의해 청산된다.

④ 선물환의 경우 계약이행이 전적으로 상대방의 신용도에 의존한다.

⑤ 통화선물의 경우 계약이행은 결제소가 보증한다.

9 환율결정이론에 관한 다음 설명 중 가장 타당하지 않은 것은? (CPA 1차 2000)

① 피셔효과가 성립하면, 양국간 명목이자율의 차이는 기대인플레이션율의 차이와 같게 된다.

Exercise

② 구매력평가이론(PPP)에 따르면, 양국 통화간 현물환율의 기대변동률은 양국간 기대인플레이션율의 차이와 같게 된다.

③ 양국 통화간 현물환율의 기대변동률이 양국간 명목이자율의 차이와 같게 되는 현상을 국제피셔효과라고 한다.

④ 이자율평가이론(IRP)에 따르면, 양국간 실질이자율의 차이는 선물환율의 할증률(혹은 할인율)과 같게 된다.

⑤ 이자율평가이론과 국제피셔효과가 성립하면, 선물환율은 미래 현물환율의 불편추정치가 된다.

10 현재 외환시장과 단기금융시장에서 대미달러 환율, 한국과 미국의 단기이자율에 대한 정보가 다음과 같이 알려져 있다. 시장이 완전하다고 할 때 다음 설명 중 올바른 것은?

- 현물환율 : $1 = ₩1,110
- 6개월 선물환율 : $1 = ₩1,100
- 한국의 이자율 : 연 4%
- 미국의 이자율 : 연 2%

① 6개월 선물환율은 할증상태에 있다.

② 실제 선물환율이 이론 선물환율보다 고평가되어 있다.

③ 이론 선물환율은 $1 = ₩1,122.05이다.

④ 6개월 선물환율은 할인되어야 한다.

⑤ 미국은행에서 달러를 차입한 후 이를 원화로 바꾸어 국내은행에 예금하고 선물환을 매입하는 차익거래를 할 수 있다.

Exercise

■ 서술/계산형 문제

1 외환거래의 종류를 열거하고, 이들을 각각 설명하라.

2 환율결정이론에 대해서 설명하라.

3 환위험관리방법에 대해서 설명하라.

4 재정환율과 삼각차익거래

현물환 시장에서 환율이 다음과 같이 형성되어 있다.

- 서울 : $1 = ₩1,260.00
- 동경 : $1 = ¥120.00

외환시장은 효율적이며, 거래비용이 존재하지 않는다고 가정한다.

(1) 일본엔화에 대한 원화환율, 즉 재정환율(arbitrage rate)을 구하라.

(2) 현재 서울에서 일본엔화에 대한 원화환율이 ₩10.0/¥으로 형성되어 있다. 차익거래가 가능한가? 가능하다면 당신이 지금 ₩10,000,000을 가지고 있다고 가정하고 얼마만큼의 이익을 얻을 수 있는지 계산해 보라.

5 이자율평가이론과 매수차익거래

현재 환율 및 이자율에 관한 자료는 다음과 같다.

- 현물환율 = ₩1,000/$
- 6개월물 선물환율 = ₩1,010/$
- 국내 이자율 = 연 4%
- 미국 내 이자율 = 연 6%

(1) 당신이 현재 차입할 수 있는 금액은 10만달러(또는 10,000만원)이고 차익거래에 따른 거래비용은 없다고 가정하는 경우 차익거래이익과 그 과정을 제시하라.

Exercise

(2) 현물환율과 국내 및 미국 내 이자율이 적정하다고 가정한다면, 6개월물 선물환율은 어떻게 되겠는가?

(3) 물음 (2)에서 구한 6개월물 선물환율이 ₩1,010/$과 다른 경우에도 거래비용이 존재한다면 차익거래가 발생하지 않을 수 있다. 시장의 불완전성으로 인하여 발생될 수 있는 거래비용을 구체적으로 설명하라. (문제에서 제시된 자료를 이용하여 현실적으로 발생가능한 거래비용의 종류를 제시할 것.)

6 선물환시장 또는 금융시장을 이용한 헤징 (CPA 2차 2008 수정)

한국의 ㈜산일은 20×1년 6월 1일 현재 미국의 ㈜포토맥으로부터 목재를 수입하고, 1년 후에 3,000만달러의 수입대금을 지급하기로 하였다. 20×1년 6월 1일 현재 현물환율(spot exchange rate), 선물환율(forward exchange rate), 한국과 미국의 단기금융시장에서의 이자율은 다음과 같다. 예대금리차는 없는 것으로 가정한다. 단기금융시장에서의 차입 및 투자에 세금, 거래비용, 신용위험은 없다고 가정한다.

- 현물환율 : ₩1,000/US$
- 1년물 선물환율 : ₩1,100/US$
- 한국 단기금융시장의 연 이자율 : 6%
- 미국 단기금융시장의 연 이자율 : 4%

㈜산일은 미래 환율변동에 따른 위험을 헤지하기 위하여 1년 만기 달러선물환을 이용하거나 한국과 미국의 단기금융시장을 이용하는 두 가지 헤징방법을 고려하고 있다. (모든 계산은 반올림하여 소수점 넷째 자리까지 표시한다.)

(1) 두 가지 헤징방법 각각에 대해 1년 후인 20×2년 6월 1일의 원화표시 수입대금 지급액을 계산하고 두 가지 헤징방법 중 최적헤징방법을 선택하라.

(2) 한국과 미국의 금융시장이 균형하에 있다고 가정한다. 위의 두 가지 헤징방법이 무차별한 1년 만기 균형 선물환율을 계산하라.

제 6 장

스왑거래

1. 스왑거래의 의의
2. 선도금리계약
3. 금리스왑
4. 통화스왑

스왑(swap)은 미래 현금흐름을 교환하기로 약정을 맺는 것으로서 선물과 매우 유사하며, 다양한 형태로 이루어지고 있다. 스왑거래의 가장 대표적인 두 형태는 금리스왑(interest rate swap)과 통화스왑(currency swap)이라 할 수 있다. 스왑거래는 상대적 비교우위에 따른 이점을 활용하여 차입비용을 절감하거나, 금리 및 환위험을 헤지하기 위한 목적으로 사용된다. 또한 스왑거래는 선물과 옵션만으로 충족시키지 못하는 부분에 대한 보완적 상품이라 할 수 있다.

본장에서는 선도금리계약(forward rate agreement : FRA), 금리스왑, 통화스왑 등에 대해서 설명하고자 한다.

1 스왑거래의 의의

스왑(swap)은 미래 현금흐름을 교환하기로 두 당사자간 약정을 맺는 것으로서 선도계약 또는 선물계약과 유사하다. 스왑거래는 다양한 형태로 이루어지고 있으나, 가장 대표적인 두 형태는 금리스왑(interest rate swap)과 통화스왑(currency swap)이라 할 수 있다. 금리스왑은 두 채무자가 각각의 채무에 대한 이자지급의무를 일정기간 동안 상호교환하기로 약정하는 거래이며, 통화스왑은 서로 다른 통화로 자금을 조달한 두 채무자가 채무에 대한 원리금상환의무를 상호교환하기로 약정한 거래이다.

스왑거래는 상대적 비교우위에 따른 이점을 활용하여 차입비용을 절감하거나, 금리 및 환위험을 헤지하기 위한 목적으로 사용된다. 또한 스왑거래는 선물과 옵션만으로 충족시키지 못하는 부분에 대한 보완적 상품이라 할 수 있다.

2 선도금리계약

선도금리계약(FRA)은 일종의 선도계약으로서 미래 특정일에 명목원금에 대한 고정금리와 변동금리를 교환하는 계약을 말한다. FRA를 매입(매도)하면 미래 특정 시점에서 고정금리를 지급(수취)하는 동시에 변동금리를 수취(지급)하게 된다. 이러한 FRA는 금리스왑의 가장 단순한 형태에 속한다고 할 수 있다. FRA거래 시 일반적으로 런던은행간대출금리(London inter-bank offered rate : LIBOR)가 변동금리의 기준금리로 사용된다. 고정금리는 FRA의 매매시점에서 거래당사자끼리 정하며, FRA의 만기일에 보통 LIBOR와 고정금리를 비교하여 현금으로 결제하는 현금결제방식을 따른다. 그리고 FRA거래에서는 표시원금(notional principal)의 교환이 일어나지 않는다. 이러한 점에서 FRA거래는 스왑의 가장 단순한 형태라고 할 수 있다.

예를 들어 기업 A가 1월 현재로부터 1개월 후인 2월에 은행 B로부터 1백만달러를 3개월(90일)간 변동금리 LIBOR + 1%로 차입할 예정이라고 하자. 이럴 경우 기업 A가 지급하게 될 이자비용은 자금을 차입하는 시점인 2월의 LIBOR 크기에 영향을 받게 된다. 따라서 기업 A가 LIBOR의 변동성으로 인한 위험을 부담할 수밖에 없다. 이러한 위험을 헤지하는 방안으로서 금리선물과 FRA를 이용하는 방법을 들 수 있다.

금리선물을 이용할 경우 금리선물을 매도하면 이자율이 상승할 때 선물가격하락으로 인한 이익을 취할 수 있으며, 이러한 이익은 이자율 상승으로 인한 기업 A의 이자비용의 증가분을 상쇄할 수 있다.

FRA를 이용하여 이자율 상승으로 인한 위험을 제거하고자 할 경우 현재로부터 1개월 만기 FRA(3개월 동안의 이자 대상)를 매입하여야 한다. FRA를 매입하면 만기일인 2월에 약속한 고정금리를 지급하는 동시에 변동금리인 LIBOR를 수취하게 된다.[1] 이와 같은 경우 기업 A는 FRA 매입의 결과 변동금리인 LIBOR로 이자를 수취하는 동시에 은행 B로부터 차입한 원금에 대하여 LIBOR + 1%로 이자를 지급하게 된다. 따라서 기업 A는 2월에 LIBOR가 어떻게 변동되는지와 무관하게 이자비용을 고정금리로 확정짓게 된다. 결국 기업 A의 입장에서 변동금리인 LIBOR의 불확실성으로 인한 위험을 제거하는 효과를 얻게 된다.

3 금리스왑

3.1 금리스왑의 기초

금리스왑은 두 당사자 사이에 일정기간 동안 서로 금리를 교환하는 거래이다. 금리스왑의 가장 기본적인 형태는 고정금리와 변동금리를 상호교환

1 2월에 변동금리가 고정금리보다 높을(낮을) 경우 FRA 매입으로 인한 이익(손실)이 기대된다.

하는 것이다. 이러한 스왑을 표준형 금리스왑(plain vanilla swap)이라고 한다. 금리스왑의 경우에도 FRA와 같이 표시원금의 교환 없이 이자만을 교환한다.

금리스왑은 이자율변동에 따른 위험을 헤지하기 위한 목적으로 도입되었다. 예를 들어 기업이 변동금리로 조달된 자금을 고정금리로 운용하는 경우 금리상승 시 손실이 기대된다. 이러한 경우 기업이 고정금리를 지급하는 금리스왑, 즉 고정금리를 지급하고 변동금리를 수취하는 금리스왑을 체결함으로써 금리상승으로 인한 위험을 헤지할 수 있다. 고정금리를 지급하는 금리스왑 체결 시 기업은 고정금리 지급자(fixed rate payer)가 된다. 이와 달리 기업이 고정금리 수취자(fixed rate receiver)가 되어야 하는 상황도 있다. 기업이 고정금리로 조달된 자금을 변동금리로 운용하는 경우 금리하락으로 인한 손실이 초래된다. 이때 고정금리를 수취하는 금리스왑, 즉 변동금리를 지급하고 고정금리를 수취하는 금리스왑을 체결함으로써 금리하락에 따른 위험을 헤지할 수 있다.

한편 금리스왑의 계약 시 변동금리와 교환되는 고정금리를 스왑금리(swap rate)라고 한다. 여기서 변동금리는 주로 LIBOR가 사용되나 LIBOR 외에 기업어음의 이자율, T-bill(Treasury bill) 수익률 등이 사용되기도 한다.

알아두기

금리스왑 가격의 고시방법

은행간 스왑거래의 경우 실제 금리스왑을 할 때 로이터나 블룸버그 단말기를 통해 스왑 브로커회사들이 고시하는 가격을 참고하여 거래가 이뤄진다. 금리스왑의 가격은 각 만기별 원화금리스왑(KRW/KRW), 원달러통화스왑(KRW/USD) 등의 유형으로 고시된다. 예를 들어 이자교환이 발생하는 만기 1년인 원화금리스왑의 고시가격이 4.55－4.53%라고 하자. 이러한 가격표시는 ‘스왑딜러가 받고자 하는 고정금리’(offer rate or ask rate)가 4.55%이고 ‘스왑딜러가 지급하고자 하는 고정금리’(bid rate)가 4.53%임을 의미한다. 스왑 브로커회사들이 고시하는 금리스왑의 가격은 회사별로 차이가 있으나, 스왑딜러들이 그 가격정보를 분석하여 매수 또는 매도 주문을 한다. 은행간 시장에서는 금리스왑거래가 실시간 가격으로 체결되지만, 은행에 비해 상대적으로 신용도가 약한 일반기업과 은행간 거래에서는 은행간 거래가격에 신용스프레드와 은행의 마진을 고려한 스왑금리가 적용된다.

〈알면 신나는 파생상품이야기(한국산업은행, 2009)〉

3.2 금리스왑의 과정

금리스왑은 금융시장에서 차입자의 기존 부채 또는 신규 부채에 대한 금리변동위험의 헤지 또는 차입비용의 절감을 위해서 두 차입자가 각자의 차입조건을 상호간에 교환하는 경우에 사용가능한 계약이다.[2]

일반적으로 변동금리부 금융자산보다 고정금리부 금융자산의 경우 투자자들은 차입자의 신용도에 대하여 훨씬 민감해진다.[3] 따라서 고정금리부 금융자산인 유로채권(Eurobond)의 경우 차입자의 신용도에 따라 금리는 2~3%포인트의 차이를 보이는 반면, 변동금리 자금시장에서는 차입자의 신용도에 따른 이자율간의 스프레드(spread)가 상대적으로 작게 나타나는 경향이 있다. 이와 같은 경우 금리스왑의 당사자들은 각각 상대방보다 자금의 차입비용면에서 비교우위에 있는 시장에서 자금을 차입한 후, 각자의 이자지급 의무를 서로 교환하기로 하는 금리스왑계약을 체결함으로써 차익거래이익을 얻을 수 있게 된다.

예를 들어 신용도 및 차입조건이 〈표 6-1〉과 같은 두 회사를 생각해 보자. A회사는 신용도가 높기 때문에 고정금리 및 변동금리 모두 B회사에 비해 저렴하다. 그러나 A회사는 고정금리에서 상대적으로 비교우위를 보이고

---

2 금리스왑은 자금차입비용의 절감뿐만 아니라 신용도 또는 과다한 자금차입 등의 이유로 특정 자금시장에의 직접 접근이 어려울 경우 그 자금시장에 간접적으로 접근할 수 있는 수단을 제공할 수 있다.

3 변동금리시장에서는 대출자가 차입자의 신용상태에 따라 매기간 이자율 조정 및 대출연장 여부를 결정할 수 있는 반면, 고정금리시장에서는 대출자가 이와 같이 대출조건을 변경할 수 있는 권리를 가지고 있지 않다.

표 6-1 두 회사의 신용도 및 차입조건

	A회사	B회사	스프레드(B－A)
신용등급	AAA	BBB	
고정금리	11%	12%	1%포인트
변동금리	LIBOR＋0.3%	LIBOR＋0.7%	0.4%포인트

있는 반면, B회사는 변동금리에서 상대적으로 비교우위를 보이고 있다. 이와 같은 상황하에서 A회사는 고정금리 자금시장에서 차입을 하고 B회사는 변동금리 자금시장에서 자금을 차입한 후, 금리스왑계약을 체결하여 각자의 이자지급의무를 서로 교환함으로써 두 회사 모두 자금차입비용을 절감할 수 있다. 두 회사가 금리스왑거래를 함으로써 얻을 수 있는 금리절감효과는 스프레드 차이(spread differential)인 0.6%포인트(1%포인트-0.4%포인트)이다. 이와 같은 금리절감효과는 A와 B 두 회사간에 배분되는데, 배분내용은 두 회사간의 신용도나 스왑거래에 대한 수요·공급사정에 따라 결정된다.

앞의 예에서 금리절감효과가 두 회사에 균등하게 배분되도록 스왑계약을 하려면, A회사의 경우 원래의 변동금리 「LIBOR＋0.3%」보다 0.3%포인트 낮은 LIBOR로, B회사는 원래의 고정금리인 12%보다 0.3%포인트 낮은 11.7%에 자금을 조달하는 것이 가능하도록 계약을 체결하면 된다. 이와 같은 금리스왑의 과정은 [그림 6-1]과 같다. [그림 6-1]에서 A회사와 B회사가 각각 비교우위에 있는 자금시장에서 자금을 차입한 후 이자지급의무를 서로 교환하여, A회사는 B회사에게 변동금리 LIBOR를 지급하고 B회사는 A회사에게 고정금리 11%를 지급하는 스왑거래를 체결함으로써 두 회사 모두

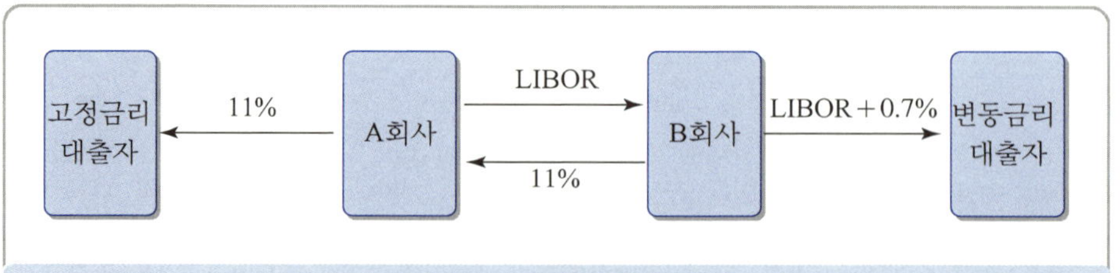

그림 6-1 금리스왑의 과정

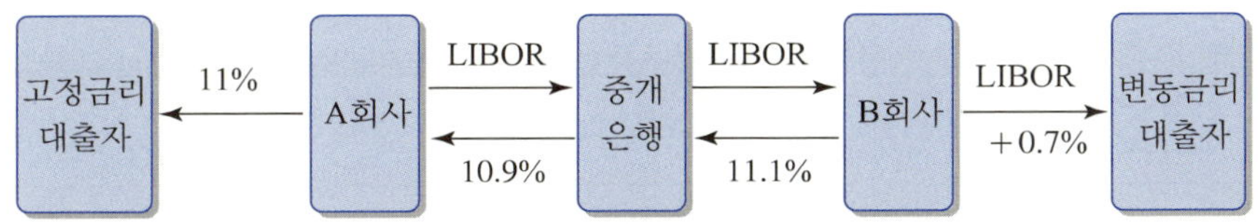

그림 6-2 중개은행을 이용한 금리스왑

0.3%포인트의 금리절감효과를 얻을 수 있음을 알 수 있다.

스왑거래에 있어서 실제로는 적절한 거래상대방을 찾기가 어렵기 때문에 중개은행(intermediary bank)이 개입하게 되는데, 중개은행은 각 당사자와 별개의 계약을 체결하면 된다. 따라서 스왑거래의 참여자는 상대방의 기관명이나 차입조건 등을 모르며 신용상태에 신경을 쓰지 않고 중개은행과 직접거래를 하는 것이 일반적이다. 중개은행을 이용한 금리스왑의 과정은 [그림 6-2]와 같다. 중개은행이 금리스왑을 중개해 주는 대가(수수료)로서 0.2%포인트(11.1%-10.9%)의 이익을 취할 경우, 기업 A는 중개은행에 변동금리로 LIBOR를 지급하고 고정금리인 10.9%를 수취한다. 그리고 기업 B는 중개은행에 고정금리로 11.1%를 지급하고 변동금리로 LIBOR를 수취하게 된다. 이와 같이 중개은행을 이용할 경우 두 회사 모두 중개은행을 이용하지 않을 경우에 비해 0.1%포인트 낮은 0.2%포인트의 금리절감효과를 얻게 됨을 알 수 있다.

4 통화스왑

통화스왑은 서로 다른 통화로 차입한 두 기업이 이자 및 원금을 서로 교환하는 거래이다. 통화스왑의 기본형태는 한 나라 통화기준의 차입원금 및 고정금리와 다른 나라 통화기준의 거의 동등한 차입원금과 고정금리를 서로

표 6-2 두 회사의 차입조건

	A회사	B회사	스프레드(B－A)
원 화	8%	10%	2%포인트
달러화	11.6%	12%	0.4%포인트

교환하는 것이다. 금리스왑의 경우와 마찬가지로 통화스왑시장이 성장하게 된 이유도 두 당사자가 모두 통화스왑을 통하여 각각의 자금차입비용을 절감할 수 있다는 점이다. 또한 통화스왑은 이와 같은 비용상의 이점 이외에도 기업에게 일반적인 경우에는 접근하기 어려운 외국의 자본시장에 접근할 수 있는 수단을 제공해 줄 수 있다는 이점이 있다.

예를 들어 원화 및 달러화의 차입조건이 〈표 6-2〉와 같은 두 회사를 생각해 보자. A회사는 원화와 달러화 모두 B회사보다 낮은 금리로 차입할 수 있기 때문에 신용도가 더 높음을 알 수 있다. 그러나 A회사는 한국 원화 시장에서 상대적으로 비교우위를 보이고 있는 반면, B회사는 미국 달러화 시장에서 상대적으로 비교우위를 보이고 있다. 그리고 A회사는 달러화를 차입하기를 원하고, B회사는 원화를 차입하기를 원한다고 하자. 이와 같은 상황하에서 A회사는 원화로 차입을 하고, B회사는 달러화로 차입한 후, 통화스왑계약을 체결함으로써 두 회사 모두 자금차입비용을 절감할 수 있을 것이다. 두 회사가 통화스왑거래를 함으로써 얻을 수 있는 금리절감효과는 스프레드 차이인 1.6%포인트(2%포인트-0.4%포인트)이다.

이와 같은 금리절감효과를 A와 B 두 회사간에 공평하게 배분하기로 약정했다면, 그 통화스왑과정은 [그림 6-3]과 같다. [그림 6-3]에서 볼 수 있는 바와 같이 스왑거래를 통해 A회사는 연 10.8%의 달러화 이자율로 차입하는 효과를 얻고, B회사는 연 9.2%의 원화 이자율로 차입하는 효과를 얻는다. 스왑은 각 회사가 원하는 자본시장을 직접 이용하는 것보다 0.8%포인트씩 낮은 이자율로 자금을 조달할 수 있게 해 준다.

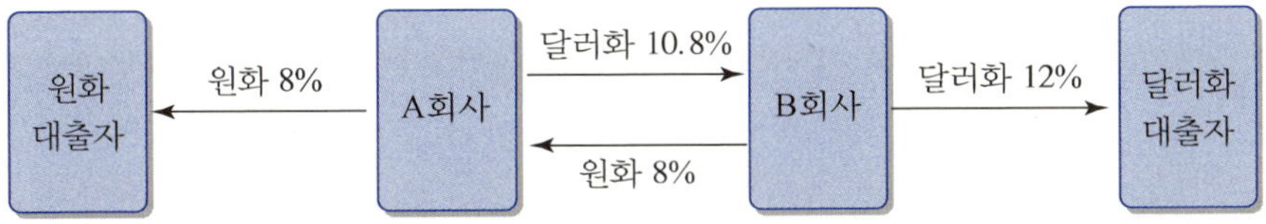

그림 6-3 통화스왑의 과정

중개은행을 이용한 통화스왑의 과정은 [그림 6-4]와 같다. 중개은행이 통화스왑을 중개해 주는 대가(수수료)로서 0.4%포인트[(11% − 10.8%) + (8.2% − 8%)]의 이익을 취할 경우, 두 회사 모두 중개은행을 이용하지 않을 경우보다 0.2%포인트 낮은 0.6%포인트의 금리절감효과를 얻게 됨을 알 수 있다.

통화스왑계약에서는 원금이 두 통화로 각각 명시되어야 하며, 원금은 스왑계약시점과 종료시점에서 교환된다. 두 통화로 표시되는 원금은 스왑계약시점의 환율과 거의 같아지도록 결정된다.

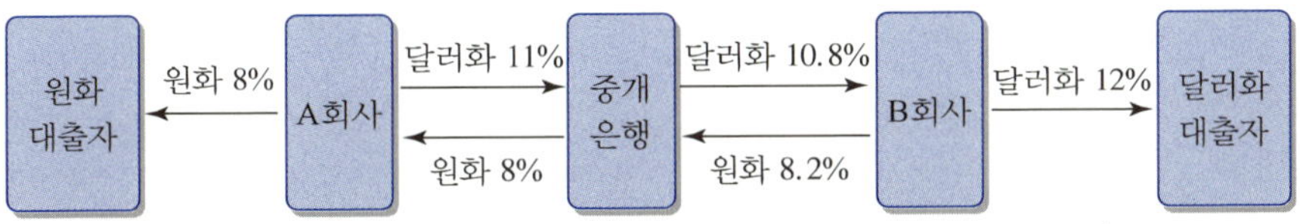

그림 6-4 중개은행을 이용한 통화스왑

시사포커스

금리상승에 헤지수요 증가 … 장외파생상품 거래 1.8경 '사상 최대'

장외파생상품 거래규모 (단위: 조원, %)

구 분		'19년	'20년	'21년	전년 대비 증감(비율)
거래규모[1]		17,945	17,019	18,146	+1,127 (+6.6)
	주식스왑	160	138	166	+28 (+20.6)
	이자율스왑	3,651	3,496	4,070	+574 (+16.4)
	통화선도	13,187	12,530	12,921	+390 (+3.1)
	통화스왑	674	643	783	+140 (+21.8)
	기타[2]	273	211	205	△6 (△3.0)

주) 1. 거래규모는 기간 중 모든 거래의 합계 금액을 의미함
2. 기타는 주식선도, 주식옵션, 이자율선도, 이자율옵션, 통화옵션, 신용파생상품 등을 포함함

지난해 국내 금융회사의 장외파생상품 거래규모가 1경8,146조원으로 사상 최대치를 기록한 것으로 나타났다. 거래잔액(1경1,305조원)도 1경원을 넘어섰다. 이자율스왑과 통화선도를 중심으로 거래금액과 거래잔액이 증가한 영향이다.

금융감독원이 25일 발표한 '2021년 금융회사 장외파생상품 거래현황'에 따르면 지난해 장외파생상품 거래규모는 1경8,146조원으로 전년 대비 6.6% 증가했다. 2019년 1경7,945조원에서 2020년 1경7,019조원으로 감소했다가 지난해 반등했다.

금감원은 "글로벌 경기회복으로 대외무역 규모가 증가하고 대내·외 금리 상승기조에 따라 금리 변동성이 높아지면서 기업과 금융회사의 통화·금리 관련 헤지수요가 증가했다"고 설명했다.

작년 거래규모를 상품별로 보면 통화 관련 거래(75.9%) 비중이 가장 컸고 이자율 관련(22.7%), 주식 관련(1.1%), 신용 관련(0.1%) 순으로 나타났다.

통화 장외파생상품 거래규모는 1경3,776조원으로 전년보다 4% 증가했다. 환리스크를 줄이기 위해 미리 정한 가격으로 미래에 특정 통화를 매매하기로 한 계약인 통화선도가 391조원 늘었다.

금리 변동 위험에 대응하는 이자율 장외파생상품 거래 규모(4,117조원)도 전년보다 16.7% 늘었다. 기준금리 상승(0.50% → 0.75% → 1.00%)에 따라 높아진 금리 변동성을 헤지하기 위한 수요가 증가한 영향이다.

이자율스왑 거래규모가 1년 전보다 574조원 증가했다. 이자율스왑은 이자율

장외파생상품 거래잔액 (단위: 조원, %)

구 분		'19년말	'20년말	'21년말	전년말 대비 증감(비율)
거래규모[1]		10,435	9,935	11,305	+1,370 (+13.8)
	주식스왑	65	51	57	+6 (+10.9)
	이자율스왑	6,303	6,265	6,832	+567 (+9.0)
	통화선도	2,565	2,132	2,650	+518 (+24.3)
	통화스왑	1,201	1,219	1,471	+252 (+20.7)
	기타[2]	300	268	296	△28 (△10.4)

주 1. 거래잔액은 기간물 기준 미청산 금액을 의미함
2. 기타는 주식선도, 주식옵션, 이자율선도, 이자율옵션, 통화옵션, 신용파생상품 등을 포함함

위험 헤지를 위해 주기적으로 명목 원금에 대한 이자(주로 변동금리와 고정금리)를 교환하는 거래다. 주식 장외파생상품의 경우 194조원으로 전년보다 0.6% 증가했다.

작년 글로벌 주요 주가지수 회복과 함께 주가연계증권(ELS) 발행금액이 증가해 ELS 헤지 목적으로 주식스왑 거래가 소폭 증가한 영향이다. ELS 발행액은 42.4조원에서 49.2조원으로 1년새 6.8조원 늘었다. 신용 장외파생상품 거래규모는 18조원으로 전년 대비 18.2% 감소했다.

작년 말 기준 국내 금융사의 장외파생상품 거래잔액은 1경1,305조원으로 1년새 13.8% 증가했다. 2019년말 1경435조원에서 2020년말 9,935조원으로 줄었다가 지난해 다시 늘어났다.

상품별로는 이자율 관련 거래(61.8%)가 가장 큰 비중을 차지했고 그다음은 통화 관련(36.7%), 신용 관련(0.6%), 주식 관련(0.6%) 순이다.

지난해 거래규모를 금융권역별로 살펴보면 은행이 1경4,323조원으로 전체의 78.9%를 차지했다. 이어 증권(2,780조원, 15.3%), 신탁(875조원, 4.8%) 등이다.

장외파생상품 거래의 60% 이상은 국내회사와 외국회사간 거래였다. 외국 금융회사와의 거래는 이자율, 주식 및 통화 장외파생상품 거래에서 각각 55.6%, 47.8%, 36.1%로 가장 높은 비중을 차지했다.

은행과 증권사의 거래상대방을 보면 외국은행 · 투자은행(IB) · 자산운용사 등 외국 금융회사가 41.0%(거래액 기준)를 차지했다. 외은지점과 국내은행은 각각 22.4%, 16.1%였다.

작년 국내 금융회사의 장외파생상품 중개 · 주선 거래규모는 287.6조원으로 전년 대비 24.3% 증가했다. 통화 관련 상품 중개 · 주선은 2배 증가한 반면 주식 관련 실적은 전년 대비 15% 감소했다.

금감원은 개시증거금 교환 제도가 오는 9월부터 본격적으로 시행되는 만큼 금융회사의 제도 이행 준비상황을 모니터링하고 준비 과정을 적극적으로 지원한다는 방침이다.

금감원은 2017년부터 행정지도를 통해 중앙청산소(CCP)에서 청산하지 않는 장외파생상품거래에 대해 증거금을 교환하도록 하고 있다. 현재 거래잔액 70조원 이상 기관에 적용되던 개시증거금 교환 제도가 9월부터는 10조원 이상 기관에 대해서도 시행된다.

〈조세일보, 2022. 5. 22 수정〉

주 · 요 · 용 · 어

key words

- 스왑(swap)

  미래 현금흐름을 교환하기로 두 당사자간 약정을 맺는 것으로서 선도계약 또는 선물계약과 유사하다.

- 선도금리계약(forward rate agreement : FRA)

  일종의 선도계약으로서 미래 특정일에 명목원금에 대한 고정금리와 변동금리를 교환하는 계약을 말하며, FRA를 매입(매도)하면 미래 특정 시점에서 고정금리를 지급(수취)하는 동시에 변동금리를 수취(지급)하게 된다.

- 금리스왑(interest rate swap)

  두 당사자 사이에 일정기간 동안 서로 금리를 교환하는 거래로서 기본적인 형태는 고정금리와 변동금리를 상호교환하는 것이다.

- 스왑금리(swap rate)

  금리스왑의 계약 시 변동금리와 교환되는 고정금리를 의미한다.

- 통화스왑(currency swap)

  서로 다른 통화로 차입한 두 기업이 이자 및 원금을 서로 교환하는 거래로서 기본적인 형태는 한 나라 통화기준의 차입원금 및 고정금리와 다른 나라 통화기준의 거의 동등한 차입원금과 고정금리를 서로 교환하는 것이다.

Exercise

연습문제

■ 완성/선택형 문제

1 ( )은 미래 현금흐름을 교환하기로 두 당사자간 약정을 맺는 것으로서 선도계약 또는 선물계약과 유사하다.

2 ( )은 일종의 선도계약으로서 미래 특정일에 명목원금에 대한 고정금리와 변동금리를 교환하는 계약을 말한다.

3 ( )은 금융시장에서 차입자의 기존 부채 또는 신규 부채에 대한 금리변동위험의 헤지 또는 차입비용의 절감을 위해서 두 차입자가 각자의 차입조건을 상호간에 교환하는 계약이다.

4 금리스왑의 계약 시 변동금리와 교환되는 고정금리를 ( )라고 한다.

5 ( )은 서로 다른 통화로 차입한 두 기업이 이자 및 원금을 서로 교환하는 거래이다.

6 다음 중 이자율변동 시 고정금리를 지급하는 금리스왑과 유사한 위험을 지니는 포지션은?

① 선도금리계약(FRA) 매도　② FRA 매입
③ 고정금리부 채권 매입　④ 금리선물 매입
⑤ 변동금리부 자금 차입

Exercise

7 기업 A는 자금조달을 위해 표면이자율 LIBOR+1.0%의 채권을 발행하였다. 이자율 상승에 따른 위험을 제거하고자 고정금리를 지급하는 금리스왑을 실시하려 한다. 스왑금리가 3.52-3.46%로 고시되고 있다면 금리스왑 실시 후 기업 A가 최종적으로 부담하는 순차입비용(금리)은 얼마가 되겠는가?

① 2.46% ② 2.52% ③ 3.49%
④ 4.46% ⑤ 4.52%

8 스왑에 대한 다음 설명 중 가장 잘못된 것은? (CPA 1차 2003)

① 스왑은 두 거래당사자간 미래 현금흐름을 교환하는 계약으로 일련의 선도거래 또는 선물계약을 한 번에 체결하는 것과 유사한 효과를 갖는다.
② 스왑은 표준화된 상품인 선물, 옵션과 같이 거래소에서 거래되지 않고, 스왑딜러 및 브로커의 도움을 얻어 주로 장외에서 거래가 이루어진다.
③ 금리스왑은 미래 일정기간 동안 거래당사자간 명목원금에 대한 변동금리 이자와 고정금리 이자 금액만을 교환하는 거래로서 원금 교환은 이루어지지 않는다.
④ 통화스왑은 미래 일정기간 동안 거래당사자간 서로 다른 통화표시 채무 원금에 대한 이자 금액만을 교환하는 거래로서 원금 교환은 이루어지지 않는다.
⑤ 스왑은 두 거래당사자간 필요에 따라 다양하게 설계될 수 있는 장점이 있어 금리 또는 환위험관리를 위해 적절하게 사용될 수 있다.

9 현재 A사와 B사는 자금을 차입하려고 하는데, 자금시장에서 요구되는 금리가 다음과 같다고 가정한다.

	고정금리	변동금리
A사	6.5%	Libor + 1.0%
B사	7.5%	Libor + 1.4%

A사는 변동금리 차입을 원하고 B사는 고정금리 차입을 원하고 있다. 이와 같은 경우 각각 비교우위가 있는 방식으로 자금을 조달한 후 금리스왑을 한다면 두 회사가 절약하게 될 금리는 총 얼마가 되는가? (단, 거래비용은 존재하지 않는다.)

Exercise

① 0.2%포인트 ② 0.4%포인트 ③ 0.6%포인트
④ 0.8%포인트 ⑤ 1.0%포인트

10 오랜 거래관계를 유지해 온 한국의 기업 K와 중국의 기업 C는 각각 상대국에서 신규 사업을 위해 중국 금융시장에서 위안화로, 한국 금융시장에서 원화로 1년 만기 동일규모의 자금을 차입하고자 한다. 원화/위안화 환율은 고정환율로서 변동되지 않는다고 가정한다. 기업 K와 기업 C가 각국 금융시장에서 차입할 때의 시장이자율은 다음 표에서 요약된 바와 같다.

	한국 금융시장에서 원화 차입	중국 금융시장에서 위안화 차입
기업 C	6.60%	4.20%
기업 K	5.60%	3.83%

통화스왑 계약에서 거래비용은 존재하지 않으며 금융기관의 중개를 통하지 않고 기업 K와 기업 C의 양자계약(bilateral contract)의 형태를 갖는다고 가정한다. 기업 K와 기업 C가 1년 만기 통화스왑을 고려할 때 다음 중 옳지 않은 항목만으로 구성된 것은? (CPA 1차 2010 수정)

a. 기업 K는 기업 C에 비하여 원화 및 위안화 차입에서 모두 낮은 이자율을 지급하므로 통화스왑을 맺을 경제적 유인을 갖지 않는다.
b. 기업 K는 원화 차입, 기업 C는 위안화 차입 후에 통화스왑을 통해 부채비용을 절감할 수 있다.
c. 기업 K와 기업 C가 통화스왑을 통해 절감할 수 있는 부채비용의 최대 폭은 63베이시스포인트(basis point : bp)이며, 통화스왑 당사자들은 이를 균등하게 분할해야 한다. (단, 1bp = 0.01%)
d. 통화스왑의 경우 이자율스왑과는 상이하게 차입원금이 교환되며 계약상 약정된 환율에 의하여 상환되는 것이 일반적이다.
e. 본 통화스왑에서 신용위험은 존재하지 않으며, 이자율 및 환율의 변동에 따라서 스왑이자율의 조정 및 계약의 갱신 여부 등이 결정될 수 있다.

① a, c, e ② a, d, e ③ b, c, d
④ b, d, e ⑤ c, d, e

Exercise

■ 서술/계산형 문제

1 금리스왑에 대해서 설명하라.

2 통화스왑에 대해서 설명하라.

3 금리스왑의 과정 (CPA 1차 2006 수정)

기업 A, B는 국제금융시장에서 각각 다음과 같은 조건으로 자금을 차입할 수 있다. 은행이 기업 A와 B 사이에서 스왑을 중개하고자 한다. 은행이 기업 A에게 변동금리를 지급하고 고정금리를 수취하는 스왑계약을 체결하며, 기업 B와는 그 반대의 스왑계약을 체결한다. 본 스왑으로 인한 은행의 총마진은 0.2%이며, 스왑이득은 두 기업에게 동일하다. 만약 은행이 기업 A에게 LIBOR+1%를 지급한다면 기업 A는 은행에게 얼마의 고정금리를 지급해야 하는가?

	유로본드 시장	유로달러 시장
기업 A	8%	LIBOR + 1%
기업 B	9%	LIBOR + 3%

4 금리스왑의 과정 (CPA 2차 2009 수정)

건설업종의 중견기업 ㈜다비드는 100억원 규모의 3년 만기 부채조달을 고려하고 있다. 채권시장에서 다비드기업의 부채조달조건은 고정금리 10% 혹은 LIBOR+2.3%이다. 유통업종의 대기업 ㈜골리앗도 3년 만기로 100억원의 부채조달을 고려하고 있는데, 조달조건은 고정금리 8% 혹은 LIBOR+1.5%로 알려져 있다. 금액은 억원 단위로 표기하고, 반올림하여 소수점 넷째 자리까지 계산하라.

(1) 우연한 기회에 두 회사의 자금담당임원들이 만나 부채조달에 대한 의견을 나누던 중 서로의 조달조건을 확인하고 금리스왑계약을 체결하기로 하였다. 다만, 골리앗기업은 자신의 유리한 조달조건 등을 내세워 스왑계약으로 인한 이익의 6할을 차지하고 나머지는 다비드기업 몫으로 하되, 동 스왑의 변동금리는 LIBOR금리로 하자고 제안하였다. 다비드기업이 제안을 받아들여 스왑계약이 체결될 경우, 해당 계약으로 인한 현금흐름을 그림으로 나타내라.

Exercise

(2) 스왑계약으로 인한 이익조정문제로 두 기업의 계약체결이 지연되자, 두 기업과 동시에 거래하고 있던 방코은행이 거래중재에 나섰다. 은행은 20bp의 이익을 얻고 나머지 이익은 두 기업에게 균등하게 배분되도록 하되, 변동금리는 모두 LIBOR금리로 하자고 제안하였다. 은행중개를 통한 스왑계약이 체결될 경우, 해당 계약을 통해 은행이 두 기업에게 지급하고 지급받는 고정금리를 각각 구하라.

제 II 편

옵션

제 7 장

옵션의 기초개념

옵션(option)은 그 소유자에게 지정된 시기 또는 그 시기 이내에 정해진 가격으로 특정 자산을 사거나 팔 수 있는 권리를 주는 특별한 계약이다. 옵션의 가장 일반적인 형태로 주식에 대하여 사거나 팔 수 있는 권리가 주어진 주식옵션(stockoption)을 들 수 있다. 주식옵션은 주식을 기초자산으로 하여 만들어진 새로운 유가증권으로서 가장 대표적인 파생증권(derivative securities)의 하나이다.

옵션에 대한 거래는 1973년 미국의 조직화된 거래소인 시카고옵션거래소(ChicagoBoard Options Exchange : CBOE)에서 주식옵션에 대한 거래가 이루어진 이후 급성장하고 있다. 한편 우리나라에서는 현재 한국거래소(Korea Exchange : KRX)의 파생상품시장에서 코스피(KOSPI)200옵션, 미니코스피200옵션, 개별주식옵션, 미국달러옵션 등이 거래되고 있다.

본장에서는 먼저 기초적 개념으로서 옵션의 의의와 유형에 대해서 살펴보고자 한다.

1 옵션의 의의

옵션은 특정 자산(주로 주식)을 지정된 날짜 또는 그 이전에 미리 약정된 가격으로 사거나 팔 수 있는 권리를 그 소유자에게 부여하는 계약을 의미한다.[1] 옵션은 반드시 이행할 의무는 없으며 유리할 경우에만 그 권리를 행사할 수 있는 독특한 형태의 재무적 계약이다.

옵션거래에서 옵션을 매입한 사람을 매입자 또는 소유자(buyer, owner, holder)라 하며, 그 거래상대방인 옵션을 매도한 사람을 매도자 또는 발행자(seller, writer)라 한다. 옵션거래는 기초자산인 주식의 발행자(해당기업)와 관계없이 옵션거래소(한국거래소의 파생상품시장)를 통해 옵션의 매입자와 매도자 간에 이루어지는 특별한 계약이다. 옵션의 매입자는 향후 옵션을 행사할 권리를 가지는 대가로서 일정한 금액(옵션가격 또는 옵션프리미엄)을 옵션의 매도자에게 지불하게 된다. 이와 달리 옵션을 매도한 사람은 일정한 금액을 받게 되나, 향후 옵션의 매입자가 옵션을 행사할 때 반드시 이를 이행하여야 할 의무를 지게 된다. 이와 같은 관계는 [그림 7-1]에 나타나 있다.[2]

특정 자산(주로 주식)을 미리 약정된 가격으로 살 수 있는 권리는 콜옵션이며, 팔 수 있는 권리는 풋옵션이다.

---

1 옵션은 주식을 대상으로 하는 주식옵션이 가장 보편적이지만, 주가지수에 대한 옵션(주가지수옵션), 외환에 대한 옵션(통화옵션), 채권에 대한 옵션(금리옵션), 선물계약에 대한 옵션(선물옵션) 등 특수한 형태의 옵션도 존재한다.

2 옵션의 매입자와 매도자간의 손익관계는 매입자(매도자)가 얻게 되는 이익만큼 매도자(매입자)에게 손실이 발생하는 제로섬게임(zero-sum game)의 관계라 할 수 있다.

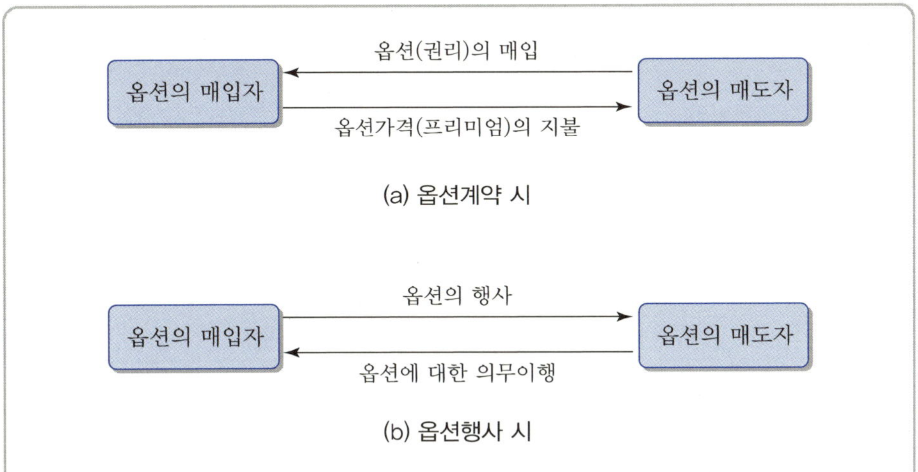

그림 7-1 옵션의 매입자와 매도자간의 권리-의무관계

알아두기

옵션 관련 용어

- 옵션의 행사(exercising the option) : 옵션의 행사는 옵션계약을 통해 기초자산을 사거나 파는 행위를 의미한다.
- 기초자산(underlying asset) : 기초자산이란 옵션계약의 대상이 되는 자산으로서, 주식옵션일 경우 기초자산은 주식이 된다.
- 행사가격(striking or exercise price) : 행사가격이란 옵션계약 시 약정된 기초자산의 매입 또는 매도가격을 의미한다.
- 만기일(expiration date) : 옵션의 만기일은 옵션을 행사하여야 하는 최종일로서, 만기일이 지나면 그 옵션은 사라지게 된다.
- 미국형 옵션(American option)과 유럽형 옵션(European option) : 미국형 옵션은 만기일 이내 언제든지 행사가 가능하나, 유럽형 옵션은 만기일에만 행사할 수 있다.
- 콜옵션(call option)과 풋옵션(put option) : 콜옵션은 기초자산을 살 수 있는 권리가 부여된 옵션이고, 풋옵션은 기초자산을 팔 수 있는 권리가 부여된 옵션이다.

표 7-1 선물거래와 옵션거래의 비교

구 분	선물거래	옵션거래
거래 대상	기초자산 그 자체에 대한 매매계약	기초자산의 매수 또는 매도에 대한 권리
거래 대가	없음(선물의 가치=0)	옵션가격(프리미엄)
포지션 청산	반대매매 또는 실물인수도	반대매매 또는 옵션행사
권리와 의무	매수자와 매도자 모두 선물계약이행에 대한 권리·의무를 가짐	옵션행사에 대하여 매수자는 권리, 매도자는 의무를 가짐
증 거 금	매수자와 매도자 모두 납입	매도자만 납입

앞에서 설명한 선물거래는 계약쌍방이 그 계약을 이행하여야 할 의무가 있다는 점에서 권리를 나타내고 있는 옵션과 근본적으로 다르다. 옵션의 소유자(매입자)는 옵션의 행사가 자신에게 불리한 경우 그 옵션의 행사를 포기할 수 있지만, 선물계약은 계약당사자가 임의적으로 그 계약을 파기할 수 없다. 이와 같은 선물거래와 옵션거래의 차이점을 요약하면 〈표 7-1〉과 같다.

알아두기

옵션의 역사

옵션의 역사를 고대 그리스 시절 기하학의 아버지로 불리는 탈레스(Thales)로부터 찾는 사람들도 있다. 당시에는 올리브유를 얻기 위해서 돈을 주고 압착기를 빌려야 했는데, 탈레스는 파종기에 미리 돈을 주고 수확기에 일정한 임대료로 압착기를 빌릴 수 있는 권리를 사두었다. 올리브 풍작으로 압착기를 필요로 하는 사람이 많아지면 임대료가 상승할 것으로 판단했던 것이다.

한편 성경에서 옵션의 기원을 찾는 사람들도 있다. 구약성경에는 야곱이 라반의 두 딸 중 동생 라헬과 결혼하기 위해 라반의 농장에서 7년간 일하겠다는 조건을 수락했다는 기록이 남아 있는데, 이것이 옵션의 시작이라는 것이다. 이를테면 야곱은 라헬과의 결혼을 위해 7년간 일하겠다는 프리미엄을 지불하면서 라헬과 결혼할 수 있는 권리인 콜을 취득했다는 것이다. 한편 7년의 기한이 되었을 때 야곱은 라반과의 약속을 어기고 언니인 레아와 결혼하게 되었는데, 이 역시 옵션의 '불확정 계약'에 대한 사례로 들 수 있다.

진정한 의미에서 옵션거래가 처음으로 크게 유행한 것은 17세기 네덜란드에서

찾아 볼 수 있다. 당시 네덜란드에서는 튤립뿌리의 투기가 성행하면서 부자는 물론 가난한 사람들까지 튤립 재배 및 매매에 참가했다. 하지만 작황에 따라 가격 변동폭이 심한 것이 문제였다. 이에 튤립시장에서 튤립을 기초자산으로 하는 옵션이 처음으로 거래되기 시작한 것이다. 결국 옵션은 헤지의 수단으로 이용되었는데, 딜러들은 튤립의 가격상승에 대비하여 필요한 양의 콜옵션을 매수했고, 튤립 재배자들은 안정적으로 튤립을 판매하기 위해 일정한 가격의 풋옵션을 매수했다. 그러나 갑자기 튤립의 가격이 폭락하면서 풋옵션 발행자들이 계약을 이행하지 못하게 되었고 혼란 상황에 빠지기도 했다. 그 결과 네덜란드 경제는 공황으로까지 치닫게 되었다. 이는 유럽전역에 옵션에 대한 나쁜 인상을 남기게 된 사례가 되었다.

〈알기 쉬운 증권 · 파생상품시장 지표 해설(한국거래소, 2010)〉

2 만기일에서의 옵션가치

2.1 콜 옵 션

콜옵션은 그 소유자에게 기초자산(주식 등)을 지정된 날짜 또는 그 이전에 미리 약정된 가격으로 살 수 있는 권리를 부여한다. 예를 들어 어떤 사람이 옵션거래소를 통해 3개월 후 또는 그 이전에 A기업 주식 1주를 30,000원에 살 수 있는 콜옵션을 매입하였다고 생각해 보자. 이 경우 콜옵션의 기초자산은 'A주식 1주', 만기일은 '3개월 후', 행사가격은 '30,000원'으로서, 이는 A기업과 전혀 관계없이 옵션거래소를 통해 개개인들간, 즉 콜옵션의 매입자와 매도자 사이에 이루어진 계약이다.

만기일에서의 옵션의 가치는 기초자산인 보통주의 만기일 가치에 의해 결정된다. 만기일(T)에 보통주의 가치(S_T)가 행사가격(X)보다 크다면, 콜옵션의 소유자가 보통주의 가격보다 낮은 행사가격으로 주식을 구입할 수 있기 때문에 콜옵션의 가치는 그 차이인 (S_T-X)가 된다. 예를 들어 만기일에 행사가격이 30,000원이며 기초자산인 보통주의 가격이 35,000원인 콜옵션이 있다면, 그 소유자는 콜옵션을 행사하여(콜옵션의 매도자에게 30,000원을 지불하여) 35,000원의 가치를 가진 보통주를 취득할 것이다. 따라서 만기일에서의 콜옵션의 가치는 그 차액인 5,000원(35,000원－30,000원)이 된다.

그러나 만기일(T)에 보통주의 가치(S_T)가 행사가격(X)보다 작다면, 콜옵션의 소유자는 보통주의 가격보다 높은 행사가격을 가진 콜옵션을 행사하여 주식을 구입하기보다는 직접 주식시장에서 그 주식을 구입하는 것이 더 유리하기 때문에 콜옵션을 행사하지 않을 것이다. 따라서 그 옵션의 가치는 0이 된다. 예를 들어 만기일에 행사가격이 30,000원이며 기초자산인 보통주의 가격이 25,000원인 콜옵션이 있다면, 그 소유자는 콜옵션을 행사하여(콜옵션의 매도자에게 30,000원을 지불하여) 25,000원의 가치를 가진 보통주를 취득하지는 않을 것이다. 콜옵션의 소유자는 그 권리를 포기하게 되므로 그 콜옵션의 가치는 0이 된다.

따라서 만기일에서의 보통주의 가치에 따라 콜옵션의 가치는 다음과 같다.

$$C_T \begin{cases} S_T - X, & \text{만약 } S_T > X \text{ 라면} \\ 0, & \text{만약 } S_T \leq X \text{ 라면} \end{cases} \quad (7\text{-}1)$$

여기서 C_T: 만기일(T)에서의 콜옵션의 가치

앞의 식 (7-1)을 수학적 기호를 사용하여 하나의 식으로 나타내면 다음과 같다.[3]

---

3 Max[S_T-X, 0]는 수학적 기호로서 괄호 안의 두 값 중 큰 것을 취한다는 것을 의미한다.

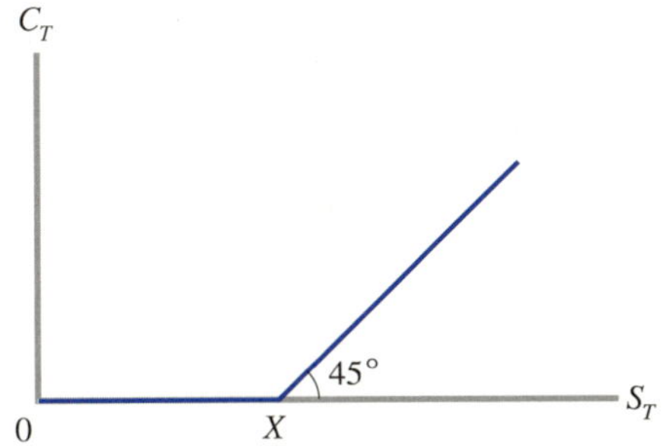

그림 7-2 콜옵션의 만기일 가치

$$C_T = \text{Max}[S_T - X,\ 0] \tag{7-2}$$

이상에서 살펴본 만기일에서의 콜옵션의 가치를 그림으로 나타내면 [그림 7-2]와 같다. [그림 7-2]에서 볼 수 있는 바와 같이 콜옵션의 가치는 결코 0보다 작을 수 없다는 점을 유의하여야 한다. 이는 콜옵션이 유한책임증권(limited-liability instrument)임을 나타내는 것으로, 옵션매입자의 손실은 콜옵션의 매입가격에 한정된다. 옵션의 매입자(소유자)는 옵션의 행사가 자신에게 불리할 경우 그 권리를 포기하면 된다.

2.2 풋 옵 션

풋옵션은 콜옵션과 상반되는 것으로서, 그 소유자에게 기초자산(주식 등)을 지정된 날짜 또는 그 이전에 미리 약정된 가격으로 팔 수 있는 권리를 부여한다. 예를 들어 어떤 사람이 옵션거래소를 통해 3개월 후 또는 그 이전에 A기업 주식 1주를 30,000원에 팔 수 있는 풋옵션을 매입하였다고 생각해 보자. 이 경우 풋옵션의 기초자산은 'A주식 1주', 만기일은 '3개월 후', 행사가

$S_T > X$인 경우 $(S_T - X) > 0$이므로 $(S_T - X)$가 되며, 반대로 $S_T \leq X$인 경우 $(S_T - X) \leq 0$이므로 0이 된다.

격은 '30,000원'으로서, 이는 A기업과 전혀 관계없이 옵션거래소를 통해 개개인들간, 즉 풋옵션의 매입자와 매도자 사이에 이루어진 계약이다.

만기일에서의 풋옵션의 가치를 결정하는 상황은 콜옵션의 경우와 상반된다. 만기일에 보통주의 가치(S_T)가 행사가격(X)보다 작다면, 풋옵션의 소유자가 보통주의 가격보다 높은 행사가격으로 풋옵션의 발행자(또는 매도자)에게 주식을 매도할 수 있기 때문에 풋옵션의 가치는 그 차이인 $(X-S_T)$가 된다. 예를 들어 만기일에 행사가격이 30,000원이며 기초자산인 보통주의 가격이 25,000원인 풋옵션이 있다면, 그 소유자는 풋옵션을 행사하여(풋옵션의 매도자로부터 30,000원을 받고서) 25,000원의 가치를 가진 보통주를 매도할 수 있다. 따라서 만기일에서 풋옵션의 가치는 그 차액인 5,000원(30,000원−25,000원)이 된다. 그러나 만기일(T)에 보통주의 가치(S_T)가 행사가격(X)보다 크다면, 풋옵션의 소유자는 보통주의 가격보다 낮은 행사가격을 가진 풋옵션을 행사하여 주식을 매도하기보다는 직접 주식시장에서 그 주식을 매도하는 것이 더 유리하기 때문에 풋옵션을 행사하지 않을 것이다. 따라서 그 옵션의 가치는 0이 된다. 예를 들어 만기일에 행사가격이 30,000원이며 기초자산인 보통주의 가격이 35,000원인 풋옵션이 있다면, 그 소유자는 풋옵션을 행사하여(풋옵션의 매도자로부터 30,000원을 받고서) 35,000원의 가치를 가진 보통주를 매도하지는 않을 것이다. 풋옵션의 소유자는 그 권리를 포기하게 되므로 그 풋옵션의 가치는 0이 된다.[4]

따라서 만기일에서의 보통주의 가치에 따라 풋옵션의 가치를 다음과 같이 나타낼 수 있다.

$$P_T = \begin{cases} X-S_T, & \text{만약 } S_T < X \text{ 라면} \\ 0, & \text{만약 } S_T \geq X \text{ 라면} \end{cases} \qquad (7\text{-}3)$$

여기서 P_T: 만기일(T)에서의 풋옵션의 가치

4 콜옵션과 마찬가지로 풋옵션의 가치도 역시 0보다 작을 수 없다. 즉 풋옵션도 유한책임증권이다.

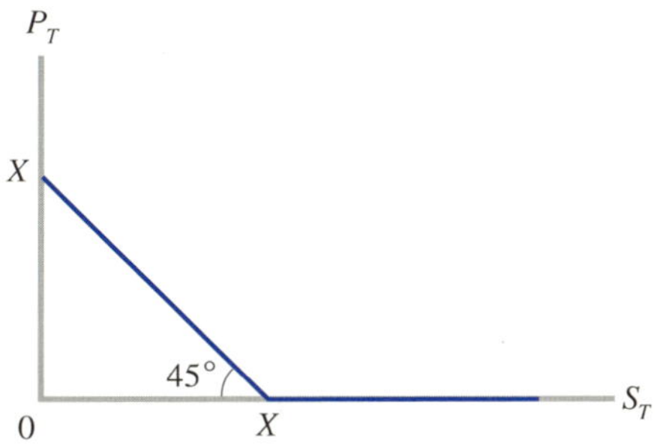

그림 7-3 풋옵션의 만기일 가치

식 (7-3)을 앞의 식 (7-2)와 같이 수학적 기호를 사용하여 하나의 식으로 나타내면 다음과 같다.

$$P_T = \text{Max}[X - S_T,\ 0] \tag{7-4}$$

이상에서 살펴본 만기일에서의 풋옵션의 가치를 그림으로 나타내면 [그림 7-3]과 같다. [그림 7-3]을 앞의 [그림 7-2]와 비교해 보면, 콜옵션은 주가가 행사가격보다 높을 때 가치가 있으나 풋옵션은 주가가 행사가격보다 낮을 때 가치가 있음을 알 수 있다. 그러므로 콜옵션은 향후 주가가 행사가격보다 높을 가능성이 있을 때 매입하는 반면, 풋옵션은 주가가 행사가격보다 낮을 가능성이 있을 때 매입하게 된다.

2.3 옵션의 매도

콜옵션을 매도한 사람은 콜옵션 소유자가 그 옵션을 행사할 때 옵션계약상의 기초자산인 주식을 행사가격으로 인도할 의무를 져야 한다. 만기에 보통주의 가격(S_T)이 행사가격(X)보다 낮으면 콜옵션은 행사되지 않을 것이며, 매도자의 의무는 없어진다. 그러나 만기에 보통주의 가격(S_T)이 행사가격

표 7-2 콜옵션과 풋옵션 매도자의 만기일 성과

구 분	만기일 성과	
	$S_T < X$	$S_T \geq X$
콜옵션의 매도자	0	$-(S_T - X)$
풋옵션의 매도자	$-(X - S_T)$	0

(X)보다 높으면 콜옵션은 행사될 것이며, 이 경우 매도자는 매입자가 얻게 되는 이익인 $(S_T - X)$만큼의 손실을 입게 된다.

반면 풋옵션을 매도한 사람은 풋옵션 소유자가 그 옵션을 행사할 때 옵션계약상의 기초자산인 주식을 행사가격으로 인수할 의무를 져야 한다. 만기에 보통주의 가격(S_T)이 행사가격(X)보다 높으면 풋옵션은 행사되지 않을 것이며, 매도자의 의무는 없어진다. 그러나 만기에 보통주의 가격(S_T)이 행사가격(X)보다 낮으면 풋옵션은 행사될 것이며, 이 경우 매도자는 매입자가 얻게 되는 이익인 $(X - S_T)$만큼의 손실을 입게 된다.

이상에서 설명한 콜옵션과 풋옵션 매도자의 만기일에서의 성과를 요약하면 〈표 7-2〉와 같다.[5]

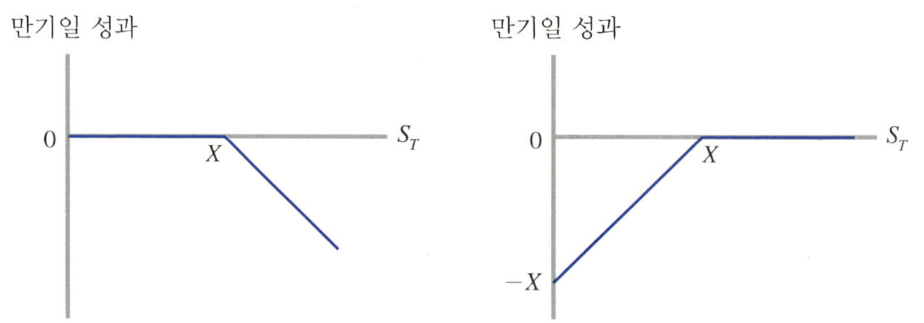

(a) 콜옵션 매도자의 만기일 성과 (b) 풋옵션 매도자의 만기일 성과

그림 7-4 콜옵션과 풋옵션 매도자의 만기일 성과

5 옵션의 매도자는 옵션소유자가 옵션을 행사할 때 그 상대방으로서 의무를 이행해야 할 책임을 져야 한다. 따라서 옵션매도자의 만기일에서의 성과는 항상 0보다 작은 값을 가지게 된다.

그리고 콜옵션과 풋옵션 매도자의 만기일에서의 성과를 그림으로 나타내면 [그림 7-4]와 같다.

3 한국거래소 옵션시장

우리나라는 1997년 7월 7일 코스피200지수를 기초자산으로 하는 주가지수옵션 거래가 처음으로 이루어졌다. 그 이후 꾸준한 증가세를 보이던 옵션시장이 2001년에는 급격히 성장하였고, 2002년 1월 28일에는 기초자산이 해당종목의 주식인 개별주식옵션시장이 개설되면서 본격적인 옵션시장이 열리게 되었다. 현재 한국거래소(KRX)의 파생상품시장에서는 코스피200옵션, 미니코스피200옵션, 개별주식옵션, 미국달러옵션 등이 거래되고 있다.[6]

3.1 한국거래소 옵션의 주요 명세

기초자산

코스피200옵션, 미니코스피200옵션 등 주가지수옵션은 실물이 없는 추상적인 코스피200지수(한국거래소의 유가증권시장에 상장된 주권 200종목의 시가총액기준으로 산출된 지수, 산출기준시점 1990. 1. 3)를 기초자산으로 만들어진 것이다. 개별주식옵션의 기초자산은 주식시장에 상장되어 있고 유통주식수가 200만주 이상, 소액주주수가 2,000명 이상, 1년간 총거래대금이 5,000억원 이상인 보통주식 중에서 시가총액과 재무상태 등을 감안하여 선정된다. 통화옵션인 미국달러옵션은 미국달러(USD)를 기초자산으로 한다.

6 개별주식옵션과 유사한 주식워런트(equity linked warrant : ELW)는 만기에 정해진 가격으로 주식을 사거나(call) 팔(put) 수 있는 권리로서 금융기관에 의해 발행된다. 그러나 한국거래소에 의해 결제가 보증되는 옵션과 달리 발행자(금융기관)에 따라 결제위험이 존재할 수 있다.

거래수량단위, 계약금액 및 거래승수

옵션상품의 거래수량단위는 1계약이다. 옵션 1계약의 금액은 옵션의 가격(프리미엄)에 거래승수를 곱하여 산출한다. 코스피200옵션의 거래승수는 25만원이고, 미니코스피200옵션의 거래승수는 5만원, 개별주식옵션의 거래승수는 10주, 미국달러옵션의 거래승수는 1만이다.[7]

결 제 월

코스피200옵션의 경우 결제월은 매월이며, 상장 결제월은 비분기월 4개와 분기월 7개(3, 9월 : 각 1개, 6월 : 2개, 12월 : 3개)이다. 예를 들어 20×1년 3월 2일 기준의 코스피200옵션은 비분기월 4개(20×1년 4월, 5월, 7월, 8월) 및 분기월 7개(20×1년 3월, 6월, 9월, 12월, 20×2년 6월, 12월, 20×3년 12월)의 결제월 상품이 상장된다. 그리고 미니코스피200옵션의 결제월은 매월이며, 연속 6개월(분기월 2개, 비분기월 4개) 결제월이 상장된다. 한편 개별주식옵션의 결제월은 비분기월 중 2개, 분기월 중 4개이며, 1년 이내의 6개 결제월이 상장된다. 미국달러옵션(통화옵션)의 결제월은 분기월 2개와 그 밖의 월 중 2개이며, 6개월 이내의 4개 결제월이 상장된다.

행사가격

코스피200옵션 거래의 행사가격은 각 결제월의 거래개시일에 비분기월, 3월 및 9월 종목의 경우 5포인트 간격으로 49개, 6월 및 12월 종목의 경우 10포인트 간격으로 25개를 설정하고 그 이후 결제월에 따라 일정간격(2.5포인트, 5포인트, 10포인트)으로 설정되지 않은 행사가격을 추가 설정한다.[8] 미니

7 미니코스피200옵션은 기존 코스피200옵션과 동일하게 한국의 대표 주가지수인 코스피200지수를 기초자산으로 하는 상품이지만, 1계약금액을 1/5(거래승수 25만원→5만원)로 축소함으로써 소액투자가 가능하여 다양한 거래기회를 이용할 수 있다.

8 기초자산가격과 행사가격이 동일한 등가격(at the money : ATM) 옵션 1개를 중심으로, 옵션을 즉시 행사할 때 양(+)의 현금흐름이 발생하는 내가격(in the money : ITM) 옵션과 음(−)의 현금흐름이 발생하는 외가격(out of the money : OTM) 옵션의 개수가 동일해지도록 행사가격이 설정된다.

코스피200옵션 거래의 행사가격은 각 결제월의 거래개시일에 5포인트 간격으로 33개를 설정하고 그 이후 결제월에 따라 일정간격(2.5포인트, 5포인트)으로 설정되지 않은 행사가격을 추가 설정한다. 개별주식옵션 거래의 행사가격은 각 결제월의 거래개시일에 9개를 설정하며, 행사가격의 간격은 권리행사가격의 수준 및 잔존만기에 따라 달리 적용한다. 미국달러옵션 거래의 행사가격은 각 결제월의 거래개시일에 10원 간격으로 7개를 설정한다.

호가가격단위

코스피200옵션 거래의 호가가격단위는 옵션가격(프리미엄)이 10포인트 미만인 경우에는 0.01포인트, 10포인트 이상인 경우에는 0.05포인트로 한다. 미니코스피200옵션 거래의 호가가격단위는 옵션가격(프리미엄)이 3포인트 미만인 경우에는 0.01포인트, 3포인트 이상에서 10포인트 미만인 경우 0.02포인트, 10포인트 이상인 경우에는 0.05포인트로 한다. 개별주식옵션 거래의 호가가격단위는 옵션가격이 1천원 미만인 경우에는 10원, 1천원 이상 2천원 미만인 경우에는 20원, 2천원 이상 5천원 미만인 경우에는 50원, 5천원 이상 1만원 미만인 경우에는 100원, 1만원 이상인 경우에는 200원으로 한다. 미국달러옵션 거래의 호가가격단위는 0.10원으로 한다.

최종거래일과 최종결제일

우리나라 옵션상품은 만기, 즉 결제월의 최종거래일에만 권리행사를 할 수 있는 유럽형 옵션에 해당한다. 코스피200옵션, 미니코스피200옵션, 그리고 개별주식옵션 거래의 최종거래일은 결제월의 두 번째 목요일(공휴일인 경우 순차적으로 앞당김)로 하고, 권리행사에 대한 결제일(최종결제일)은 최종거래일의 다음 거래일로 한다. 미국달러옵션 거래의 최종거래일은 결제월의 세 번째 월요일(공휴일인 경우 순차적으로 앞당김)로 하고, 최종결제일은 최종거래일의 다음 거래일로 한다.

권리행사결제

코스피200옵션과 미니코스피200옵션 거래의 권리행사결제는 권리행사결제수량(배정수량)에 대하여 권리행사차금(행사가격과 권리행사결제기준가격과의 차이에 권리행사결제수량 및 거래승수를 곱하여 산출되는 금액)을 주고받는 방법으로 한다. 주가지수옵션 거래의 권리행사결제기준가격은 권리행사일(최종거래일) 주가지수(기초자산)의 종가로 한다. 개별주식옵션 거래의 권리행사결제는 권리행사결제수량에 대하여 권리행사차금을 주고받는 방법으로 한다. 개별주식옵션 거래의 권리행사결제기준가격은 권리행사일 기초주권의 종가로 한다. 미국달러옵션 거래의 권리행사결제는 권리행사결제수량에 대하여 권리행사차금을 주고받는 방법으로 한다. 미국달러옵션 거래의 권리행사결제기준가격은 외국환중개회사의 대표가 권리행사일의 다음 날 영업개시 30분 전까지 기획재정부장관 등에 통보하는 매매기준율로 한다.

현재 우리나라에서 거래되고 있는 옵션들에 대한 주요 명세는 〈표 7-3〉에 나타나 있다. 그리고 〈표 7-4〉는 코스피200옵션 시세표 일부를 예시한 것이다. 종가는 당일의 마지막 거래에 적용된 옵션가격으로, 다음 날 거래의 기준가격이 된다. 시가는 당일의 첫 거래에 적용된 옵션가격이며, 고가와 저가는 각각 당일거래 중 가장 높은 가격과 낮은 가격을 의미한다. 여기서 행

표 7-3 우리나라 옵션의 주요 명세

구 분	코스피200옵션	미니코스피200옵션	개별주식옵션	미국달러옵션*
기초자산	코스피200지수	코스피200지수	한국거래소 상장기업 주식	미국달러(USD)
옵션의 종류	콜옵션과 풋옵션	콜옵션과 풋옵션	콜옵션과 풋옵션	콜옵션과 풋옵션
옵션의 유형	유럽형	유럽형	유럽형	유럽형
거래단위(승수)	1포인트당 25만원	1포인트당 5만원	10주	US $10,000
상장 결제월	11개 결제월	6개 결제월	6개 결제월	4개 결제월
결제방법	현금결제	현금결제	현금결제	현금결제

* 2021년 1월부터 새로운 결제월 종목의 거래개시(상장)가 중지됨(휴면 지정).

표 7-4 코스피200옵션 시세표(20×1년 7월 21일 현재) (단위 : 포인트, 계약)

구분	결제월	행사가격	종 가	전일대비	시 가	고 가	저 가	거래량	미결제 약정수량
콜	20×108	362.5	2.39	−0.09	2.96	3.45	2.36	40,615	18,951
풋	20×108	362.5	3.15	−0.05	2.66	3.15	2.18	63,063	8,970

사가격이 362.5포인트인 20×1년 8월물 콜옵션 1계약을 종가로 매입하는 경우 매입금액은 597,500원(2.39×25만원)이며, 풋옵션 1계약을 종가로 매입하는 경우 매입금액은 787,500원(3.15×25만원)이 된다. 그리고 미결제약정수량은 현재 만기일이 도래하지 않았거나 반대매매에 의해서 청산되지 못한 옵션의 계약수를 의미한다.

알아두기

우리나라 파생상품의 분류

우리나라 파생상품시장에 관한 가장 주된 법률은 '자본시장과 금융투자업에 관한 법률'로서 통상 자본시장법이라고 한다. 자본시장법에 따르면 금융상품을 원금손실 가능성 여부에 따라서 금융상품과 비금융상품으로 구분된다. 원금손실이 없는 예금 등은 비금융상품으로 분류된다. 일상적인 의미를 따지자면 예금은 당연히 금융상품에 속하겠지만 자본시장법상의 용어로는 비금융상품에 해당하게 된다. 금융상품은 원금초과손실 가능성 여부에 따라 선물, 옵션 등의 파생상품(원금초과손실 가능)과 주식, 채권 등의 증권(원금초과손실 불가능)으로 구분되며, 파생상품은 장내파생상품과 장외파생상품으로 세분화된다. 자본시장법 제5조 2항에 따르면 장내파생상품이란 '파생상품으로서 파생상품시장에서 거래되는 것 또는 해외파생상품시장에서 거래되는 것'을 지칭하는데, 여기서 파생상품시장이란 한국거래소 파생상품시장을 의미한다. 장외파생상품은 거래소에서 거래되는 상품을 제외한 모든 상품을 의미한다. 장외파생상품의 종류로는 선도·옵션·스왑 등이 있으며, 거래에 대한 정해진 규정 없이 당사자간의 협의에 의해 만기일 등 계약내용을 정할 수 있어 장내거래상품보다 훨씬 많이 이용되고 있다. 대표적인 장외상품으로는 은행에서 제공하는 FX(foreign exchange)거래 등을 들 수 있다.

〈자본시장법상 금융상품의 분류〉

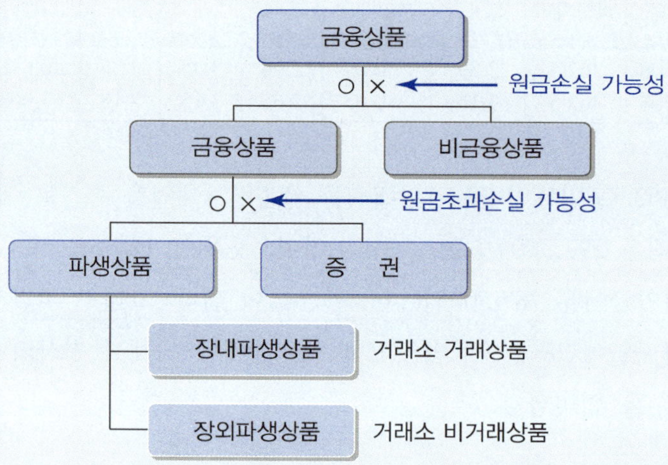

〈알기 쉬운 증권 · 파생상품시장 지표 해설(한국거래소, 2010)〉

3.2 한국거래소 옵션의 거래절차

옵션거래절차

증거금 및 결제제도 등 특정 부분을 제외하고는 선물과 옵션의 거래절차는 거의 동일하다. 따라서 여기에서는 옵션의 거래절차를 간략하게 설명하기로 한다. 옵션의 거래절차는 옵션의 계좌개설, 증거금 납부, 주문, 거래체결, 체결내용의 통보, 청산 및 최종결제 등의 단계로 이루어진다.

먼저 한국거래소(KRX)의 파생상품시장에서 옵션을 거래하고자 하는 고객은 회원사 또는 회원사 제휴은행 등에서 거래계좌를 개설하여야 한다. 옵션거래에 있어서 증거금은 미래의 채무이행을 성실히 수행하겠다는 표시로 예탁하는 보증금 성격의 자금이라 할 수 있다. 따라서 투자자들은 옵션거래에 의한 미래의 채무이행을 위하여 증거금을 예탁하고 모든 채무를 이행한 후에 해당 증거금을 찾아가게 된다. 고객은 주문 시 홈트레이딩시스템(HTS), 서면(팩스 포함), 전화 등을 이용하거나 회원사로 직접 방문할 수 있다. 회원사에 접수된 고객의 주문은 신속하고 정확하게 파생상품시장본부 전산시스템에 전달되고 전달된 주문은 가격우선, 시간우선 등의 정해진 원칙에 따라 체결이 이루어진다. 회원사는 주문이 체결되거나 미결제약정에 대하여 최종결제 또는 옵션 권리행사 배정이 있을 경우에는 그 내용을 고객에게 전화, 휴대폰의 문자 또는 컴퓨터 통신 등의 방법으로 통지한다. 보유하고 있는 옵션에 대하여 최종거래일 이전에 반대매매에 의해 청산하는 방법과 결제일에 최종결제에 의해 청산하는 방법이 있다.

청산 및 최종결제

고객은 최종거래일 이전에 옵션의 미결제약정을 반대매매로 종결할 수 있으며, 반대매매한 경우 고객이 미결제약정을 취할 때의 약정금액과 전매 또는 환매한 약정금액과의 차이에 해당하는 금액을 주고받음으로써 거래관계가 종결된다.

최종결제방식에는 인수도결제방식과 현금결제방식이 있다. 인수도결제는 최종거래일까지 반대매매가 되지 않은 미결제약정에 대해 실물을 직접 인수하거나 인도하는 방식으로 최종결제 처리하는 것을 말한다. 현금결제는 옵션의 행사가격과 권리행사결제기준가격의 가격차이에 거래승수 및 계약수를 곱한 금액을 주고받아 결제 처리하는 방식이다. 현재 한국거래소 파생상품시장에서 거래되는 옵션은 모두 만기 시 현금결제방식을 적용받고 있다.

알아두기

코스피200옵션 거래의 결제방법

■ 프리미엄(옵션가격)의 수수

옵션거래가 성립한 경우에는 매도고객은 매수고객으로부터 옵션대금을 결제금액으로 지급받는다. 또한, 이러한 옵션대금을 주고받은 후에는 동일 종목의 옵션 매도·매수가격은 같아지게 되므로, 선물거래와 같이 동일 종목의 매도·매수수량은 같은 수량에서 자동 상계·소멸하게 된다. 즉 3포인트로 옵션 1계약을 매도한 자가 동일 종목을 2포인트로 1계약 매수한 경우 1포인트(매도 3포인트－매수 2포인트)를 지급받은 후 매도·매수의 같은 수량 1계약은 자동 소멸되어 미결제약정은 없어진다.

■ 권리행사 및 권리행사의 포기

코스피200옵션 거래는 최종거래일에만 권리행사를 할 수 있다. 즉 최종거래일의 매매거래시간 종료 시까지 소멸되지 않은 옵션매수의 미결제약정을 보유하고 있는 고객은 매매거래시간 종료 후 1시간 30분 이내에 증권사에 권리행사를 하겠다는 의사표시 신고를 해야 한다. 그러나 0.01포인트(5,000원) 이상의 이익이 발생하는 때에는 권리행사의 신고가 없더라도 신고한 것으로 본다. 권리행사할 경우 오히려 손해가 발생하는 옵션매수의 미결제약정을 보유한 자는 권리행사를 포기할 수 있다. 권리행사의 포기는 특별한 의사표시가 필요하지 않으며, 권리행사 신고시한까지 신고하지 않은 경우에는 포기한 것으로 보아 미결제약정은 자동 소멸된다. 만기일의 권리행사 시 현금결제방식에 따라 옵션의 매도자는 매수자에게 아래와 같은 권리행사 차금을 지급하여야 한다.

- 콜옵션 : (권리행사결제기준가격－옵션행사가격)×종목별 미결제약정수량 ×25만원
- 풋옵션 : (옵션행사가격－권리행사결제기준가격)×종목별 미결제약정수량 ×25만원

시사포커스

옵션이 로또보다 100배 낫다

옵션을 공부할 때, 복권과 자주 비교한다. 이해를 돕기 위해서다. 그러나 그러한 비유는 이해를 돕기는커녕 방해가 된다. 옵션이 복권과 다른 점은 너무나 많고, 다르다는 사실은 자명하다. 옵션이 복권과 같은 점이 없는 것은 아니다. "그거 해서 돈 벌기 힘들다. 그거 사서 성공했다는 사람 주변에는 없다." 강력한 공통점이다. 그러나 그 정도 공통점은 경마에도 있고, 고스톱에도 있으니 별로 특별할 것은 없다. 로또는 가장 진화한 형태의 복권이다. 로또발행자는 '땅 짚고 헤엄치기'로 돈을 번다. 로또는 인간이 생각해 낼 수 있는 가장 완벽한 형태의 사기다. 로또의 환급률은 50%다. 로또발행자는 리스크가 전무한 상황에서 매출액의 50%를 수익으로 올린다. 일반 추첨식 복권은 생각보다 리스크가 크다. 복권을 10만장 발행했는데, 딱 한 장만 팔릴 수 있다. 그리고 그 팔린 한 장이 1등에 당첨될 수 있다. 실수로 같은 번호가 2장 인쇄되었는데, 마침 그 번호가 1등에 당첨될 수도 있다. 로또는 그런 위험이 없다. 1등이 수없이 나와도 아무런 위험이 없다.

가장 완벽한 형태의 복권인 로또와 옵션은 질적으로 다르다.

첫째, 발행자의 의무에서 다르다. 로또 발행자는 모든 위험을 통제한다. 환급률을 발행자가 통제한다. 리스크는 없다. 옵션발행자(옵션매도자)는 어떤 위험도 통제하지 못한다. 시장을, 최대 손실가능액을 옵션발행자가 통제하지 못한다. 옵션발행자도 시장가격의 순응자일 뿐이다.

둘째, 옵션의 가격은 변한다. 옵션은 남아 있는 시간의 길이(잔존기간), 시장의 변동성, 이자율, 기초자산의 가격 등의 영향을 받아 가격이 변한다. 한번 발행하면 어떠한 변화에도 영향을 받지 않는 복권과는 다르다. 옵션의 가격변화가 옵션을 어렵게 만든다. 조금만 이익을 보면 팔고 싶고, 손해가 나면 좌불안석이다. 그런 면에서 옵션이 복권에 비해 불리하다. 너무 많은 심리적 스트레스에 노출된다. 그 스트레스 때문에 스스로 무너지는 것이 옵션이란 게임이다.

셋째, 옵션은 제로섬게임이다. 옵션의 수수료와 제반 비용은 아주 낮은 수준이다(투자자의 입장에서는 적지 않다). 그러나 경마의 30% 구전, 로또의 50% 구전에 비하면 할아버지다.

로또가 발행자 입장에서 완벽한 사기라면, 옵션은 매수자 입장에서 가장 유리한 도박이다. 공통점을 찾아보자. 첫째는 맨 처음에 지적한 '돈 벌기 힘들다'는 점이다. 둘째는 대박의 신화다. 큰돈을 빨리 벌 수 있다는 신화다. 꿈을 가지고 복권을 사듯이 꿈을 가지고 옵션을 한다. 그 점에서 많이 닮았다. 인간의 나약한 허상을 노리는 사기가 복권이라면, 옵션도 그런 면이 없지 않다.

옵션이 로또에 비해 유리함에도 불구하고, 옵션으로 성공하기는 복권으로 성공하는 것만큼 어렵다. 복권은 구조적으로 매수자를 파멸시키지만, 옵션은 심리적으로 매수자, 매도자를 모두 파멸시킨다. 쉽게 흔들리는 자, 돈에 욕심을 내는 자 모두 스스로 파멸하는 심리게임이다. 돈을 놓고 게임을 하면서, 돈을 탐하지 말아야 한다는 사실을 어떻게 받아들일 수 있고, 그것이 어떻게 가능하겠는가? 그래서 옵션은 스스로 무너지는 게임이다. 옵션에서 성공하기 위해서는 복권이 아닌 것처럼 하면 된다. 즉 타워팰리스를, 렉서스를, 해외여행을, 멋진 인생역전을 머릿속에 그리지 말라. 욕심 없이, 겸손한 마음가짐으로 옵션 매도도 해 보고, 다양한 옵션 합성전략을 짜보라. 옵션에서 성공하기 위해서는 복권인 것처럼 하면 된다. 복권 사서 망했다는 사람 없지만, 옵션으로 망했다는 사람은 부지기수다. 왜 유리한 게임을 하는데 매번 실패하나? 베팅을 잘 못하기 때문이다. 복권 1,500만원 사는 사람 있나? 돈 생기는 족족 복권 사는 사람 있나? 없다. 옵션을 사되 복권처럼 조금씩만 사면, 로또보다 100배 훌륭한 상품이다.

〈머니투데이, 2004. 7. 28 수정〉

주 • 요 • 용 • 어 key words

- 옵션(option)

특정 자산(주로 주식)을 지정된 날짜 또는 그 이전에 미리 약정된 가격으로 사거나 팔 수 있는 권리를 그 소유자에게 부여하는 계약을 의미한다.

- 옵션의 행사(exercising the option)

옵션계약을 통해 기초자산을 사거나 파는 행위를 의미한다.

- 기초자산(underlying asset)

옵션계약의 대상이 되는 자산으로서, 주식옵션일 경우 기초자산은 주식이 된다.

- 행사가격(striking or exercise price)

옵션계약 시 약정된 기초자산의 매입 또는 매도가격을 의미한다.

- 만기일(expiration date)

옵션을 행사하여야 하는 최종일로서, 만기일이 지나면 그 옵션은 사라지게 된다.

- 미국형 옵션(American option)

만기일 이내 언제든지 행사가 가능한 옵션을 의미한다.

- 유럽형 옵션(European option)

만기일에만 행사할 수 있는 옵션을 의미한다.

- 콜옵션(call option)

기초자산(주식 등)을 지정된 날짜 또는 그 이전에 미리 약정된 가격으로 살 수 있는 권리를 의미한다.

☞ $C_T = \text{Max}[S_T - X,\ 0]$

- 풋옵션(put option)

기초자산(주식 등)을 지정된 날짜 또는 그 이전에 미리 약정된 가격으로 팔 수 있는 권리를 의미한다.

☞ $P_T = \text{Max}[X - S_T,\ 0]$

• 인수도결제

최종거래일까지 반대매매가 되지 않은 미결제약정에 대해 실물을 직접 인수하거나 인도하는 방식으로 최종결제 처리하는 것을 의미한다.

• 현금결제

옵션의 행사가격과 권리행사결제기준가격의 가격차이에 거래승수 및 계약수를 곱한 금액을 주고받아 결제 처리하는 방식을 의미한다.

Exercise

연습문제

■ 완성/선택형 문제

1 (　　)은 특정 자산(주로 주식)을 지정된 날짜 또는 그 이전에 미리 약정된 가격으로 팔 수 있는 권리를 그 소유자에게 부여하는 계약을 의미한다.

2 (　　)은 만기일 이내 언제든지 행사가 가능하나, (　　)은 만기일에만 행사할 수 있다.

3 만기일에서의 옵션의 가치는 기초자산인 보통주의 (　　)에 의해 결정된다.

4 옵션에 대한 다음의 설명 중 잘못된 것은?

① 옵션거래는 기초자산인 주식의 발행자(해당기업)와 관계없이 옵션거래소를 통해 옵션의 매입자와 매도자간에 이루어진 특별한 계약이다.

② 유럽형 옵션은 만기일 이내 언제든지 행사가 가능하나, 미국형 옵션은 만기일에만 행사할 수 있다.

③ 옵션의 만기일은 옵션을 행사하여야 하는 최종일로서, 만기일이 지나면 그 옵션은 사라지게 된다.

④ 옵션은 유한책임증권으로서 옵션매입자의 손실은 옵션의 매입가격에 한정된다.

⑤ 콜옵션은 향후 주가가 행사가격보다 높을 가능성이 있을 때 매입하는 반면, 풋옵션은 주가가 행사가격보다 낮을 가능성이 있을 때 매입하게 된다.

5 다음 설명 중 틀린 것은?

① 선물은 계약시점에 거래대가를 주고받지 않는 반면, 옵션의 경우 계약 시 옵션가격(프리미엄)을 주고받는다.

Exercise

② 옵션거래는 기초자산인 주식의 발행자(해당기업)와 관계없이 옵션거래소(한국거래소의 파생상품시장)를 통해 옵션의 매입자와 매도자간에 이루어지는 특별한 계약이다.
③ 선물은 매수자와 매도자 모두 권리와 계약이행의무를 동시에 갖지만, 옵션의 경우 매수자는 권리를 갖고 매도자는 의무를 진다.
④ 만기일에 기초자산 가격이 행사가격보다 높을 경우 유럽형 풋옵션의 가치는 음(−)의 값을 갖는다.
⑤ 선물거래 시 매수자와 매도자 모두 증거금을 내지만, 옵션의 경우 매도자만 증거금을 납부한다.

6 A씨는 행사가격이 210.05인 코스피200콜옵션 1계약을 1.00의 가격(프리미엄)에 매입하였다. 만약 옵션의 만기일에서 코스피200지수가 215.05일 경우 옵션거래에 따른 A씨의 손익은 얼마인가? (단, 코스피200옵션의 거래승수는 25만원이다.)

① 100만원 이익　② 100만원 손실　③ 125만원 이익
④ 125만원 손실　⑤ 150만원 손실

7 다음 중 현재 우리나라에서 거래되는 옵션이 아닌 것은?

① 코스피200옵션　② 삼성전자옵션　③ 미국달러옵션
④ 미니코스피200옵션　⑤ 3년 국채옵션

Exercise

■ 서술/계산형 문제

1 선물거래와 옵션거래를 비교하여 설명하라.

2 현재 우리나라에서 거래되고 있는 옵션의 종류 및 의미, 거래제도 등을 한국거래소(http://www.krx.co.kr)에서 조사하라.

3 콜옵션의 만기일 가치와 손익

박매입은 행사가격이 260.00포인트이고, 1달 후에 만기가 되는 코스피200콜옵션 10계약을 계약당 5포인트의 가격으로 매입하였다. (단, 거래승수는 1포인트당 25만원임.)

(1) 만기일의 코스피200이 268.06포인트일 경우, 콜옵션의 만기일 가치와 손익은?
(2) 만기일의 코스피200이 258.80포인트일 경우, 콜옵션의 만기일 가치와 손익은?

4 풋옵션의 만기일 가치와 손익

이매입은 행사가격이 240.00포인트이고, 3개월 후에 만기가 되는 코스피200풋옵션 1계약을 3포인트의 가격으로 매입하였다. (단, 거래승수는 1포인트당 25만원임.)

(1) 만기일의 코스피200이 238.02포인트일 경우, 풋옵션의 만기일 가치와 손익은?
(2) 만기일의 코스피200이 248.50포인트일 경우, 풋옵션의 만기일 가치와 손익은?

제 8 장

옵션의 결합과 가격결정요인

1. 옵션의 결합 : 풋-콜 패리티
2. 옵션가격의 범위와 결정요인

옵션(option)은 그 소유자에게 지정된 시기 또는 그 시기 이내에 정해진 가격으로 특정 자산을 사거나 팔 수 있는 권리를 주는 특별한 계약으로서, 이를 이용하여 다양한 금융상품을 만들 수 있다. 한편 제7장에서 만기일에서의 옵션가치에 대해서 살펴보았다. 그러면 현재시점에서의 옵션가치는 어떻게 결정되는가? 이와같은 물음에 구체적으로 답하기 이전에 먼저 현재시점에서의 옵션가치가 어떠한 요인들에 의해서 결정될 것인가를 알아야 한다.

본장에서는 옵션의 결합, 옵션가격의 범위와 결정요인 등에 대해서 살펴보고자 한다.

1 옵션의 결합 : 풋-콜 패리티

콜옵션과 풋옵션을 이용하면 보다 다양한 형태의 금융상품을 만들 수 있다. 예를 들어 주식을 하나 매입하고 동시에 그 주식에 대한 풋옵션을 매입하여 새로운 금융상품(또는 포트폴리오)을 하나 만든다고 생각해 보자. 만약 만기일에서의 주가(S_T)가 행사가격(X)보다 더 크다면, 풋옵션은 가치가 없게 되어 주식과 풋옵션을 결합하여 만든 새로운 금융상품의 가치는 주식의 가치(S_T)와 동일하게 된다. 그러나 만약 만기일에서의 주가(S_T)가 행사가격(X)보다 작다면 풋옵션의 가치는 $(X-S_T)$가 되므로, 이것과 주식의 가치(S_T)를 합하여 새로운 금융상품의 가치를 구하면 행사가격(X)과 같게 된다. $S_T < X$일 경우 주식과 풋옵션의 결합가치가 항상 일정한 값, 즉 행사가격을 갖게 되는 것은 주식가치의 하락이 풋옵션가치의 상승에 의해서 정확히 상쇄되기 때문이다. 이상의 결과를 요약하면 〈표 8-1〉와 같다.

그리고 이와 같은 관계를 그림으로 나타내면 [그림 8-1]과 같다.[1] [그림 8-1]에서 제시된 주식과 풋옵션의 결합가치는 앞장의 [그림 7-2]의 콜옵션 매입가치와 같은 형태이나, [그림 7-4] (a)의 콜옵션 매도가치와는 정반대 형태를 가지고 있다. 이는 옵션을 이용함으로써 위험을 제거할 수 있는 가능

표 8-1 주식과 풋옵션의 결합

포트폴리오	만기일 성과	
	$S_T<X$	$S_T \geq X$
주식 매입 풋옵션 매입	S_T $X-S_T$	S_T 0
합 계	X	S_T

1 주식과 풋옵션을 매입하는 전략을 방어적 풋(protective put)이라 하며, 이는 주가가 상승하는 경우 이익을 그대로 취하나, 하락할 경우 손실을 일정수준으로 제한하는 전략이다. 이에 대한 자세한 내용은 제9장을 참조하기 바람.

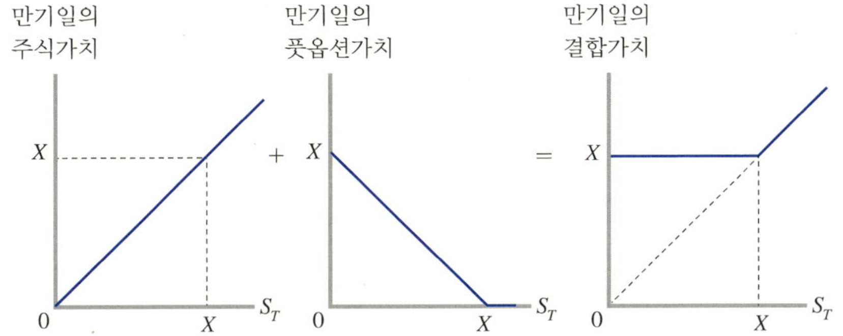

그림 8-1 주식과 풋옵션의 결합

성을 보여준다. 즉 주식과 풋옵션을 각각 하나씩 매입하고, 콜옵션을 하나 매도함으로써 무위험포트폴리오(헤지포트폴리오)를 구성할 수 있다. 이 경우 콜옵션과 풋옵션은 유럽형 옵션으로서 동일한 주식에 대하여 설정되며, 그 행사가격과 만기가 모두 같아야 한다. 이와 같이 구성된 포트폴리오의 성과는 〈표 8-2〉에 나타나 있다. 〈표 8-2〉에서 포트폴리오의 만기일 성과(또는 가치)는 미래의 주가변동에 관계없이 항상 일정한 값, 즉 행사가격(X)을 가지기 때문에 이 포트폴리오는 무위험포트폴리오이다.[2] 무위험포트폴리오의 구성을 위한 현재의 투자액은 $(S+P-C)$이며, 그것에 대한 만기일(T)에서의 투자성과는 행사가격(X)으로서 위험이 없다.

따라서 균형상태하에서(차익거래에 의한 이익이 존재하지 않는 상황하에서)는 다음과 같은 관계가 성립한다.

---

2 주식과 풋옵션을 매입하고 콜옵션을 매도함으로써 무위험포트폴리오를 구성할 수 있다는 사실은 다음과 같이 간단하게 생각해 볼 수 있다.

- $S_T < X$일 경우 : 콜옵션은 가치가 없고 매입한 풋옵션을 행사한다. 즉 보유하고 있는 주식을 행사가격(X)으로 매도한다. 따라서 만기의 포트폴리오성과는 X이다.
- $S_T \geq X$일 경우 : 풋옵션은 가치가 없고 매도하였던 콜옵션이 상대방에 의해서 행사된다. 즉 보유하고 있던 주식을 행사가격(X)으로 매도하여야 한다. 따라서 이 경우에도 만기의 포트폴리오성과는 X이다.

표 8-2 무위험포트폴리오의 구성

포트폴리오	투 자 액	만기일(T) 성과	
		$S_T<X$	$S_T\geq X$
주식 매입	S	S_T	S_T
풋옵션 매입	P	$X-S_T$	0
콜옵션 매도	$-C$	0	$-(S_T-X)$
합 계	$S+P-C$	X	X

주) S : 주식의 현재가치, P : 풋옵션의 현재가치, C : 콜옵션의 현재가치

$$S+P-C=\frac{X}{1+r_T} \tag{8-1}$$

여기서 r_T : 현재부터 만기일인 T시점까지 기간의 무위험이자율

식 (8-1)을 **풋-콜 패리티**(put-call parity)라 하며, 이는 동일한 행사가격과 만기를 가진 유럽형 풋옵션과 콜옵션의 가치 사이의 균형관계를 말한다. 식 (8-1)을 약간 변형하면 다음과 같다.[3]

$$P=C-S+\frac{X}{1+r_T} \qquad (8\text{-}1)'$$

콜옵션의 현재가치가 구해지면, 식 (8-1)′를 이용하여 풋옵션의 현재가치도 구할 수 있다.

---

3 r_T의 연리가 r이고, T가 연 단위로 환산된 만기라면 복리계산방법에 따라 다음과 같이 나타낼 수 있다.

- 이산복리의 경우 : $P=C-S+\frac{X}{(1+r)^T}$
- 연속복리의 경우 : $P=C-S+Xe^{-rT}$

여기서 e : 자연지수라 하며, 그 값은 2.71828…임.

알아두기

합성증권의 구성

식 (8-1)에 의해서 다음과 같은 합성증권을 구성할 수 있다.

- 합성주식(synthetic stock)

  $S=-P+C+\dfrac{X}{1+r_T}$: 1풋 매도, 1콜 매입, 무위험채권 $\dfrac{X}{1+r_T}$ 매입(대출)

- 합성풋(synthetic put)

  $P=-S+C+\dfrac{X}{1+r_T}$: 1주식 공매도, 1콜 매입, 무위험채권 $\dfrac{X}{1+r_T}$ 매입(대출)

- 합성콜(synthetic call)

  $C=S+P-\dfrac{X}{1+r_T}$: 1주식 매입, 1풋 매입, 무위험채권 $\dfrac{X}{1+r_T}$ 공매도(차입)

- 합성무위험채권(synthetic risk-free bond)

  $\dfrac{X}{1+r_T}=S+P-C$: 1주식 매입, 1풋 매입, 1콜 매도

지금까지의 설명은 배당이 없는 주식을 가정한 것이다. 그러나 옵션(유럽형)의 만기일 이전에 배당이 지급되는 경우, ⟨표 8-2⟩와 같이 구성된 무위험포트폴리오의 성과를 수정하면 ⟨표 8-3⟩과 같다. ⟨표 8-3⟩에 의해서 만기일 이전에 배당이 지급되는 경우, 풋－콜 패리티는 다음과 같이 수정될 수 있다.

표 8-3 배당이 지급되는 경우 무위험포트폴리오의 구성

포트폴리오	투 자 액	만기일(T) 성과	
		$S_T<X$	$S_T\geq X$
주식 매입	S	S_T+D_T	S_T+D_T
풋옵션 매입	P	$X-S_T$	0
콜옵션 매도	$-C$	0	$-(S_T-X)$
합 계	$S+P-C$	$X+D_T$	$X+D_T$

주) D_T : 만기일 이전에 지급되는 배당금의 만기일(T)에서의 가치

$$S - PV(D) + P - C = \frac{X}{1 + r_T} \qquad (8\text{-}2)$$

여기서 $PV(D)$: 만기일 이전에 지급되는 배당금의 현재가치$\left(\frac{D_T}{1+r_T}\right)$

예제 8-1 풋-콜 패리티

A기업의 주식에 대한 콜옵션과 풋옵션의 행사가격이 모두 33,000원으로 동일하며, 두 옵션은 유럽형 옵션으로 만기일 전에 행사할 수 없다고 가정하자. 그리고 만기일은 1년 후, 현재의 주가는 28,000원이며 주식에 대한 배당은 없다. 또한 1년간의 무위험이자율은 10%로 알려져 있다.

(1) 주식, 풋옵션, 콜옵션을 이용하여 무위험포트폴리오를 구성하라.

(2) 콜옵션의 현재가격이 4,000원일 경우 풋옵션의 현재가치는 얼마인가?

해설

(1)

(단위 : 원)

포트폴리오	투 자 액	만기일(T) 성과	
		$S_T < 33,000$	$S_T \geq 33,000$
주식 매입 풋옵션 매입 콜옵션 매도	28,000 P $-C$	S_T $33,000 - S_T$ 0	S_T 0 $-(S_T - 33,000)$
합 계	$28,000 + P - C$	33,000	33,000

(2) 풋-콜 패리티를 이용하면, 다음과 같이 풋옵션의 가격을 구할 수 있다.

$$P = 4,000 - 28,000 + \frac{33,000}{1 + 0.1} = 6,000\text{원}$$

2 옵션가격의 범위와 결정요인

지금까지 만기일에서의 옵션가치에 대해서 살펴보았다. 그러면 현재시점에서의 옵션가치는 어떻게 결정되는가? 이와 같은 물음에 구체적으로 답하기 이전에 먼저 현재시점에서의 옵션가치가 어떠한 요인들에 의해서 결정될 것인가를 살펴보도록 하자.

2.1 콜옵션가격의 범위와 결정요인

콜옵션가격의 범위

콜옵션가격의 범위를 살펴보면 다음과 같다.

첫째, 콜옵션의 가격은 현재의 주식가격보다 더 클 수는 없다($C \leq S$). 콜옵션은 행사가격을 지불하고 주식을 살 수 있는 권리이다. 따라서 주식을 구입할 수 있는 권리의 가격이 주식 자체의 가격보다 클 수는 없다.

둘째, 콜옵션의 가격은 항상 0보다 크거나 같다($C \geq 0$). 콜옵션은 권리로서 주가가 행사가격보다 작을 경우 그 권리를 포기하면 되기 때문에 그 가격은 0보다 작을 수 없다.

셋째, 현재의 주가가 행사가격보다 높을 경우 미국형 콜옵션의 가격은 주가에서 행사가격을 뺀 것보다 더 작을 수 없다($C \geq S - X$).[4] 만약 콜옵션의 가격 C가 $(S-X)$보다 작다면, 투자자가 콜옵션을 매입하고 그 즉시 행사함으로써 $[(S-X)-C]$의 차익거래이익을 얻을 수 있다. 이 경우 차익거래이익

---

4 유럽형 콜옵션의 경우 만기일에만 행사할 수 있기 때문에 그 가격은 주가에서 행사가격의 현재가치를 뺀 것보다 더 크다. 이와 같은 관계는 앞에서 설명한 풋-콜 패리티에 의해 확인할 수 있다.

$$P = C - S + \frac{X}{1+r_T} \geq 0 \rightarrow C \geq S - \frac{X}{1+r_T} \quad \left(\text{배당이 있는 경우 : } C \geq S - PV(D) - \frac{X}{1+r_T}\right)$$

그리고 배당이 없는 경우 미국형 콜옵션은 조기행사되지 않는데, 이는 계속 보유할 경우 행사기회 증가와 행사가격의 현재가치 감소로 인해 미국형 콜옵션가치가 더 커질 수 있기 때문이다. 따라서 그 가격범위는 유럽형 콜옵션과 동일하게 된다.

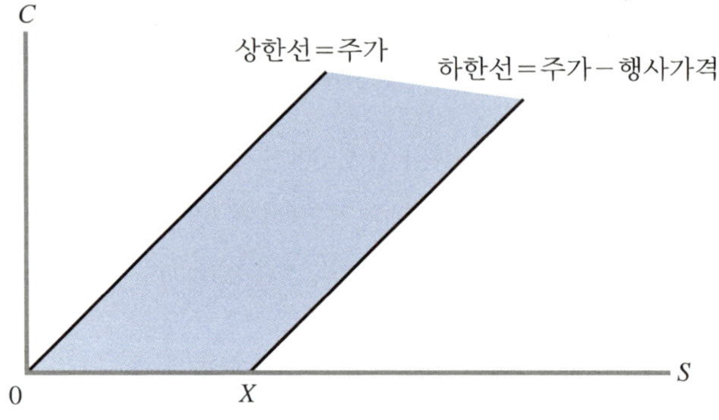

그림 8-2 콜옵션가격의 범위

을 얻기 위한 투자자들의 차익거래(콜옵션을 매입하고 그 즉시 행사함)로 인하여 콜옵션의 가격이 상승하게 되고, 그 결과 콜옵션의 가격은 $(S-X)$보다 작지 않게 된다. 예를 들어 어떤 투자자가 행사가격이 30,000원인 미국형 콜옵션을 8,000원에 매입하였다고 하자. 만약 그 콜옵션의 기초증권인 주식의 현재 가격이 40,000원이라면 콜옵션의 매입자는 즉시 콜옵션을 행사함으로써 2,000원[(40,000원−30,000원)−8,000원]의 차익거래이익을 얻을 수 있다. 이와 같은 차익거래는 콜옵션의 가격이 적어도 10,000원은 넘어야 사라질 것이다.

이상에서 설명한 콜옵션가격의 범위를 나타내면 [그림 8-2]와 같다. 미국형 콜옵션의 가격은 반드시 [그림 8-2]에서 상한선과 하한선 사이의 채색된 영역 내에 존재하게 된다.

콜옵션가격의 결정요인

옵션의 가치를 결정하는 요인은 크게 두 부분으로 나눌 수 있다. 한 부분은 행사가격, 만기 등 옵션계약의 특성에 의한 부분이고, 또 다른 부분은 현재의 주식가격, 주식의 변동성, 무위험이자율 등 기초자산인 주식 및 시장의 특성과 관련된 부분이다.

▶ 행사가격

행사가격은 콜옵션을 행사하여 주식을 매입할 때 지불하여야 하는 금액이다. 따라서 다른 모든 것이 일정하다면, 행사가격이 높을수록 콜옵션의 가치는 낮아지게 된다. 그러나 콜옵션의 행사가격이 아무리 높다 하여도 콜옵션의 가치는 음(−)의 값을 가지지 않는다. 만기일 이전에 기초자산의 가격이 행사가격을 초과할 가능성이 존재한다면 그 옵션은 가치를 가지게 된다.

▶ 만　기

미국형 콜옵션은 만기일 이전에 언제든지 옵션의 행사가 가능하다. 따라서 미국형 콜옵션의 경우 만기가 길면 길수록 옵션을 행사할 수 있는 기회를 보다 더 많이 가지게 되므로 옵션의 가치는 상승하게 된다.

이러한 관계는 유럽형 콜옵션의 경우 성립하지 않을 수 있다. 예를 들어 다른 것은 모두 동일하지만 만기일이 11월인 유럽형 콜옵션과 그 다음 해 3월인 유럽형 콜옵션이 있으며, 이들의 기초자산인 주식을 발행한 기업이 12월 말에 대규모의 현금배당을 계획하고 있다고 하자. 이 경우 만기일이 11월인 콜옵션의 소유자는 현금배당 전인 11월에 옵션을 행사하여 주식을 보유할 수 있기 때문에 현금배당을 받을 수 있는 반면, 만기일이 다음 해 3월인 콜옵션의 소유자는 현금배당을 받을 수 없다. 따라서 현금배당 후 주가가 배당 전 주가를 회복하지 못할 경우 만기가 짧은 콜옵션(만기일이 11월인 콜옵션)의 가치가 더 높을 수 있다. 이는 옵션의 경우 현금배당이 조정되지 않기 때문이다.[5]

▶ 주식가격

다른 모든 것이 동일하다면, 현재의 주식가격이 높을수록 콜옵션의 가치는 더 높게 된다. 콜옵션의 가격과 주가와의 관계는 [그림 8-3]에 나타나

---

5 옵션의 기한 내 주식분할이나 주식배당이 있는 경우 이에 대한 행사가격, 거래승수 등에 대한 조정은 이루어진다.

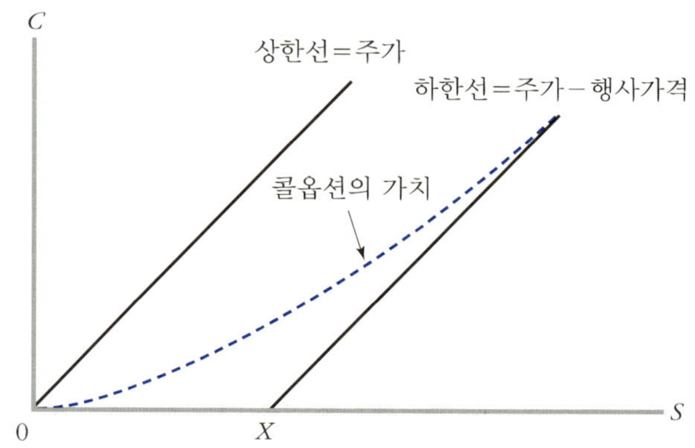

그림 8-3 콜옵션가치와 주가의 관계

있다. 점선으로 된 곡선은 주가가 상승함에 따라 콜옵션의 가격이 상승하는 것을 보여준다. 또한 그것은 원점에 대해서 볼록한(convex) 곡선으로서 주가의 상승에 따라 콜옵션의 가격이 체증적으로 상승한다는 것을 보여준다. 즉 이는 주가가 낮은 수준에서보다 높은 수준에서 주가의 상승에 따른 콜옵션의 가격상승이 더 크게 나타남을 의미한다.

▸ 주식의 변동성

주식의 변동성이 커지면, 콜옵션의 가치는 상승하게 된다. 옵션은 유한책임증권으로서 주식가격이 큰 폭으로 변동한다 하더라도 옵션가치가 있는 부분(주가가 행사가격보다 큰 경우)만 옵션의 가치에 영향을 미친다. 따라서 주식의 변동성이 증가하는 경우 주가가 크게 상승하거나 하락할 수 있으나, 크게 상승하는 부분만이 옵션의 가치에 영향을 미치게 되어 콜옵션의 가치는 상승하게 된다. 예를 들어 만기일에서 주가의 확률분포가 다음과 같은 두 주식을 생각해 보자.

주식 A	주식 B	확 률
24,000원 28,000원	20,000원 32,000원	50% 50%

주) 주식 A의 기대가치 = 24,000 × 0.5 + 28,000 × 0.5 = 26,000원
주식 B의 기대가치 = 20,000 × 0.5 + 32,000 × 0.5 = 26,000원

주식 A와 B는 모두 그 기대가치가 26,000원으로서 동일하나, 주식 B가 주식 A보다 그 변동폭이 더 크다. 여기서 두 주식 각각에 대하여 동일한 행사가격 30,000원으로 콜옵션이 설정되어 있다고 하자. 이와 같은 경우 변동폭이 작은 주식 A에 대한 콜옵션은 만기일에서의 주식 A의 주가가 어떤 경우라도 모두 행사가격보다 작기 때문에 가치가 없다. 그러나 변동폭이 보다 큰 주식 B에 대한 콜옵션은 만기일에서의 주식 B의 주가가 행사가격 30,000원보다 높은 32,000원일 가능성이 50%이기 때문에 가치를 가진다. 이는 기초자산에 대한 옵션을 보유하는 것과 기초자산 그 자체를 보유하는 것이 근본적으로 다름을 의미하는 것이다. 따라서 위험회피형 투자자라 하더라도 주식에 직접 투자할 경우 위험이 작은 주식 A를 선택하나, 콜옵션을 매입할 경우 변동성이 더 높은 주식 B에 대한 콜옵션을 선택하게 된다.

▸ 무위험이자율

콜옵션가격은 이자율의 수준에 의해서도 영향을 받는다. 콜옵션의 매입자는 옵션을 행사할 때까지 행사가격을 지불하지 않는다. 이와 같은 경우 이자율이 낮을 때보다 높을 때 콜옵션 행사가격의 현재가치가 더 작아지기 때문에 콜옵션은 훨씬 큰 가치를 가진다. 그러므로 콜옵션의 가치는 이자율과 양(+)의 상관관계를 가진다.

2.2 풋옵션가격의 범위와 결정요인

풋옵션가격의 범위

풋옵션가격의 범위를 살펴보면 다음과 같다.[6]

첫째, 미국형 풋옵션은 행사가격으로 주식을 팔 수 있는 권리이므로 그 가격은 항상 행사가격보다 작을 것이다($P \le X$).

둘째, 풋옵션도 콜옵션과 마찬가지로 권리이기 때문에 그 가격은 항상 0보다 크다($P \ge 0$).

셋째, 미국형 풋옵션은 언제든지 행사가능하므로 그 가격은 항상 행사가격에서 주가를 뺀 값보다 크다($P \ge X - S$).

이상에서 설명한 풋옵션가격의 범위를 나타내면 [그림 8-4]와 같다. 미국형 풋옵션의 가격은 [그림 8-4]에서 상한선과 하한선 사이의 채색된 영역 내에 존재하게 된다.

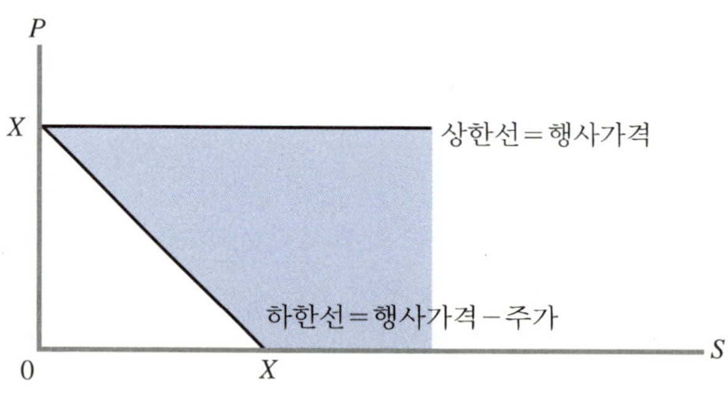

그림 8-4 풋옵션가격의 범위

6 유럽형 풋옵션의 경우 그 가격범위는 다음과 같다.

$$P \le \frac{X}{1+r_T},\ P \ge 0,\ P \ge \frac{X}{1+r_T} - S \ \left(\text{배당이 있는 경우 : } P \ge \frac{X}{1+r_T} - S + PV(D)\right)$$

풋옵션가격의 결정요인

앞에서 설명한 콜옵션가격의 결정요인을 이용하여 풋옵션가격의 결정요인에 대해서도 설명해 보기로 하자.

▸ 행사가격

행사가격은 풋옵션을 행사하여 주식을 매도할 때 받게 되는 금액이다. 따라서 다른 모든 것이 일정하다면, 행사가격이 높을수록 풋옵션의 가치는 높아지게 된다.

▸ 만 기

미국형 풋옵션은 만기일 이전에 언제든지 옵션의 행사가 가능하다. 따라서 미국형 풋옵션의 경우 만기가 길면 길수록 옵션을 행사할 수 있는 기회를 보다 더 많이 가지게 되므로 옵션의 가치는 상승하게 된다.

이러한 관계는 유럽형 풋옵션의 경우 성립하지 않을 수 있다. 왜냐하면 유럽형 풋옵션은 만기일까지의 기간이 증가함에 따라 상반된 효과, 즉 '풋옵션의 행사기회 증가로 인한 풋옵션의 가치상승'과 '행사가격의 현재가치 감소로 인한 풋옵션의 가치하락'이 동시에 나타나기 때문이다.

▸ 주식가격

다른 모든 것이 동일하다면, 풋옵션의 가치는 주가가 행사가격 이하일 때 가치를 가지기 때문에 현재의 주식가격이 높을수록 풋옵션의 가치는 하락한다.

▸ 주식의 변동성

주식의 변동성이 커지면, 풋옵션의 가치는 상승하게 된다. 풋옵션도 콜옵션과 마찬가지로 유한책임증권으로서 주식가격이 큰 폭으로 변동한다 하더라도 옵션가치가 있는 부분(주가가 행사가격보다 낮은 경우)만 옵션의 가치에

표 8-4 옵션가치에 영향을 미치는 요인

요 인	콜옵션	풋옵션
행사가격(X)	−	+
만기*(T)	+	+
기초자산의 가치(주식가격)(S)	+	−
기초자산(주식)의 변동성(σ^2)	+	+
무위험이자율(r_T)	+	−

* 이 관계는 유럽형 옵션의 경우에는 성립하지 않을 수 있다.

영향을 미친다. 따라서 주식의 변동성이 증가하는 경우 주가가 크게 상승하거나 하락할 수 있으나, 크게 하락하는 부분만이 옵션의 가치에 영향을 미치게 되어 풋옵션의 가치는 상승하게 된다.

▸ 무위험이자율

풋옵션의 매입자는 옵션이 행사될 때까지 행사가격을 받지 못할 것이다. 이자율이 높을 때 풋옵션의 매입자가 받게 되는 행사가격의 현재가치는 작아지기 때문에 풋옵션의 가치는 하락하게 된다. 그러므로 풋옵션의 가치는 이자율과 음(−)의 상관관계를 가진다.

지금까지 설명한 다섯 가지 요인들이 옵션가치에 어떤 영향을 미치는지를 요약하면 〈표 8-4〉와 같다. 〈표 8-4〉에서 볼 수 있는 바와 같이 다섯 가지 요인 중 행사가격, 기초자산의 가치 및 무위험이자율이 콜옵션가치와 풋옵션가치에 미치는 영향은 서로 상반됨을 알 수 있다.

2.3 옵션의 내재가치와 시간가치

옵션의 가격은 내재가치(intrinsic value)와 시간가치(time value)의 합이라 할 수 있다. 내재가치는 권리를 즉시 행사할 때의 가치와 0 중에서 큰 값을 의미하는 것으로서 콜옵션의 내재가치는 Max[$S-X$, 0]이며, 풋옵션의 내재가치는 Max[$X-S$, 0]이다. 옵션의 소유자가 옵션을 즉시 행사할 때 양(+)의 현금흐름이 발생되는 경우(콜 : $S>X$, 풋 : $S<X$)에는 **내가격**(in the money : ITM)이라 하며, 음(−)의 현금흐름이 발생되는 경우(콜 : $S<X$, 풋 : $S>X$)에는 **외가격**(out of the money : OTM)이라고 한다. 한편 $S=X$인 경우 **등가격**(at the money : ATM)이라 한다. 그러므로 옵션이 내가격일 경우에만 내재가치가 존재하게 된다. 그리고 **시간가치** 또는 **시간프리미엄**(time premium)은 옵션을 계속 보유할 경우 행사가치의 감소 또는 주가의 변동성 등에 의해 추가적으로 얻을 수 있는 가치이다. 옵션의 내재가치와 시간가치를 그림으로 나타내면 [그림 8-5]와 같다.

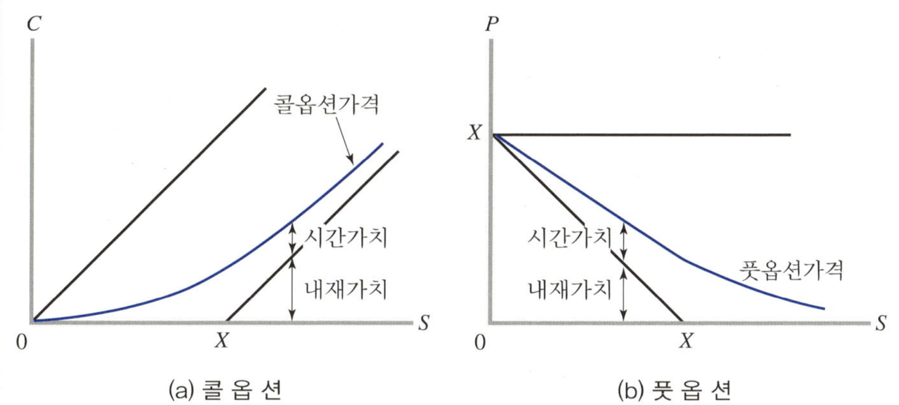

그림 8-5 옵션의 내재가치와 시간가치

시사포커스

[도이치 옵션쇼크] 5년 만에 유죄 판결 … 2,800억원 손배소 급물살 탈 듯

도이치 옵션쇼크

2010년 11월 11일 옵션만기일에 도이치증권의 프로그램 순매도 물량이 단일가 매매시간에 2조원 이상 쏟아지면서 코스피지수가 10분 만에 53포인트 급락한 사건. 도이치증권이 장마감 10분 전에 프로그램 매도를 통해 대규모의 매물을 쏟아내면서 지수가 급락, 시가총액 28조 8,000억원이 증발했다. 이날 주가 급락으로 옵션에 투자한 개인과 자산운용사들의 피해액은 최고 1,400억원으로 집계됐다.

2010년 11월 11일은 우리나라 증시의 치욕적인 날로 기억된다. 외국계 금융사의 물량 조절로 코스피 시가총액 28조 8,000억원이 증발한 '도이치 옵션쇼크' 사태가 발생한 날이다. 도이치증권은 이날 단 10분 만에 2조원대 물량을 쏟아냈고, 코스피지수는 53포인트나 폭락했다. 몇 명의 외국인들이 증시를 흔들 수 있었던 것은 컴퓨터 프로그램을 통해 주요 주식을 대량으로 사고파는 '프로그램 매도' 방식이 있었기 때문에 가능했다. 검찰 수사 결과 도이치 옵션쇼크는 도이치방크 홍콩지점과 한국 도이치증권 직원들의 공모로 밝혀졌다. 11억원대 코스피200 풋옵션을 미리 사들인 뒤, 대량 매도로 지수를 급락시켜 미리 정해 놓은 가격에 주식을 팔 수 있는 풋옵션을 행사해 막대한 이익을 챙긴 사건이었다. 도이치방크는 400억원대 이익을 챙겼지만, 국내 투자자들은 1,400억원대 손실을 봤다.

서울중앙지법 형사27부(재판장 심규홍 부장판사)는 자본시장법 위반 혐의로 기소된 한국도이치증권 법인에 벌금 15억원을 선고하고, 상무 박모씨에 대해 징역 5년의 실형을 선고했다. 사건이 발생한 지 5년 만에 내려진 첫 유죄 판결이다. 검찰은 당초 도이치방크 홍콩지점 외국인 직원 3명과 박씨를 함께 기소했지만, 주범인 영국인 D씨의 신병을 확보하는 데 실패하면서 재판이 지연됐다. 보통 주식 시세조종 범죄는 혐의 입증이 매우 어렵지만, 이 사건에서는 도이치 관계자들의 전화 녹취록과 블룸버그 채팅 기록이 확보돼 결정적 증거가 됐다. 비록 D씨를 법정에 세우지 못했지만, 이번 형사판결은 투자자들이 낸 민사소송에서도 큰 의미를 가진다. 형사재판에서 인정된 혐의가 손해배상 소송의 사실관계를 입증할 근거가 되기 때문이다. 도이치은행측은 형사

재판을 최대한 미루는 식으로 민사소송을 지연해 왔다.

현재 도이치 옵션쇼크로 손실을 본 투자자들과 금융기관이 낸 손해배상 소송은 10여 건이 진행중이다. 청구금액은 총 2,800억원에 달하는 것으로 알려졌다. 지난해 11월에는 국민은행이 낸 7억원대 소송에서 도이치은행의 배상책임을 100% 인정하는 판결이 나왔고, 서울중앙지법은 화해 권고 결정을 통해 KB손해보험 등 5곳에 280억여원을 물어주라는 결정을 내리기도 했다. 특히 지난달 개인투자자 박모씨가 낸 4억원대 손해배상 소송 결과는 도이치측의 시세조종 고의를 명확하게 인정했다는 점에서 주목할 만하다. 서울중앙지법 민사10부(재판장 이은희 부장판사)는 도이치측에 2억 7,900만원의 배상책임을 지우면서 도이치측의 거래가 통상적인 매도차익거래가 아니라고 판단했다. 금융업체도 풋옵션을 유리하게 행사하기 위해 방어적 거래를 할 수 있지만, 도이치측의 대량 매도는 시세조종으로 봐야 한다는 것이다. 재판부는 "도이치 직원들은 규정을 어겨가면서까지 사전 신고를 최대한 늦추며 주식 매도 사실을 숨기다가 마지막 순간에 대량의 매도주문을 냈다"며 "이러한 거래는 통상의 지수차익거래와 전혀 다르고, 오히려 대규모 주식 매도에 대한 반대 매수세력이 형성되는 것을 막아 시장에 대한 충격을 최대화하려는 목적으로 보인다"고 지적했다.

〈이투데이, 2016. 3. 24 수정〉

주 · 요 · 용 · 어 key words

- **무위험포트폴리오(헤지포트폴리오)**

포트폴리오의 만기일 성과(또는 가치)가 미래의 주가변동에 관계없이 항상 일정한 값을 가지는 포트폴리오를 의미한다.

- **풋-콜 패리티(put-call parity)**

동일한 행사가격과 만기를 가진 유럽형 풋옵션과 콜옵션의 가치 사이의 균형관계를 의미한다.

☞ $S+P-C=\dfrac{X}{1+r_T}$

- **내재가치(intrinsic value)**

권리를 즉시 행사할 때의 가치와 0 중에서 큰 값을 의미한다.

☞ 콜옵션의 내재가치 $=\text{Max}[S-X,\ 0]$
풋옵션의 내재가치 $=\text{Max}[X-S,\ 0]$

- **내가격(in the money : ITM)**

옵션의 소유자가 옵션을 즉시 행사할 때 양(+)의 현금흐름이 발생되는 경우(콜 : $S>X$, 풋 : $S<X$)를 의미한다.

- **외가격(out of the money : OTM)**

옵션의 소유자가 옵션을 즉시 행사할 때 음(−)의 현금흐름이 발생되는 경우(콜 : $S<X$, 풋 : $S>X$)를 의미한다.

- **등가격(at the money : ATM)**

옵션의 소유자가 옵션을 즉시 행사할 때 영(0)의 현금흐름이 발생되는 경우($S=X$)를 의미한다.

- **시간가치 또는 시간프리미엄(time premium)**

옵션을 계속 보유할 경우 행사가치의 감소 또는 주가의 변동성 등에 의해 추가적으로 얻을 수 있는 가치이다.

Exercise

연습문제

■ 완성/선택형 문제

1 주식과 풋옵션을 각각 하나씩 매입하고, 콜옵션을 하나 매도함으로써 (　　)를 구성할 수 있다.

2 옵션가치에 영향을 미치는 다섯 가지 요인들이 옵션가치에 어떤 영향을 미치는지에 대한 다음의 표를 완성하라. (단, 양의 관계는 +로, 음의 관계는 −로 표기할 것.)

요　　인	콜 옵 션	풋 옵 션
행사가격	(　　)	(　　)
만기일*	(　　)	(　　)
기초자산의 가치(주식가격)	(　　)	(　　)
기초자산(주식)의 변동성	(　　)	(　　)
무위험이자율	(　　)	(　　)

* 이 관계는 유럽형 옵션일 경우 성립하지 않을 수 있음.

3 주식옵션의 경우 기초자산의 가격인 주가와 그 콜옵션의 행사가격 사이의 관계에 따라 다음과 같은 용어를 사용한다.

- 주가 > 행사가격 → (　　)
- 주가 = 행사가격 → (　　)
- 주가 < 행사가격 → (　　)

4 다음 중 주가가 상승할 것으로 예상하여 주식을 매입한 투자자가 예상 외의 주가 하락으로 인한 위험을 회피할 수 있는 가장 적합한 방법은?

① 콜옵션을 매입한다. ② 콜옵션을 매도한다.
③ 풋옵션을 매입한다. ④ 풋옵션을 매도한다.
⑤ 콜옵션과 풋옵션을 동시에 매입한다.

Exercise

5 풋-콜 패리티에 대한 다음의 설명 중 잘못된 것은?

① 옵션을 이용함으로써 위험을 제거할 수 있는 가능성을 보여준다.
② 콜옵션과 풋옵션은 미국형 옵션으로서 동일한 주식에 대하여 설정되며, 그 행사가격과 만기가 모두 같아야 한다.
③ 동일한 행사가격과 만기를 가진 유럽형 풋옵션과 콜옵션의 가치 사이의 균형관계를 말한다.
④ 콜옵션의 현재가치가 구해지면, 풋-콜 패리티를 이용하여 풋옵션의 현재가치도 구할 수 있다.
⑤ 주식의 가격에 풋옵션의 가격을 더하고 콜옵션의 가격을 차감한 값은 무위험이자율로 할인된 행사가격의 현재가치와 같다.

6 다음 중 주식 1주를 매입하는 것과 동일한 성과를 얻을 수 있는 투자전략은?

① 콜옵션 1개 매입, 풋옵션 1개 매도, 그리고 무위험채권 매입(대출)
② 콜옵션 1개 매도, 풋옵션 1개 매도, 그리고 무위험채권 매입(대출)
③ 콜옵션 1개 매입, 풋옵션 1개 매입, 그리고 무위험채권 매입(대출)
④ 콜옵션 1개 매도, 풋옵션 1개 매도, 그리고 무위험채권 매도(차입)
⑤ 콜옵션 1개 매도, 풋옵션 1개 매입, 그리고 무위험채권 매도(차입)

7 다음 중 무위험포트폴리오(헤지포트폴리오)를 구성하기 위한 투자전략은?

① 주식 1주 매입, 콜옵션 1개 매입, 풋옵션 1개 매도
② 주식 1주 매도, 콜옵션 1개 매입, 풋옵션 1개 매입
③ 주식 1주 매입, 콜옵션 1개 매입, 풋옵션 1개 매입
④ 주식 1주 매도, 콜옵션 1개 매도, 풋옵션 1개 매입
⑤ 주식 1주 매입, 콜옵션 1개 매도, 풋옵션 1개 매입

8 옵션가치의 결정요인에 대한 다음의 설명 중 잘못된 것은?

① 행사가격이 높을수록 콜옵션의 가치는 하락하게 된다.
② 주식의 변동성이 커지면, 콜옵션의 가치는 상승하게 된다.

Exercise

③ 미국형 콜옵션과 풋옵션의 경우 모두 만기가 길면 길수록 항상 옵션의 가치는 상승하게 된다.

④ 주식의 변동성이 커지면, 풋옵션의 가치는 하락하게 된다.

⑤ 풋옵션의 가치는 이자율과 음(−)의 상관관계를 가진다.

9 옵션에 대한 다음의 설명 중 잘못된 것은?

① 콜옵션과 풋옵션은 모두 유한책임증권이다.

② 콜옵션의 가격은 현재의 주식가격보다 더 클 수 없다.

③ 현재의 주가가 행사가격보다 높을 경우 미국형 콜옵션의 가격은 주가에서 행사가격을 뺀 것보다 더 작을 수 있다.

④ 콜옵션과 풋옵션의 가격은 항상 0보다 크거나 같다.

⑤ 미국형 풋옵션의 가격은 항상 행사가격보다 작거나 같다.

10 배당지급이 없는 주식에 대한 옵션가격에 관한 설명으로 가장 적절하지 않은 것은? (단, C는 콜옵션의 가격, S는 주식의 현재가치, K는 옵션행사가격이고, $PV(K)$는 행사가격의 현재가치이다.) (CPA 1차 2012 수정)

① 유럽식 콜옵션은 권리이므로 행사의 의무를 가지지 않으며, 만기일에 영(0) 아니면 양(+)의 수익을 얻는다.

② $C \geq \text{Max}[S-PV(K),\ 0]$이다. 이 조건이 충족되지 않는 경우, 투자자는 콜옵션을 매입하고 주식을 공매도하여 얻은 자금을 무위험이자율로 투자하여 차익을 얻을 수 있다.

③ 이자율이 양(+)이면, 만기 전 미국식 콜옵션의 매도가격은 행사로부터의 이득보다 크다.

④ 외가격(out of the money)이나 등가격(at the money) 옵션의 내재가치는 0이다.

⑤ 콜옵션가격의 상한선은 주식의 현재가치에서 콜옵션의 행사가격을 차감한 값이다(즉 $C \leq S-K$). 이 조건이 충족되지 않는 경우, 투자자는 콜옵션을 매도하고 주식을 매입하는 전략으로 차익을 얻을 수 있다.

Exercise

11 다음 상황에 관한 설명으로 가장 적절하지 않은 것은? (CPA 1차 2020)

> 투자자 갑은 현재 주가가 45,000원인 주식 A 1주를 보유하고 있다. 투자자 갑은 "만기일인 한 달 후에 주식 A의 가격이 50,000원 이상이면 1주를 50,000원에 투자자 갑으로부터 매입할 수 있고 50,000원 미만이면 매입하지 않아도 되는 옵션"을 투자자 을에게 7,000원에 매도하였다.

① 투자자 갑은 투자자 을에게 콜옵션을 매도하였다.
② 이 옵션은 현재 외가격상태에 있다.
③ 이 옵션의 내재가치(intrinsic value)는 5,000원이다.
④ 이 옵션의 시간가치(time value)는 7,000원이다.
⑤ 이 옵션의 행사가격은 50,000원이다.

12 다음 표는 어느 특정일의 코스피200 주가지수 옵션시세표 중 일부이다. 다음의 설명 중 가장 적절하지 않은 것은? (단, 만기 전 배당, 거래비용, 세금은 없다고 가정한다. 1포인트는 25만원이다.) (CPA 1차 2010 수정)

(단위 : 포인트, 계약)

종 목	종 가	전일 대비	고 가	저 가	거래량	미결제 약정수량
코스피200	213.44	3.71	213.56	212.09	–	–
C 20×103 217.5	1.99	0.78	2.17	1.43	597,323	73,427
C 20×103 215.0	3.05	1.15	3.25	2.31	265,900	63,076
C 20×103 212.5	4.55	1.70	4.55	3.40	57,825	44,939
C 20×103 210.5	5.85	1.85	6.15	4.80	34,650	30,597
P 20×103 215.0	4.55	−2.95	6.10	4.35	24,324	26,032
P 20×103 212.5	3.30	−2.55	4.85	3.20	39,636	21,824
P 20×103 210.5	2.40	−2.15	3.50	2.34	253,298	49,416
P 20×103 207.5	1.73	−1.67	2.60	1.69	329,762	33,767

① 등가격(ATM)에 가장 가까운 종목 중 행사가격이 동일한 콜과 풋옵션의 경우 콜옵션가격이 풋옵션가격보다 비싸다.
② 행사가격이 210.5인 풋옵션 10계약을 장중 최저가에 매입한 후 최고가에 매도하였다면 290만원의 매매차익을 얻었을 것이다.

Exercise

③ 외가격(OTM)이 심한 종목일수록 거래량이 많았다.

④ 콜옵션의 경우 내가격(ITM)이 심한 종목일수록 청산되지 않고 남아 있는 수량이 적었다.

⑤ 풋-콜 패리티(put-call parity)를 통한 계산결과, 행사가격이 212.5인 풋옵션은 과소평가되어 있다. (단, $(1+무위험수익률)^{잔존기간}$은 1.002이다.)

13 주식 A를 기초자산으로 하는 만기가 1개월, 행사가격이 10,000원인 유럽형 콜옵션의 현재가격이 1,000원이다. 현재 주식 A의 가격은 9,000원이고 1개월 동안의 무위험이자율은 0.2%이다. 유럽형 콜옵션과 동일한 기초자산, 만기 및 행사가격을 지닌 유럽형 풋옵션의 가격에 가장 가까운 값은? (단, 주식 A는 배당금을 지급하지 않으며, 이자율 계산은 이산복리를 적용한다.)

① 1,780원　② 1,880원　③ 1,980원
④ 2,080원　⑤ 2,180원

14 코스피200옵션의 만기일인 현재 코스피200지수가 210.50일 때 다음 〈보 기〉 중 내가격(in-the-money) 상태의 코스피200옵션은 어느 것인가?

〈보 기〉

a. 행사가격 212.0 풋옵션　b. 행사가격 190.5 콜옵션
c. 행사가격 188.0 풋옵션　d. 행사가격 212.0 콜옵션
e. 행사가격 210.5 풋옵션

① a　② a, b　③ a, b, e
④ c, d　⑤ c, d, e

15 투자자 L씨는 현재 만기 3개월이고 행사가격 220.0인 코스피200콜옵션 1계약을 1포인트의 가격(프리미엄)에 매입하였다. 현재 코스피200지수가 218포인트라고 할 때 콜옵션의 시간가치(포인트)는 얼마이겠는가?

① 0　② 1　③ 2
④ 3　⑤ 4

Exercise

■ 서술/계산형 문제

1 풋-콜 패리티(put-call parity)에 대해서 설명하라.

2 행사가격, 만기일, 기초자산가격, 기초자산의 변동성, 무위험이자율 등이 콜옵션과 풋옵션의 가격에 미치는 영향을 설명하라.

3 콜옵션의 가격범위

옵션과 주식의 시장가격이 다음과 같이 주어져 있다.

- 미국형 콜옵션(행사가격＝20,000원)의 시장가격＝3,000원
- 주식의 시장가격＝25,000원

(1) 이 경우 당신은 어떻게 해야 하는가? 그것에 따른 당신의 이익 또는 손실은?
(2) 미국형 콜옵션가격의 하한 값은?
(3) 미국형 콜옵션가격의 상한 값은?

4 풋-콜 패리티

㈜서울의 주식에 대한 콜옵션과 풋옵션의 행사가격이 모두 21,000원으로 동일하며, 두 옵션은 유럽형 옵션으로 만기일 전에 행사할 수 없다고 가정하자. 그리고 만기일은 1년 후이며, 현재 주가는 19,000원으로서 만기일에 주가가 18,000원 또는 23,000원이 된다고 한다. 또한 무위험이자율은 연간 5%로 알려져 있다.

(1) 주식, 풋옵션, 콜옵션을 이용하여 무위험포트폴리오를 구성하라.
(2) 콜옵션의 현재가격이 743원일 경우 풋옵션의 현재가치는 얼마인가?

Exercise

5 풋-콜 패리티와 차익거래

(CPA 2차 2007)

현재가격이 31,000원인 무배당 주식(S)에 대해 콜옵션과 풋옵션이 거래되고 있다. 유럽형 콜옵션(C)의 가격은 3,000원이며 유럽형 풋옵션(P)의 가격은 2,200원이다. 이들 옵션의 행사가격(X)은 30,000원, 만기(T)는 1년, 무위험이자율(r)은 3%이다. (모든 수치는 소수점 셋째 자리에서 반올림하라.)

(1) 콜옵션의 가격하한선 조건의 식을 쓰고 이 조건이 성립하는지 확인하라.

(2) 풋-콜 패리티(put-call parity)가 성립하는지 확인하라.

(3) 공매도가 가능하며 무위험이자율로 차입과 대출이 가능하다고 가정하고 차익거래를 위한 전략을 기술하라.

(4) 차익거래전략을 통해 만기일에 얻게 되는 순이익을 계산하라.

6 옵션의 시간가치

현재 미국달러 현물환율은 1,069원/$이다. 그리고 행사가격이 1,070원/$, 만기 1개월인 미국달러 콜옵션이 계약당 0.1원에 거래되고, 이 옵션과 동일한 행사가격과 만기를 가진 미국달러 풋옵션은 계약당 1.5원에 거래되고 있다. 이러한 경우 콜옵션 1계약과 풋옵션 1계약의 시간가치의 합은 얼마인가? (단, 미국달러옵션의 거래승수는 1만이다.)

제 9 장

옵션투자전략

옵션을 이용하여 다양한 형태의 투자성과를 가져다 주는 포트폴리오를 구성할 수 있다. 본장에서는 옵션을 이용한 대표적인 투자전략을 살펴보고자 한다.

1 기본포지션

기본포지션(naked position)은 콜옵션 또는 풋옵션 1개에 투자하는 전략을 말한다. 기본포지션은 콜옵션과 풋옵션의 가격이 향후 어떻게 될 것인지, 즉 기초자산 가격의 전망에 기초한 투자전략이라고 할 수 있다.[1]

1.1 콜 옵 션

주가가 상승할 것으로 예상할 때 콜옵션을 매입하는 반면, 주가가 하락할 것으로 예상할 때는 콜옵션을 매도하게 된다. 〈표 9-1〉은 콜옵션의 매입 또는 매도 시 만기일에서의 성과(가치)를 나타낸 표이다. 콜옵션 매입 또는 매도에 따른 손익은 만기일 성과에서 투자액을 차감한 것으로서, 이를 나타내면 [그림 9-1] (a)와 같다.[2]

표 9-1 콜옵션의 만기일 성과

포 지 션	투 자 액	만기일 성과	
		$S_T<X$	$S_T \geq X$
콜옵션 매입	C	0	S_T-X
콜옵션 매도	$-C$	0	$-(S_T-X)$

1 이러한 투자전략을 실무에서는 방향성 투자전략이라고 한다. 한편 방향성 투자전략과 구분하여 변동성 투자전략이 있는데, 이는 기초자산의 가격변동성에 근거한 투자전략을 의미한다.

2 이론적으로 만기일에서의 손익을 구할 때 현재시점의 투자액을 만기일 가치로 환산하여, 즉 시간적 가치를 고려하여 손익을 구해야 한다. 그러나 본서에서는 실무 등에서 일반적으로 사용하는 방식을 고려하여 현재시점에서 지출된 투자액의 시간적 가치를 무시하고 손익을 계산한다.

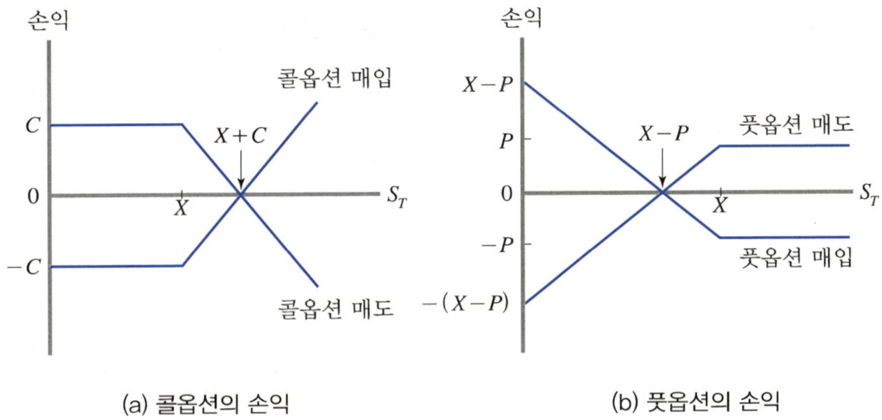

그림 9-1 기본포지션의 손익

1.2 풋 옵 션

주가가 하락할 것으로 예상할 때 풋옵션을 매입하는 반면, 주가가 상승할 것으로 예상할 때는 풋옵션을 매도하게 된다. 〈표 9-2〉는 풋옵션의 매입 또는 매도 시 만기일에서의 성과(가치)를 나타낸 표이다. 풋옵션 매입 또는 매도에 따른 손익은 만기일 성과에서 투자액을 차감한 것으로서, 이를 나타내면 [그림 9-1] (b)와 같다.

표 9-2 풋옵션의 만기일 성과

포 지 션	투 자 액	만기일 성과	
		$S_T < X$	$S_T \geq X$
풋옵션 매입	P	$X - S_T$	0
풋옵션 매도	$-P$	$-(X - S_T)$	0

2 헤지포지션

헤지포지션(hedge position)은 투자손실위험을 제거하기 위해서 주식과 옵션을 결합하여 투자하는 전략이다.

2.1 방비 콜

방비 콜(covered call)은 주식 1주를 매입하고 동시에 그 주식에 대한 콜옵션 1개를 매도하는 전략을 말한다.[3] 여기서 방비의 의미는 콜옵션 발행에 따라 부담하는 주식매도의무가 주식을 보유함으로써 커버됨을 말한다. 방비 콜의 만기일 성과 및 손익은 〈표 9-3〉, [그림 9-2] (a)에 나타나 있다.

한편 방비 콜의 경우 콜옵션의 행사가격의 수준에 따라 손익구조가 달라질 수 있다. 방비 콜을 구성하는 콜옵션의 행사가격이 낮을수록 주가하락에 따른 손실의 폭이 감소함과 동시에 주가상승에 따른 이익의 폭도 줄어드는 특성을 지닌다.

표 9-3 방비 콜의 만기일 성과

포트폴리오	투 자 액	만기일 성과	
		$S_T < X$	$S_T \geq X$
주식 매입 콜옵션 매도	S $-C$	S_T 0	S_T $-(S_T - X)$
방비 콜	$S-C$	S_T	X

3 방비 콜(covered call)은 원어 발음을 그대로 사용하여 커버드 콜이라고도 한다.

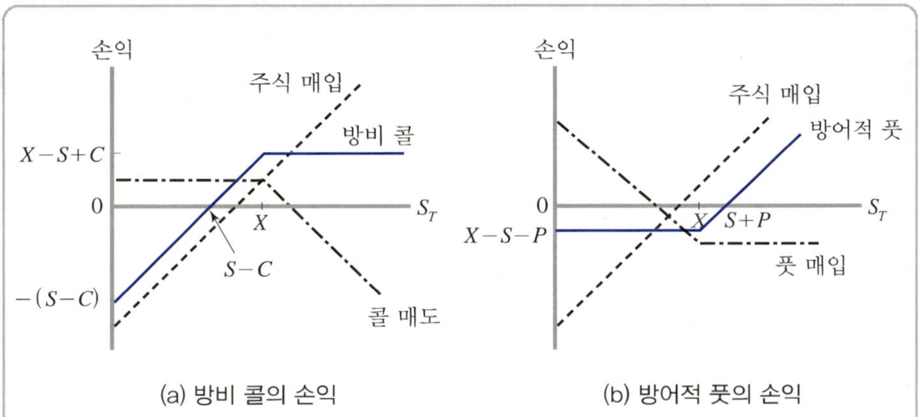

그림 9-2 헤지포지션의 손익

2.2 방어적 풋

방어적 풋(protective put)은 주식 1주를 매입하고 동시에 그 주식에 대한 풋옵션 1개를 매입하는 전략을 말한다. 방어적 풋은 주가가 옵션의 행사가격 이하로 하락할 경우 투자자가 입게 될 손실을 풋옵션 행사에 따른 이익으로 상쇄시켜 주며, 주가상승에 따른 이익은 그대로 실현될 수 있게 한다. 즉 방어적 풋은 포트폴리오의 가치가 옵션의 행사가격 이하로 하락하는 것을 방지해 주는 보험기능을 갖는다. 방어적 풋의 만기일 성과 및 손익은 〈표 9-4〉, [그림 9-2] (b)에 나타나 있다.

표 9-4 방어적 풋의 만기일 성과

포트폴리오	투 자 액	만기일 성과	
		$S_T<X$	$S_T \geq X$
주식 매입 풋옵션 매입	S P	S_T $X-S_T$	S_T 0
방어적 풋	$S+P$	X	S_T

3 스프레드

스프레드(spread)는 두 개 이상의 같은 종류 옵션(두 개 이상의 콜 또는 두 개 이상의 풋)을 결합하는 전략을 의미한다.

3.1 강세스프레드

강세스프레드(bull spread)는 만기는 동일하나, 행사가격이 서로 다른 두 개의 콜옵션을 결합(행사가격이 낮은(X_1) 콜옵션을 매입하고, 행사가격이 높은(X_2) 콜옵션을 매도함)하는 전략이다. 강세스프레드의 만기일 성과 및 손익은 〈표 9-5〉, [그림 9-3] (a)에 나타나 있다. [그림 9-3] (a)에서 볼 수 있는 바와 같이 강세스프레드는 주가가 상승할 경우 얻을 수 있는 이익과 하락할 경우에 발생하는 손실을 모두 일정한 수준에 한정시킨다. 이러한 강세스프레드는 향후 강세시장(bull market)이 예상되나 확신이 서지 않을 때 실시가능한 보수적인 투자전략의 일환으로 사용된다. 강세스프레드는 행사가격이 X_1인 콜옵션을 매입한 투자자가 행사가격이 X_2인 콜옵션을 매도함으로써 주가상승 시 얻을 수 있는 이익의 일부를 포기한 전략이라 할 수 있다. 행사가격이 낮은 콜옵션의 가격(프리미엄)이 행사가격이 높은 콜옵션의 가격보다 높으므로 콜옵션을 이용한 강세스프레드를 구성하는 시점에서 옵션거래에 따른 순현

표 9-5 강세스프레드의 만기일 성과

포트폴리오	투 자 액	만기일 성과		
		$S_T<X_1$	$X_1\leq S_T<X_2$	$S_T\geq X_2$
콜옵션(행사가격$=X_1$) 매입	C_1	0	S_T-X_1	S_T-X_1
콜옵션(행사가격$=X_2$) 매도	$-C_2$	0	0	$-(S_T-X_2)$
강세스프레드	C_1-C_2	0	S_T-X_1	X_2-X_1

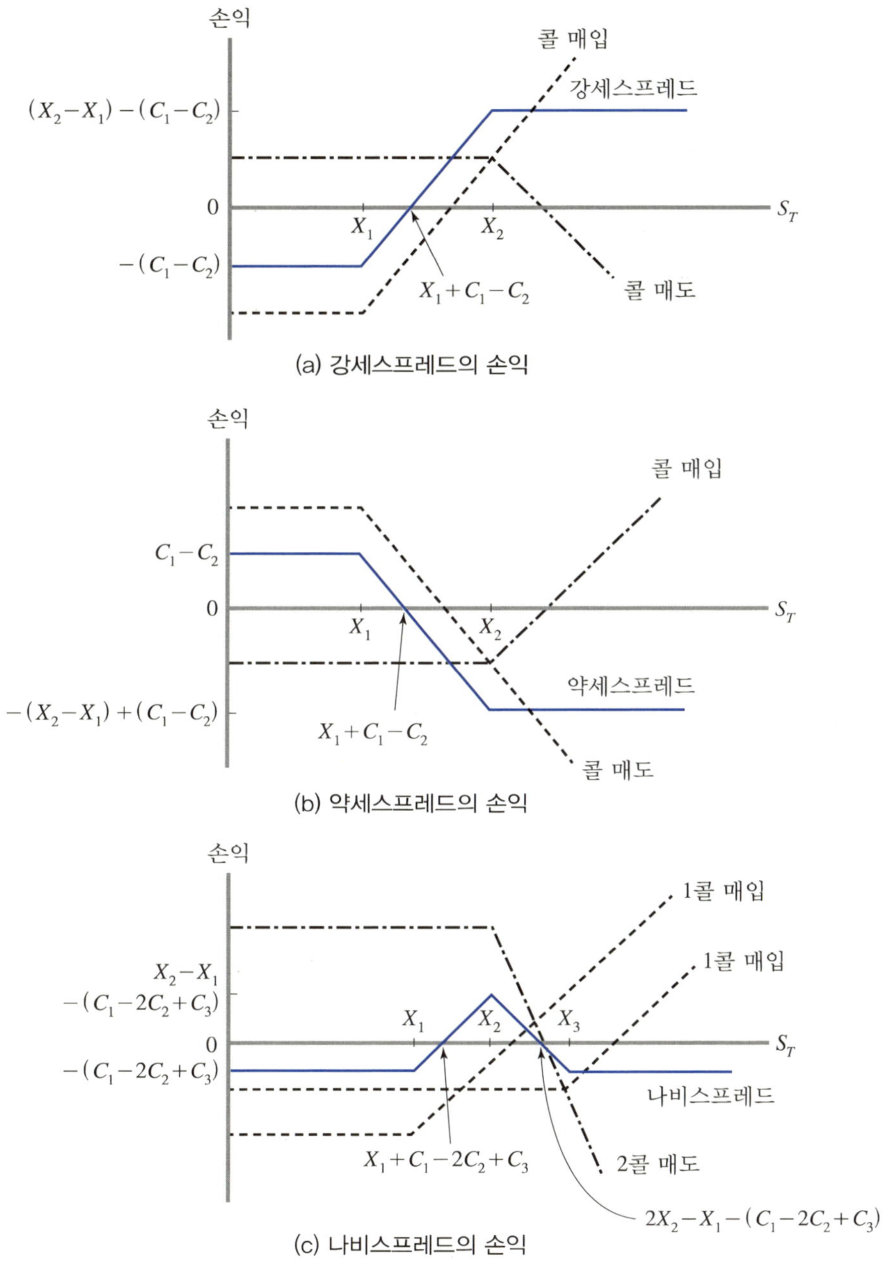

(a) 강세스프레드의 손익

(b) 약세스프레드의 손익

(c) 나비스프레드의 손익

그림 9-3 스프레드의 손익

금흐름(현금유입－현금유출)은 음(－)의 값이 된다.[4] 한편 강세스프레드는 행사가격이 낮은 풋옵션을 매입하고 행사가격이 높은 풋옵션을 매도하는 전략에 의해서도 만들 수 있다.[5]

3.2 약세스프레드

약세스프레드(bear spread)는 만기는 동일하나, 행사가격이 서로 다른 두 개의 콜옵션을 결합(행사가격이 높은(X_2) 콜옵션을 매입하고, 행사가격이 낮은(X_1) 콜옵션을 매도함)하는 전략이다. 약세스프레드의 만기일 성과 및 손익은 〈표 9-6〉, [그림 9-3] (b)에 나타나 있다. [그림 9-3] (b)에서 볼 수 있는 바와 같이 약세스프레드는 주가하락 시 얻을 수 있는 이익과 상승 시 발생하는 손실을 모두 일정한 수준에 한정시킨다. 한편 약세스프레드는 행사가격이 높은 풋옵션을 매입하고 행사가격이 낮은 풋옵션을 매도하는 전략에 의해서도 만들 수 있다.

표 9-6 약세스프레드의 만기일 성과

포트폴리오	투 자 액	만기일 성과		
		$S_T < X_1$	$X_1 \leq S_T < X_2$	$S_T \geq X_2$
콜옵션(행사가격＝X_1) 매도	$-C_1$	0	$-(S_T - X_1)$	$-(S_T - X_1)$
콜옵션(행사가격＝X_2) 매입	C_2	0	0	$S_T - X_2$
약세스프레드	$C_2 - C_1$	0	$-S_T + X_1$	$X_1 - X_2$

3.3 나비스프레드

나비스프레드(butterfly spread)는 만기는 동일하나 행사가격이 상이한 세 가지 옵션을 결합하는 전략이다. 즉 나비스프레드는 상대적으로 행사가격이

4 이는 콜옵션을 이용한 강세스프레드의 구성 시점에서 콜옵션 가격 차이로 인한 순지출(양(＋)의 투자)이 발생함을 의미한다.

5 풋옵션을 이용한 강세스프레드의 경우 스프레드를 구성 시점에서 풋옵션 가격 차이에 따른 순수입(음(－)의 투자)이 발생한다.

표 9-7 나비스프레드의 만기일 성과

포트폴리오	투 자 액	만기일 성과			
		$S_T<X_1$	$X_1 \leq S_T < X_2$	$X_2 \leq S_T < X_3$	$S_T \geq X_3$
콜(X_1) 1개 매입	C_1	0	$S_T - X_1$	$S_T - X_1$	$S_T - X_1$
콜(X_2) 2개 매도	$-2C_2$	0	0	$-2(S_T - X_2)$	$-2(S_T - X_2)$
콜(X_3) 1개 매입	C_3	0	0	0	$S_T - X_3$
나비스프레드	$C_1 - 2C_2 + C_3$	0	$S_T - X_1$	$-S_T + 2X_2 - X_1$	$2X_2 - X_1 - X_3$

주) $X_2 = \frac{X_1 + X_3}{2} \rightarrow 2X_2 - X_1 - X_3 = 0$

낮은(X_1) 콜옵션 1개와 행사가격이 높은(X_3) 콜옵션 1개를 매입하고, 행사가격이 X_1과 X_3의 중간수준(X_2)인 콜옵션 2개를 매도하는 전략이다.[6] 나비스프레드의 만기일 성과 및 손익은 〈표 9-7〉, [그림 9-3] (c)에 나타나 있다. [그림 9-3] (c)에서 볼 수 있는 바와 같이 나비스프레드는 만기일의 주가가 X_2와 크게 차이가 나지 않으면 이익을 얻고, 주가가 크게 상승하거나 하락하면 약간의 손실을 본다. 즉 나비스프레드의 손익구조는 주가의 변동성이 감소할 경우 이익이 기대되나 주가의 변동성이 증가할 경우 제한된 손실이 발생하는 특징을 지닌다. 이러한 점에서 나비스프레드는 주가가 큰 폭으로 변하지 않을 경우, 즉 주가의 변동성이 감소할 것으로 예상되는 경우 적절한 투자전략이다. 한편 나비스프레드는 상대적으로 행사가격이 낮은(X_1) 풋옵션 1개와 행사가격이 높은(X_3) 풋옵션 1개를 매입하고, 행사가격이 X_1과 X_3의 중간수준(X_2)인 풋옵션 2개를 매도하는 전략에 의해서도 만들 수 있다. 만일 모든 옵션이 유럽형 옵션이면 풋옵션을 이용한 나비스프레드와 콜옵션을 이용한 나비스프레드는 동일하게 된다.[7]

---

6 나비스프레드와 정반대 포지션을 취하는 투자전략(행사가격이 낮은(X_1) 콜옵션 1개와 행사가격이 높은(X_3) 콜옵션 1개를 매도하고, 행사가격이 X_1과 X_3의 중간수준(X_2)인 콜옵션 2개를 매입하는 전략)을 샌드위치스프레드(sandwich spread)라 한다.

7 $S + P_1 = C_1 + \frac{X_1}{1+r_T}$, $S + P_2 = C_2 + \frac{X_2}{1+r_T}$, $S + P_3 = C_3 + \frac{X_3}{1+r_T}$

$$\rightarrow P_1 + P_3 - 2P_2 = C_1 + C_3 - 2C_2 + \frac{X_1 + X_3 - 2X_2}{1+r_T} \quad \therefore P_1 + P_3 - 2P_2 = C_1 + C_3 - 2C_2$$

3.4 캘린더스프레드

캘린더스프레드(calendar spread)는 행사가격은 동일하나 만기가 다른 두 개의 옵션을 결합하는 전략으로서 수평스프레드(horizontal spread) 또는 시간스프레드(time spread)라 한다.[8] 캘린더스프레드는 상대적으로 만기가 짧은 콜옵션을 매도하고, 동일한 행사가격의 만기가 긴 콜옵션을 매입함으로써 구성된다. 만기가 짧은 콜옵션의 만기일(T_1)에서 캘린더스프레드의 손익을 그림으로 나타내면 [그림 9-4]와 같다. [그림 9-4]에서 만기가 긴(T_2) 콜옵션의 손익은 아직 만기까지 기간이 남아 있어서 곡선형태가 된다.

캘린더스프레드는 장·단기에 따른 옵션의 시간가치 차이를 이용한 것으로 기간이 짧은 옵션을 매도하고 기간이 긴 옵션을 매수하여 시간가치의 감소 차이에서 이익을 얻으려는 전략이다. 일반적으로 옵션의 가치는 만기가 길수록 증가하기 때문에, 캘린더스프레드를 구성하기 위해서는 보통 초기에 투자를 해야 한다. 한편 캘린더스프레드는 상대적으로 만기가 짧은 풋옵션을 매도하고, 동일한 행사가격의 만기가 긴 풋옵션을 매입하는 전략에

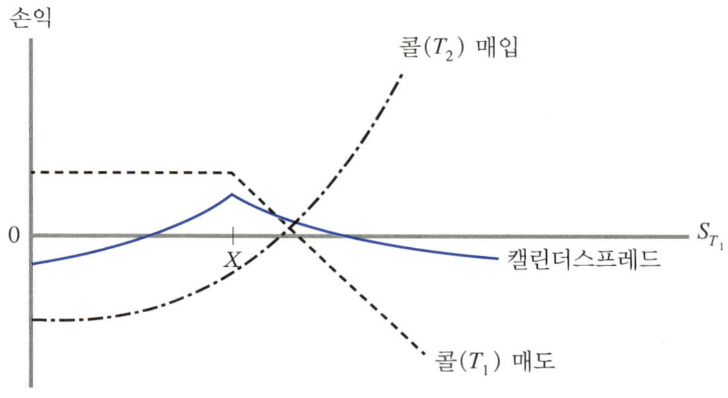

그림 9-4 캘린더스프레드의 손익

8 만기는 동일하나 행사가격이 다른 두 개의 옵션을 결합하는 전략(강세스프레드, 약세스프레드, 나비스프레드 등)을 수직스프레드(vertical spread)라 한다.

의해서도 만들 수 있다.

4 콤비네이션

콤비네이션(combination)은 동일한 주식에 대한 콜옵션과 풋옵션을 동시에 발행(매도)하거나 매입하는 전략, 즉 서로 다른 종류의 옵션을 결합하는 전략이다.

4.1 스트래들

스트래들(straddle)은 행사가격과 만기일이 동일한 콜옵션과 풋옵션을 매입하는 전략이다. 이 전략은 현물가격이 크게 변동할 것으로 예상되지만 그 변동의 방향이 불확실한 경우 사용된다. 스트래들의 만기일 성과 및 손익은 〈표 9-8〉, [그림 9-5] (a)에 나타나 있다.

표 9-8 스트래들의 만기일 성과

포트폴리오	투 자 액	만기일 성과	
		$S_T < X$	$S_T \geq X$
콜옵션 매입	C	0	$S_T - X$
풋옵션 매입	P	$X - S_T$	0
스트래들	$C+P$	$X - S_T$	$S_T - X$

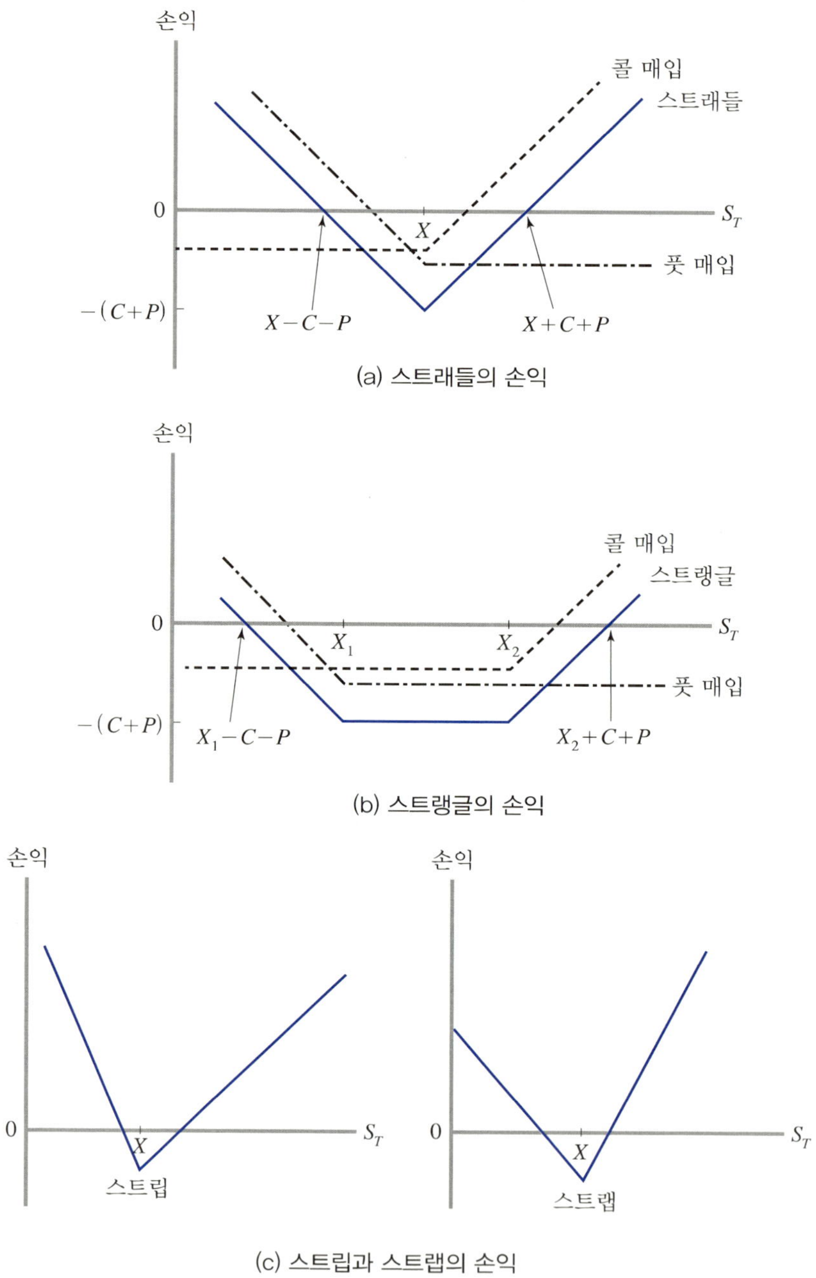

그림 9-5 콤비네이션의 손익

4.2 스트랭글

스트랭글(strangle)은 만기일이 같으나 행사가격이 서로 다른 콜옵션(X_2)과 풋옵션(X_1)을 매입하는 전략이다. 스트랭글은 미래의 주가가 큰 폭으로 변동할 때 이익을 얻을 수 있으며, 예상과 달리 주가변동이 적더라도 손실을 일정수준으로 막을 수 있는 전략이다. 스트랭글의 만기일 성과 및 손익은 〈표 9-9〉, [그림 9-5] (b)에 나타나 있다.

표 9-9 스트랭글의 만기일 성과

포트폴리오	투 자 액	만기일 성과		
		$S_T < X_1$	$X_1 \le S_T < X_2$	$S_T \ge X_2$
콜옵션(X_2) 매입 풋옵션(X_1) 매입	C P	0 $X_1 - S_T$	0 0	$S_T - X_2$ 0
스트랭글	$C+P$	$X_1 - S_T$	0	$S_T - X_2$

4.3 스트립과 스트랩

스트립(strip)은 만기일과 행사가격이 같은 콜옵션 1개와 풋옵션 2개를 매입하는 전략이며, 스트랩(strap)은 만기일과 행사가격이 같은 콜옵션 2개와 풋옵션 1개를 매입하는 전략이다. 스트립과 스트랩의 손익은 [그림 9-5] (c)에 나타나 있다. [그림 9-5] (c)에서 볼 수 있는 바와 같이 주가가 큰 폭으로 변동될 것으로 예상되며, 그 방향은 약세일 가능성이 높다고 판단되는 경우 스트립을 취한다. 한편 주가가 큰 폭으로 변동될 것으로 예상되며, 그 방향은 강세일 가능성이 높다고 판단되는 경우에는 스트랩을 취한다.

5 칼 라

칼라(collar)는 만기는 동일하나 행사가격이 높은(X_2) 콜옵션 1개를 매도하고 행사가격이 낮은(X_1) 풋옵션 1개를 매입하는 전략이다. 이 전략은 선물매도와 유사하나 만기일 주가(S_T)와 관계없이 만기일 성과가 변하지 않는 일정한 범위가 존재하기 때문에 차이가 있다. 칼라의 만기일 성과 및 손익은 〈표 9-10〉, [그림 9-6] (a)에 나타나 있다.

칼라전략은 기초자산과 결합하여 범위선도계약(range forward)을 구성할 수 있다. 범위선도계약은 주식을 1주 매입하고 동시에 칼라를 매입하여 손익

표 9-10 칼라의 만기일 성과

포트폴리오	투 자 액	만기일 성과		
		$S_T < X_1$	$X_1 \le S_T < X_2$	$S_T \ge X_2$
콜옵션(X_2) 매도 풋옵션(X_1) 매입	$-C$ P	0 $X_1 - S_T$	0 0	$-(S_T - X_2)$ 0
칼 라	$P-C$	$X_1 - S_T$	0	$-S_T + X_2$

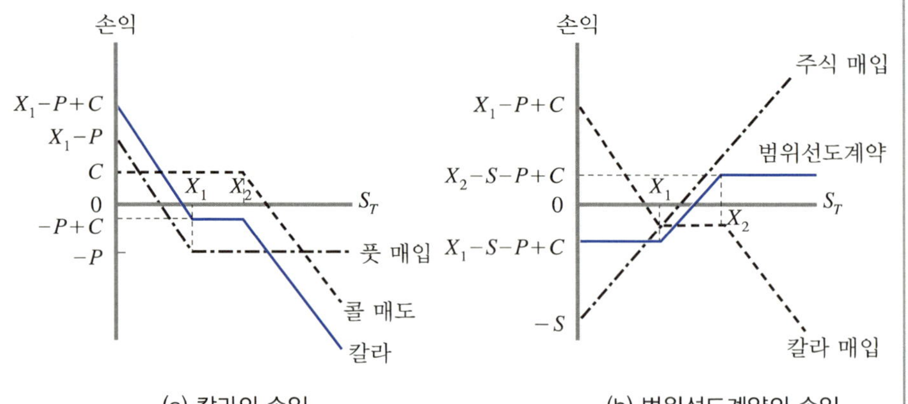

그림 9-6 칼라와 범위선도계약의 손익

표 9-11 범위선도계약의 만기일 성과

포트폴리오	투 자 액	만기일 성과		
		$S_T < X_1$	$X_1 \leq S_T < X_2$	$S_T \geq X_2$
주식 매입	S	S_T	S_T	S_T
콜옵션(X_2) 매도	$-C$	0	0	$-(S_T - X_2)$
풋옵션(X_1) 매입	P	$X_1 - S_T$	0	0
범위선도계약	$S+P-C$	X_1	S_T	X_2

의 범위를 한정짓는 전략이다. 범위선도계약의 성과 및 손익은 〈표 9-11〉, [그림 9-6] (b)에 나타나 있다.

예제 9-1 옵션투자전략

현재 만기가 동일한 KOSPI200옵션은 행사가격에 따라 다음과 같이 거래되고 있다. (단, KOSPI200옵션의 거래승수는 1포인트당 25만원이다.)

옵션의 종류	행사가격	옵션프리미엄
콜	172.5	2.4
콜	175.0	1.6
콜	177.5	1.4
풋	175.0	1.0

(1) 행사가격이 175.0인 콜옵션과 풋옵션을 각각 1계약씩 매도할 때 옵션만기일의 손익그래프를 그리고, 이익이 발생하는 범위와 최대가능이익 및 최대가능손실을 구하라.

(2) 행사가격이 175.0인 콜옵션을 2계약 매도하고 행사가격이 172.5인 콜옵션과 행사가격이 177.5인 콜옵션을 각각 1계약씩 매입할 때 옵션만기일의 손익그래프를 그리고, 이익이 발생하는 범위와 최대가능이익 및 최대가능손실을 구하라.

해설

(1)

(단위 : 만원)

포트폴리오	투 자 액	만기일 성과	
		$S_T < 4,375$	$S_T \geq 4,375$
콜(175.0) 매도 풋(175.0) 매도	−40 −25	0 $-(4,375-S_T)$	$-(S_T-4,375)$ 0
스트래들 매도	−65	$S_T-4,375$	$-S_T+4,375$

만기일에서의 KOSPI200의 가치에 따라 손익(만기일 성과−투자액)을 구하면 다음과 같다.

- $S_T < 4,375$: 손익 $= S_T - 4,375 - (-65) = S_T - 4,310$
- $S_T \geq 4,375$: 손익 $= -S_T + 4,375 - (-65) = -S_T + 4,440$

이와 같은 자료에 의해 손익그래프를 그리면 다음과 같다.

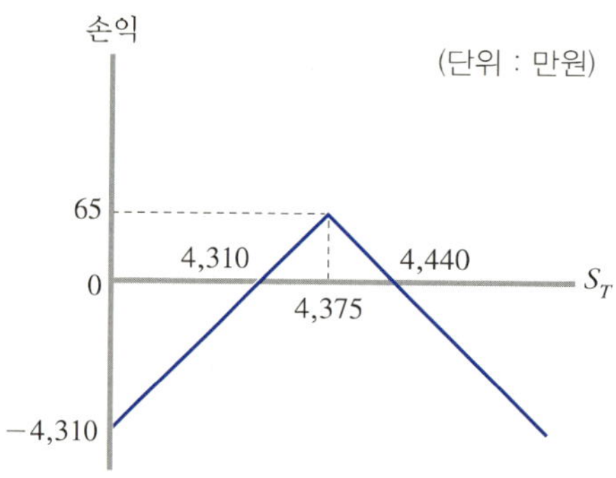

- 이익발생범위 : 4,310만원 $< S_T <$ 4,440만원
- 최대가능이익 = 65만원
- 최대가능손실 = $-\infty$

(2)

(단위 : 만원)

포트폴리오	투자액	만기일 성과			
		$S_T < 4,312.5$	$4,312.5 \leq S_T < 4,375$	$4,375 \leq S_T < 4,437.5$	$S_T \geq 4,437.5$
콜(172.5) 1개 매입 콜(175.0) 2개 매도 콜(177.5) 1개 매입	120 −160 70	0 0 0	$S_T-4,312.5$ 0 0	$S_T-4,312.5$ $-2(S_T-4,375)$ 0	$S_T-4,312.5$ $-2(S_T-4,375)$ $S_T-4,437.5$
나비스프레드	30	0	$S_T-4,312.5$	$-S_T+4,437.5$	0

만기일에서 KOSPI200의 가치에 따라 손익(만기일 성과−투자액)을 구하면 다음과 같다.

- $S_T < 4{,}312.5$: 손익 $= 0 - 15 = -15$
- $4{,}312.5 \leq S_T < 4{,}375$: 손익 $= S_T - 4{,}312.5 - 15 = S_T - 4{,}327.5$
- $4{,}375 \leq S_T < 4{,}437.5$: 손익 $= -S_T + 4{,}437.5 - 15 = -S_T + 4{,}422.5$
- $S_T \geq 4{,}437.5$: 손익 $= 0 - 15 = -15$

이와 같은 자료에 의해 손익그래프를 그리면 다음과 같다.

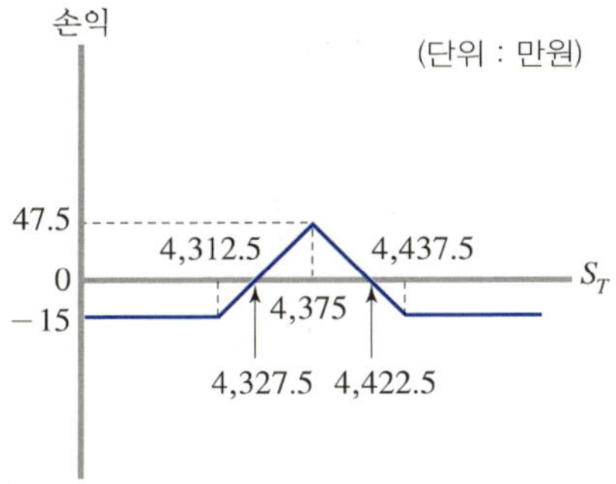

- 이익발생범위 : 4,327.5만원 $< S_T <$ 4,422.5만원
- 최대가능이익 = 47.5만원
- 최대가능손실 = −15만원

알아두기

옵션투자전략의 비교

옵션투자전략은 방향성 투자전략과 변동성 투자전략으로 구분할 수 있다. 방향성 투자전략은 기초자산의 가격 방향성에 근거한 투자전략이며, 변동성 투자전략은 기초자산 가격의 변동성에 근거한 투자전략이다. 본장에서 소개한 옵션투자전략을 방향성 또는 변동성 투자전략으로 구분한 뒤 각 시장상황에 유리한 투자전략을 간단히 요약하면 다음과 같다.

투자전략의 구분	시장상황	실행가능 투자전략	손 익		
			그 림	특 징	
				이 익	손 실
방향성 투자전략	기초자산의 가격상승 : 강세시장	콜 매입		무한정	한 정
		풋 매도	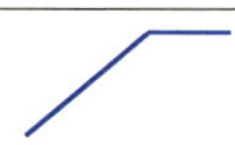	한 정	한 정
		강세스프레드		한 정	한 정
		범위선도계약 매입		한 정	한 정
	기초자산의 가격하락 : 약세시장	콜 매도	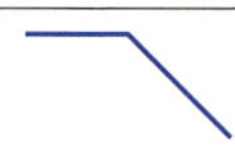	한 정	무한정
		풋 매입		한 정	한 정
		약세스프레드		한 정	한 정
		칼라 매입		한 정	무한정
변동성 투자전략	기초자산의 가격변동성 증가	스트래들 매입		무한정	한 정
		스트랭글 매입		무한정	한 정
		나비스프레드 매도		한 정	한 정
		캘린더스프레드 매도		한 정	한 정

시사포커스

횡보장에 추천받는 커버드콜 ETF

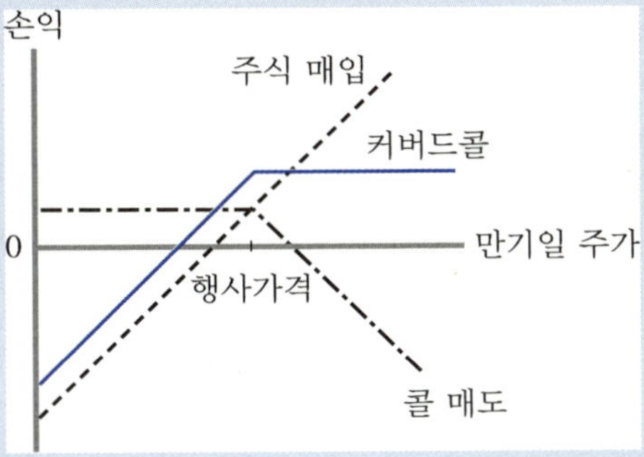

커버드콜(방비콜)의 원리

증시가 횡보할 경우 커버드콜(covered call) 상장지수펀드(exchange traded fund: ETF)가 단기투자 대안으로 떠오르고 있다. 커버드콜(방비콜)은 주식 1주를 매입하고 동시에 그 주식에 대한 콜옵션 1개를 매도하는 투자전략으로 커버드 콜 ETF는 횡보장에서 초과수익을 거둘 수 있다. 국내 증시에는 커버드콜 ETF 6종이 상장되어 있다. 이 ETF들은 모두 과거 2010년대 초반과 2018년 당시 펼쳐졌던 횡보장 시기에 상장했다. 다만 같은 커버드콜 ETF라고 하더라도 운용전략과 포트폴리오 구성이 조금씩 다르기에 유의가 필요하다는 조언도 나온다.

▶ 횡보장에 주목받는 커버드콜 ETF이란?

김해인 대신증권 연구원은 18일 "지난 주 주식시장은 미국 연준의 빅스텝 금리 인상 가능성과 높은 물가 지표 발표 영향으로 전반적으로 약세를 기록했지만 미국 고용 지표가 양호한 점과 물가 정점 통과 기대감도 공존하고 있어 턴어라운드 시점이 가까워지고 있다는 전망도 나오고 있다"며 "이런 상황에서 단기적으로 횡보하는 박스권 장세를 예상하는 경우에 커버드콜 ETF를 활용하는 것이 대안이 될 수 있다"고 분석했다. 김 연구원이 추천한 커버드콜 ETF는 현물 주식을 매수하고 동시에 특정가격에 주식을 살 수 있는 콜옵션을 동시에 매도하는 전략을 통해 옵션 판매이익(프리미엄) 내외의 추가 수익을 얻을 수 있는 투자상품이다.

커버드콜 투자전략은 옵션 판매가격을 추가로 얻기에 시장이 횡보하면 시장 대비 추가수익을 낼 수 있다. 주가지수가 소폭 하락할 경우에도 현물 주식 보유분에서 손실이 발생하기는 하지만 옵션 판매대금 덕분에 소폭 이익이 나거나 손실 규모가 축소되는 효과가 발생한다. 다만 주가지수가 일정 기준 이상으로 급등할 경우 수익률이 제한되기에 상대적으로 손해를 볼 수 있다.

커버드콜은 옵션 행사가격에 따라 크게 ATM(at-the-money: 등가격)과 OTM(out-of-the-money: 내가격)으로 나뉜다. 기초지수가 행사가격이 같으면 ATM이고 기초지수가 행사가보다 낮으면 OTM이다. 예를 들어 코스피 200에 포함된 주식 현물을 1만원에 매수하고 해당 포트폴리오를 같은 가격에 살 수 있는 콜옵션을 판매한다면 ATM이고 주식 현물을 1만원보다 높은 1만500원에 살 수 있는 콜옵션을 판매한다면 5%OTM이다. 통상 ATM 옵션이 더 실현 가능성이 높기에 옵션판매 가격이 높고, OTM 커버드 콜도 옵션 실행가격을 현재 주가보다 높게 설정할수록 옵션 판매가가 낮아진다. 시장이 소폭 상승한다면 OTM이 주가 상승분에 옵션 판매가격까지 더해지기에 ATM 대비 추가수익을 내기에 유리하다. 반면 그대로이거나 소폭 하락한다면 옵션 판매가격이 비싼 ATM의 수익률이 OTM보다 유리하다.

▶ 국내 증시 6종 상장 … 상품별로 다양

국내 증시에는 마이다스 200커버드콜 5%OTM, TIGER 200커버드콜5%OTM, KODEX 미국S&P고배당커버드콜(합성 H), TIGER 200커버드콜ATM, KBSTAR 200 고배당커버드콜ATM, 마이티 200커버드콜ATM레버리지 등 총 6종의 커버드콜 ETF가 상장되어 있다.

이 ETF 들은 모두 국내 증시가 횡보장을 겪을 당시 출시된 상품이다. 2010년대 초반에는 최근처럼 원자재 값 인상에 글로벌 시장에 인플레이션 충격이 닥치면서 국내 증시 역시 수년간 횡보했다. 2017

국내 상장 커버드콜 ETF

시사저널e.

상장일	종목명	운용사	종가 (원)	순자산총액 (원)	기초지수_지수명	보수율 (%)	인수단 6개월	1년	3년
2011-02-15	마이다스 200커버드콜 5%OTM	마이다스에셋운용	13,665	8,225,467,435	코스피 200 커버드콜 5% OTM	0.45	-5.89	-12.74	7.98
2012-10-25	TIGER 200커버드콜 5%OTM	미래에셋자산운용	13,595	6,815,255,499	코스피 200 커버드콜 5% OTM	0.38	-2.16	-5.64	7.43
2017-08-10	KODEX 미국S&P 고배당커버드콜(합성 H)	삼성자산운용	10,380	43,183,233,641	S&P500 Dividend Aristocrats Covered Call (7.2% Premium) Index	0.40	3.61	16.02	-13.52
2018-02-09	TIGER 200커버드콜 ATM	미래에셋자산운용	10,630	6,390,872,467	코스피 200 커버드콜 ATM 지수	0.38	-7.49	-13.98	6.25
2018-02-27	KBSTAR 200 고배당커버드콜ATM	KB자산운용	17,285	19,022,040,245	코스피 200 고배당커버드콜 ATM 지수(시장가격지수)	0.30	1.22	1.17	7.29
2018-03-20	마이티 200커버드콜 ATM레버리지	DB자산운용	9,330	5,603,784,930	커버드콜 ATM 지수	0.51	-5.71	-12.89	3.84

년 후반부터도 한국은행의 금리 인상 기조 속에 국내 증시가 활황에서 정체로 돌아섰던 시기였다.

커버드콜 ETF별 수익률은 기간별, 상품별로 천차만별이다. 마이다스 200커버드콜5%OTM, TIGER 200커버드콜5%OTM, TIGER 200커버드콜ATM 등은 코스피 지수 기준 커버드콜 ETF이고 마이티 200커버드콜ATM레버리지는 레버리지 커버드콜 상품이다. KBSTAR 200고배당커버드콜ATM은 코스피 200 고배당커버드콜 ATM 지수를 기초해 만들었고 KODEX 미국S&P고배커버드콜(합성 H)는 미국 S&P 지수에 기반한 커버드콜 ETF다.

커버드콜 ETF는 주가 차익보다 분배금(배당)을 노리는 투자자들이 집중적으로 매수하기에 분배금이 얼마인지도 같이 살펴봐야 한다. 실제로 커버드콜 ETF는 콜옵션 판매대금과 주식배당금이 분배금 형태로 투자자들에게 정기적으로 지급되는 인컴 상품이 대부분이다. 김해인 연구원은 "국내에서는 KBSTAR 상품의 연간 분배율이 2.8%, TIGER는 올해 4월부터 연간 분배율에 대해 ATM ETF는 최소 5%, OTM ETF는 최소 3%일 것이라 발표했다"고 설명했다.

〈시사저널, 2022. 4. 18 수정〉

주 · 요 · 용 · 어

key words

- 기본포지션(naked position)

콜옵션 또는 풋옵션 1개에 투자하는 전략이다.

- 헤지포지션(hedge position)

투자손실위험을 제거하기 위해서 주식과 옵션을 결합하여 투자하는 전략이다.

- 방비 콜(covered call)

주식 1주를 매입하고 동시에 그 주식에 대한 콜옵션 1개를 매도하는 전략이다.

- 방어적 풋(protective put)

주식 1주를 매입하고 동시에 그 주식에 대한 풋옵션 1개를 매입하는 전략이다.

- 강세스프레드(bull spread)

만기는 동일하나, 행사가격이 서로 다른 두 개의 콜옵션을 결합(행사가격이 낮은(X_1) 콜옵션을 매입하고, 행사가격이 높은(X_2) 콜옵션을 매도함)하는 전략이다.

- 약세스프레드(bear spread)

만기는 동일하나, 행사가격이 서로 다른 두 개의 콜옵션을 결합(행사가격이 높은(X_2) 콜옵션을 매입하고, 행사가격이 낮은(X_1) 콜옵션을 매도함)하는 전략이다.

- 나비스프레드(butterfly spread)

만기는 동일하나 행사가격이 상이한 세 개의 콜옵션을 결합(행사가격이 낮은(X_1) 콜옵션 1개와 행사가격이 높은(X_3) 콜옵션 1개를 매입하고, 행사가격이 X_1과 X_3의 중간수준(X_2)인 콜옵션 2개를 매도함)하는 전략이다.

- 캘린더스프레드(calendar spread)

행사가격은 동일하나 만기가 다른 두 개의 옵션을 결합(만기가 짧은 콜옵션을 매도하고, 만기가 긴 콜옵션을 매입함)하는 전략으로서 수평스프레드(horizontal spread) 또는 시간스프레드(time spread)라 한다.

- 콤비네이션(combination)

동일한 주식에 대한 콜옵션과 풋옵션을 동시에 발행(매도)하거나 매입하는 전략, 즉 서로 다른 종류의 옵션을 결합하는 전략이다.

- 스트래들(straddle)

행사가격과 만기일이 동일한 콜옵션과 풋옵션을 매입하는 전략이다.

- 스트랭글(strangle)

만기일이 같으나 행사가격이 서로 다른 콜옵션(X_2)과 풋옵션(X_1)을 매입하는 전략이다.

- 스트립(strip)

만기일과 행사가격이 같은 콜옵션 1개와 풋옵션 2개를 매입하는 전략이다.

- 스트랩(strap)

만기일과 행사가격이 같은 콜옵션 2개와 풋옵션 1개를 매입하는 전략이다.

- 칼라(collar)

만기는 동일하나 행사가격이 높은(X_2) 콜옵션 1개를 매도하고 행사가격이 낮은(X_1) 풋옵션 1개를 매입하는 전략이다.

- 범위선도계약(range forward)

주식 1주를 매입하고 동시에 칼라를 매입하여 손익의 범위를 한정짓는 전략이다.

- 포트폴리오보험(portfolio insurance)

주가가 상승하는 경우 이익은 그대로 취하나, 하락할 경우 손실을 일정수준으로 제한하는 전략이다.

Exercise

연습문제

■ 완성/선택형 문제

1 (　　)은 투자손실위험을 제거하기 위해서 주식과 옵션을 결합하여 투자하는 전략이다.

2 (　　)는 두 개 이상의 같은 종류 옵션(두 개 이상의 콜 또는 두 개 이상의 풋)을 결합하는 전략을 의미한다.

3 (　　)은 동일한 주식에 대한 콜옵션과 풋옵션을 동시에 발행(매도)하거나 매입하는 전략, 즉 서로 다른 종류의 옵션을 결합하는 전략이다.

4 (　　)는 만기는 동일하나 행사가격이 높은 콜옵션 1개를 매도하고 행사가격이 낮은 풋옵션 1개를 매입하는 전략이다.

5 다음 중 주식과 풋옵션을 결합하여 주가가 폭락하더라도 결합가치를 최소한 풋옵션의 행사가격만큼 보장받을 수 있게 하는 투자전략은?

① 방비 콜　② 방어적 풋　③ 나비스프레드
④ 스트래들　⑤ 스트립

6 다음 중 행사가격과 만기일이 동일한 콜옵션과 풋옵션을 매입하는 전략으로 현물가격이 크게 변동할 것으로 예상되지만 그 변동의 방향이 불확실한 경우 사용되는 투자전략은?

① 강세스프레드　② 캘린더스프레드　③ 스트랭글
④ 스트래들　⑤ 칼라

Exercise

7 강세시장을 기대하는 투자자가 이익과 손실을 제한하고, 투자전략을 실행하는 시점에서 옵션거래에 따른 현금유입을 기대할 수 있는 투자전략으로 가장 적절한 것은?

① 콜 매입
② 풋 매도
③ 콜옵션을 이용한 강세스프레드
④ 풋옵션을 이용한 강세스프레드
⑤ 스트래들

8 다음 중 향후 기초자산 가격의 변동성이 감소할 것으로 예상될 때 적절한 옵션투자전략은?

① 콜옵션을 이용한 강세스프레드
② 스트래들 매입
③ 스트랭글 매도
④ 풋옵션 매도
⑤ 콜옵션 매입

9 다음 중 향후 기초자산 가격 변동성의 증가가 예상되는 동시에 약세시장에 비해 강세시장의 가능성이 상대적으로 높을 것으로 기대될 때 적절한 옵션투자전략은?

① 풋옵션을 이용한 강세스프레드
② 스트랭글 매도
③ 나비스프레드 매입
④ 스트랩 매입
⑤ 스트립 매입

10 옵션 투자전략에 관한 설명으로 가장 적절하지 않은 것은? (CPA 1차 2016)

① 보호풋(protective put) 전략과 방비콜(covered call) 전략은 일종의 헤지(hedge) 전략이다.
② 약세 스프레드(bear spread) 전략은 행사가격이 낮은 옵션을 매도하고 행사가격이높은 옵션을 매입하는 전략이다.
③ 박스스프레드(box spread) 전략은 콜옵션을 이용한 강세 스프레드와 풋옵션을 이용한 약세 스프레드를 결합한 전략이다.
④ 스트래들(straddle) 매입 전략은 만기와 행사가격이 동일한 콜옵션과 풋옵션을 동시에 매입하는 전략이다.

Exercise

⑤ 스트립(strip) 전략은 만기와 행사가격이 동일한 콜옵션을 2개 매입하고 풋옵션을 1개 매입하는 전략이다.

11 다음의 설명 중 틀린 것은?

① 방어적 풋(protective put) 매입포지션은 기초자산의 가격하락에 따른 위험을 제거할 수 있을 뿐만 아니라 기초자산 가격상승에 따른 이익도 누릴 수 있다.
② 선물을 이용한 매도전략은 방어적 풋(protective put) 매입전략과 같이 기초자산의 가격하락으로 인한 위험을 제거할 수 있다.
③ 방비 콜(covered call) 전략의 손익구조는 풋옵션 매도포지션과 유사하다.
④ 스트래들 매입전략은 기초자산의 가격이 크게 변동할 것으로 예상되지만 그 변동의 방향이 불확실한 경우 사용된다.
⑤ 나비스프레드 매도전략은 기초자산의 가격변동성이 감소할 경우 이익이 기대되나 그 반대의 경우 제한된 손실이 발생하는 특징을 지닌다.

12 주가지수를 추종하는 주식포트폴리오의 가치하락 시 하향손실(downside loss)을 일정수준으로 한정시키면서 가치상승 시 상향이익(upside potential)을 얻을 수 있는 포트폴리오 운용전략으로 적절한 항목만을 모두 고르면? (단, 파생상품의 기초자산은 주가지수이다.) (CPA 1차 2013)

(가) 주식포트폴리오를 보유한 상태에서 풋옵션을 매수한다.
(나) 무위험채권에 투자한 상태에서 콜옵션을 매수한다.
(다) 주식포트폴리오를 보유한 상태에서 선물을 매도하고, 헤지비율을 시장상황에 따라 동적으로 변화시킨다.
(라) 주식포트폴리오와 무위험채권을 매수하고, 무위험채권의 투자비율을 시장상황에 따라 동적으로 변화시킨다.

① (가), (나)　　② (다), (라)
③ (가), (나), (다)　　④ (나), (다), (라)
⑤ (가), (나), (다), (라)

Exercise

13 투자자 갑은 3개월 만기 콜옵션 1계약과 3개월 만기 풋옵션 1계약을 이용하여 주가지수옵션에 대한 스트랭글 매도(short strangle) 투자전략을 구사하려 한다. 현재 형성된 옵션시세는 다음과 같다. 만기 주가지수가 1,120포인트일 때 투자자의 만기손익과 최대손익을 구하라. (CPA 1차 2009 수정)

> a. 3개월 만기 주가지수 콜옵션
> (행사가격=1,100포인트, 콜옵션 프리미엄=35포인트)
> b. 3개월 만기 주가지수 풋옵션
> (행사가격=1,100포인트, 풋옵션 프리미엄=21포인트)
> c. 3개월 만기 주가지수 콜옵션
> (행사가격=1,200포인트, 콜옵션 프리미엄=32포인트)
> d. 3개월 만기 주가지수 풋옵션
> (행사가격=1,200포인트, 풋옵션 프리미엄=27포인트)

	만기손익(포인트)	최대손익(포인트)
①	53	53
②	56	56
③	59	59
④	−60	60
⑤	−62	−62

14 기초자산의 가격변화에 따른 옵션의 투자전략에 대한 설명 중 옳은 항목만으로 구성된 것은? (CPA 1차 2010)

> a. 기초자산 가격의 변동에 따른 이익 및 손실의 범위를 한정하기 위해서는 칼라(collar)를 이용하면 된다.
> b. 기초자산 가격이 큰 폭으로 변동할 것으로 예상되지만 방향을 알지 못하는 경우 스트랭글(strangle)을 매입하면 된다.
> c. 기초자산 가격이 변화하지 않을 것으로 예상되는 경우 스트래들(straddle)을 매도하면 된다.
> d. 기초자산 가격변동에 따른 손익을 곡선의 형태로 실현하기 위해서는 수직스프레드(vertical spread)를 이용하면 된다.
> e. 기초자산 가격이 큰 폭으로 변동하고, 특히 하락보다는 상승이 예상되는 경우 스트립(strip)을 매입하면 된다.

Exercise

① a, b, c ② a, c, d ③ a, d, e
④ b, c, e ⑤ b, d, e

■ 서술/계산형 문제

1 방어적 풋(protective put)에 대해서 설명하라.

2 스프레드(spread)에 대해서 설명하라.

3 스트립(strip)과 스트랩(strap)을 비교하여 설명하라.

4 칼라(collar)에 대해서 설명하라.

5 금융상품과 옵션투자전략

KS은행은 KOSPI200지수에 따라 만기일 성과(가치)가 결정되는 6개월 만기의 새로운 금융상품을 개발하였다. 이 금융상품의 만기일 성과는 다음과 같다.

KOSPI200지수	만기일 성과(만원)
$S_T < 160$	$5{,}000 + (160 - S_T) \times 25$
$160 \le S_T < 180$	$5{,}000$
$S_T \ge 180$	$5{,}000 + (S_T - 180) \times 25$

그리고 현재 만기가 6개월 후인 KOSPI200옵션은 다음과 같이 거래되고 있다. (단, KOSPI200옵션의 거래승수는 1포인트당 25만원이다.)

옵션의 종류	행사가격	옵션프리미엄
콜	160.0	2.4
콜	180.0	1.6
풋	160.0	4.0
풋	180.0	6.0

Exercise

(1) KS은행이 개발한 새로운 금융상품의 만기일 성과를 그래프로 나타내라.

(2) KS은행이 개발한 새로운 금융상품의 적정가격을 계산하라. (단, 무위험이자율은 연 10%이다.)

6 옵션투자전략 비교

K씨는 몇 년 전에 구입한 S전자의 주식 2,000주를 보유하고 있다. 이 주식의 현재 가격은 50,000원이다. K씨는 6개월 후 최소한 원금을 보장함과 동시에 11,000만원도 가능한 투자전략을 수립하고자 한다. 이를 위해 K씨는 투자자문회사로부터 다음과 같은 네 가지 전략을 추천받았다.

- 전략 1 : S전자 주식을 지금 매각한 후, 그 자금으로 연 10%의 이자를 지급하는 6개월 만기 CD를 매입함.
- 전략 2 : 만기가 6개월 후인 S전자 콜옵션(행사가격=55,000원) 200계약을 계약당 20,000원에 매도(발행)함.
- 전략 3 : 만기가 6개월 후인 S전자 풋옵션(행사가격=50,000원) 200계약을 계약당 20,000원에 매입함.
- 전략 4 : 만기가 6개월 후인 S전자 콜옵션(행사가격=55,000원) 200계약을 매도하여 얻은 자금으로 S전자 풋옵션(행사가격=50,000원) 200계약을 매입함.

연 10%의 무위험이자율로 차입 또는 대출이 가능하다고 가정하여, 다음의 물음에 답하라. (단, 개별주식옵션의 거래단위는 10주임.)

(1) 각 전략에 대한 6개월 후 투자성과(현금흐름)를 표와 그래프로 나타내라. (단, 현재 추가적인 투자는 없다고 가정한다.)

(2) K씨에게 가장 적합한 투자전략은?

7 방어적 풋

(CPA 2차 2014 수정)

㈜다라의 현재 주당가격은 10,000원이다. ㈜다라의 주식을 기초자산으로 하는 행사가격 10,000원, 1년 만기 유럽형 풋옵션의 가격은 500원이고 무위험이자율은 연 10%이다.

Exercise

(1) 현재 ㈜다라 주식 1,000주를 보유한 투자자 갑이 1년 후의 가격하락 위험을 제거하기 위하여 방어적 풋(protective put) 전략을 사용하려 할 때 필요한 풋옵션의 개수와 이 포트폴리오의 현재시점 가치를 각각 구하라.

(2) 물음 (1)과 같이 구성한 다음 1년 후 ㈜다라의 주가가 5,000원이 된 경우와 15,000원이 된 경우의 투자성과를 비교하라.

보론 포트폴리오보험

포트폴리오보험(portfolio insurance)은 주가가 상승하는 경우 이익은 그대로 취하나, 하락할 경우 손실을 일정수준으로 제한하는 전략을 의미한다. 주식과 풋옵션을 매입하는 전략, 즉 방어적 풋은 가장 단순한 형태의 포트폴리오보험이라 할 수 있다. 그러나 방어적 풋은 주가하락 시 포트폴리오의 최소가치가 풋옵션의 행사가격으로 제한된다는 한계가 있다. 이와 같은 한계점을 해결하기 위해서 방어적 풋과 무위험채권을 결합함으로써 투자자가 원하는 포트폴리오 만기일 가치의 최저수준을 정할 수 있게 된다.

현재 보유하고 있는 투자자금 W를 가지고 주가지수와 동일하게 구성된 주식포트폴리오(S)와 주가지수 풋옵션(P)을 각각 N계약씩 매입하고, 무위험이자율로 D만큼 대출하여 구성한 포트폴리오의 만기일(T) 가치는 만기일에서의 주가지수의 가치(주가지수×거래승수) S_T에 따라 다음과 같이 나타낼 수 있다.[9]

- 포트폴리오의 만기일 가치$= NX + D(1+r_T)$, $S_T < X$ (9A-1a)
- 포트폴리오의 만기일 가치$= NS_T + D(1+r_T)$, $S_T \geq X$ (9A-1b)

여기서 r_T : 현재부터 만기일(T)까지 기간의 무위험이자율
X : 주가지수 풋옵션의 행사가격
$N(S+P)+D=W \rightarrow N=\dfrac{W-D}{S+P}$

식 (9A-1a)에서 볼 수 있는 바와 같이 $S_T < X$일 때 보험이 작동되어(kick in), 포트폴리오의 가치가 일정한 수준으로 보장됨을 알 수 있다. 여기서 포트폴리오관리자가 원하는 포트폴리오 만기일 가치의 최저수준(target floor value)이 F인 경우, 식 (9A-1a)에 N값을 대입한 후 풀면 무위험대출액 D를

---

9 주가지수 콜옵션을 N계약 매입하고, 무위험이자율로 D'만큼 대출하여 포트폴리오보험전략을 구성할 수 있다($N \cdot C + D' = W$, $D'(1+r_T)=F$). 이는 무위험채권(D')에 투자하여 포트폴리오 관리자가 원하는 만기일 가치의 최저수준(F)을 확보하고, 남는 자금으로 주가지수 콜옵션을 매입하여 주가상승 시 이익을 취하는 전략이라 할 수 있다.

다음과 같이 구할 수 있다.[10]

$$D=\frac{F(S+P)-WX}{(S+P)(1+r_T)-X} \tag{9A-2}$$

예제 9A-1 주가지수 풋옵션을 이용한 포트폴리오보험전략

현재 200억원의 투자자금을 가지고 있는 국민연금의 펀드매니지저는 KOSPI200과 동일하게 구성된 주식포트폴리오와 KOSPI200풋옵션을 이용하여 1년 후 최소한 205억원을 보장받고자 한다. 1년 만기 KOSPI200풋옵션의 가격과 행사가격은 각각 5.00, 257.50이다. 그리고 현재 KOSPI200지수는 260.00, KOSPI200옵션의 거래승수는 1포인트당 25만원, 연간 무위험이자율은 3%이다.

국민연금의 펀드매니저가 취할 수 있는 포트폴리오보험전략은?

해설

포트폴리오보험을 구성하기 위해서 주식포트폴리오와 주가지수 풋옵션을 각각 N계약씩 매입하고, 무위험이자율로 D만큼 대출하는 전략을 취해야 한다.

$$200억원 = N\times(260.00\times 25만원 + 5.00\times 25만원)+D \quad \cdots (\text{i})$$

그리고 만기일의 KOSPI200지수의 가치가 KOSPI200풋옵션의 행사가격(257.5×25만원=6,437.5만원)보다 작을 때($S_T<6,437.5$만원) 만기일에서 포트폴리오보험은 최저가치를 가지며, 그 값은 205억원이 되어야 한다.

$$205억원 = N\times 6,437.5만원 + D\times(1+0.03) \quad \cdots (\text{ii})$$

식 (i)과 (ii)에 의해서 N과 D를 구하면 다음과 같다.

$D=182.848$억원, $N=25.89$계약

200억원 중 182.848억원을 무위험이자율로 대출한 후, 17.152억원으로 주식포트폴리오와 KOSPI200풋옵션을 각각 25.89계약 매입함으로써 최소 205억원의 가치를 보장받을 수 있는 포트폴리오보험을 구성할 수 있다. 이와 같은 포트폴리오보험의 만기일 가치(성과)는 다음과 같다.

---

10 일반적으로 포트폴리오관리자는 최소한 투자원금을 보존하고 싶어하므로 포트폴리오 만기일 가치의 최저수준은 투자원금인 W가 되는 경우가 많다.

포트폴리오보험의 만기일 가치(성과)

포트폴리오	투 자 액	만기일 가치(성과)	
		S_T < 6,437.5만원	S_T ≥ 6,437.5만원
주식 25.89계약 매입	16.829억원	25.895S_T	25.89S_T
풋옵션 25.89계약 매입	0.324억원	25.89 × (6,437.5만원 − ST)	0
182.848억원 대출	182.848억원	188.333억원	188.333억원
포트폴리오보험	200억원	205억원	25.89S_T + 188.333억원

* 반올림에 의한 약간의 차이는 조정하였음.

즉 S_T < 6,437.5만원인 경우 포트폴리오보험이 작동하며, 그 최저가치는 205억원임을 확인할 수 있다.

제 10 장

옵션가격결정모형

1. 이항옵션가격결정모형
2. 블랙 - 숄즈 옵션가격결정모형

보론 : 미국형 옵션과 조기행사

대표적인 파생증권(derivative securities)의 하나인 옵션은 상황에 따라 그 성과가 달라지는 조건부 청구권(contingent claim)이라 할 수 있다. 그러므로 주식, 채권 등과 달리 옵션은 기초자산에서 파생된 증권으로서 독립적으로 평가되는 것이 아니라 주어진 기초자산의 가격에 근거하여 종속적으로 평가된다. 옵션가격결정모형(option pricing model : OPM)에는 콕스, 로스, 루빈스타인(J. Cox, S. Ross, and M. Rubinstein)에 의해서 개발된 이항옵션가격결정모형(binomial option pricing model)과 블랙과 숄즈(F. Black and M. Scholes)에 의해서 개발된 블랙-숄즈 옵션 가격결정모형(Black-Scholes option pricing model)이 있다.

본장에서는 이항옵션가격결정모형과 블랙-숄즈 옵션가격결정모형을 차례로 설명하고자 한다.

1 이항옵션가격결정모형

1.1 콜옵션의 가치평가

1기간 모형

이항옵션가격결정모형은 주가가 이산적(discrete)으로 변하며 그 변동은 두 가지로 한정된다는 가정, 즉 주가변동이 이항분포(binomial distribution)를 따른다는 가정하에서 도출된 모형이다.[1] 예를 들어 현재 주가(S)가 20,000원인 주식이 콜옵션의 만기일(T)에 24,000원으로 상승하거나 18,000원으로 하락할 것이라고 가정하자. 그리고 주가가 상승할 확률은 70%이며 하락할 확률은 30%라고 하자. 이를 요약하여 나타내면 [그림 10-1] (a)와 같다. [그림 10-1] (a)에서 u는 주가의 상승계수(24,000/20,000 = 1.2), d는 주가의 하락계수(18,000/20,000 = 0.9)를 의미한다.[2] 이제 행사가격(X)이 21,000원인 콜옵션을 생각해 보자. 만기일에 주가가 24,000원으로 상승하면, 콜옵션의 가치(C_u)는 3,000원(24,000원-21,000원)이 된다. 그리고 주가가 18,000원으로 하락하면, 콜옵션은 행사되지 않으므로 콜옵션의 가치(C_d)는 0원이 된다. 이와 같이 주가변화에 따른 콜옵션의 가치는 [그림 10-1] (b)에 제시되어 있다.

[그림 10-1] (b)에서 볼 수 있는 바와 같이 콜옵션의 가치가 만기일에서 3,000원(70%의 확률) 또는 0원(30%의 확률)이 될 때, 이 콜옵션의 현재가치(C)는 얼마인가?[3] 이에 대한 해답을 얻기 위하여, 주식을 α주 매입하고 그

---

1 J. Cox, S. Ross, and M. Rubinstein, "Option Pricing : A Simplified Approach," *Journal of Financial Economics*, Vol. 7(September 1979), pp. 229~263.

2 $u > (1 + \text{무위험이자율}) > d$

3 현재 주가는 만기일에서의 기대가치를 위험조정할인율, 즉 기대수익률($E(r)$)로 할인하여 구할 수 있다.

$$S = \frac{quS + (1-q)dS}{1+E(r)} \rightarrow E(r) = [qu + (1-q)d] - 1, \ q = \frac{[1+E(r)] - d}{u-d}$$

주식과 콜옵션의 만기일에서의 현금흐름양상(위험)이 서로 다르기 때문에 위의 식에서 사용

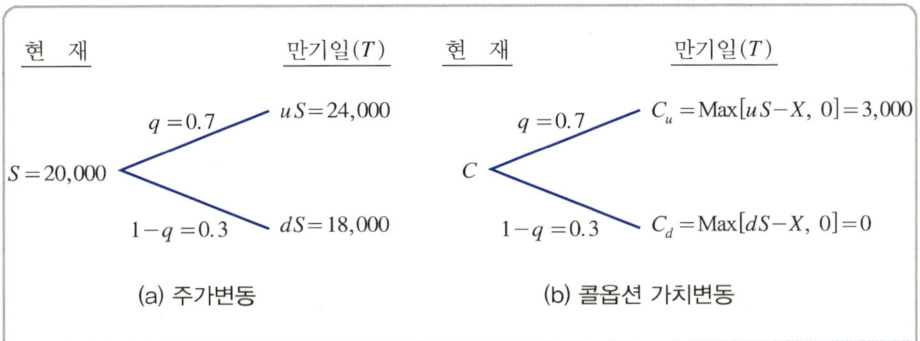

그림 10-1 주가 및 콜옵션의 가치변동 : 1기간

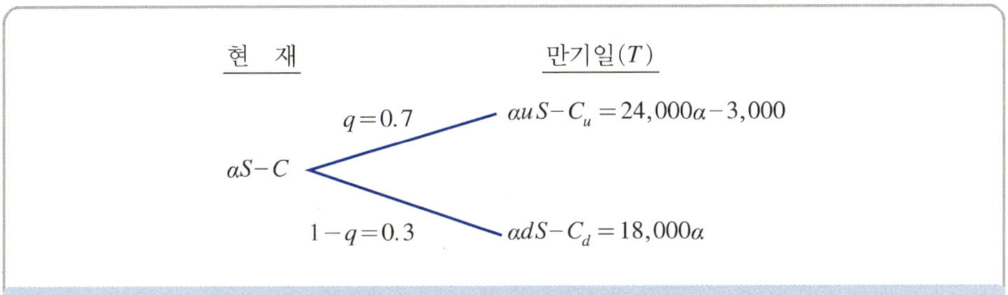

그림 10-2 포트폴리오의 성과

주식에 대한 콜옵션 1개를 매도하는 포트폴리오를 구성해 보자. 이와 같이 구성한 포트폴리오의 성과는 [그림 10-2]와 같다. [그림 10-2]에서 $(\alpha S-C)$는 주식을 α주 매입하고 그 주식에 대한 콜옵션 1개를 매도하는 포트폴리오를 구성하기 위하여 필요한 금액(투자액)이며, $(\alpha uS-C_u)$와 $(\alpha dS-C_d)$는 각각 주가가 상승하거나 하락하였을 때의 포트폴리오의 만기일에서의 성과를 의미한다.

위험이 없는 무위험포트폴리오, 즉 헤지포트폴리오(hedge portfolio)를 구성하기 위해서는 주가의 상승 또는 하락과 관계없이 만기일에서의 포트폴리오의 성과가 항상 일정해야 한다.

$$\alpha uS-C_u=\alpha dS-C_d \tag{10-1}$$

한 기대수익률을 이용하여 콜옵션가격을 구할 수 없다.

식 (10-1)을 α에 관해서 풀면 다음과 같다.

$$\alpha = \frac{C_u - C_d}{(u-d)S} \tag{10-2}$$

식 (10-2)에서 α는 헤지비율(hedge ratio)로서 무위험포트폴리오를 구성하기 위해 콜옵션 1개를 매도(매입)할 때 매입(매도)하여야 하는 주식의 수를 의미한다. 앞의 예에서 헤지비율 α를 구하면 다음과 같다.

$$24{,}000\alpha - 3{,}000 = 18{,}000\alpha \ \rightarrow \ \alpha = 0.5$$

또는

$$\alpha = \frac{3{,}000 - 0}{(1.2 - 0.9) \times 20{,}000} = 0.5$$

20,000원하는 주식 0.5주를 매입하고 이 주식에 대한 콜옵션 1개를 매도하여 구성한 포트폴리오의 만기성과는 주가의 변동에 관계없이 9,000원(24,000×0.5−3,000= 18,000×0.5)으로 항상 일정하게 된다.[4]

이와 같이 구성한 헤지포트폴리오의 수익률은 무위험이자율 r_T가 되어야 한다.

$$(\alpha S - C)(1 + r_T) = \alpha uS - C_u = \alpha dS - C_d \tag{10-3}$$

이제 식 (10-2)와 식 (10-3)을 이용하여 콜옵션의 가격 C를 구하면 다음과 같다.

$$C = \left[C_u\left(\frac{(1+r_T)-d}{u-d}\right) + C_d\left(\frac{u-(1+r_T)}{u-d}\right)\right] \div (1 + r_T) \tag{10-4}$$

여기서

4 또는 주식 1주를 매입하고 동시에 콜옵션 2개를 매도하는 경우에도 헤지포트폴리오를 구성할 수 있다.

$$p = \frac{(1+r_T)-d}{u-d}, \quad 1-p = \frac{u-(1+r_T)}{u-d}$$

로 놓는다면, 식 (10-4)를 다음과 같이 간단히 표현할 수 있다.

$$C = \frac{pC_u + (1-p)C_d}{1+r_T} \tag{10-5}$$

식 (10-5)에서 p는 확률과 유사한 성격을 가지는 것으로서 위험중립확률(risk-neutral probability) 또는 헤지확률(hedge probability)이라 한다.

만기일까지의 무위험이자율이 10%라고 한다면, 이상의 예에서 콜옵션의 가격은 식 (10-5)를 이용하여 다음과 같이 구할 수 있다.[5]

$$p = \frac{(1+0.1)-0.9}{1.2-0.9} = \frac{2}{3}, \quad 1-p = \frac{1.2-(1+0.1)}{1.2-0.9} = \frac{1}{3}$$

$$\therefore \ C = \frac{1}{1+0.1}\left(\frac{2}{3}\times 3{,}000 + \frac{1}{3}\times 0\right) = 1{,}818.18\text{원}$$

식 (10-5)는 옵션가격결정에 대한 몇 가지 중요한 특징을 내포하고 있다.

첫째, 식 (10-5)에서 볼 수 있는 바와 같이 옵션가격을 결정하는 변수에 주가가 상승할 확률(q) 또는 하락할 확률($1-q$)이 포함되어 있지 않다. 즉 현재의 주가가 주어진 상황하에서 옵션가격은 주가가 상승하거나 하락할 확률과 관계없이 결정된다.[6] 이는 옵션의 가치가 주어진 주가에 근거하여 상대적으로 평가되고, 주가의 상승 또는 하락확률은 이미 주가에 반영되어 있기 때문이다.

둘째, 위험에 대한 투자자들의 태도가 옵션가격에 영향을 주지 않는다. 식 (10-5)에서는 "부(富)는 많을수록 더 좋다"는 가정만 하고 있다.

셋째, 옵션가격은 다른 주식들, 특히 시장포트폴리오의 가격변동에 관

5 또는 식 (10-3)을 이용하여 콜옵션의 가치를 직접 구하면 다음과 같다.

$(0.5\times 20{,}000 - C)\times(1+0.1) = 0.5\times 24{,}000 - 3{,}000 \quad \therefore \ C = 1{,}818.18$원

6 확률의 변화에 따라 현재 주가가 변할 경우에는 옵션가격이 영향을 받을 수 있음을 유의해야 한다.

계없이 기초주식 그 자체의 가격변동에 의해서 영향을 받는다. 옵션은 기초자산인 주식으로부터 파생된 자산으로서 주어진 주가에 근거하여 종속적으로 평가됨을 유의해야 한다.

이상의 특징들을 살펴볼 때, 콜옵션가격은 항상 무위험상태(hedge state)에서 유도되기 때문에 그 평가과정은 투자자의 위험선호형태와도 무관하다는 사실을 알 수 있다. 즉 콜옵션가격은 위험중립가격결정관계(risk-neutral valuation relationship)에 의해서 도출된다고 할 수 있다.[7]

알아두기

1기간 모형의 대체적 방법

▪ **복제포트폴리오를 이용하는 방법**

주식을 α주 매입하고 그 주식에 대한 콜옵션 1개를 매도하여 구성한 헤지포트폴리오는 무위험채권을 복제한 것으로 볼 수 있다.

$$\alpha S - C = B \rightarrow C = \alpha S - B$$

따라서 주식 α주를 매입하고 무위험채권 B를 공매도(차입)하여 콜옵션을 복제할 수 있으며, 그 성과는 다음과 같다.

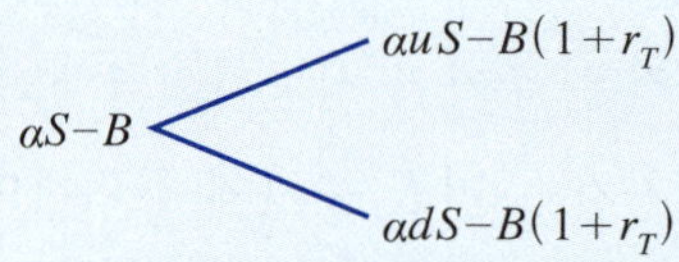

콜옵션 복제포트폴리오의 만기일 성과는 콜옵션과 동일해야 한다.

$$\alpha uS - B(1+r_T) = C_u,\ \ \alpha dS - B(1+r_T) = C_d$$

두 식에 의해 α와 B를 구하면 다음과 같다.

$$\alpha = \frac{C_u - C_d}{(u-d)S},\ \ B = \frac{\left(\dfrac{C_u - C_d}{u-d}\right)u - C_u}{1 + r_T}$$

---

7 옵션가격결정모형은 위험회피형 투자자 등 엄격한 가정하에 도출된 CAPM보다 완화된 가정하에서 도출된 모형이라 할 수 있다.

이제 α와 B를 대입하여 콜옵션의 현재가치를 구할 수 있으며, 이는 식 (10-5)와 동일하다.

$$C = \alpha S - B = \frac{pC_u + (1-p)C_d}{1+r_T}$$

▪ 위험중립확률을 이용하는 방법

만기일에서의 기대가치에서 위험부분을 제거한 가치, 즉 확실성등가가치(certainty equivalent value)를 만들어 주는 확률, 즉 위험중립확률(또는 헤지확률) p를 이용하여 현재의 주가를 계산하면 다음과 같다.

$$S = \frac{puS + (1-p)dS}{1+r_T}$$

위의 식을 이용하여 위험중립확률을 구하면 다음과 같다.

$$1 + r_T = pu + (1-p)d \rightarrow p = \frac{(1+r_T) - d}{u-d}$$

위험중립확률은 주식의 기대수익률과 무위험이자율을 같아지게 만들어 주는 확률개념이라 할 수 있다. 주가변동과 동일한 이항분포를 하는 자산의 가격은 위험중립확률(p)을 이용하여 구할 수 있다. 따라서 콜옵션의 가격은 다음과 같이 구할 수 있으며, 이는 식 (10-5)와 동일하다.

$$C = \frac{pC_u + (1-p)C_d}{1+r_T}$$

콜옵션가격은 위험중립가정하에서의 기대가치(확실성등가가치)를 무위험이자율로 할인한 현재가치라 할 수 있다.

2기간 모형

지금까지는 만기일까지 주가가 한 번만 변동한다는 1기간 모형을 설명하였다. 이제 이를 확장하여 만기일까지 주가가 두 번 변동하는 경우를 살펴보자. 주식가격이 이항분포를 따른다면 2기간 동안 주가 및 콜옵션의 가치변동은 [그림 10-3]과 같다.

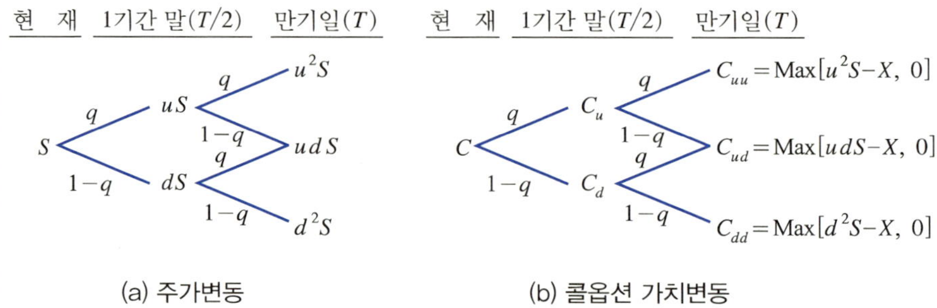

그림 10-3 주가 및 콜옵션의 가치변동 : 2기간

앞에서 도출한 옵션만기일까지 1기간이 남아 있는 경우의 콜옵션평가모형인 식 (10-5)를 이용하여 먼저 1기간 말($T/2$시점)에서의 콜옵션가치인 C_u와 C_d를 구하면 다음과 같다.

$$C_u = \frac{pC_{uu} + (1-p)C_{ud}}{1 + r_{T/2}}, \quad C_d = \frac{pC_{du} + (1-p)C_{dd}}{1 + r_{T/2}}$$

여기서 $r_{T/2}$: 1기간 동안의 무위험이자율

$$p = \frac{(1 + r_{T/2}) - d}{u - d}, \quad 1 - p = \frac{u - (1 + r_{T/2})}{u - d}$$

여기서 구한 C_u와 C_d를 식 (10-5)에 대입하여 정리하면, 다음과 같은 2기간 콜옵션가격결정모형을 도출할 수 있다.

$$C = \frac{p^2 C_{uu} + 2p(1-p)C_{ud} + (1-p)^2 C_{dd}}{(1 + r_{T/2})^2} \tag{10-6}$$

이상에서 살펴본 바와 같이 주가가 2기간 이상 변동할 경우 만기일부터 1기간씩 역순으로 콜옵션가치를 계속 추정해 나가는 방법을 이용하면 현재의 콜옵션가치를 구할 수 있을 것이다.

예제 10-1 2기간 콜옵션가격결정모형

현재 주가는 30,000원이며, 주가는 매 3개월마다 5% 상승하거나 5% 하락한다. 3개월간 무위험이자율은 3%이다. 행사가격이 28,000원이고 만기가 6개월인 유럽형 콜옵션의 가치를 구하라.

해설

만기일인 6개월 후 콜옵션의 가치는 다음과 같다.

현 재 — 3개월 후 — 6개월 후

$C \rightarrow C_u,\ C_d$

$C_{uu} = \text{Max}[u^2S - X,\ 0] = \text{Max}[(1.05)^2 \times 30{,}000 - 28{,}000,\ 0] = 5{,}075$원

$C_{ud} = \text{Max}[udS - X,\ 0] = \text{Max}[1.05 \times 0.95 \times 30{,}000 - 28{,}000,\ 0] = 1{,}925$원

$C_{dd} = \text{Max}[d^2S - X,\ 0] = \text{Max}[(0.95)^2 \times 30{,}000 - 28{,}000,\ 0] = 0$

그리고 헤지확률 p를 구하면 다음과 같다.

$$p = \frac{(1 + r_{T/2}) - d}{u - d} = \frac{1.03 - 0.95}{1.05 - 0.95} = 0.8, \quad 1 - p = 0.2$$

$$\therefore\ C = \frac{p^2 C_{uu} + 2p(1-p)C_{ud} + (1-p)^2 C_{dd}}{(1 + r_{T/2})^2}$$

$$= \frac{0.8^2 \times 5{,}075 + 2 \times 0.8 \times 0.2 \times 1{,}925 + 0.2^2 \times 0}{1.03^2} = 3{,}642.19\text{원}$$

1.2 풋옵션의 가치평가

1기간 모형

먼저 1기간 모형을 살펴보자. 주가 및 풋옵션(행사가격=21,000원)의 가치 변동은 [그림 10-4]와 같다. [그림 10-4] (b)에서 볼 수 있는 바와 같이 풋옵션의 가치가 만기일에서 0원(70%의 확률) 또는 3,000원(30%의 확률)이 될 때, 이 풋옵션의 현재가치(P)는 얼마인가? 이에 대한 해답을 얻기 위하여,

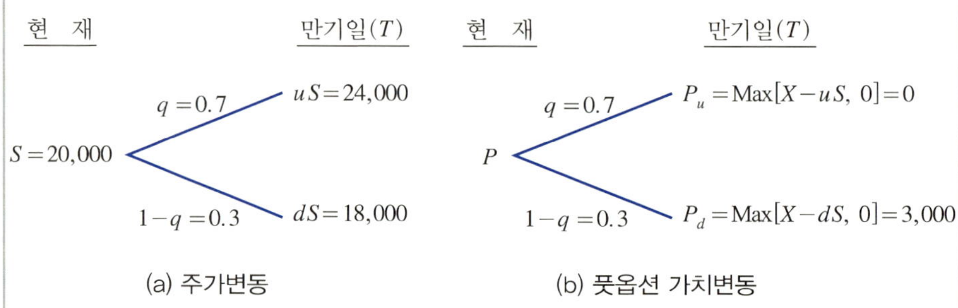

그림 10-4 주가 및 풋옵션의 가치변동 : 1기간

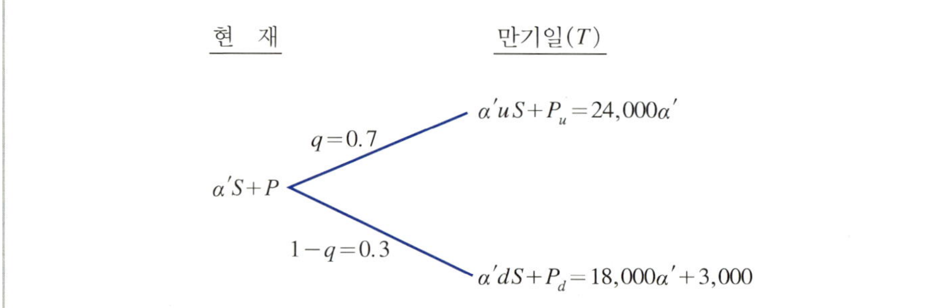

그림 10-5 포트폴리오의 성과

주식을 α'주 매입하고 동시에 그 주식에 대한 풋옵션 1개를 매입하는 포트폴리오를 구성해 보자. 이와 같이 구성한 포트폴리오의 성과는 [그림 10-5]와 같다.

헤지포트폴리오를 구성하기 위해서는 주가의 상승 또는 하락과 관계없이 만기일에서의 포트폴리오의 성과가 항상 일정해야 한다.

$$\alpha' uS + P_u = \alpha' dS + P_d \qquad (10\text{-}7)$$

식 (10-7)을 α'에 관해서 풀면 다음과 같다.

$$\alpha' = \frac{P_d - P_u}{(u-d)S} \qquad (10\text{-}8)$$

식 (10-8)에서 α'는 헤지비율로서 무위험포트폴리오를 구성하기 위해 풋옵션 1개를 매입할 때 매입하여야 하는 주식의 수를 의미한다. 위의 예에서 헤지비율 α'를 구하면 다음과 같다.

$$24{,}000\alpha' = 18{,}000\alpha' + 3{,}000 \rightarrow \alpha' = 0.5$$

또는

$$\alpha' = \frac{3{,}000 - 0}{(1.2 - 0.9) \times 20{,}000} = 0.5$$

20,000원하는 주식 0.5주를 매입하고 동시에 이 주식에 대한 풋옵션 1개를 매입하여 구성한 포트폴리오의 만기성과는 주가의 변동에 관계없이 12,000원(24,000×0.5=18,000×0.5+3,000)으로 항상 일정하게 된다. 이와 같이 구성한 헤지포트폴리오의 수익률은 무위험이자율 r_T가 되어야 한다.

$$(\alpha' S + P)(1 + r_T) = \alpha' uS + P_u = \alpha' dS + P_d \tag{10-9}$$

이제 식 (10-8)과 식 (10-9)를 이용하여 풋옵션의 가격 P를 구하면 다음과 같다.[8]

$$P = \left[P_u\left(\frac{(1 + r_T) - d}{u - d}\right) + P_d\left(\frac{u - (1 + r_T)}{u - d}\right)\right] \div (1 + r_T)$$

$$= \frac{pP_u + (1 - p)P_d}{1 + r_T} \tag{10-10}$$

여기서 $p = \dfrac{(1 + r_T) - d}{u - d}$, $1 - p = \dfrac{u - (1 + r_T)}{u - d}$

만기일까지의 무위험이자율이 10%라고 한다면, 이상의 예에서 풋옵션

8 주식을 α'주 매입하고 동시에 그 주식에 대한 풋옵션 1개를 매입하여 구성한 헤지포트폴리오는 무위험채권을 복제한 것으로 볼 수 있다.

$$\alpha' S + P = B' \rightarrow P = -\alpha' S + B'$$

따라서 주식 α'주를 공매도하고 무위험채권 B'를 매입(대출)하여 풋옵션을 복제할 수 있다.

의 가격은 식 (10-10)을 이용하여 다음과 같이 구할 수 있다.[9]

$$p=\frac{(1+0.1)-0.9}{1.2-0.9}=\frac{2}{3},\quad 1-p=\frac{1.2-(1+0.1)}{1.2-0.9}=\frac{1}{3}$$

$$\therefore\ P=\frac{1}{1+0.1}\left(\frac{2}{3}\times 0+\frac{1}{3}\times 3{,}000\right)=909.09\text{원}$$

2기간 모형

이제 만기일까지 주가가 두 번 변동하고 이항분포를 따른다면 2기간 동안 주가 및 풋옵션의 가치변동은 [그림 10-6]과 같다.

이와 같은 경우 2기간 콜옵션과 동일한 방법으로 2기간 풋옵션가격결정 모형을 도출하면 다음과 같다.

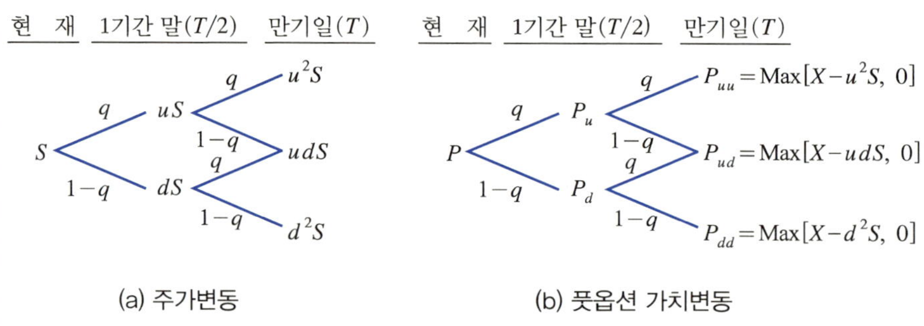

그림 10-6 주가 및 콜옵션의 가치변동 : 2기간

9 식 (10-9)를 이용하여 풋옵션의 가치를 직접 구하면 다음과 같다.

$$(0.5\times 20{,}000+P)(1+0.1)=0.5\times 24{,}000\quad \therefore\ P=909.09\text{원}$$

또는 풋-콜 패리티를 이용하여 풋옵션의 가치를 구할 수도 있다.

$$P=C-S+\frac{X}{1+r_T}=1{,}818.18-20{,}000+\frac{21{,}000}{1+0.1}=909.09$$

$$P = \frac{p^2 P_{uu} + 2p(1-p)P_{ud} + (1-p)^2 P_{dd}}{(1 + r_{T/2})^2} \quad (10\text{-}11)$$

2 블랙-숄즈 옵션가격결정모형

블랙과 숄즈는 몇 가지 엄격한 가정하에서 콜옵션의 가치를 계산하기 위한 다음과 같은 수학적 모형을 개발하였다.[10]

$$C = SN(d_1) - Xe^{-rT}N(d_2) \quad (10\text{-}12)$$

여기서 $d_1 = \dfrac{\ln\dfrac{S}{X} + \left(r + \dfrac{1}{2}\sigma^2\right)T}{\sigma\sqrt{T}}$, $d_2 = d_1 - \sigma\sqrt{T}$

C : 콜옵션의 현재가치
S : 현재의 주가
X : 행사가격
e : 자연지수(2.71828……)
r : 무위험이자율(연리)
T : 연 단위로 환산된 만기일까지의 잔여기간
$N(d)$: d에서의 누적표준정규분포의 값[11]
ln : 자연로그(natural logarithm)
σ : 주식 연간 수익률의 표준편차

10 F. Black and M. Scholes, "The Pricing of Option and Corporate Liabilities," *Journal of Political Economy*, Vol. 81(May-June 1973), pp. 637~659.

11 $N(d)$의 값은 다음의 표준정규분포 그래프에서 채색된 부분의 면적을 의미한다.

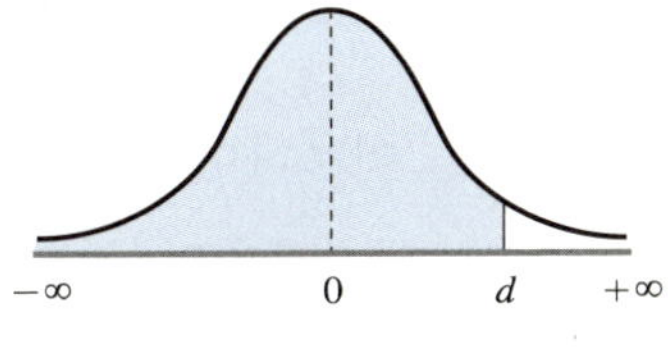

알아두기

블랙-숄즈 옵션가격결정모형의 가정

블랙-숄즈 옵션가격결정모형을 도출하기 위한 기본적인 가정은 다음과 같다.

1. 공매도(short sale)에 대한 제약과 부담금은 없다.
2. 거래비용과 세금이 존재하지 않는다.
3. 유럽형 옵션을 전제로 한다.
4. 주식(기초자산)은 배당을 지불하지 않는다.
5. 주가는 갑작스러운 변동 없이 연속적으로 변동한다.
6. 무위험이자율은 알려져 있으며 일정하다.
7. 주가는 로그노말분포(lognormal distribution)를 이룬다.

식 (10-12)에서 옵션의 가치를 결정하는 요인은 현재의 주가(S), 행사가격(X), 만기(T), 무위험이자율(r), 주가의 변동성(σ)의 다섯 가지라는 것을 확인할 수 있다. 블랙-숄즈 옵션가격결정모형은 복잡한 식으로 표현되어 있지만 사실은 재무론의 다른 어떤 모형들보다 이용하기가 훨씬 간편하다. 왜냐하면 이 모형에서 콜옵션의 가치를 계산하는 데 필요한 다섯 가지 변수들, 즉 S, X, T, r, σ 중에서 σ를 제외하고는 쉽고 확실하게 확인할 수 있기 때문이다.

그리고 식 (10-12)에서 제시된 콜옵션의 가격결정모형을 풋-콜 패리티, 즉 제8장의 식 (8-1)′에 대입하여 정리하면, 다음과 같은 풋옵션의 가격결정모형을 도출할 수 있다.

$$
\begin{aligned}
P &= C - S + Xe^{-rT} \\
&= SN(d_1) - Xe^{-rT}N(d_2) - S + Xe^{-rT} \\
&= Xe^{-rT}[1 - N(d_2)] - S[1 - N(d_1)] \qquad (10\text{-}13)
\end{aligned}
$$

이상에서 설명한 블랙-숄즈모형은 주식과 옵션을 이용하여 헤지포트폴리오를 구성하여 옵션의 가격을 도출한다는 점에서 이항모형과 동일하다.

그러나 블랙-숄즈모형은 이항모형과 달리 주가가 연속적으로 변한다고 가정하고 있기 때문에 헤지비율도 계속 변한다는 점을 유의해야 한다.

블랙-숄즈모형에서 헤지비율은 다음과 같이 나타낼 수 있다.[12]

$$\text{콜옵션의 헤지비율} = \frac{\text{콜옵션가격의 변화}}{\text{주가의 변화}} = \frac{\partial C}{\partial S} = N(d_1) \quad (10\text{-}14)$$

$$\text{풋옵션의 헤지비율} = -\frac{\text{풋옵션가격의 변화}}{\text{주가의 변화}} = -\frac{\partial P}{\partial S} = 1 - N(d_1) = N(-d_1) \quad (10\text{-}15)$$

식 (10-14)에서 $N(d_1)$은 주가의 변화에 대한 콜옵션가격의 민감도를 나타내는 값으로, 주가가 순간적으로 1원 변할 때 콜옵션가격은 $N(d_1)$만큼 변한다는 것을 의미한다.[13] 따라서 콜옵션 1개를 매도하고 주식 $N(d_1)$주를 매입함으로써 헤지포트폴리오(무위험채권)를 구성할 수 있을 것이다. 그리고 식 (10-12)에 의하면 주식 $N(d_1)$주를 매입하고, 무위험채권 $Xe^{-rT}N(d_2)$를 공매도(차입)함으로써 콜옵션을 복제할 수 있음을 알 수 있다.

식 (10-15)에서 $1-N(d_1)[=N(-d_1)]$은 주가의 변화에 대한 풋옵션가격의 민감도를 나타내는 값으로, 주가가 순간적으로 1원 변할 때 풋옵션가격은 $-[1-N(d_1)]$만큼 변한다는 것을 의미한다. 따라서 풋옵션 1개를 매입하고 주식 $1-N(d_1)$주를 매입함으로써 헤지포트폴리오(무위험채권)를 구성할 수 있을 것이다. 그리고 식 (10-13)에 의하면 주식 $1-N(d_1)$주를 공매도하고, 무위험채권 $Xe^{-rT}[1-N(d_2)]$를 매입(대출)함으로써 풋옵션을 복제할 수 있음을 알 수 있다.

한편 식 (10-12), 식 (10-13)에서 $N(d_2)$와 $1-N(d_2)[=N(-d_2)]$는 각각 콜옵션과 풋옵션이 행사될 확률을 의미한다.

---

12 이항모형의 헤지비율과 비교하면 콜옵션의 헤지비율인 $N(d_1)$은 α, 풋옵션의 헤지비율인 $1-N(d_1)$은 α'와 동일한 의미를 가진다고 할 수 있다.

13 식 (10-14)에서 ∂는 편미분(partial differential)을 나타내는 기호로서 여러 변수 중 변수 하나의 순간적인 변동을 나타내며, 라운드 디(round d)라고 읽는다.

시사포커스

세계 경제 뒤흔든 블랙-숄즈 방정식

2008년 글로벌 금융위기를 불러온 원인은 무엇일까. 경제위기 원인은 백가쟁명(百家爭鳴)이다. 작게는 파생상품이나 신용부도스왑(credit default swap : CDS)(부도의 위험만 따로 떼어내어 사고파는 신용파생상품)에서부터 크게는 자본주의와 자유주의의 모순에 이르기까지 각양각색이다. 따라서 처방도 다양하다. 경제학 교과서를 완전히 다시 써야 한다는 주장에서부터, 찻잔 속 태풍에 불과하다는 시각도 있다. 그럼에도 이번 위기의 주범으로 가장 많이 회자되는 것이 바로 서브프라임(subprime)과 그것의 이론적 토대를 만들어 준 금융공학(financial engineering)이다. 이 중 서브프라임은 워낙 많이 거론되었고, 주택저당과 관계있는 용어라서 이제 그리 낯설지 않다. 반면 금융공학은 누구에게나 아직도 생소하기만 하다.

실제 금융공학은 수학적인 도구와 경영·경제·산업공학 등의 이론을 융합시켜 주식과 채권, 원자재 등의 현물시장과 선물·파생시장을 분석하는 분야다. 금융공학이 발달하면서 특정한 기초자산을 근거로 수없이 많은 선물과 파생상품이 쏟아져 나왔다. 특히 금융공학은 1990년대 이후 냉전 종식으로 미국의 우주개발에 대한 투자가 감소하면서, 물리학자들이 금융계로 몰려들어 급속히 발전했다고 한다. 금융공학의 발전에 가장 핵심적인 기여를 한 것은 바로 1973년에 발표된 블랙-숄즈(Black-Scholes) 방정식이다. 이 방정식은 일본 이토(Ito) 교토대 교수의 확률미적분이론을 이용해 파생상품인 옵션의 가격을 계산한 모델이다.

이토 교수는 공기 중에 피어오르는 연기나 물 위를 떠다니는 꽃가루와 같은 불규칙한 운동을 수학적으로 설명해 냈는데, 블랙-숄즈 모델은 이토 이론을 응용한 특정한 방정식을 통해 옵션과 같은 금융상품의 가격결정 원리를 풀어냈다. 즉 위험이 전혀 없는 차익거래는 불가능하다는 공리를 세우고 주식의 현물과 선물, 옵션, 그리고 위험이 거의 없는 국채, 리보(런던은행간대출금리)간 관계식을 세워 방정식을 유도해 옵션가격을 결정하는 방법을 정립했다. 이 과정에서 블랙-숄즈는 물리학의 열 방정식을 기초로 확률론적인 방법으로 해(解)를 구했다고 한다. 이 모델이 등장한 이후 월가에는 수없이 많은 파생상품이 쏟아져 나왔고, 투자은행들은 한동안 천문학적인 수익을 올렸다. 1980년대에는 노벨상 수상자와 수학자, 물리학자 등이 직접 헤지펀드의 효시가 된 LTCM(Long-Term Capital Management)을 만들기도 했다. 숄즈는 파생상품을 발전시켜 금융의 영역을 크게 넓힌 기여로

1997년 노벨경제학상을 받았다. (그러나 블랙은 안타깝게도 1995년 암으로 사망해 사후에는 노벨상을 수여하지 않는 전통에 따라 수상하지 못했다. 대신 숄즈와 헤지펀드를 같이 만든 머튼 교수가 공동 수상했다.)

결국 블랙-숄즈 방정식으로 파생상품의 가치평가가 가능하게 되었으며, 이에 따라 옵션을 부여한 상품도 세상에서 빛을 보게 된 것이다. 이 방정식 하나로 지난 십여 년간 월스트리트는 역사상 최대 호황을 누렸고, 미국은 세계의 금융산업을 제패했었다. 그러나 역시 이론은 이론이다. 엄격한 가정과 조건 속에서만 작동하는 모델을 변동성이 너무 큰 시장에 무리하게 적용하다가 오늘의 파국을 맞은 게 아니겠는가.

〈매경이코노미, 정갑영 교수(연세대학교 경제학부), 2009. 5. 20 수정〉

주 · 요 · 용 · 어

key words

• **이항옵션가격결정모형(binomial option pricing model)**

주가가 이산적(discrete)으로 변하며 그 변동은 두 가지로 한정된다는 가정, 즉 주가변동이 이항분포(binomial distribution)를 따른다는 가정하에서 도출된 모형이다.

☞ $C=\dfrac{pC_u+(1-p)C_d}{1+r_T}$, $P=\dfrac{pP_u+(1-p)P_d}{1+r_T}$

여기서 $p=\dfrac{(1+r_T)-d}{u-d}$, $1-p=\dfrac{u-(1+r_T)}{u-d}$

• **헤지포트폴리오(hedge portfolio)**

주가의 상승 또는 하락과 관계없이 만기일에서의 포트폴리오의 성과가 항상 일정한, 즉 위험이 없는 무위험포트폴리오를 의미한다.

• **헤지비율(hedge ratio) α**

무위험포트폴리오를 구성하기 위해 콜옵션 1개를 매도(매입)할 때 매입(매도)하여야 하는 주식의 수를 의미한다.

• **헤지비율(hedge ratio) α'**

무위험포트폴리오를 구성하기 위해 풋옵션 1개를 매입할 때 매입하여야 하는 주식의 수를 의미한다.

• **위험중립확률(risk-neutral probability) 또는 헤지확률(hedge probability)**

만기일에서의 기대가치에서 위험부분을 제거한 가치, 즉 확실성등가가치(certainty equivalent value)를 만들어 주는 확률을 의미한다.

☞ $p=\dfrac{(1+r_T)-d}{u-d}$, $1-p=\dfrac{u-(1+r_T)}{u-d}$

• **위험중립가격결정관계(risk-neutral valuation relationship)**

옵션가격은 항상 무위험상태(hedge state)에서 유도되기 때문에 그 평가과정은 투자자의 위험선호형태와도 무관하다는 것을 의미한다.

• 블랙-숄즈 옵션가격결정모형(Black-Scholes option pricing model)

☞ $C = SN(d_1) - Xe^{-rT}N(d_2)$

여기서 $d_1 = \dfrac{\ln\dfrac{S}{X} + \left(r + \dfrac{1}{2}\sigma^2\right)T}{\sigma\sqrt{T}}$, $d_2 = d_1 - \sigma\sqrt{T}$

Exercise

연습문제

■ 완성/선택형 문제

1 (   )은 주가가 이산적(discrete)으로 변하며 그 변동은 두 가지로 한정된다는 가정, 즉 주가변동이 이항분포(binomial distribution)를 따른다는 가정하에서 도출된 모형이다.

2 (   )은 무위험포트폴리오를 구성하기 위해 콜옵션 1개를 매도(매입)할 때 매입(매도)하여야 하는 주식의 수를 의미한다.

3 (   )은 만기일에서의 기대가치에서 위험부분을 제거한 가치, 즉 확실성등가가치(certainty equivalent value)를 만들어 주는 확률을 의미한다.

4 ㈜새나라전자의 현재 주식가격은 10,000원이다. 지금으로부터 6개월 후 이 회사의 주식가격은 다음과 같이 예상된다.

상 황	확 률	주 가
상 승	0.5	15,000원
하 락	0.5	7,500원

이 회사의 주식에 대한 콜옵션은 12,000원의 행사가격으로 단지 6개월 후에만 행사될 수 있다. 무위험이자율이 연 6%일 때 콜옵션의 가격(프리미엄)은? (단, 기초주식의 주가변동은 단일기간의 이항분포를 따른다고 가정한다.)

① 1,032원 ② 1,053원 ③ 1,076원
④ 1,087원 ⑤ 1,097원

Exercise

5 주식 A는 배당을 하지 않으며, 현재 시장에서 4,000원에 거래되고 있다. 1년 후 이 주식은 72.22%의 확률로 5,000원이 되고, 27.78%의 확률로 3,000원이 된다. 주식 A가 기초자산이고 행사가격이 3,500원이며 만기가 1년인 유럽형 풋옵션은 현재 200원에 거래되고 있다. 주식의 공매도가 허용되고 무위험이자율로 차입과 대출이 가능하고 거래비용과 차익거래기회가 없다면, 1년 후 항상 10,000원을 지급하는 무위험자산의 현재 가격에 가장 가까운 것은? (CPA 1차 2021)

① 9,000원 ② 9,200원 ③ 9,400원
④ 9,600원 ⑤ 9,800원

6 현재 코스피200지수는 200포인트이다. 현재로부터 6개월 후에 코스피200지수가 220포인트로 상승하거나 190포인트로 하락할 것으로 예상된다. 무위험이자율이 연 4%일 경우 등가격(ATM) 코스피200풋옵션(잔존만기 6개월)의 가격(포인트)에 가장 가까운 값은? (단, 코스피200지수의 가격변동은 이항분포를 따른다.)

① 4.93포인트 ② 5.23포인트 ③ 5.53포인트
④ 5.83포인트 ⑤ 6.13포인트

7 현재 주가는 10,000원이고, 무위험이자율은 연 3%이다. 1년 후 주가는 15,000원으로 상승하거나 7,000원으로 하락할 것으로 예상된다. 이 주식을 기초자산으로 하는 유럽형 옵션의 만기는 1년이고 행사가격은 10,000원이며 주식은 배당을 지급하지 않는다. 1기간 이항모형을 이용하는 경우, 주식과 옵션으로 구성된 헤지포트폴리오(hedge portfolio)로 적절한 항목만을 모두 고르면? (단, 주식과 옵션은 소수 단위로 분할하여 거래가 가능하다.) (CPA 1차 2013)

(가) 주식 1주 매입, 콜옵션 $\frac{8}{5}$개 매도
(나) 주식 $\frac{5}{8}$주 매도, 콜옵션 1개 매입
(다) 주식 1주 매입, 풋옵션 $\frac{8}{3}$개 매입
(라) 주식 $\frac{3}{8}$주 매도, 풋옵션 1개 매도

Exercise

① (가), (다)　　② (나), (라)
③ (가), (나), (다)　　④ (가), (나), (라)
⑤ (가), (나), (다), (라)

8 ㈜한국의 주가가 현재 100만원인데, 1년 후 이 주식의 주가는 120만원 혹은 105만원 중 하나의 값을 갖는다고 가정한다. 이 주식의 주가를 기초자산으로 하고, 만기는 1년이며, 행사가격이 110만원인 콜옵션과 풋옵션이 있다. 기초자산과 옵션을 이용한 차익거래가 발생하지 못하는 옵션가격들을 이항모형을 이용하여 구한 후, 콜옵션과 풋옵션의 가격차이의 절대값을 계산하라. 1년 무위험이자율은 10%이고 옵션만기까지 배당은 없다. (CPA 1차 2009)

① 0원　　② 500원　　③ 1,000원
④ 5,000원　　⑤ 10,000원

9 다음 중 블랙-숄즈 옵션가격결정모형을 도출하기 위한 기본적인 가정에 속하지 않는 것은?

① 공매도(short sale)에 대한 제약과 부담금은 없다.
② 거래비용과 세금이 존재하지 않는다.
③ 미국형 옵션을 전제로 한다.
④ 기초자산은 배당을 지불하지 않는다.
⑤ 무위험이자율은 알려져 있으며 일정하다.

10 배당을 지급하지 않는 주식을 기초자산으로 하는 선물과 옵션에 관한 다음 설명 중 가장 적절하지 않은 것은? (단, 시장이자율은 양수이다.) (CPA 1차 2013 수정)

① 다른 모든 조건이 같다고 할 때, 행사가격이 주식가격과 같은 등가격 유럽형 콜옵션의 이론가격은 등가격 유럽형 풋옵션의 이론가격과 같다.
② 선물의 이론가격을 계산할 때 주식의 변동성은 고려할 필요가 없다.
③ 블랙-숄즈모형에서 $N(d_1)$은 콜옵션의 헤지비율이다.
④ 블랙-숄즈모형에서 $N(d_2)$는 옵션의 만기 시 콜옵션이 내가격(in-the-money)이 될 위험중립확률이다.

⑤ 주식의 가격이 아무리 상승하더라도 미국형 콜옵션을 만기 전에 조기행사하는 것은 합리적인 행위가 아니다.

11 배당을 하지 않는 A기업의 현재 주식가격은 10,000원이다. A기업의 주식을 기초자산으로 하는 만기 1년, 행사가격 10,000원인 유럽형 옵션이 현재 시장에서 거래되고 있다. 1년 후 A기업의 주식가격이 12,000원이 될 확률은 40%, 8,000원이 될 확률은 60%이다. 현재 무위험이자율이 10%이며, 이 옵션의 가격결정은 1기간 이항모형을 이용한 무위험 헤지포트폴리오를 구성하여 구한다. 다음 중 가장 적절하지 않은 것은? (단, 소수점 아래 둘째자리에서 반올림하여 계산한다.)

(CPA 1차 2022)

① 풋옵션의 균형가격은 654.6원이다.
② 콜옵션의 균형가격은 1,363.6원이다.
③ 주식 1개 매입 시 콜옵션 2개 매도로 헤지한다.
④ 풋옵션의 델타는 (−)0.5이다.
⑤ 콜옵션의 델타는 0.5이다.

■ 서술/계산형 문제

1 이항옵션가격결정이 내포하고 있는 중요한 특징을 설명하라.

2 블랙-숄즈 옵션가격결정모형의 기본가정을 제시하라.

3 1기간 이항옵션가격결정모형

새나라㈜의 현재 주식가격은 10,000원이다. 지금으로부터 1년 후 이 회사의 주식가격은 다음과 같이 예상된다.

Exercise

상 황	확 률	주식가격
1	0.6	13,000원
2	0.4	9,000원

이 회사의 주식에 대한 풋옵션은 11,000원의 행사가격으로 단지 1년 후에만 행사할 수 있다. 무위험이자율이 연 5%일 때 다음의 물음에 답하라.

(1) 헤지포트폴리오를 구성하여 풋옵션의 가격을 구하라.

(2) 위험중립확률을 구하여 풋옵션의 가격을 구하라.

(3) 풋옵션과 동일한 기초자산, 행사가격, 만기를 가지는 콜옵션이 존재한다면 그것의 현재가치를 풋-콜 패리티를 이용하여 구하라.

(4) 상승확률이 0.6에서 0.7로 변할 경우 풋옵션 또는 콜옵션의 가격은 어떻게 변화하겠는가? 또한 투자자의 위험선호형태가 바뀔 경우 풋옵션 또는 콜옵션의 가격은 어떻게 변화하겠는가?

4 1기간 이항옵션가격결정모형 : 복제포트폴리오를 이용하는 방법 (CPA 2차 2013)

㈜마바의 현재 주당 가격은 10,000원이다. 주가변동은 이항분포를 따르는데, 1년 후 주가가 상승하여 12,000원이 될 확률은 60%, 주가가 하락하여 7,000원이 될 확률은 40%이다. 투자자는 위험중립적이고 무위험이자율은 10%이며 ㈜마바 주식을 기초자산으로 하는 1년 만기 유럽형 콜옵션과 풋옵션의 행사가격은 10,000원으로 동일하다.

(1) 헤지포트폴리오를 구성하여 현재의 콜옵션가치를 계산하라. 계산결과는 반올림하여 소수점 둘째 자리까지 표기하라.

(2) 무위험 헤지포트폴리오(riskless hedge portfolio)의 속성을 간략하게 설명하라.

(3) 기초주식과 무위험채권을 이용하여 콜옵션을 보유한 것과 동일한 포트폴리오를 구성하고 현재 콜옵션가격이 1,600원일 때 차익거래전략을 현재와 만기 두 시점별 현금흐름의 관점에서 제시하라. 계산결과는 반올림하여 소수점 둘째 자리까지 표기하라.

(4) 이항모형으로 복제포트폴리오를 구성하여 풋옵션의 가치를 구하고 현재 풋옵션가격이 600원일 때 차익거래전략을 현재와 만기 두 시점별 현금흐름의 관점에서 제시하라. 계산결과는 반올림하여 소수점 둘째 자리까지 표기하라.

Exercise

5 2기간 이항옵션가격결정모형

현재 주가는 40,000원이며, 매 6개월마다 5% 상승하거나 5% 하락한다. 무위험이자율은 연 4%이며, 행사가격이 39,000원이다.

(1) 만기가 1년인 유럽형 콜옵션의 가치를 구하라.

(2) 만기가 1년인 유럽형 풋옵션의 가치를 구하라.

(3) 만기가 1년인 유럽형 풋옵션의 가치를 풋-콜 패리티(put-call parity)를 사용하여 구하라.

6 B-S 옵션가격결정모형

청솔주식회사의 주가는 현재 20,000원이다. 이 주식에 대한 콜옵션이 존재하며, 그 콜옵션의 만기일은 6개월 후이고, 행사가격은 21,000원이다. 그리고 주식 연간 수익률의 표준편차는 0.8이고, 연간 무위험이자율은 10%이다.

(1) 블랙-숄즈의 옵션가격결정모형을 이용하여 콜옵션의 현재가치를 계산하라.

(2) 헤지비율은 얼마인가?

(3) 위의 콜옵션과 동일한 행사가격과 만기를 가지고 있는 풋옵션의 현재가치를 구하라.

보론 미국형 옵션과 조기행사

지금까지 도출한 옵션가격결정모형은 모두 유럽형 옵션에 대한 것이다. 미국형 옵션 중 콜옵션은 배당이 존재하는 경우에 조기행사될 수 있으며, 풋옵션은 배당의 존재 여부와 상관없이 조기행사될 수 있다. 이와 같이 조기행사가 가능한 미국형 옵션의 경우 유럽형 옵션과는 달리, 만기일부터 현재시점으로 이항과정을 역행하면서 매기간 말마다 옵션을 행사하는 것이 최적인지를 판단해야 한다. 즉 매기간 말마다 1기간 모형[식 (10-5) 또는 식 (10-10)]에 의해서 계산된 옵션가치와 그 시점에서 옵션을 조기행사하여 얻을 수 있는 가치를 비교한 후, 큰 값을 그 시점에서의 옵션가치로 한다. 이와 같은 방식으로 이항과정을 계속 역행하면서 매기간 말 옵션가치를 계산해 나가면 현재시점에서의 미국형 옵션가치를 구할 수 있다.

예제 10A-1 미국형 풋옵션과 조기행사

현재 주가는 60,000원이며, 매 6개월마다 10% 상승하거나 10% 하락한다. 무위험이자율은 연 10%이며, 행사가격이 59,000원이다.

(1) 만기가 1년인 유럽형 풋옵션의 가치를 구하라.

(2) 만기가 1년인 미국형 풋옵션의 가치를 구하라.

해설

만기일인 1년 후 풋옵션의 가치는 다음과 같다.

현 재	6개월 후	1년 후
		$P_{uu}=\text{Max}[X-u^2S,\ 0]=\text{Max}[59{,}000-(1.1)^2\times60{,}000,\ 0]=0$
	P_u	
P		$P_{ud}=\text{Max}[X-udS,\ 0]=\text{Max}[59{,}000-1.1\times0.9\times60{,}000,\ 0]=0$
	P_d	
		$P_{dd}=\text{Max}[X-d^2S,\ 0]=\text{Max}[59{,}000-(0.9)^2\times60{,}000,\ 0]=10{,}400$원

그리고 헤지확률 p를 구하면 다음과 같다.

$$p=\frac{(1+r_{T/2})-d}{u-d}=\frac{1.05-0.9}{1.1-0.9}=0.75,\quad 1-p=0.25$$

(1) 유럽형 풋옵션의 가치는 다음과 같이 구할 수 있다.

$$P=\frac{p^2P_{uu}+2p(1-p)P_{ud}+(1-p)^2P_{dd}}{(1+r_{T/2})^2}$$
$$=\frac{(0.75)^2\times 0+2\times 0.75\times 0.25\times 0+(0.25)^2\times 10{,}400}{1.05^2}=589.57\text{원}$$

(2) 미국형 풋옵션은 조기행사가 가능하므로 다음과 같은 절차에 의해서 구한다.

① 1기간 말(6개월 후)에서의 풋옵션가치평가

• 주가상승 시

$$P_u=\frac{pP_{uu}+(1-p)P_{ud}}{1+r_{T/2}}=\frac{0.75\times 0+0.25\times 0}{1.05}=0\text{원}$$
$$P_u^*=\text{Max}[X-uS,\ 0]=\text{Max}[59{,}000-1.1\times 60{,}000,\ 0]=0\text{원}$$

계속 보유하는 경우의 미국형 풋옵션가치($P_u=0$원)는 조기행사 시의 가치($P_u^*=0$원)와 같기 때문에 이 옵션은 조기행사에 무차별할 것이다. 따라서 이 시점에서의 미국형 풋옵션가치는 0원이 된다.

• 주가하락 시

$$P_d=\frac{pP_{ud}+(1-p)P_{dd}}{1+r_{T/2}}=\frac{0.75\times 0+0.25\times 10{,}400}{1.05}=2{,}476.19\text{원}$$
$$P_d^*=\text{Max}[X-dS,\ 0]=\text{Max}[59{,}000-0.9\times 60{,}000,\ 0]=5{,}000\text{원}$$

계속 보유하는 경우의 미국형 풋옵션가치($P_d=2{,}476.19$원)는 조기행사 시의 가치($P_d^*=5{,}000$원)보다 작기 때문에 이 옵션은 조기행사될 것이다. 따라서 이 시점에서의 미국형 풋옵션가치는 5,000원이 된다.

② 현재시점에서의 풋옵션가치평가

$$P=\frac{pP_u+(1-p)P_d^*}{1+r_{T/2}}=\frac{0.75\times 0+0.25\times 5{,}000}{1.05}=1{,}190.48\text{원}$$
$$P^*=\text{Max}[X-S,\ 0]=\text{Max}[59{,}000-60{,}000,\ 0]=0\text{원}$$

계속 보유하는 경우의 미국형 풋옵션가치($P = 1,190.48$원)는 조기행사 시의 가치($P^* = 0$원)보다 더 크기 때문에 이 옵션은 조기행사되지 않을 것이다. 따라서 현재 시점에서의 미국형 풋옵션가치는 1,190.48원이다.

제11장

옵션가치의 민감도와 헤징

1. 옵션가치의 민감도
2. 주식옵션을 이용한 헤징 : 델타헤징

옵션가치의 변화는 다양한 요인들에 의해 이루어지며, 그 결정요인의 변화에 따른 옵션가치의 변화 정도를 측정하는 것을 민감도분석(sensitivity test)이라 한다. 이와 같은 민감도분석은 다양한 헤징전략의 기초가 된다.

본장에서는 옵션가치의 민감도와 주식옵션을 이용한 헤징에 대해서 설명하고자 한다.

1 옵션가치의 민감도

옵션가치의 변화는 다양한 요인들에 의해 이루어지며, 그 결정요인의 변화에 따른 옵션가치의 변화 정도를 측정하는 것을 민감도분석(sensitivity test)이라 한다. 옵션가치의 민감도분석은 기본적으로 기초자산의 가격(S), 만기(T), 기초자산의 변동성(σ), 무위험이자율(r) 등의 변화에 대한 옵션가치의 변화 정도를 측정하는 것이다.

1.1 옵션델타

옵션델타(delta : Δ)는 기초자산의 가격변화에 대한 옵션가격의 변화를 나타내는 것으로서 콜옵션델타(Δ_C)는 다음과 같이 측정된다.

$$\Delta_C = \frac{\text{콜옵션의 가격변화}}{\text{기초자산의 가격변화}} = \frac{\partial C}{\partial S} \tag{11-1}$$

옵션델타는 기초자산가격의 함수인 옵션가격 곡선의 기울기를 의미한다. 만약 옵션델타가 0.5이면 기초자산이 1원 변할 때 옵션가격은 0.5원 변한다는 것을 의미한다. 제10장에서 살펴본 블랙-숄즈모형을 이용하여 옵션델타를 구하면 다음과 같다.[1]

- 콜옵션델타(Δ_C) $= N(d_1)$
- 풋옵션델타(Δ_P) $= \dfrac{\partial P}{\partial S} = N(d_1) - 1$

$N(d_1)$이 0과 1 사이의 값을 가지므로 콜옵션델타는 0과 1 사이의 값을 가지며 풋옵션델타는 0과 -1 사이의 값을 지닌다. 즉 콜옵션델타는 양(+)

1 $\Delta_C - \Delta_P = N(d_1) - [N(d_1) - 1] = 1$

의 값을 지니며, 풋옵션델타는 음(−)의 값을 지닌다. 이는 콜옵션(풋옵션)의 가격이 기초자산의 가격변화와 같은(반대) 방향으로 움직임을 의미한다. 따라서 옵션델타를 이용함으로써 기초자산의 가격변동에 따른 위험을 헤지하는 델타헤징이 가능하다. 콜옵션(풋옵션)에 의한 델타헤징은 콜옵션(풋옵션)을 기초자산과 반대(같은) 방향의 포지션을 취하는 방식으로 이루어진다.

일반적으로 포트폴리오의 델타는 포지션의 형태에 따라 달라진다. 예를 들어 콜옵션 매입포지션의 델타는 양(+)의 값이나 콜옵션 매도포지션의 델타는 음(−)의 값이 된다.[2] 옵션델타를 투자전략에 활용할 경우, 기초자산의 가격상승 시 기초자산과 옵션으로 구성된 포트폴리오의 델타를 0보다 크게 가져가는 것이 유리하다. 반면 기초자산의 가격하락이 예상될 경우 포트폴리오 델타를 0보다 작게 가져가는 전략이 유리할 것이다. 포트폴리오의 델타가 0일 경우 포트폴리오 가치가 기초자산의 가격변동과 무관하게 된다. 이런 상태의 포트폴리오를 델타중립 포트폴리오(delta-neutral portfolio)라고 한다.

한편 기초자산이 동일한 N종류의 옵션으로 구성된 포트폴리오의 델타는 다음과 같은 식을 이용하여 구할 수 있다.

$$\text{포트폴리오의 델타} = w_1 \Delta_1 + w_2 \Delta_2 + \cdots + w_N \Delta_N \tag{11-2}$$

여기서 w_j : 개별옵션 j의 매입수량($j = 1, 2, \cdots, N$)
Δ_j : 개별옵션 j의 델타

무배당 주식을 기초자산으로 하는 콜옵션과 풋옵션의 델타와 주가의 관계를 그림으로 제시하면 [그림 11-1]과 같다. 콜옵션델타는 주가가 상승할수록 증가하는 형태를 보이며 주가가 매우 낮은 경우와 매우 높은 경우에 각각 0과 1에 가까운 값을 보인다. 한편 풋옵션델타는 주가가 상승할수록 증가하며 극단적인 외가격 상태에서는 0에 가깝다는 점에서 콜옵션과 유사하다. 다만 풋옵션델타는 내가격 상태가 심해질수록 −1에 수렴한다는 점에서 콜옵션델타와 구분된다.

2 옵션매입에 따른 포지션의 민감도는 옵션민감도 그 자체의 값과 같은 부호를 지니며, 옵션매도포지션의 민감도는 옵션민감도와 반대의 부호를 지니게 된다.

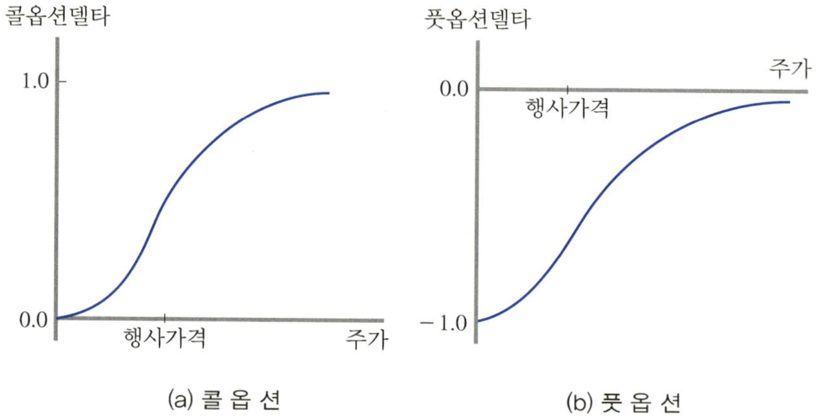

그림 11-1 주가와 옵션델타

1.2 옵션감마

옵션감마(gamma : Γ)는 기초자산의 가격변화에 대한 옵션델타의 변화를 나타내는 것으로서 콜옵션감마(Γ_C)는 다음과 같이 측정된다.

$$\Gamma_C = \frac{\text{콜옵션델타의 변화}}{\text{기초자산의 가격변화}} = \frac{\partial \Delta_C}{\partial S} = \frac{\partial^2 C}{\partial S^2} \qquad (11\text{-}3)$$

식 (11-3)에서 볼 수 있는 바와 같이 옵션감마는 옵션가격을 기초자산의 가격에 의해 2차 편미분한 것으로서 옵션의 곡률(option curvature)을 의미한다.[3] 옵션감마의 값(절대치)이 클수록, 옵션델타는 기초자산의 가격변화에 민감해진다.

델타중립 포트폴리오를 일정한 기간 동안 그대로 내버려 둔다는 것은 상당히 위험할 수 있다. 왜냐하면 기초자산의 가격이 변동됨에 따라 델타중립 포트폴리오가 델타중립 상태를 벗어날 가능성이 높기 때문이다. [그림 11-2]는 그러한 예를 보여준다. 기초자산인 주식의 가격이 S에서 S'로 상승

3 곡률은 곡선 또는 곡면의 휨 정도를 나타내는 변화율이다.

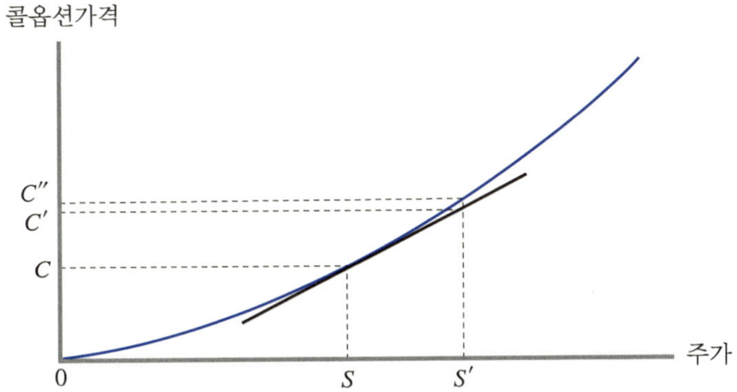

그림 11-2 옵션곡률과 델타헤징 오류

할 때 실제 콜옵션의 가격은 C에서 C''으로 상승한다. 그럼에도 불구하고 옵션델타를 이용한 헤징은 콜옵션의 가격이 C에서 C'으로 변한다는 것을 전제로 한다. 여기서 실제로 변동된 콜옵션의 가격과 델타헤징 가정하에서의 변동된 콜옵션의 가격간에는 차이($C''-C'$)가 존재한다. 이러한 차이는 기존의 옵션델타를 이용한 헤징 시 헤징오류(hedging error)를 발생시키는 요인이 되며, 이는 옵션의 곡률로 인해 초래된 것이다. 따라서 기초자산 가격이 변동되는 경우 효과적인 델타헤징을 위해서는 기존의 델타 값이 아닌 새로운 델타 값을 이용하여야 한다. 새로운 델타 값은 기존의 델타 값에다 감마 값을 더하여 구할 수 있다. 이런 점에서 델타중립헤징의 효과를 높이기 위한 방안으로 옵션감마를 고려해야 하며 감마가 클수록 포트폴리오 재조정(헤지비율 수정)을 더욱 빈번하게 수행하여야 한다.

일반적으로 콜 매입, 풋 매입 등의 옵션 매입포지션의 감마는 양(+)의 값이나 콜 매도, 풋 매도 등의 옵션 매도포지션은 음(−)의 감마를 지닌다. 무배당 주식을 기초자산으로 하는 유럽형 옵션의 경우 주가의 변화에 따라 옵션감마의 변화의 형태를 그림으로 제시하면 [그림 11-3]과 같다. 옵션감마는 등가격일 때 가장 크고, 내가격이나 외가격 상태가 심해질수록 0의 값

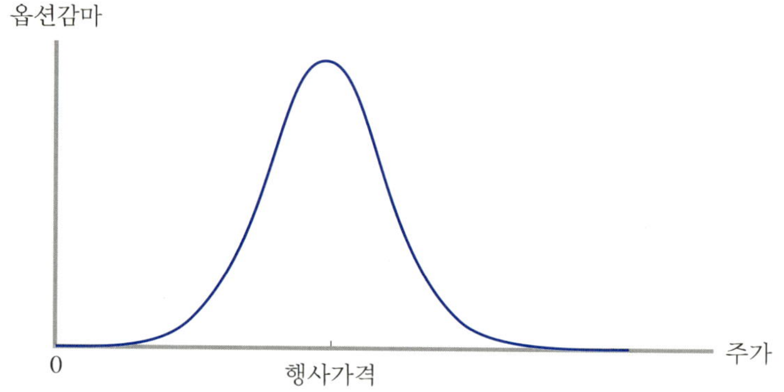

그림 11-3 주가와 옵션감마

에 가까워진다.

1.3 옵션세타

옵션세타(theta : Θ)는 시간경과에 대한(만기일까지의 기간이 감소함에 따른) 옵션가격의 변화를 나타내는 것으로서 콜옵션세타(Θ_C)는 다음과 같이 측정된다.

$$\Theta_C = \frac{\text{콜옵션가격의 변화}}{\text{시간의 경과}} = \frac{\partial C}{\partial t} \tag{11-4}$$

잔존만기, 즉 만기일까지의 기간($T-t$)이 감소함에 따라 옵션가치가 감소하는 경향이 있으므로 대부분의 경우에 옵션세타의 부호는 음(−)일 것이다.[4] 무배당 주식에 대한 유럽형 콜옵션을 대상으로 주가와 콜옵션세타의 관계는 [그림 11-4]와 같다. 주가가 매우 낮은 수준에서 콜옵션세타는 0에 가깝고, 주가가 행사가격에 근접할 경우 콜옵션세타가 가장 작아지는 특징을 보인다.

4 예외적으로 무배당 주식에 대한 내가격 유럽형 풋옵션과 이자율이 매우 높은 통화에 대한 내가격 유럽형 콜옵션의 경우 옵션세타의 부호가 양(+)일 수 있다.

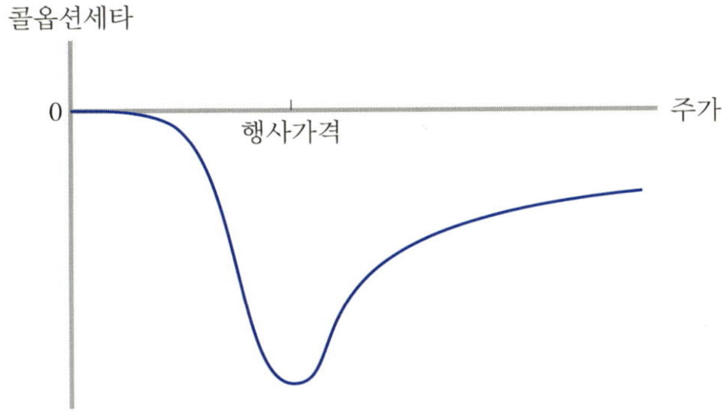

그림 11-4 주가와 콜옵션세타

1.4 옵션베가

옵션베가(vega : Λ)는 기초자산 변동성의 변화에 대한 옵션가격의 변화를 나타내는 것으로서 콜옵션베가(Λ_C)는 다음과 같이 측정된다.

$$\Lambda_C = \frac{\text{콜옵션가격의 변화}}{\text{기초자산 변동성의 변화}} = \frac{\partial C}{\partial \sigma} \qquad (11\text{-}5)$$

옵션베가의 값이 클수록, 옵션가치는 기초자산의 변동성의 변화에 민감해진다. 옵션의 베가는 콜옵션 또는 풋옵션 등 옵션의 유형과 무관하게 모두 양(+)의 값을 지닌다. 따라서 옵션 매입포지션의 베가는 양(+)의 값, 옵션 매도포지션의 베가는 음(−)의 값을 지닌다.

무배당 주식의 유럽형 옵션을 대상으로 주가와 베가의 관계는 [그림 11-5]와 같다. 주가가 행사가격인 등가격 옵션의 베가가 가장 크고, 주가가 매우 낮거나 또는 매우 높은 영역에서의 옵션베가는 0에 가까운 값을 지닌다.

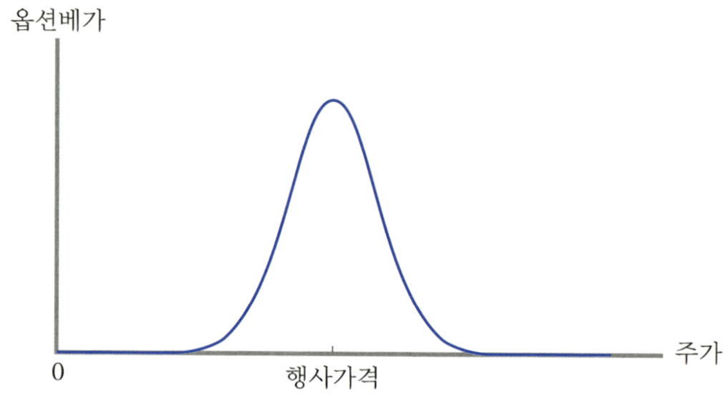

그림 11-5 주가와 옵션베가

1.5 옵 션 로

옵션로(rho : ρ)는 무위험이자율의 변화에 대한 옵션가격의 변화를 나타내는 것으로서 콜옵션로(ρ_C)는 다음과 같이 측정된다.

$$\rho_C = \frac{\text{콜옵션가격의 변화}}{\text{무위험이자율의 변화}} = \frac{\partial C}{\partial r} \tag{11-6}$$

2 주식옵션을 이용한 헤징 : 델타헤징

주식과 그 주식을 기초자산으로 하는 옵션으로 구성된 포트폴리오의 델타(Δ)를 0으로 만들면, 주가(S)가 변하더라도 포트폴리오의 가치는 변하지 않게 된다. 이를 델타헤징(delta hedging)이라 하고, 그 포지션을 델타중립(delta neutral)이라 한다.

델타헤징을 위하여 구성한 헤지포트폴리오의 가치(V_H)는 다음과 같다.

$$V_H = n_S S + n_C C \qquad (11\text{-}7)$$

여기서 n_S : 주식의 매입수량
n_C : 콜옵션의 매입수량

식 (11-7)에 의해 헤지포트폴리오의 델타를 구해서 0으로 놓으면 다음과 같다.

$$\frac{\partial V_H}{\partial S} = n_S \frac{\partial S}{\partial S} + n_C \frac{\partial C}{\partial S} = n_S + n_C \Delta_C = 0 \qquad (11\text{-}8)$$

여기서 Δ_C : 콜옵션의 델타

식 (11-8)에서 콜옵션 1개 매도($n_C = -1$)에 대한 주식의 매입수량(n_S), 즉 헤지비율은 Δ_C이다. 제10장에서 설명한 이항모형과 블랙-숄즈모형에서 헤지비율을 살펴보면 다음과 같다.[5]

$$\alpha = \frac{C_u - C_d}{(u-d)S} = \frac{\Delta C}{\Delta S} = \Delta_C, \quad N(d_1) = \frac{\partial C}{\partial S} = \Delta_C$$

기초자산인 주가가 변함에 따라 델타도 변하기 때문에 헤지비율을 재조정(rebalancing)해 주어야 하며, 이를 동적헤징전략(dynamic hedging schemes)이라 한다.

5 주식과 풋옵션을 매입하여 헤지포트폴리오를 구성하는 경우 헤지비율(풋옵션 1개 매입에 대한 주식의 매입수량)은 다음과 같다.

$$\alpha' = \frac{P_d - P_u}{(u-d)S} = \frac{-(P_u - P_d)}{(u-d)S} = -\frac{\Delta P}{\Delta S} = -\Delta_P, \quad 1 - N(d_1) = -\frac{\partial P}{\partial S} = -\Delta_P$$

여기서 Δ_P : 풋옵션의 델타(부호는 음(−)임)

시사포커스

주가 하락 대비하는 투자자들 … 풋옵션 산다

개인 투자자들은 주식시장의 하락에 대비해 주가 하락시 이익을 얻을 수 있는 풋옵션을 대거 사들이고 있는 것으로 나타났다. 〈사진: 연합뉴스〉

시장에 존재하는 각종 리스크 요인에도 불구하고 사상 최고치를 기록하고 있는 주식시장에 대한 투자자들의 두려움이 커지고 있다. 개인 투자자들은 주식시장의 하락에 대비해 주가 하락시 이익을 얻을 수 있는 풋옵션을 대거 사들이고 있는 것으로 나타났다. 주식시장이 고공행진을 펼치고 있지만, 투자자들은 하락장에 대비하고 있는 것이다.

▶ 개인 투자자들 풋옵션 거래 늘어

2021년 12월 28일(이하 현지시간) 파이낸셜타임스(FT)는 "투자자들은 기록적인 수준으로 주가가 하락할 경우를 대비해 이를 보호하기 위한 수단으로 눈을 돌리고 있다"고 언급했다. 투자자들이 주목하고 있는 것은 바로 풋옵션이다. 특정 가격으로 주식을 팔 수 있는 권리인 풋옵션은 일반적으로 주가 하락을 예상할 때 사들인다.

골드만삭스에 따르면, 2021년 12월 3일 기준 단일 주식 종목 연계 풋옵션 거래액은 사상 최대치인 3,530억달러를 기록했다. 2021년 11월 하루 평균 거래액이 2,330억달러였음을 감안하면 크게 늘어난 것이다. 반면 콜옵션 거래액은 최근 꾸준히 감소하고 있다. 시카고옵션거래소(CBOE)의 상품정보 헤드인 헨리 슈와츠는 "고객들은 지난 1~2년 동안 콜옵션을 사들였고 엄청난 돈을 벌었으나, 이제는 더 이상 그렇게 하지 않는다"고 말했다. 주목할 점은 풋옵션을 사들이기 시작한 것이 개인 투자자들이라는 점이다. 최근 신규 소규모 옵션거래가 크게 늘고 있는데, 이는 개인 투자자들의 움직임으로 볼 수 있다는 것이다.

센티멘트레이더에 따르면, 2021년 12월 17일 기준 신규 소매 옵션 계약의 약 23%가 풋옵션이었는데, 이는 2021년 11월 초 16%에서 증가한 것이다. FT는 "개인 투자자들로부터 풋옵션 매수세가 나오고 있다는 징후"라며 "올해 콜옵션을 대거 사들였던 개인 투자자들에게서의 주목할 만한 변화"라고 설명했다.

▶ 풋옵션 거래 증가 … 증시 변동성 커질 수 있어

2021년 말 주식시장이 사상 최고치를 경신하는 등 고공행진을 펼치고 있는 상황에서 풋옵션 거래가 늘고 있다는 점은 눈길을 끄는 부분이다. 주가 상승세 속에서도 투자자들은 하락 가능성을 높게 보고 있다는 뜻이기 때문이다. 특히 2021년 말의 상승세가 고르게 이뤄지지 않았다는 점도 투자자들을 하락장에 대비하게끔 만드는 부분이다.

FT는 "S&P500 지수는 2021년 12월 27일 기준 연초 이후 27% 이상 상승세를 보였지만 이러한 상승세는 고르게 분배되지 않았다"며 "저가 매수에 나선 투자자들은 이에 대한 보상을 받지 못하고 있다"고 말했다. 실제로 S&P500 내 200개 이상의 기업들은 최근 최고치 대비 최소 10% 이상 하락한 것으로 나타났다. 또한 S&P500 기업들 중 90개사는 최소 20% 하락했다. S&P500 지수가 2021년 12월 27일 장중 및 종가 기준 사상 최고치를 새로 쓴 것과는 대조적이다. 이는 최근의 랠리가 오래 지속되지 않을 수 있음을 뜻하는 부분이라는 설명이다.

하락장을 예상해 헤지 상품으로 눈을 돌린 것은 개인 투자자들 뿐만은 아니다. 대형 기관 투자자들 역시 풋옵션 매수에 나서고 있는 것으로 나타났다. 헤지펀드 맨그룹의 헤징 스페셜리스트인 피터 밴 두이예위트는 "이것은 단순히 개인 투자자들만이 옵션시장으로 눈을 돌린 것이 아니다"면서 "기관 투자자들 역시 주가 하락 시 미 국채가 반등할 여지가 거의 없다고 내다보며 국채 대신 풋옵션을 그들의 포트폴리오에 추가하고 있다"고 말했다.

이같은 움직임은 주식시장의 변동성을 키울 수 있다는 점에서 주의가 필요하다. 2021년 9월 콜옵션 시장이 활황을 보이면서 주식시장의 상승세를 이끌었던 바 있는데, 반대로 풋옵션 거래가 늘어날 경우 시장의 하락세를 주도할 수 있다는 것이다. FT는 "2021년 새로 시장에 진입한 신규 투자자들의 풋계약 활용도가 높아지면서 미 증시의 변동성이 급증할 수 있다"고 언급했다.

〈오피니언뉴스, 2021. 12. 29 수정〉

주 · 요 · 용 · 어
key words

- 민감도분석(sensitivity test)

옵션가치의 변화는 다양한 요인들에 의해 이루어지며, 그 결정요인의 변화에 따른 옵션가치의 변화 정도를 측정하는 것을 의미한다.

- 옵션델타(delta : Δ)

기초자산의 가격변화에 대한 옵션가격의 변화를 나타내는 것으로서 콜옵션델타 (Δ_C)는 다음과 같이 측정된다.

☞ $\Delta_C = \dfrac{\text{콜옵션의 가격변화}}{\text{기초자산의 가격변화}} = \dfrac{\partial C}{\partial S}$

- 델타중립 포트폴리오(delta-neutral portfolio)

포트폴리오의 델타가 0일 경우 포트폴리오 가치가 기초자산의 가격변동과 무관하게 되는 것을 의미한다.

- 옵션감마(gamma : Γ)

기초자산의 가격변화에 대한 옵션델타의 변화를 나타내는 것으로서 콜옵션감마 (Γ_C)는 다음과 같이 측정된다.

☞ $\Gamma_C = \dfrac{\text{콜옵션델타의 변화}}{\text{기초자산의 가격변화}} = \dfrac{\partial \Delta_C}{\partial S} = \dfrac{\partial^2 C}{\partial S^2}$

- 옵션세타(theta : Θ)

시간경과에 대한(만기일까지의 기간이 감소함에 따른) 옵션가격의 변화를 나타내는 것으로서 콜옵션세타(Θ_C)는 다음과 같이 측정된다.

☞ $\Theta_C = \dfrac{\text{콜옵션가격의 변화}}{\text{시간의 경과}} = \dfrac{\partial C}{\partial t}$

- 옵션베가(vega : Λ)

기초자산 변동성의 변화에 대한 옵션가격의 변화를 나타내는 것으로서 콜옵션베가(Λ_C)는 다음과 같이 측정된다.

☞ $\Lambda_C = \frac{\text{콜옵션가격의 변화}}{\text{기초자산 변동성의 변화}} = \frac{\partial C}{\partial \sigma}$

- 옵션로(rho : ρ)

무위험이자율의 변화에 대한 옵션가격의 변화를 나타내는 것으로서 콜옵션로(ρ_C)는 다음과 같이 측정된다.

☞ $\rho_C = \frac{\text{콜옵션가격의 변화}}{\text{무위험이자율의 변화}} = \frac{\partial C}{\partial r}$

- 델타헤징(delta hedging)

주식과 그 주식을 기초자산으로 하는 옵션으로 구성된 포트폴리오의 델타(Δ)를 0으로 만들면, 주가(S)가 변하더라도 포트폴리오의 가치는 변하지 않게 되는 것을 의미하며, 이와 같은 포지션을 델타중립(delta neutral)이라 한다.

- 동적헤징전략(dynamic hedging schemes)

기초자산인 주가가 변함에 따라 델타도 변하기 때문에 헤지비율을 재조정(rebalancing)해 주는 것을 의미한다.

Exercise

연습문제

■ 완성/선택형 문제

1 (   )는 기초자산의 가격변화에 대한 옵션가격의 변화를 나타낸다.

2 (   )는 기초자산의 가격변화에 대한 옵션델타의 변화를 나타낸다.

3 주식과 그 주식을 기초자산으로 하는 옵션으로 구성된 포트폴리오의 델타(Δ)를 0으로 만들면, 주가(S)가 변하더라도 포트폴리오의 가치는 변하지 않게 된다. 이를 (   )이라 하고, 그 포지션을 (   )이라 한다.

4 옵션델타에 관한 설명 중 틀린 것은?

① 옵션델타는 기초자산의 가격변화에 따른 옵션가격의 변화를 나타낸 값이다.
② 무배당 주식을 기초자산으로 하는 유럽형 콜옵션의 델타는 0과 1 사이의 값을 지닌다.
③ 무배당 주식을 기초자산으로 하는 유럽형 콜옵션의 델타는 $N(d_1)$이다.
④ 풋옵션의 델타는 기초자산 가격이 상승할수록 0의 값에 수렴하며, 기초자산 가격이 하락할수록 -1의 값에 근접한다.
⑤ 콜옵션의 델타는 내가격 상태가 심해질수록 0의 값에 근접한다.

5 옵션감마에 관한 설명 중 틀린 것은?

① 기초자산의 가격변화에 대한 옵션델타의 변화를 나타낸다.
② 무배당 주식을 기초자산으로 하는 유럽형 옵션의 감마는 등가격일 때 가장 크고, 내가격이나 외가격 상태가 심해질수록 0의 값에 가까워진다.
③ 무배당 주식을 기초자산으로 하는 유럽형 옵션의 감마 값은 주가가 상승할수록 점점 커진다.

Exercise

④ 옵션감마는 옵션포지션이 매수일 경우에는 양(+)의 값을 갖는 반면, 매도일 경우에는 음(−)의 값을 갖는다.

⑤ 기초자산의 가격변화가 있을 경우에 옵션델타는 기존의 옵션델타와 옵션감마의 합계로 산출할 수 있다.

6 옵션민감도에 관한 다음 설명 중 틀린 것은?

① 옵션베가의 값이 클수록, 옵션가치는 기초자산의 변동성의 변화에 민감해진다.

② 무배당 주식에 대한 유럽형 옵션의 경우 주가가 행사가격인 수준에서 옵션의 베가가 가장 작은 값을 보인다.

③ 옵션베가는 콜옵션 또는 풋옵션 등 옵션의 유형과 무관하게 모두 양(+)의 값을 지닌다.

④ 무배당 주식을 기초자산으로 하는 유럽형 콜옵션의 세타는 주가가 행사가격인 수준에서 가장 낮다.

⑤ 옵션로(rho)는 무위험이자율의 변화에 대한 옵션가격의 변화를 측정한 값이다.

7 옵션의 가치와 옵션가격결정요인들에 관한 설명으로 가장 적절하지 않은 것은?

(CPA 1차 2011)

① 일반적으로 콜옵션의 델타(delta)는 양(+)의 값, 풋옵션의 델타는 음(−)의 값을 갖는다.

② 옵션의 세타(theta)는 시간이 지남에 따라 옵션가치가 변하는 정도를 나타내는 지표이다.

③ 다른 조건이 동일하다면 등가격 상태에서 콜옵션의 시간가치는 풋옵션의 시간가치보다 작다.

④ 배당 등의 현금흐름이 없는 유럽형 콜옵션의 감마(gamma)는 일반적으로 양(+)의 값을 갖는다.

⑤ 옵션의 감마 값은 등가격 부근에서 크고, 외가격이나 내가격으로 갈수록 감소한다.

Exercise

■ 서술/계산형 문제

1 기초자산의 가격(S), 만기(T), 기초자산의 변동성(σ), 무위험이자율(r) 등의 변화에 대한 옵션가치의 변화를 설명하라.

2 주식옵션을 이용한 델타헤징전략을 설명하라.

3 콜옵션델타 (CPA 1차 2014 수정)

기초자산의 현재가격이 10,000원이고 이에 대한 콜옵션의 현재가격은 2,000원이다. 콜옵션의 델타가 0.8일 때 기초자산의 가격이 9,000원이 되면 콜옵션의 가격은 얼마가 되겠는가?

4 주식옵션을 이용한 헤징 : 델타헤징

투자자 갑은 콜옵션 200계약(주식 2,000주에 대한 옵션)을 매도하였다. 콜옵션의 가격은 10,000원, 주식가격은 100,000원, 콜옵션의 델타는 0.6이다. 델타헤징에 필요한 주식수를 구하라.

5 주식옵션을 이용한 헤징 : 델타헤징 (CPA 1차 2019)

주식 C를 기초자산으로 하는 콜옵션 20계약을 매도하고 풋옵션 10계약을 매수하고자 한다. 해당 콜옵션의 델타(delta)는 0.5이고 풋옵션의 델타는 −0.3이다. 델타중립(delta-neutral) 포지션 구축을 위한 주식 C의 거래로 가장 적절한 것은? 단, 옵션 1계약 당 거래단위(승수)는 100주이다.

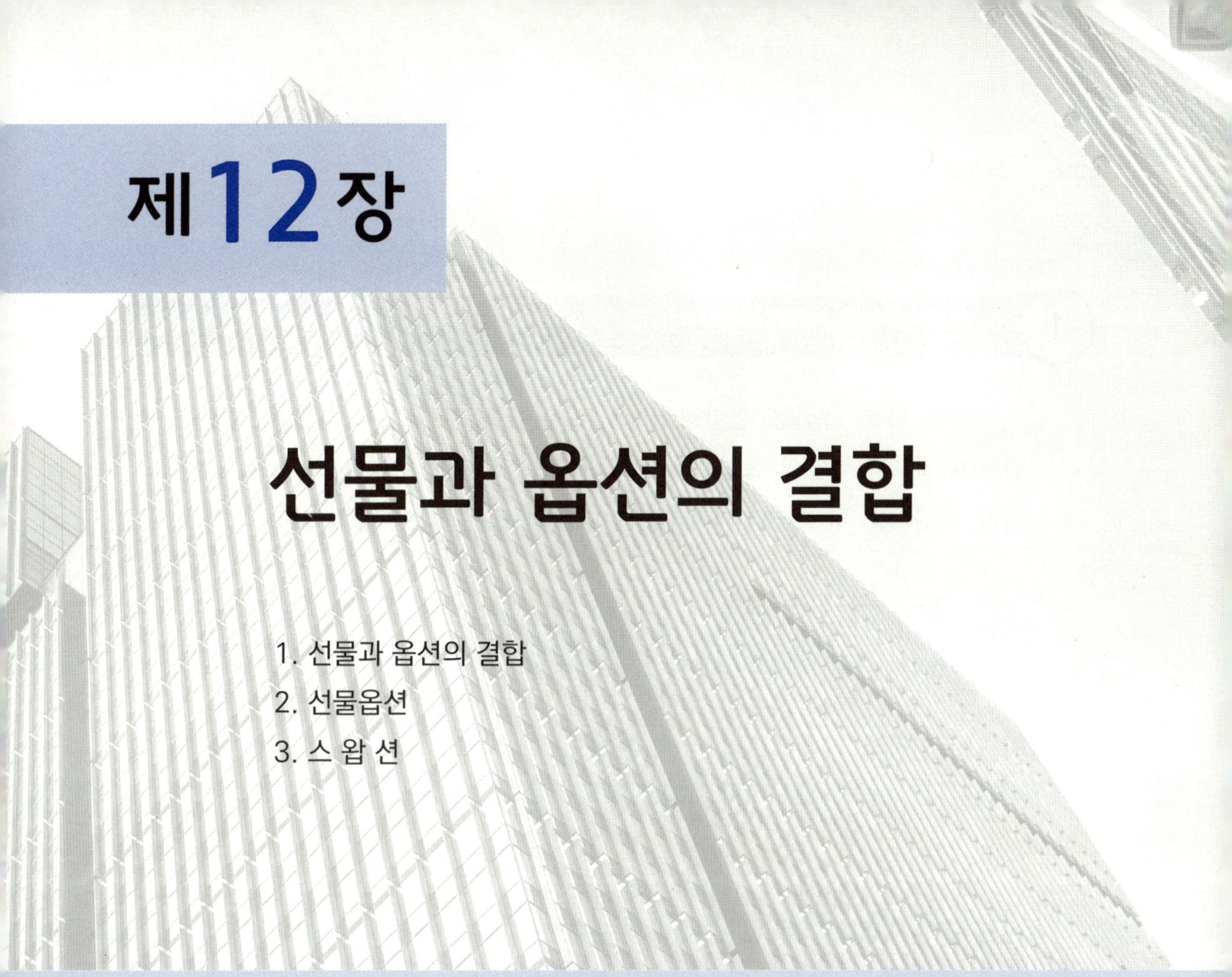

제 12 장

선물과 옵션의 결합

서로 다른 옵션을 결합하여 선물포지션을 만들거나, 선물과 옵션을 결합하여 새로운 형태의 옵션포지션을 만드는 것을 합성포지션(synthetic position)이라 한다. 한편 선물옵션(option on futures, futures option)은 현물이 아닌 선물을 기초자산으로 하는 옵션으로서, 미래의 일정시점에 약정된 가격으로 선물계약을 체결할 수 있는 권리를 말한다. 그리고 스왑옵션(swap option)은 금리스왑을 기초자산으로 하는 옵션으로서 스왑션(swaption)이라고도 한다.

본장에서는 선물과 옵션의 결합, 선물옵션, 스왑션 등에 대해서 설명하고자 한다.

1 선물과 옵션의 결합

서로 다른 옵션을 결합하여 선물포지션을 만들거나, 선물과 옵션을 결합하여 새로운 형태의 옵션포지션을 만드는 것을 합성포지션(synthetic position)이라 한다. 풋-콜 패리티에 의하면 다음과 같은 식이 성립한다.

$$S-\frac{X}{1+r_T}+P=C \tag{12-1}$$

그리고 선물(F)은 현금을 차입(무위험채권 공매도)하여 현물을 매입하는 것과 동일하다.

선물 = 현물 − 무위험채권 (12-2)

식 (12-1)과 식 (12-2)에 의해서 선물과 옵션은 다음과 같은 관계가 성립하게 된다.

$$F+P=C \tag{12-3}$$

식 (12-3)은 선물과 옵션의 만기일이 동일하고, 선물가격과 옵션의 행사가격이 같아야 성립함을 유의해야 한다.

1.1 옵션의 합성

합 성 콜

식 (12-3)에 의해 합성콜(synthetic call)을 만들 수 있다.

합성콜 매입(C) = 선물 매입(F) + 풋 매입(P) (12-4)

〈표 12-1〉은 합성콜의 만기일 성과를 나타낸 표이다. 그리고 합성콜 매입에 따른 손익은 만기일 성과에서 투자액을 차감한 것으로서, 이를 그림으

표 12-1 합성콜의 만기일 성과

포트폴리오	투 자 액	만기일 성과	
		$S_T < X$	$S_T \geq X$
선물 매입	0	$S_T - X$	$S_T - X$
풋 매입	P	$X - S_T$	0
합 성 콜	P	0	$S_T - X$

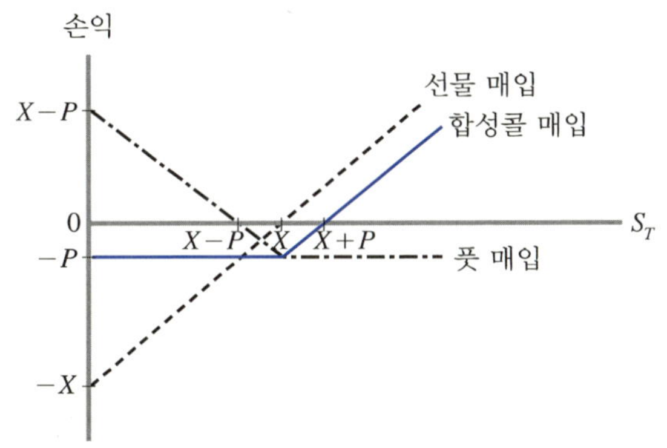

그림 12-1 합성콜의 손익

로 나타내면 [그림 12-1과 같다.

그리고 합성콜 매도(발행)와 같은 효과를 얻기 위해서는 식 (12-4)와 반대의 포지션을 취하면 된다.

$$\text{합성콜 매도}(-C) = \text{선물 매도}(-F) + \text{풋 매도}(-P) \tag{12-5}$$

합 성 풋

동일한 방법으로 합성풋(synthetic put)을 만들 수 있다.

$$\text{합성풋 매입}(P) = \text{선물 매도}(-F) + \text{콜 매입}(C) \tag{12-6}$$

〈표 12-2〉는 합성풋의 만기일 성과를 나타낸 표이다. 그리고 합성풋 매

표 12-2 합성풋의 만기일 성과

포트폴리오	투 자 액	만기일 성과	
		$S_T < X$	$S_T \geq X$
선물 매도 콜 매입	0 C	$X - S_T$ 0	$X - S_T$ $S_T - X$
합 성 풋	C	$X - S_T$	0

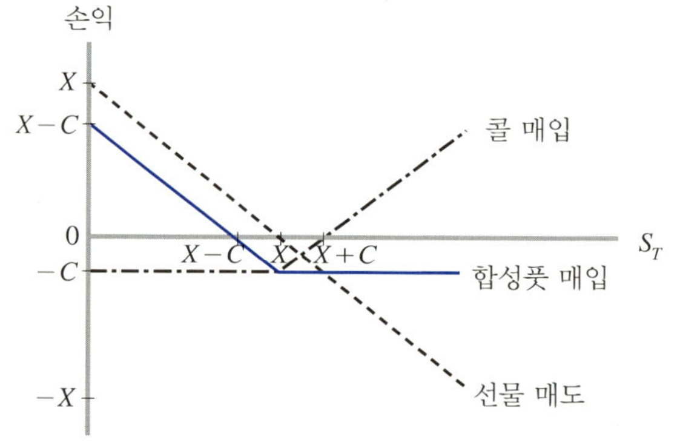

그림 12-2 합성풋의 손익

입에 따른 손익은 만기일 성과에서 투자액을 차감한 것으로서, 이를 그림으로 나타내면 [그림 12-2]와 같다.

그리고 합성풋 매도(발행)와 같은 효과를 얻기 위해서는 식 (12-6)과 반대의 포지션을 취하면 된다.

$$\text{합성풋 매도}(-P) = \text{선물 매입}(F) + \text{콜 매도}(-C) \tag{12-7}$$

1.2 선물의 합성

합성선물(synthetic futures)을 만들면 다음과 같다.

$$\text{합성선물 매입}(F) = \text{콜 매입}(C) + \text{풋 매도}(-P) \tag{12-8}$$

표 12-3 합성선물의 만기일 성과

포트폴리오	투 자 액	만기일 성과	
		$S_T < X$	$S_T \geq X$
콜 매입 풋 매도	C $-P$	0 $-(X-S_T)$	$S_T - X$ 0
합성선물	$C-P$	$S_T - X$	$S_T - X$

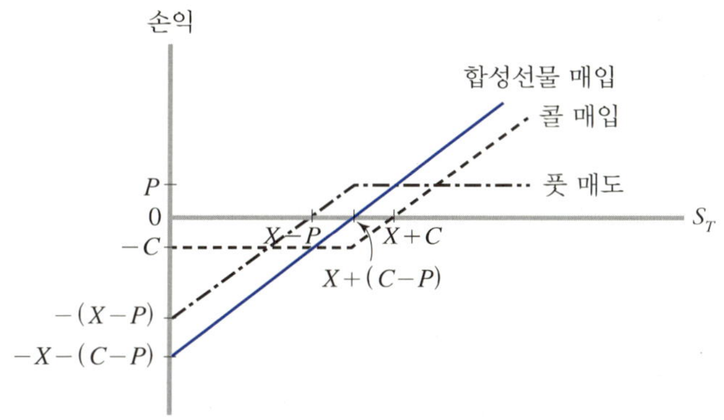

그림 12-3 합성선물의 손익

〈표 12-3〉은 합성선물의 만기일 성과를 나타낸 표이다. 그리고 합성풋 매입에 따른 손익은 만기일 성과에서 투자액을 차감한 것으로서, 이를 그림으로 나타내면 [그림 12-3]과 같다.

〈표 12-3〉에서 콜의 가격이 풋의 가격보다 더 큰 경우, 즉 $C-P>0$인 경우 합성선물의 만기일 성과(S_T-X)는 실제 선물의 만기일 성과(S_T-F)보다 커야 한다.

$$C-P>0 \rightarrow S_T-X>S_T-F \quad \therefore \; X<F$$

이와 동일한 논리로 다음의 관계도 성립한다.

$$C-P=0 \rightarrow S_T-X=S_T-F \quad \therefore \; X=F$$

$$C-P<0 \rightarrow S_T-X<S_T-F \quad \therefore\ X>F$$

현물가격(S)은 선물가격(F)을 무위험이자율(r_T)로 할인한 현재가치라 할 수 있으며, 이를 식 (12-1), 즉 풋-콜 패리티에 대입하면 다음과 같다.[1]

$$C-P=\frac{F-X}{1+r_T} \qquad (12\text{-}9)$$

식 (12-9)를 선물-옵션 패리티(futures-options parity)라 하며 이를 통해서도 옵션의 행사가격(X)과 선물가격(F) 사이의 관계를 확인할 수 있다.[2]

그리고 합성선물 매도와 같은 효과를 얻기 위해서는 식 (12-8)과 반대의 포지션을 취하면 된다.

$$\text{합성선물 매도}(-F)=\text{콜 매도}(-C)+\text{풋 매입}(P) \qquad (12\text{-}10)$$

2 선물옵션

2.1 선물옵션의 의의

선물옵션(option on futures, futures option)은 현물이 아닌 선물을 기초자산으로 하는 옵션으로서, 미래의 일정시점에 약정된 가격으로 선물계약을 체

---

1 보유비용과 보유수익을 무시하면 $S=\dfrac{F}{1+r_T}$이다.

2 선물-옵션 패리티는 배당이 있는 경우에도 성립한다.

- 풋-콜 패리티 : $S-PV(D)+P-C=\dfrac{X}{1+r_T}$
- $F=S(1+r_T)-D_T \rightarrow S=\dfrac{F}{1+r_T}+\dfrac{D_T}{1+r_T}=\dfrac{F}{1+r_T}+PV(D)$

위의 두 식에 의해 선물-옵션 패리티가 성립함을 알 수 있다.

$$\frac{F}{1+r_T}+PV(D)-PV(D)+P-C=\frac{X}{1+r_T} \rightarrow C-P=\frac{F-X}{1+r_T}$$

결할 수 있는 권리를 말한다. 선물콜옵션(call option on futures)은 약정된 가격(행사가격)으로 선물계약에 매입포지션을 취할 수 있는 권리이며, 선물풋옵션(put option on futures)은 약정된 가격으로 선물계약에 매도포지션을 취할 수 있는 권리를 말한다. 대부분의 선물옵션은 옵션의 잔존기간 중 언제라도 행사할 수 있는 미국형 옵션이며, 선물옵션의 만기일은 일반적으로 기초선물계약의 가장 빠른 인도일과 같거나 며칠 전이다.

현재(0), 선물옵션의 만기일(T), 그리고 선물의 만기일(T')에서 각 시점의 선물가격을 나타내면 다음과 같다.

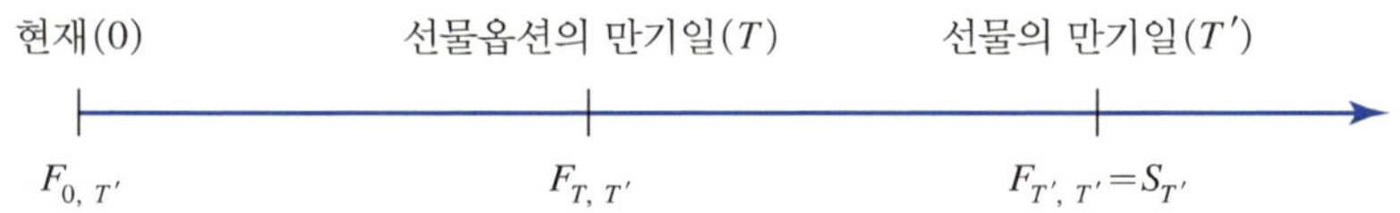

선물옵션의 만기일(T)에서 행사가격이 X인 선물콜옵션의 가치(C_T)와 선물풋옵션의 가치(P_T)를 살펴보면 다음과 같다.

- $C_T = \text{Max}[F_{T,\,T'} - X,\ 0]$
- $P_T = \text{Max}[X - F_{T,\,T'},\ 0]$

2.2 풋-콜 패리티

기초자산인 선물과 선물풋옵션을 각각 하나씩 매입하고, 선물콜옵션을 하나 매도함으로써 무위험포트폴리오를 구성할 수 있다. 이 경우 선물콜옵션과 선물풋옵션은 유럽형 옵션으로서 동일한 선물에 대하여 설정되며, 그 행사가격과 만기가 모두 같아야 한다. 이와 같이 구성된 포트폴리오의 성과는 〈표 12-4〉에 나타나 있다.

따라서 균형상태하에서(차익거래이익이 존재하지 않는 상황하에서)는 다음과 같은 관계, 즉 선물옵션의 풋-콜 패리티가 성립한다.

표 12-4 선물옵션을 이용한 무위험포트폴리오의 구성

포트폴리오	투 자 액	만기일(T)의 성과	
		$F_{T,\,T'}<X$	$F_{T,\,T'}\geq X$
선물을 $F_{0,\,T'}$로 매입	0	$F_{T,\,T'}-F_{0,\,T'}$	$F_{T,\,T'}-F_{0,\,T'}$
선물풋옵션 매입	P	$X-F_{T,\,T'}$	0
선물콜옵션 매도	$-C$	0	$-(F_{T,\,T'}-X)$
합 계	$P-C$	$X-F_{0,\,T'}$	$X-F_{0,\,T'}$

$$\frac{F_{0,T'}}{1+r_T}+P-C=\frac{X}{1+r_T} \tag{12-11}$$

식 (12-11)의 풋-콜 패리티로부터 유럽형 선물콜옵션과 선물풋옵션 가격의 하한선을 유도할 수 있다.

- $C-P=\dfrac{F_{0,T'}-X}{1+r_T},\ P\geq 0\ \rightarrow\ C\geq\dfrac{F_{0,T'}-X}{1+r_T}$
- $P-C=\dfrac{X-F_{0,T'}}{1+r_T},\ C\geq 0\ \rightarrow\ P\geq\dfrac{X-F_{0,T'}}{1+r_T}$

한편 미국형 선물옵션은 만기일 전 언제든지 행사할 수 있으므로 다음 식이 성립한다.

- $C\geq F_{0,\,T'}-X$
- $P\geq X-F_{0,\,T'}$

3 스 왑 션

스왑옵션(swap option)은 금리스왑을 기초자산으로 하는 옵션으로서 스왑션(swaption)이라고도 한다. 스왑션은 그 소유자에게 스왑션 계약시점에서 미리 정한 금리스왑을 미래 특정 시점에서 체결할 수 있는 권리를 부여하는

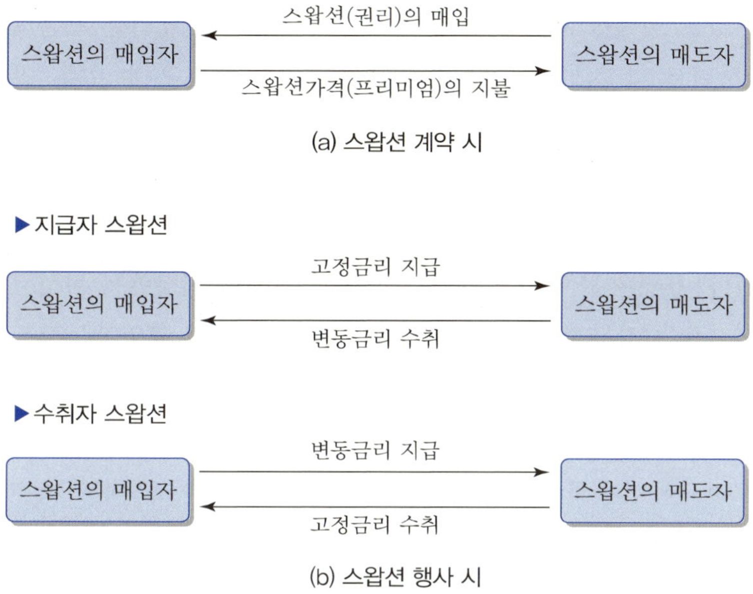

그림 12-4 스왑션의 매입자와 매도자간의 권리-의무관계

계약이다. 스왑션은 옵션의 일종이므로 스왑션의 매입자는 권리만 가질 뿐 선물 매입자와 같은 의무는 부담하지 않는다. 따라서 스왑션을 계약하는 시점에서 스왑션의 매입자는 권리를 매입한 대가로 스왑션 구입가격(프리미엄)을 지불하여야 한다. 금리스왑과 같이 스왑션도 거래 쌍방의 계약에 의해 성립하는데, 일반적으로 스왑션의 매입자는 기업이고 매도자는 금융기관이 된다. 스왑션의 매입자와 매도자간의 권리-의무관계는 [그림 12-4]와 같다.

스왑션은 만기일 또는 만기일 이전 언제라도 권리행사가 가능한지 여부에 따라 유럽형과 미국형으로 구분된다. 그리고 스왑션의 매입(보유)자가 기초자산인 금리스왑 거래에서 고정금리를 지급 또는 수취하는지 그 여부에 따라 지급자 스왑션(payer swaption)과 수취자 스왑션(receiver swaption)으로 분류된다. 지급자 스왑션을 매입한 자는 고정금리를 지급하면서 변동금리를 수취하는 스왑거래를 요구할 수 있는 권리를 지닌다. 즉 지급자 스왑션은 스왑션 매입자로 하여금 고정금리 지급자(fixed rate payer)로서 스왑거래에 참가할 수 있는 권리를 부여한다. 한편 수취자 스왑션을 매입한 자는 변동금리를 지급하면서 고정금리를 수취하는 스왑거래를 요구할 수 있는 권리를 지닌다. 즉 수취자 스왑션은 매입자로 하여금 고정금리 수취자(fixed rate receiver)로서 스왑거래에 참가할 수 있는 권리를 부여한다.

유럽형 스왑션의 권리행사 여부는 유럽형 옵션과 동일한 방식으로 이해할 수 있다. 유럽형 스왑션의 경우 스왑션 만기일에 시장에서 형성된 스왑의 고정금리, 즉 시장고정금리(market fixed rate)와 스왑션 계약 시 정한 스왑의 고정금리(contractual fixed rate), 즉 행사가격(excercise price)을 서로 비교하여 권리행사 여부가 결정된다. 지급자 스왑션의 권리행사는 시장고정금리가 행사가격보다 클 경우에 이루어진다. 이에 반해 수취자 스왑션의 권리행사는 시장고정금리가 행사가격보다 작을 경우에 이루어진다. 이는 스왑가격인 이자율이 증가할수록 지급자 스왑션의 권리가 행사될 가능성이 높아지고 그 반대의 경우 수취자 스왑션의 권리가 행사될 가능성이 높아짐을 의미한다.

예를 들어 표시원금 $1,000,000이고 매년 이자지급 조건의 5년 만기 스왑을 기초자산으로 하는 스왑션이 있다. 이 스왑계약에서 약정된 고정금리는 연 8%이고 변동금리는 LIBOR이다. 이 스왑션이 지급자 스왑션인 경우 만기일에서의 권리행사 여부를 살펴보자. 지급자 스왑션의 보유자가 스왑션의 만기일에 권리행사를 할 경우 그는 그 만기일로부터 5년 동안 고정이자율 연 8%를 지급하고 변동이자율 LIBOR를 수취하게 된다. 따라서 지급자 스왑션을 보유한 자는 스왑션의 만기일에 시장에서 형성된 스왑의 고정금리가 스왑션의 행사가격인 연 8%에 비해 높을 경우 스왑션의 권리행사를 실시할 것이다. 반면 시장 고정금리가 행사가격보다 낮을 경우 스왑션은 권리행사되지 않고 소멸할 것이다. 한편 이와 같은 스왑션이 수취자 스왑션일 경우 시장 고정금리가 행사가격인 8%보다 낮을 경우 권리의 행사가 이루어질 것이고 그 반대의 경우 스왑션은 소멸될 것이다.

시사포커스

채권 새 시장 열릴까 … 대형 생보사, 변액 헤지수단 '스왑션' 검토

생명보험 정책 책자 〈사진: 연합뉴스〉

국내 대형 생명보험사 중 한 곳이 변액 보증위험 헤지 수단으로 스왑션을 검토하고 있다. 내년 신지급여력제도(Korean-insurance capital standard: K-ICS)와 보험계약 국제회계기준(international financial reporting standards: IFRS17) 도입을 앞두고 변액보증위험을 관리해 변동성을 낮추겠다는 의도로 풀이된다. 시장참가자는 보험사가 스왑션을 활용하면 이자율스왑(interest rate swap: IRS) 단점을 보완할 수 있을 것이라며 시가평가, 비용·유동성 문제 등을 고려해야 한다고 진단했다.

2022년 3월 14일 채권시장에 따르면 최근 국내 대형 생보사 중 한 곳은 변액 헤지수단으로 스왑션을 활용할 수 있을지 들여다봤다. 스왑션은 이자율스왑(IRS)과 옵션을 결합한 상품이다. 2023년부터 K-ICS가 도입되면 변액보증위험이 현행 지급여력(risk based capital: RBC)보다 3배 정도 증가한다. 변액보험에서 금리가 출렁이면 변액보증위험이 커지고 손익 변동성이 확대된다. 이 때문에 현재 보험사는 IRS 등으로 변액보증위험을 관리한다. 보험사가 스왑션을 활용하면 IRS 단점을 보완할 수 있을 것으로 기대된다. 증권사 스왑딜러는 "초장기 IRS 금리는 금리레벨이 낮은 문제가 있다"며 "스왑션은 이를 어느 정도 보완할 수 있을 것"이라고 말했다. 이 딜러는 "스왑션은 감마 리스크까지 헤지할 수 있어 IRS보다 낫다"고 했다.

스왑션이 K-ICS에서 금리부자산으로 인정받는 점도 긍정적이다. 현행 RBC에서 만기일에 실물을 인수도하지 않으면 금융당국은 헤지목적 금리파생상품으로 인정하지 않는다. K-ICS에서는 만기일에 실물 인수도가 없는 파생상품도 금리부자산에 포함한다. 이에 따라 스왑션 등으로 금리위험을 헤지할 수 있다. 다만 스왑션을 활용할 때 보험사는 시가평가에 노출될 수 있다. 증권사 관계자는 "스왑션으로 변액보증위험을 관리하면 헤지거래요건을 충족하기 힘들 것"이라며 "이에 따라 당기손익 변동위험이 생길 수 있다"고 말했다. 그는 "보험부채 변동과 스왑션 시가평가를 매칭하면 이런 리스크를 관리할 수 있을 것"이라고 내다봤다.

비용과 유동성 문제를 고려해야 한다는 지적도 나온다. 증권사 다른 관계자는 "보험사가 변액보증 수수료를 받아 스왑션의 옵션 프리미엄을 어느 정도 충당할 수 있을지 봐야 한다"며 "이런 비용 문제가 해결되지 않으면 스왑션 활용성이 떨어질 수 있다"고 말했다. 그는 "스왑션으로 변액보증위험을 헤지하는 보험사가 아직 없는 것으로 안다"며 "향후 시장이 열리고 유동성도 충분할지 지켜봐야 한다"고 진단했다.

〈연합인포맥스, 2022. 3. 14 수정〉

시사포커스

중년들의 위험한 투자, 선물 · 옵션

불혹(不惑)을 넘긴 초등학교 동창들. 그들이 흔들리는 게 보였다. "재테크는 역시 땅이지" "아니야, 달러를 사야 돼" "무슨 소리, 금이 제일이야"…. 중구난방으로 떠들어대다 정신이 번쩍 든 건 '똘똘이 스머프'라는 별명을 가진 동창이 만기도래한 적금 2,000만원으로 선물·옵션 투자를 시작했다는 폭탄발언을 불쑥 꺼냈을 때였다. 테 굵은 안경에 백과사전을 끼고 다녀 만화 속 캐릭터로 불렸던 동창의 논리는 그럴듯했다. "세계적인 초저금리 시대에 은행에 묻어두는 투자로는 노후 대비는 절대 안 된다, 외국인과 기관이 선물·옵션하는 것 보면 매력이 있기 때문 아니겠느냐? 잘만 하면 수십, 수백 배 차익을 낼 수 있다. 보기에 어렵지 해보면 쉽다." 그가 하도 자신감 있게 말하는 바람에 주식에 또 투자하면 성을 갈겠다던 일부 동창들까지 솔깃해 하는 눈치였다. 다음 날 아침 증권사 문이 열리자마자 선물·옵션 계좌라도 만들 태세였다. 하지만 파생금융상품인 선물(先物)은 생일 때 주는 선물(膳物)과 성격이 반대다. 축복이 아니라 재앙이 될 수 있다. 여기서 잠깐 선물투자에 대해 설명하고 넘어가자.

'강남 스타일'이 대히트를 친 2012년. 가수 싸이와 음반제작사는 '1년 뒤 나올 새 음반도 빅 히트를 칠 수 있을까?' 하는 똑같은 고민을 했을 것이다. 고민 끝에 싸이와 음반제작사는 1년 뒤 나오는 음반 100만장을 100억원에 발매하는 계약을 했다고 해 보자. 1년 뒤 싸이의 인기가 더 높아져서 음반 100만장 발매가격이 150억원이 되면 싸이는 수입 면에서 50억원의 손해를 보게 된다. 하지만 음반제작사는 150억원이 들었을 음반 발매비를 100억원으로 줄였으니 50억원의 이익을 본 셈이다. 반대로 1년 뒤 음반발매가격이 50억원으로 떨어진다면 싸이는 100억원을 그대로 벌어 50억원만큼 이익(음반제작사는 50억원 손해)을 본다.

거래대상을 음반 대신 주식으로 바꾸면 이게 바로 주식시장에서 말하는 선물거래가 된다. A씨가 현대차 주식 1,000만원어치를 가지고 있다고 하자. 주식가격이 떨어지리라 예상한 그는 현대차 주식 선물을 만기일에 현재 가격인 1,000만원으로 팔아(선물 매도) 가격하락의 위험을 줄이기로 했다. 3개월 뒤 주가가 20% 하락해 800만원이 됐다 해도 A씨는 이미 1,000만원에 팔았기 때문에 손해를 보지 않게 된다. 하지만 3개월 뒤 주가가 올랐다면 손해를 보게 된다. 주식선물거래는 주가지수선물과 개별주식선물 두 가지가 있다. 주가지수선물거래는 코스피200이 미래에 오를 것으로 보는 사람과 내릴 것으로 보는 사람이 매매하는 거래다. 이에 비해 개별주식선물거래는 삼성전자나 현대차 같은 개별 우량주 가격이 오르거나 내리는 쪽에 '베팅'하는 것이다.

선물과 비슷한 파생상품으로 옵션이라는 것도 있다. 선물거래와 다른 점은 만기일에 옵션을 사들인 투자자가 예측한 것과 다른 방향으로 가격이 움직여서 손실이 커졌을 때 일정비용(프리미엄)을 지불하고 거래를 포기할 수 있다는 것이다. 만기일에 주식을 정해진 가격과 수량대로 살 수 있는 콜옵션과 만기일에 팔 수 있는 풋옵션이 있다. 콜옵션의 콜은 전화(call)로 주문해서 산다는 의미이고, 풋옵션의 풋은 마트 진열대에 놓고(put) 판다는 의미라고 생각하면 쉽다.

외국인이나 기관투자가들은 이런 선물이나 옵션을 위험의 크기를 줄이는 수단으로 이용한다. 굴리는 자금이 많기 때문에 대규모 투자가 한쪽 방향으로 쏠리면 자칫 큰 손실을 볼 수 있어 투자금의 극히 일부를 떼어 보험에 들어두는 것이다. 반면 개인은 어디 그런가? 자기 돈을 은행이나 증권사 등에 고루 투자해 둔 상태에서 남는 돈으로 선물에 투자하는 게 아니라 인생 역전을 노리며 전 재산을 몽땅 집어넣는 경우가 많다.

주식은 주가가 떨어져도 다음 날 오를 수 있다. 재기의 기회가 있는 셈이다. 하지만 선물이나 옵션은 만기일이 지나면 상품 자체가 사라져버린다. 그만큼 위험하다. 오죽하면 선물·옵션에서 극단적인 방향으로 투자하는 개인을 두고 북방에서 부는 찬바람 앞에 발가벗고 서 있는 상태, 즉 네이키드 포지션(naked position)이라고 했을까. 은행 금리가 사실상 0%이니 정상적인 투자로는 노후 자금을 공무원연금만큼 안정적 수준으로 불릴 자신이 없는 많은 중년들의 심정은 이해가 간다. 하지만 중년들이 간과하고 있는 것은 선물이나 옵션 같은 파생상품 투자에서 개인이 큰돈을 번다는 것은 순전히 운(luck)이라는 점이다. 실제 2001년 9·11테러 때 주가가 폭락하면서 주가하락에 베팅했던 개인들이 원금의 수백 배를 벌었는데, 이들은 주식전문가들이 아니었다.

선물·옵션 거래는 시장에 대한 정보와 그 정보를 해석하는 능력이 중요하다. 개인의 정보력이 팀 단위로 움직이는 기관투자가를 능가할 수 없다. 싸이의 음반에서 보듯 선물·옵션은 누가 이익을 보면 반대쪽이 꼭 손해를 보는 제로섬게임이다. '똘똘이 스머프'의 게임상대방은 보통 외국인이거나 기관투자가다. 누구에게 승산이 있겠는가? 이 게임은 시작하지 않는 게 좋겠다.

〈동아일보, 2014. 6. 9 수정〉

주 · 요 · 용 · 어

key words

- **합성포지션(synthetic position)**

서로 다른 옵션을 결합하여 선물포지션을 만들거나, 선물과 옵션을 결합하여 새로운 형태의 옵션포지션을 만드는 것을 의미한다.

- **합성콜(synthetic call)**
  - 합성콜 매입(C) = 선물 매입(F) + 풋 매입(P)
  - 합성콜 매도$(-C)$ = 선물 매도$(-F)$ + 풋 매도$(-P)$

- **합성풋(synthetic put)**
  - 합성풋 매입(P) = 선물 매도$(-F)$ + 콜 매입(C)
  - 합성풋 매도$(-P)$ = 선물 매입(F) + 콜 매도$(-C)$

- **합성선물(synthetic futures)**
  - 합성선물 매입(F) = 콜 매입(C) + 풋 매도$(-P)$
  - 합성선물 매도$(-F)$ = 콜 매도$(-C)$ + 풋 매입(P)

- **선물옵션(option on futures, futures option)**

현물이 아닌 선물을 기초자산으로 하는 옵션으로서, 미래의 일정시점에 약정된 가격으로 선물계약을 체결할 수 있는 권리를 의미한다.

- **선물콜옵션(call option on futures)**

약정된 가격(행사가격)으로 선물계약에 매입포지션을 취할 수 있는 권리를 의미한다.

- **선물풋옵션(put option on futures)**

약정된 가격으로 선물계약에 매도포지션을 취할 수 있는 권리를 의미한다.

- **선물옵션의 풋-콜 패리티**

동일한 행사가격과 만기를 가진 유럽형 선물풋옵션과 선물콜옵션의 가치 사이의 균형관계를 의미한다.

☞ $\frac{F_{0,T'}}{1+r_T} + P - C = \frac{X}{1+r_T}$

- **스왑션(swaption)**

  금리스왑을 기초자산으로 하는 옵션으로서 그 소유자에게 스왑션 계약시점에서 미리 정한 금리스왑을 미래 특정 시점에서 체결할 수 있는 권리를 부여하는 계약이다.

- **지급자 스왑션(payer swaption)**

  고정금리를 지급하면서 변동금리를 수취하는 고정금리 지급자(fixed rate payer)로서 스왑거래에 참가할 수 있는 권리를 의미한다.

- **수취자 스왑션(receiver swaption)**

  변동금리를 지급하면서 고정금리를 수취하는 고정금리 수취자(fixed rate receiver)로서 스왑거래에 참가할 수 있는 권리를 의미한다.

Exercise

연습문제

■ 완성/선택형 문제

1 콜옵션을 매입한 것과 동일한 성과를 얻기 위해서는 선물을 ( )하고 풋옵션을 ( )해야 한다.

2 선물을 매입한 것과 동일한 성과를 얻기 위해서는 콜옵션을 ( )하고 풋옵션을 ( )해야 한다.

3 ( )은 현물이 아닌 선물을 기초자산으로 하는 옵션으로서, 미래의 일정시점에 약정된 가격으로 선물계약을 체결할 수 있는 권리를 말한다.

4 금리스왑을 기초자산으로 하는 옵션인 ( )은 그 계약시점에서 미리 정한 이자율 스왑을 미래 특정 시점에서 체결할 수 있는 권리가 부여된 계약이다.

5 ( )은 스왑션 매입자로 하여금 고정금리 지급자(fixed rate payer)로서 스왑거래에 참가할 수 있는 권리를 부여하는 반면, ( )은 매입자로 하여금 고정금리 수취자(fixed rate receiver)로서 스왑거래에 참가할 수 있는 권리를 부여한다.

6 풋옵션을 매도한 것과 동일한 성과를 얻기 위한 전략은?

① 선물 매입+풋 매입 ② 선물 매도+콜 매도
③ 콜 매입+풋 매도 ④ 선물 매입+콜 매도
⑤ 콜 매도+풋 매입

Exercise

7 선물옵션(option on futures, futures option)에 대한 다음의 설명 중 옳지 않은 것은?

① 선물옵션은 현물이 아닌 선물을 기초자산으로 하는 옵션으로서, 미래의 일정시점에 약정된 가격으로 선물계약을 체결할 수 있는 권리를 말한다.

② 선물콜옵션은 약정된 가격(행사가격)으로 선물계약에 매입포지션을 취할 수 있는 권리이다.

③ 선물풋옵션은 약정된 가격으로 선물계약에 매도포지션을 취할 수 있는 권리이다.

④ 선물옵션의 만기일은 일반적으로 기초선물계약의 가장 빠른 인도일과 같거나 며칠 전이다.

⑤ 대부분의 선물옵션은 옵션의 만기에만 행사할 수 있는 유럽형 옵션이다.

8 동일한 수익구조를 만들어 내는 복제포트폴리오의 구성방법 중 옳은 항목만을 모두 모은 것은? (CPA 1차 2010)

a. 미 달러화 선물환 매도 = 원화채권 매입 + 현물환 매도 + 미 달러채권 매도
b. 채권 매입 = 선물 매도 + 기초자산 매입
c. 주식 공매도 = 채권 매도 + 콜옵션 매도 + 풋옵션 매입

① a, b, c ② b, c ③ a, c
④ c ⑤ a, b

9 스왑션(swaption)에 대한 다음의 설명 중 옳지 않은 것은?

① 스왑션은 그 소유자에게 스왑션 계약시점에서 미리 정한 금리스왑을 미래 특정 시점에서 체결할 수 있는 권리를 부여하는 계약이다.

② 스왑션은 옵션의 일종이므로 스왑션의 매입자는 권리만 가질 뿐 선물 매입자와 같은 의무는 부담하지 않는다.

③ 일반적으로 스왑션의 매입자는 금융기관이고 매도자는 기업이 된다.

④ 지급자 스왑션을 매입한 자는 고정금리를 지급하면서 변동금리를 수취하는 스왑거래를 요구할 수 있는 권리를 지닌다.

Exercise

⑤ 스왑가격인 이자율이 증가할수록 지급자 스왑션의 권리가 행사될 가능성이 높아지고, 그 반대의 경우 수취자 스왑션의 권리가 행사될 가능성이 높아진다.

■ 서술/계산형 문제

1 선물과 콜옵션을 이용하여 풋옵션 매입과 동일한 성과를 가져오는 전략을 구성하라.

2 선물옵션에 대해서 설명하라.

3 스왑션에 대해서 설명하라.

4 선물과 옵션의 결합 (CPA 2차 1999 수정)

5월 1일 현재 KOSPI200지수는 100포인트이며, 현재로부터 40일 후에 만기가 되는 6월물 KOSPI200선물지수는 101.5포인트이다. 한편 선물과 동일한 만기를 갖는 KOSPI200옵션의 행사가격별 현재가격(프리미엄)은 다음과 같다.

(단위 : 포인트)

옵 션	행사가격	가격(프리미엄)
콜	97.5	3.00
콜	100.0	2.50
풋	100.0	2.50
풋	102.5	3.00

무위험이자율은 연 12%, 평균배당수익률은 연 3%이며 1년은 360일이라고 가정하여 아래의 물음에 답하라.

(1) 6월물 KOSPI200선물의 균형가격은 얼마인가?

(2) 6월물 KOSPI200선물의 매입과 동일한 손익효과를 얻을 수 있는 옵션전략을 구성하라.

(3) 6월물 KOSPI200선물 한 단위를 이용해서 얻을 수 있는 차익거래이익을 구하라. (단, 현물은 이용할 수 없다고 가정한다.)

5 합성선물과 선물-옵션 패리티

현재 KOSPI200지수는 100.00포인트, 만기가 3개월인 KOSPI200선물가격은 101.00포인트이다. 한편 선물과 동일한 만기를 가지는 KOSPI200옵션에 관한 자료는 다음과 같다. (단, KOSPI200옵션과 KOSPI200선물의 거래승수는 1포인트당 25만 원이다.)

옵 션	행사가격	가격(프리미엄)
콜	100.0	3.00
풋	100.0	2.50

(1) KOPSI200 콜옵션과 풋옵션을 이용하여 KOPSI200선물 매입전략을 구성하라.
(2) 3개월 만기 선물 1계약을 이용하여 얻을 수 있는 만기시점(3개월 후)에서의 차익거래이익을 구하고, 그 차익거래과정을 보여라.

부 록

- 부표 : 표준정규분포표
- 연습문제 풀이

표준정규분포표

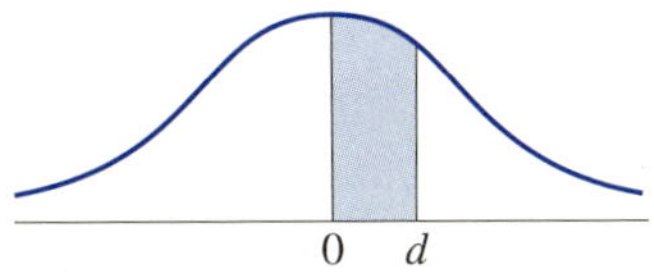

d	0.00	0.01	0.02	0.03	0.04	0.05	0.06	0.07	0.08	0.09
0.0	0.0000	0.0040	0.0080	0.0120	0.0160	0.0199	0.0239	0.0279	0.0319	0.0359
0.1	.0398	.0438	.0478	.0517	.0557	.0596	.0636	.0675	.0714	.0753
0.2	.0793	.0832	.0871	.0910	.0948	.0987	.1026	.1064	.1103	.1141
0.3	.1179	.1217	.1255	.1293	.1331	.1368	.1406	.1443	.1480	.1517
0.4	.1554	.1591	.1628	.1664	.1700	.1736	.1772	.1808	.1844	.1879
0.5	.1915	.1950	.1985	.2019	.2054	.2088	.2123	.2157	.2190	.2224
0.6	.2257	.2291	.2324	.2357	.2389	.2422	.2454	.2486	.2517	.2549
0.7	.2580	.2611	.2642	.2673	.2704	.2734	.2764	.2794	.2823	.2852
0.8	.2881	.2910	.2939	.2967	.2995	.3023	.3051	.3078	.3106	.3133
0.9	.3159	.3186	.3212	.3238	.3264	.3289	.3315	.3340	.3365	.3389
1.0	.3413	.3438	.3461	.3485	.3508	.3531	.3554	.3577	.3599	.3621
1.1	.3643	.3665	.3686	.3708	.3729	3749	.3770	.3790	.3810	3830
1.2	.3849	.3869	.3888	.3907	.3925	.3944	.3962	.3980	.3997	.4015
1.3	.4032	.4049	.4066	.4082	.4099	.4115	.4131	.4147	.4162	.4177
1.4	.4192	.4207	.4222	.4236	.4251	.4265	.4279	.4292	.4306	.4319
1.5	.4332	.4345	.4357	.4370	.4382	.4394	.4406	.4418	.4429	.4441
1.6	.4452	.4463	.4474	.4484	.4495	.4505	.4515	.4525	.4535	.4545
1.7	.4554	.4564	.4573	.4582	.4591	.4599	.4608	.4616	.4625	.4633
1.8	.4641	.4649	.4656	.4664	.4671	.4678	.4686	.4693	.4699	.4706
1.9	.4713	.4719	.4726	.4732	.4738	.4744	.4750	.4756	.4761	.4767
2.0	.4772	.4778	.4783	.4788	.4793	.4798	.4803	.4808	.4812	.4817
2.1	.4821	.4826	.4830	.4834	.4838	.4842	.4846	.4850	.4854	.4857
2.2	.4861	.4864	.4868	.4871	.4875	.4878	.4881	.4884	.4887	.4890
2.3	.4893	.4896	.4898	.4901	.4904	.4906	.4909	.4911	.4913	.4916
2.4	.4918	.4920	.4922	.4925	.4927	.4929	.4931	.4932	.4934	.4936
2.5	.4938	.4940	.4941	.4943	.4945	.4946	.4948	.4949	.4951	.4952
2.6	.4953	.4955	.4956	.4957	.4959	.4960	.4961	.4962	.4963	.4964
2.7	.4965	.4966	.4967	.4968	.4969	.4970	.4971	.4972	.4973	.4974
2.8	.4974	.4975	.4976	.4977	.4977	.4978	.4979	.4979	.4980	.4981
2.9	.4981	.4982	.4982	.4983	.4984	.4984	.4985	.4985	.4986	.4986
3.0	.4987	.4987	.4987	.4988	.4988	.4989	.4989	.4989	.4990	.4990
3.1	4990	.4991	.4991	.4991	.4992	.4992	.4992	.4992	.4993	.4993
3.2	.4993	.4993	.4994	.4994	.4994	.4994	.4994	.4995	.4995	.4995
3.3	.4995	.4995	.4995	.4996	.4996	.4996	.4996	.4996	.4996	.4997
3.4	.4997	.4997	.4997	.4997	.4997	.4997	.4997	.4997	.4997	.4998
3.6	.4998	.4998	.4999	.4999	.4999	.4999	.4999	.4999	.4999	.4999
3.9	.5000									

연습문제 풀이

제 1 장 선물거래의 기초개념

▶ 완성/선택형 문제

1. 선물거래 2. 기초자산, 현물가격, 만기일(또는 인도일), 선물가격 3. 상품선물, 금융선물 4. 거래승수 5. 거래단위 6. 결제월 7. 현금결제 8. 청산 9. ⑤ 10. ⑤ 11. ② 12. ④ 13. ①

▶ 계산형 문제

4. 엔선물 거래로 인한 손익 : (1,050 − 1,100) × 1,000,000 × (1/100) = − 500,000원
   유로선물 거래로 인한 손익 : (1,480 − 1,400) × 10,000 = 800,000원
   ∴ 투자자 K의 손익 : − 500,000 + 800,000 = 300,000원

제 2 장 선물시장의 이해

▶ 완성/선택형 문제

1. 선물거래소 2. 일일정산 3. 개시증거금, 유지증거금 4. 헤저(hedger), 차익거래자(arbitrageur) 5. ③ 6. ② 7. ④ 8. ① 9. ⑤

▶ 계산형 문제

5. (1) 일일정산에 따른 이매입(선물매입자)의 일일정산이익(손실)은 다음과 같다.
   ① 이매입의 일일정산이익 = (당일정산가격 − 전일정산가격) × 25만원 × 10계약
   - 3월 15일 : 일일정산이익 = (260.40 − 262.30) × 25만원 × 10 = − 475만원
   - 3월 16일 : 일일정산이익 = (261.20 − 260.40) × 25만원 × 10 = 200만원

   ② 이매입의 총이익 = (최종결제가격 − 선물약정가격) × 25만원 × 10계약

$= (261.20 - 262.30) \times 25$만원 $\times 10 = -275$만원

그러므로 3월 16일 거래종료 후 선물거래로 인한 총손실은 275만원($= -475$만원 $+ 200$만원)이다.

(2) 일일정산에 따른 박매도(선물매도자)의 일일정산이익(손실)은 다음과 같다.

① 박매도의 일일정산이익 = (전일정산가격 − 당일정산가격) × 25만원 × 10계약

- 3월 15일 : 일일정산이익 $= (262.30 - 260.40) \times 25$만원 $\times 10 = 475$만원
- 3월 16일 : 일일정산이익 $= (260.40 - 261.20) \times 25$만원 $\times 10 = -200$만원

② 박매도의 총이익 = (선물약정가격 − 최종결제가격) × 25만원 × 10계약

$= (262.30 - 261.20) \times 25$만원 $\times 10 = 275$만원

그러므로 3월 16일 거래종료 후 선물거래로 인한 총이익은 275만원($= 475$만원 $- 200$만원)이다.

제 3 장 선물의 가격결정

▸ 완성/선택형 문제

1. 보유비용, 보유수익 2. 선물, 현물 3. 환율변동 4. 금리선물 5. 편의가치 6. 기대가설(expectation hypothesis), 정상적 백워데이션가설(normal backwardation hypothesis), 콘탱고가설(contango hypothesis) 7. ② 8. ⑤ 9. ⑤ 10. ④ 11. ④ 12. ④ 13. ④ 14. ⑤

▸ 계산형 문제

5. (1) $F_{0,\,T} = S_0(1 + r_T) + C_T - D_T = 45{,}000 \times (1 + 0.01) = ₩45{,}450/g$

그러므로 6개월 금선물 1계약금액은 454.5만원(= ₩45,450/g × 100g)이다.

(2) 6개월 금선물가격(460만원) > 6개월 금선물의 이론적 가격(454.5만원)

→ 매수차익거래(현물보유차익거래)

차익거래	현금흐름(만원)	
	현재(0시점)	만기일(6개월 후)
6개월물 금선물 1계약 매도 금 100g 매입 현금 460만원 차입	0 −450 450	$460-S_T$ S_T $-450\times(1+0.01)=-454.5$
차익거래이익	0	5.5

(3) 6개월 금선물가격(452만원) < 6개월 금선물의 이론적 가격(454.5만원)

→ 매도차익거래(역현물보유차익거래)

차익거래	현금흐름(만원)	
	현재(0시점)	만기일(6개월 후)
6개월물 금선물 1계약 매입 금 100g 공매도 현금 460만원 대출	0 450 −450	S_T-452 $-S_T$ $450\times(1+0.01)=454.5$
차익거래이익	0	2.5

6. (1) $F_{0,\,T}=S_0(1+r_T)+C_T-D_T=400\times(1+0.1)+2=$ \$442/온스

그러므로 금선물 1계약금액은 \$44,200(=\$442/온스×100온스)이다.

(2) 금선물가격(\$500/온스) > 금선물의 이론적 가격(\$442/온스)

→ 매수차익거래(현물보유차익거래)

거래내용	$t=0$	$t=1$
금선물 1계약 매도 금 100온스 매입 현금 \$40,000 차입	0 −\$40,000 \$40,000	$\$50,000-S_T$ $S_T-\$200$ $-\$40,000\times(1+0.1)=-\$44,000$
차익(payoff)	0	\$5,800

(3) 금선물가격(\$420/온스) < 금선물의 이론적 가격(\$442/온스)

→ 매도차익거래(역현물보유차익거래)

거래내용	$t=0$	$t=1$
금선물 1계약 매입 금 100온스 공매도 현금 \$40,000 대출	0 \$40,000 −\$40,000	$S_T-\$42,000$ $-S_T+\$200$ $\$40,000\times(1+0.1)=\$44,000$
차익(payoff)	0	\$2,200

7. (1) $F_{0,\,T} = S_0(1 + r_T - d_T)$

$$= 260 \times \left[1 + (0.06 - 0.04) \times \left(\frac{6월}{12월}\right)\right] = 262.6포인트$$

따라서 6개월 만기 KOSPI200선물 1계약의 가격은 6,565만원(=262.6포인트 ×25만원)이다.

(2) KOSPI200선물가격(263.4포인트) > 이론적 KOSPI200선물가격(262.6포인트)

차익거래	현금흐름(만원)	
	현재(0시점)	만기일(6개월 후)
KOSPI200선물 1계약 매도	0	$6{,}585 - S_T$
KOSPI200 복제포트폴리오 매입	−6,500	$S_T + 6{,}500 \times 0.02$
현금 차입	6,715/(1+0.03)	−6,715
차익거래이익	19.42	0

8. (1) $F_{0,\,T} = S_0\left(\frac{1 + r_T}{1 + r_T^F}\right) = ₩980.70/\$ \times \left(\frac{1 + 0.06}{1 + 0.05}\right) = ₩990.04/\$$

∴ 1년 만기 미국달러선물 1계약의 가격 = ₩990.04/$ × $10,000 = ₩9,900,400

(2) 선물환율(₩985.40/$) < 이론적 선물환율(₩990.04/$)

차익거래	현금흐름(만원)	
	현재(0시점)	만기일(1년 후)
1년 만기 미국달러선물 1계약 매입[1]	0	$S_T - 985.4$
미국달러(현물) 공매도[2]	934	$-S_T$
현금 대출	−934	934×(1+0.06)
차익거래이익	0	4.64

1. $10,000 × ₩985.40/$ = 985.4만원

2. $\frac{\$10{,}000}{1.05} \times ₩980.70/\$ = 934$만원

제 4 장 선물거래와 위험관리

▸ 완성/선택형 문제

1. 매입헤지, 매도헤지 2. 베이시스(basis) 3. 교차헤지 4. 듀레이션 5. 만기, 액면이자율, 시장이자율 6. 블록성 7. 매입, 매도 8. ② 9. ④ 10. ④ 11. ⑤ 12. ④ 13. ③ 14. ⑤ 15. ②

▸ 계산형 문제

6. 선물계약시점(7월 1일)의 베이시스 = 선물가격 − 현물가격

= 110만원 − 100만원 = 10만원

7월 31일의 베이시스 = 150만원 − 130만원 = 20만원

구 분	헤저의 손익*	투기자의 손익
현물 A 선물 A	30만원(= 130 − 100) −40만원(= 110 − 150)	 40만원(= 150 − 110)
합 계	−10만원	40만원

* 헤저의 손익 = $(\text{basis})_0 - (\text{basis})_t$ = 10만원 − 20만원 = −10만원

7. $$H^* = -\frac{\rho(\Delta S,\ \Delta F)\sigma(\Delta S)}{\sigma(\Delta F)} = -\frac{0.8 \times 0.02}{0.04} = -0.4$$

현물(난방용 연료) 1갤런당 가솔린선물 0.4갤런 매입해야 한다. 즉 ㈜환경에너지가 헤지포트폴리오의 위험을 최소화하기 위해서 총 800,000갤런(= 0.4 × 2,000,000갤런)의 가솔린선물을 매입해야 함을 의미한다.

$$\therefore \text{ 가솔린선물의 최적계약수(매입)} = \frac{800{,}000}{30{,}000} = 26.67\text{계약}$$

8. (1) $F_{0,\,T} = S_0(1 + r_T - d_T) = 160.00 \times \left[1 + (0.10 - 0.04) \times \left(\frac{4\text{개월}}{12\text{개월}}\right)\right] = 163.20\text{포인트}$

(2) $\beta_p = 1.2 \times \left(\frac{3\text{억원}}{10\text{억원}}\right) + 2.8 \times \left(\frac{2\text{억원}}{10\text{억원}}\right) + 1.0 \times \left(\frac{4\text{억원}}{10\text{억원}}\right) + 1.8 \times \left(\frac{1\text{억원}}{10\text{억원}}\right) = 1.5$

$$\therefore\ H^* = -\frac{S_0}{F_{0,\,T}}\beta_p = -\frac{10\text{억원}}{163.20 \times 25\text{만원}} \times 1.5 = -36.76\text{계약}$$

베타헤징을 위해 KOSPI200선물 36.76계약을 매도하여야 한다.

(3) $H = (\beta_H - \beta_p)\frac{S_0}{F_{0,\,T}} = (2.5 - 1.5) \times \left(\frac{10\text{억원}}{163.20 \times 25\text{만원}}\right) = 24.5\text{계약}$

베타를 2.5로 높이기 위해서 KOSPI200선물 24.5계약을 매입하여야 한다.

(4) 이와 같은 주장은 다음과 같은 이유에서 반드시 옳지는 않다.

첫째, 현재 포트폴리오가 잘 구성되어 있고 보유포트폴리오가 시장보다 높은 초과수익률(β 위험조정 후 수익률기준)을 올릴 것이라고 확신한다면, 선물계약을 이용한 헤징은 시장의 불확실성에 따른 위험, 즉 체계적 위험을 제거할 수 있는 수단을 제공한다.

둘째, 주식포트폴리오를 장기간 보유하려고 하는 투자자의 경우 단기적인 시장

위험으로부터 보호받기를 원할 때 헤징이 필요하다. 물론 헤징전략 이외에도 보유포트폴리오를 매도하고 무위험대출을 한 후 다시 매입하는 전략을 사용할 수 있지만, 이 전략은 많은 거래비용을 발생시킨다.

9\. (1) $B=\dfrac{1,000}{(1+0.06)}+\dfrac{11,000}{(1+0.06)^2}=10,733.36$원

(2) $D=1\text{년}\times\dfrac{1,000/(1+0.06)}{10,733.36}+2\text{년}\times\dfrac{11,000/(1+0.06)^2}{10,733.36}=1.91\text{년}$

(3) $\varDelta B\fallingdotseq-\dfrac{D}{1+r}\cdot\varDelta r\cdot B$이므로 채권가격의 변화율, 즉 $\varDelta B/B$는 다음과 같다.

$$\varDelta B/B\fallingdotseq-\frac{D}{1+r}\cdot\varDelta r=-\left(\frac{1.91}{1.06}\right)\times0.04=-0.072$$

즉, 이자율이 6%에서 10%로 4%포인트 상승하면, 채권가격은 약 7.2% 하락한다.

10\. 헤지종료일에서 헤지대상자산의 듀레이션을 추정하기가 어렵고 헤지기간이 짧을 경우에는 현재 알고 있는 듀레이션을 사용할 수 있다. 그리고 현물과 선물의 수익률이 다르거나 수익률의 변화비율이 1이 아닌 경우 이를 반영하여 헤지비율을 구해야 한다.

(1) $H^*=-\left(\dfrac{D_S^m}{D_F^m}\right)\left(\dfrac{B_S}{B_F}\right)\left(\dfrac{\varDelta r_S}{\varDelta r_F}\right)=-\dfrac{6.82/1.10}{7.84/1.12}\times\dfrac{50\text{억원}}{0.964\times1\text{억원}}\times1=-45.94\text{계약}$

3개월 만기 국채 B 선물 45.94계약을 매도해야 한다.

(2) $H^*=-\left(\dfrac{D_S^m}{D_F^m}\right)\left(\dfrac{B_S}{B_F}\right)\left(\dfrac{\varDelta r_S}{\varDelta r_F}\right)=-\dfrac{6.27/1.14}{7.84/1.12}\times\dfrac{20\text{억원}}{0.964\times1\text{억원}}\times1.2=-19.56\text{계약}$

3개월 만기 국채 B 선물 19.56계약을 매입해야 한다.

(3) $H=\left(\dfrac{D_H^m-D_S^m}{D_F^m}\right)\left(\dfrac{B_S}{B_F}\right)=\dfrac{8-6.82/1.10}{7.84/1.12}\times\dfrac{10\text{억원}}{0.964\times1\text{억원}}=2.67\text{계약}$

3개월 만기 국채 B 선물 2.67계약을 매입해야 한다.

제 5 장 환위험관리

▸ 완성/선택형 문제

1\. 외환시장 2. 선물환거래, 선물환율 3. 이자율평가이론 4. 거래노출 5. ② 6. ①
7\. ② 8. ③ 9. ④ 10. ⑤

▸ 계산형 문제

4\. (1) 재정환율 $= \dfrac{₩1,260.00/\$}{¥120.00/\$} = ₩10.5/¥$

(2) 「실제환율(₩10.0/¥) < 재정환율(₩10.5/¥)」이므로 원화는 과대평가되어 있고 엔화는 과소평가되어 있음을 알 수 있다. 그러므로 과대평가된 원화를 매도하고, 과소평가된 엔화를 매입함으로써 차익거래이익을 얻을 수 있을 것이다. 시장간 차익거래(intermarket triangular arbitrage)를 실시하면 다음과 같다.

① 서울에서 ₩10,000,000을 지급(매도)하고 ¥1,000,000 매입

② 동경에서 ¥1,000,000을 지급(매도)하고 $8,333.3333(=1,000,000/120) 매입

③ 서울에서 $8,333.3333을 지급(매도)하고 ₩10,500,000(=8,333.3333×1,260) 매입

④ ₩10,000,000의 자금으로 삼각차익거래과정을 실시하여 ₩10,500,000을 얻을 수 있다. 따라서 당신이 얻을 수 있는 차익거래이익은 다음과 같다.

∴ 차익거래이익 = ₩10,500,000 − ₩10,000,000 = ₩500,000

5\. (1) $\dfrac{F_{0,\,6개월} - S_0}{S_0} = \dfrac{1,010 - 1,000}{1,000} = 0.01 > \dfrac{1+r}{1+r^F} - 1 = \dfrac{1+0.04/2}{1+0.06/2} - 1 = -0.0097$

→ 6개월 만기 미달러선물 : 과대평가, 현물(미달러화) : 과소평가

차익거래	현금흐름(만원)	
	현재(0시점)	만기일(6개월 후)
미달러선물 매도*	0	$10.3 \times 1,010 - S_T$
현물(미달러화) 매입(미국은행에 예금)	$-10 \times 1,000$	S_T
현금 차입(국내 은행에서 차입)	$10 \times 1,000$	$-10 \times 1,000 \times (1+0.04/2)$
차익거래이익	0	203

* 현재 10,000만원을 국내은행에서 차입하여 매입한 10만달러는 미국은행에 예금하는 경우 6개월 후 10.3만달러[=10×(1+0.03)]가 되므로, 이 금액을 기준으로 미달러선물을 매도해야 함.

(2) $\dfrac{F_{0,\,6개월} - 1,000}{1,000} = \dfrac{1+0.04/2}{1+0.06/2} - 1 \quad \therefore F_{0,\,6개월} = ₩990.29/\$$

(3) 현실적으로 존재할 수 있는 거래비용은 다음과 같다.

- 현물환율의 매수호가와 매도호가의 차이
- 선물환율의 매수호가와 매도호가의 차이
- 국내의 예금이자율과 대출이자율의 차이
- 미국의 예금이자율과 대출이자율의 차이

이상에서 예시한 거래비용이 차익거래이익보다 클 경우 차익거래가 발생하지 않을 것이다.

6. (1) ① 선물환시장 이용 : 1년물 미달러화 선물환 3,000만달러 매입

1년 후 총지급액 = 3,000만달러 × ₩1,100/US$ = 3,300,000만원

② 한국과 미국의 단기금융시장 이용 :

- (미국 내 은행에서의 예금금액) × (1 + 0.04) = 3,000만달러

  → 미국 내 은행에서의 예금금액 = 2,884.6154만달러

- 국내 은행에서의 차입액 = 2,884.6154만달러 × ₩1,000/US$ = 2,884,615.4만원

∴ 1년 후 총지급액(국내은행 차입금 상환액)

= 2,884,615.4만원 × (1 + 0.06) = 3,057,692.324만원

따라서 한국과 미국의 단기금융시장을 이용하는 것이 1년 후 총지급액이 적어 더 유리하다.

(2) 두 안이 차이가 나는 것은 선물환율이 국내와 미국간의 이자율차이를 완전히 반영하지 못하기 때문이다. 따라서 이자율평가이론에 의해 1년물의 선물환율을 구하면 다음과 같다.

$$\frac{F_{0,\,1년} - 1{,}000}{1{,}000} = \frac{1 + 0.06}{1 + 0.04} - 1 = 0.009804 \quad \therefore\ F_{0,\,1년} = ₩1{,}019.2308/\text{US\$}$$

제 6 장 스왑거래

▸ 완성/선택형 문제

1. 스왑(swap) 2. 선도금리계약(forward rate agreement : FRA) 3. 금리스왑 4. 스왑금리(swap rate) 5. 통화스왑 6. ② 7. ⑤ 8. ④ 9. ③ 10. ①

▸ 계산형 문제

3. 스프레드 차이 = (LIBOR + 3% − LIBOR − 1%) − (9% − 8%) = 1%포인트

$$\rightarrow \text{기업 A의 이득} = \frac{1\% - 0.2\%}{2} = 0.4\%\text{포인트}$$

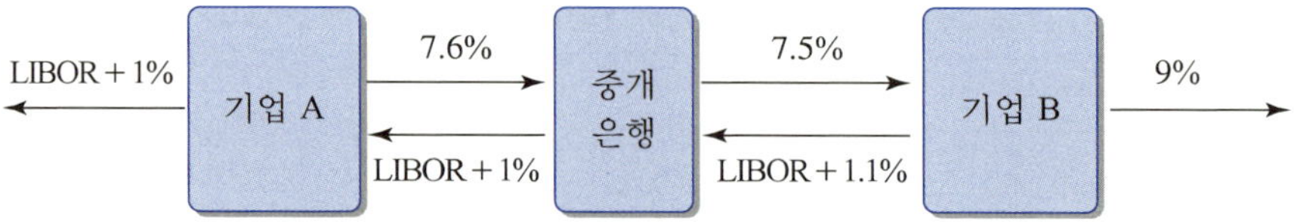

∴ 기업 A는 은행에게 고정금리 7.6%를 지급함.

4. (1) 스프레드 차이 = (10% − 8%) − (LIBOR + 2.3% − LIBOR − 1.5%) = 1.2%포인트

→ (주)골리앗의 이득 = 1.2% × 0.6 = 0.72%포인트

(주)다비드의 이득 = 1.2% × 0.4 = 0.48%포인트

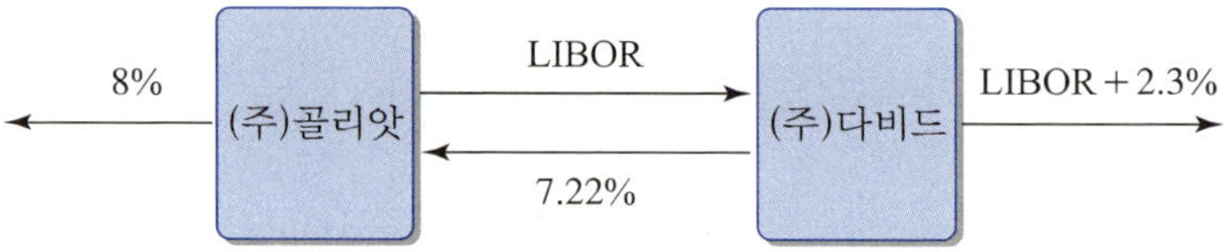

	스왑 전 이자비용	스왑 후 이자비용	스왑의 이득
(주)골리앗 (주)다비드	LIBOR + 1.5% 10%	LIBOR + 0.78% 9.52%	0.72%포인트 0.48%포인트

(2) (주)골리앗의 이득 $= \dfrac{1.2\% - 0.2\%}{2} = 0.5\%$포인트

(주)다비드의 이득 $= \dfrac{1.2\% - 0.2\%}{2} = 0.5\%$포인트

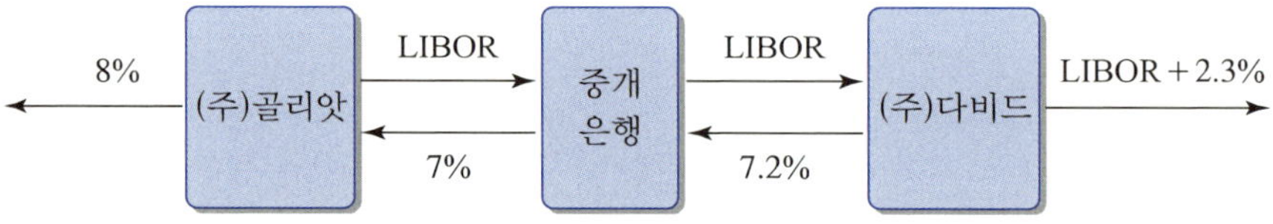

	스왑 전 이자비용	스왑 후 이자비용	스왑의 이득
(주)골리앗 (주)다비드	LIBOR + 1.5% 10%	LIBOR + 1% 9.5%	0.5%포인트 0.5%포인트

제 7 장 옵션의 기초개념

▸ 완성/선택형 문제

1. 풋옵션 2. 미국형 옵션(American option), 유럽형 옵션(European option) 3. 만기일 가치 4. ② 5. ④ 6. ① 7. ⑤

▸ 계산형 문제

3. (1) 콜옵션의 만기일 가치 = Max[(주가지수 − 행사가격) × 25만원 × 10계약, 0]
= Max[(268.06 − 260.00) × 25만원 × 10계약, 0]
= 2,015만원

콜옵션의 손익 = 콜옵션의 만기일 가치 − 매입가격
= 2,015만원 − 5 × 25만원 × 10계약 = 765만원

(2) 콜옵션의 만기일 가치 = Max[(주가지수 − 행사가격) × 25만원 × 10계약, 0]
= Max[(258.80 − 260.00) × 25만원 × 10계약, 0]
= 0(즉 콜옵션의 행사를 포기함.)

콜옵션의 손익 = 콜옵션의 만기일 가치 − 매입가격
= 0 − 5 × 25만원 × 10계약 = −1,250만원

4. (1) 풋옵션의 만기일 가치 = Max[(행사가격 − 주가지수) × 25만원 × 1계약, 0]
= Max[(240.00 − 238.02) × 25만원 × 1계약, 0]
= 49.5만원

풋옵션의 손익 = 풋옵션의 만기일 가치 − 매입가격
= 49.5만원 − 3 × 25만원 × 1계약 = −25.5만원

(2) 풋옵션의 만기일 가치 = Max[(행사가격 − 주가지수) × 25만원 × 1계약, 0]
= Max[(240.00 − 248.50) × 25만원 × 1계약, 0]
= 0(즉 풋옵션의 행사를 포기함.)

풋옵션의 손익 = 풋옵션의 만기일 가치 − 매입가격
= 0 − 3 × 25만원 × 1계약 = −75만원

제 8 장 옵션의 결합과 가격결정요인

▸ 완성/선택형 문제

1. 무위험(또는 헤지)포트폴리오 2. 콜옵션(−, +, +, +, +), 풋옵션(+, +, −, +, −)
3. 내가격(ITM), 등가격(ATM), 외가격(OTM) 4. ③ 5. ② 6. ① 7. ⑤ 8. ④ 9. ③
10. ⑤ 11. ③ 12. ⑤ 13. ③ 14. ② 15. ②

▸ 계산형 문제

3. (1) 당신은 지금 즉시 다음과 같은 차익거래를 행하여야 한다.

차익거래	현금흐름
콜옵션 매입	−3,000원
콜옵션 행사에 의해 주식매입	−20,000원
주식 매도	25,000원
차익거래이익	2,000원

당신은 위와 같은 차익거래(콜옵션을 매입하고 즉시 행사한 후, 주식을 매도하는 거래)를 실시함에 의하여 2,000원의 이익을 얻을 수 있다.

(2) 앞의 예와 같이 콜옵션의 가격이 (주가−행사가격)보다 작은 경우, 차익거래이익을 얻기 위하여 투자자들은 콜옵션을 매입하고 그 즉시 행사한 후, 주식을 매도하는 차익거래를 할 것이다. 이와 같은 차익거래는 콜옵션의 가격이 최소한 (주가−행사가격)이 될 때까지 지속될 것이다. 따라서 미국형 콜옵션의 하한가는 (주가−행사가격)이다.

(3) 콜옵션은 행사가격을 지불하고 주식을 매입할 수 있는 권리이다. 따라서 어떠한 사람도 주식을 매입할 수 있는 권리(콜옵션)를 주식 자체의 가격 이상으로 매입하지는 않을 것이다. 따라서 콜옵션의 상한가는 주식가격이다.

4. (1) 주식과 풋옵션을 각각 하나씩 매입하고, 콜옵션을 하나 매도함으로써 주가에 관계없이 만기일의 성과가 행사가격인 21,000원으로 일정한 무위험포트폴리오를 구성할 수 있다.

포트폴리오	투자액(원)	만기일(T)의 성과(원)	
		$S_T=18{,}000$	$S_T=23{,}000$
주식 매입	19,000	18,000	23,000
풋옵션 매입	P	3,000(=21,000−18,000)	0
콜옵션 매도	$-C$	0	−2,000 [=−(23,000−21,000)]
합 계	$19{,}000+P-C$	21,000	21,000

(2) 풋-콜 패리티를 이용하면, 다음과 같이 풋옵션의 가격을 구할 수 있다.

$P=743-19{,}000+\dfrac{21{,}000}{1+0.05}=1{,}743$원

5. (1) $C\geq S-\dfrac{X}{1+r}\ \rightarrow\ C\geq 31{,}000-\dfrac{30{,}000}{1+0.03}=1{,}873.79$원

∴ 콜옵션의 현재 가격이 3,000원이므로 가격하한선 조건이 성립함.

(2) 풋-콜 패리티 : $S+P-C=\dfrac{X}{1+r}$

- 좌변 : $S+P-C=31{,}000+2{,}200-3{,}000=30{,}200$원
- 우변 : $\dfrac{X}{1+r}=\dfrac{30{,}000}{1+0.03}=29{,}126.21$원

∴ 좌변>우변 → 풋-콜 패리티가 성립하지 않음.

(3) 주식과 풋옵션은 과대평가되고 콜옵션과 무위험채권은 과소평가되어 있다.

차익거래전략 : 주식 공매도, 풋옵션 매도, 콜옵션 매입, 무위험채권 매입(대출)

(4) 차익거래에 의해 만기일(1년 후)에 1,106원의 차익거래이익을 얻을 수 있다.

(단위 : 원)

차익거래	현재 현금흐름	만기일(T) 현금흐름	
		$S_T<30{,}000$	$S_T\geq 30{,}000$
주식 공매도	31,000	$-S_T$	$-S_T$
풋옵션 매도	2,200	$-(30{,}000-S_T)$	0
콜옵션 매입	−3,000	0	$S_T-30{,}000$
무위험채권 매입(대출)	−30,200	$30{,}200\times1.03=31{,}106$	$30{,}200\times1.03=31{,}106$
차익거래이익	0	1,106	1,106

6. 미국달러 콜옵션 1계약의 시간가치 = 콜옵션의 가격 − 콜옵션의 내재가치

= 0.1원 × 10,000 − 0 = 1,000원

미국달러 풋옵션 1계약의 시간가치 = 풋옵션의 가격 − 풋옵션의 내재가치

= 1.5 × 10,000 − 1 × 10,000 = 5,000원

그러므로 미국달러 콜옵션 1계약과 풋옵션 1계약의 시간가치의 합은 6,000원임.

제 9 장 옵션투자전략

▸ 완성/선택형 문제

1. 헤지포지션(hedge position) 2. 스프레드(spread) 3. 콤비네이션(combination) 4. 칼라(collar) 5. ② 6. ④ 7. ④ 8. ③ 9. ④ 10. ⑤ 11. ⑤ 12. ⑤ 13. ① 14. ①

▸ 계산형 문제

5. (1) 만기일 성과(또는 손익)에 대한 그래프를 그릴 때 영역별로 y축 또는 x축 절편, 경계값 등 두 점을 구해서 연결해 주면 된다.

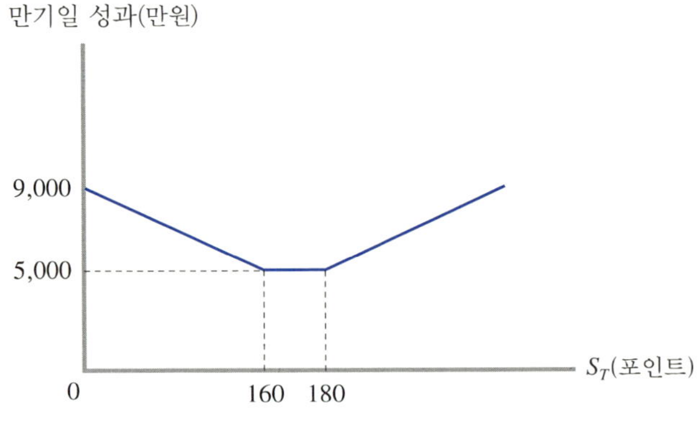

(2) 새로운 금융상품은 콜옵션(행사가격=180.0)과 풋옵션(행사가격=160.0)이 결합된 조건부 상품으로서 스트랭글(strangle)형태이다. 이와 같은 경우 옵션을 이용하여 그 가치를 평가할 수 있다.

(단위 : 만원)

포트폴리오	투 자 액	만기일(6개월 후) 성과		
		$S_T<160$	$160\le S_T<180$	$S_T\ge 180$
콜(180.0) 1계약 매입	40	0	0	$(S_T-180)\times 25$
풋(160.0) 1계약 매입	100	$(160-S_T)\times 25$	0	0
무위험채권 매입	5,000/1.05	5,000	5,000	5,000
합 계	4,901.90	$5{,}000+(160-S_T)\times 25$	5,000	$5{,}000+(S_T-180)\times 25$

∴ 새로운 금융상품의 적정 가격=4,901.90만원

6. (1)

(단위 : 만원)

투자전략	현재 투자액	6개월 후 투자성과(현금흐름)		
		$S_T<5$	$5\le S_T<5.5$	$S_T\ge 5.5$
1 : 주식 매도	−10,000			
CD 매입	10,000	10,500	10,500	10,500
(무위험채권 전략)	0	10,500	10,500	10,500
2 : 주식 보유	0	$2{,}000S_T$	$2{,}000S_T$	$2{,}000S_T$
콜옵션 매도	−400	0	0	$-2{,}000\times(S_T-5.5)$
대 출	400	420	420	420
(방비 콜 전략)	0	$2{,}000S_T+420$	$2{,}000S_T+420$	11,420
3 : 주식 보유	0	$2{,}000S_T$	$2{,}000S_T$	$2{,}000S_T$
풋옵션 매입	400	$2{,}000\times(5-S_T)$	0	0
차 입	−400	−420	−420	−420
(방어적 풋 전략)	0	9,580	$2{,}000S_T-420$	$2{,}000S_T-420$
4 : 주식 보유	0	$2{,}000S_T$	$2{,}000S_T$	$2{,}000S_T$
콜옵션 매도	−400	0	0	$-2{,}000\times(S_T-5.5)$
풋옵션 매입	400	$2{,}000\times(5-S_T)$	0	0
(헤지 전략)[1]	0	10,000	$2{,}000S_T$	11,000

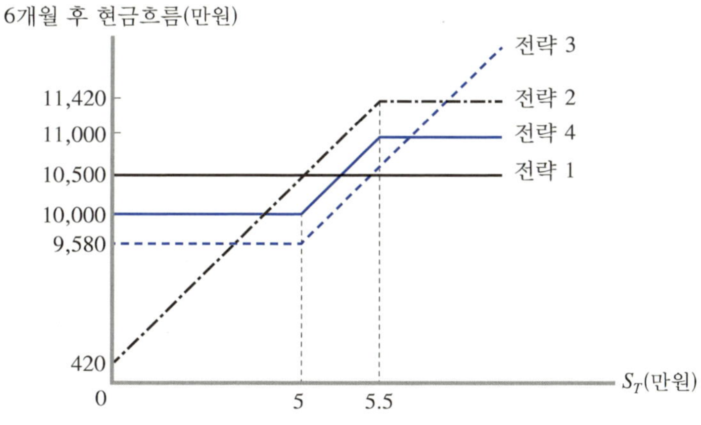

(2) 6개월 후 최소한 원금(10,000만원)을 보장함과 동시에 11,000만원도 가능한 투자전략은 전략 4이다.

1 콜옵션과 풋옵션의 행사가격이 다르기 때문에 완전한 헤지포트폴리오를 구성할 수 없으며, 이 전략은 범위선도계약(range forward)과 동일하다.

7. (1) 방어적 풋 전략은 주식 1주에 대해 풋옵션 1개를 매입하는 전략이다. 따라서 방어적 풋 전략을 구사하기 위해서는 주식 1,000주에 대하여 풋옵션 1,000개를 매입해야 하며, 그 결과 구성된 포트폴리오의 가치는 다음과 같다.

$$V_0 = n_s S + n_p P = 1{,}000\text{주} \times 10{,}000\text{원} + 1{,}000\text{개} \times 500\text{원} = 10{,}500{,}000\text{원}$$

(2) 방어적 풋의 만기일 성과

포트폴리오	투 자 액	만기일(1년 후) 성과	
		S_T=5,000원	S_T=15,000원
주식 1,000주 매입 풋옵션 1,000개 매입	10,000,000원 500,000원	5,000,000원 5,000,000원*	15,000,000원 0
방어적 풋	10,500,000원	10,000,000원	15,000,000원

* (10,000원 − 5,000원) × 1,000개 = 5,000,000원

제10장 옵션가격결정모형

▸ 완성/선택형 문제

1. 이항옵션가격결정모형 2. 헤지비율(hedge ratio) 3. 위험중립확률(risk-neutral probability) 또는 헤지확률 4. ④ 5. ④ 6. ② 7. ⑤ 8. ① 9. ③ 10. ① 11. ①

▸ 계산형 문제

3. (1)

10,000원 → 13,000원 / 9,000원

P → $P_u = 0$ / $P_d = 2{,}000$원

→ $10{,}000\alpha' + P$ → $13{,}000\alpha'$ / $9{,}000\alpha' + 2{,}000$

$$13{,}000\alpha' = 9{,}000\alpha' + 2{,}000 \rightarrow \alpha' = 0.5$$

$$(10{,}000 \times 0.5 + P)(1 + 0.05) = 13{,}000 \times 0.5 \quad \therefore\ P = 1{,}190.48\text{원}$$

(2) $10{,}000 = \dfrac{13{,}000 \times p + 9{,}000 \times (1-p)}{1 + 0.05} \rightarrow p = 0.375$

또는 $p = \dfrac{(1 + r_T) - d}{u - d} = \dfrac{1.05 - 0.9}{1.3 - 0.9} = 0.375$

$\therefore\ P = \dfrac{0.375 \times 0 + 0.625 \times 2{,}000}{1 + 0.05} = 1{,}190.48\text{원}$

(3) $C = S + P - \dfrac{X}{1+r_T} = 10{,}000 + 1{,}190.48 - \dfrac{11{,}000}{1+0.05} = 714.29$원

(4) 옵션의 가치는 주어진 주가에 근거하여 상대적으로 평가되기 때문에 상승확률 또는 하락확률과 무관하게 결정된다. 따라서 상승확률이 변하더라도 현재 주가가 변하지 않는 한 콜옵션 또는 풋옵션의 가격은 변하지 않는다.

또한 옵션가격은 항상 무위험상태(hedge state)에서 유도되기 때문에 그 평가과정은 투자자의 위험선호형태와도 무관하게 된다. 따라서 투자자의 위험선호형태가 바뀌더라도 콜옵션 또는 풋옵션의 가격은 변하지 않는다.

Tip

주식, 풋옵션, 콜옵션의 기대수익률을 각각 구하면 다음과 같다.

- $E(r_S) = \dfrac{(0.6 \times 13{,}000 + 0.4 \times 9{,}000) - 10{,}000}{10{,}000} = 0.14$
- $E(r_P) = \dfrac{(0.6 \times 0 + 0.4 \times 2{,}000) - 1{,}190.48}{1{,}190.48} = -0.3280$
- $E(r_C) = \dfrac{(0.6 \times 2{,}000 + 0.4 \times 0) - 714.29}{714.29} = 0.6800$

CAPM에 의해 이상의 결과를 설명하면 다음과 같다.

- $E(r_S) = 0.14 >$ 무위험이자율(0.05) $\rightarrow$ $\beta_S > 0$
- $E(r_P) = -0.3280 <$ 무위험이자율(0.05) $\rightarrow$ $\beta_P < 0$(풋옵션의 경우 기초자산인 주식과 서로 다른 방향으로 움직이기 때문에 풋옵션의 베타는 음(−)이 될 수 있음.)
- $E(r_C) = 0.6800 >$ 주식의 기대수익률(0.14) $\rightarrow$ $\beta_C > \beta_S$(콜옵션의 경우 레버리지효과에 의해 기초자산인 주식보다 체계적 위험이 더 크게 나타남.)

4. (1)

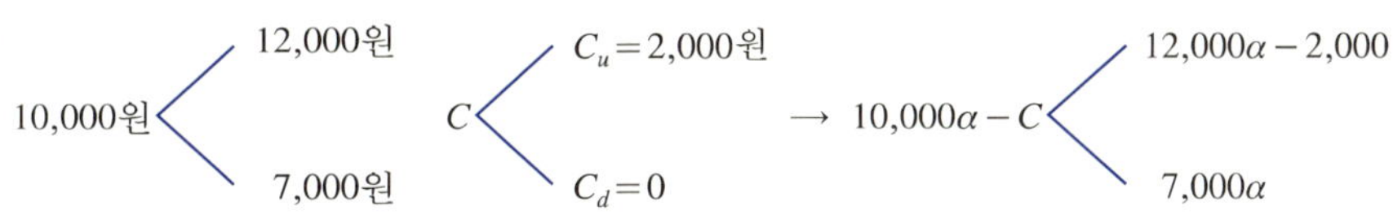

$12{,}000\alpha - 2{,}000 = 7{,}000\alpha \rightarrow \alpha = 0.4$

$(10{,}000 \times 0.4 - C)(1 + 0.1) = 12{,}000 \times 0.4 - 2{,}000 \quad \therefore\ C = 1{,}454.55$원

(2) 무위험 헤지포트폴리오(riskless hedge portfolio)는 주가의 상승 또는 하락과 관계없이 만기일에서의 포트폴리오의 성과가 항상 일정해야 한다.

(3) 주식 α주를 매입하고 무위험채권 B를 공매도(차입)하여 콜옵션을 복제할 수 있

으며, 그 성과는 다음과 같다.

$$10{,}000\alpha - B \begin{cases} 12{,}000\alpha - 1.1B = 2{,}000\text{원} \\ 7{,}000\alpha - 1.1B = 0 \end{cases}$$

$\rightarrow \alpha = 0.4,\ B = 2{,}545.45$원 $\quad \therefore\ C = 10{,}000 \times 0.4 - 2{,}545.45 = 1{,}454.55$원

그러므로 과대평가된 콜옵션을 1개 매도하고, 과소평가된 콜옵션 복제포트폴리오를 매입, 즉 주식 0.4주를 매입하고 무위험채권 2,545.45원을 공매도(차입)하는 차익거래전략을 구성할 수 있다.

차익거래	현재 현금흐름	만기일(1년 후) 현금흐름	
		$S_T = 7{,}000$원	$S_T = 12{,}000$원
콜옵션 1개 매도 주식 0.4주 매입 무위험채권 공매도(차입)	1,600원 −4,000원 2,545.45원	0 2,800원 −2,545.45원 ×(1+0.1)	−2,000원 4,800원 −2,545.45원 ×(1+0.1)
차익거래이익	145.45원	0	0

(4) 주식 α'주를 공매도하고 무위험채권 B를 매입(대출)하여 풋옵션을 복제할 수 있으며, 그 성과는 다음과 같다.

$$-10{,}000\alpha' + B \begin{cases} -12{,}000\alpha' + 1.1B = 0 \\ -7{,}000\alpha' + 1.1B = 3{,}000\text{원} \end{cases}$$

$\rightarrow \alpha' = 0.6,\ B = 6{,}545.45$원 $\quad \therefore\ P = -10{,}000 \times 0.6 + 6{,}545.45 = 545.45$원

그러므로 과대평가된 풋옵션을 1개 매도하고, 과소평가된 풋옵션 복제포트폴리오를 매입, 즉 주식 0.6주를 공매도하고 무위험채권 6,545.45원을 매입(대출)하는 차익거래전략을 구성할 수 있다.

차익거래	현재 현금흐름	만기일(1년 후) 현금흐름	
		$S_T = 7{,}000$원	$S_T = 12{,}000$원
풋옵션 1개 매도 주식 0.6주 공매도 무위험채권 매입(대출)	600원 6,000원 −6,545.45원	−3,000원 −4,200원 6,545.45원 ×(1+0.1)	0 −7,200원 6,545.45원 ×(1+0.1)
차익거래이익	54.55원	0	0

5. (1) 만기일인 1년 후 콜옵션의 가치는 다음과 같다.

현 재	6개월 후	1년 후
	C_u	$C_{uu} = \text{Max}[u^2S - X, 0] = \text{Max}[(1.05)^2 \times 40{,}000 - 39{,}000, 0] = 5{,}100$원
C		$C_{ud} = \text{Max}[udS - X, 0] = \text{Max}[1.05 \times 0.95 \times 40{,}000 - 39{,}000, 0] = 900$원
	C_d	$C_{dd} = \text{Max}[d^2S - X, 0] = \text{Max}[(0.95)^2 \times 40{,}000 - 39{,}000, 0] = 0$

그리고 헤지확률 p를 구하면 다음과 같다.

$$p = \frac{(1 + r_{T/2}) - d}{u - d} = \frac{1.02 - 0.95}{1.05 - 0.95} = 0.7, \quad 1 - p = 0.3$$

그러므로 유럽형 콜옵션의 가치는 다음과 같이 구할 수 있다.

$$C = \frac{p^2 C_{uu} + 2p(1-p)C_{ud} + (1-p)^2 C_{dd}}{(1 + r_{T/2})^2}$$

$$= \frac{(0.7)^2 \times 5{,}100 + 2 \times 0.7 \times 0.3 \times 900 + (0.3)^2 \times 0}{1.02^2} = 2{,}765.2826\text{원}$$

(2) 만기일인 1년 후 풋옵션의 가치는 다음과 같다.

현 재	6개월 후	1년 후
	P_u	$P_{uu} = \text{Max}[X - u^2S, 0] = \text{Max}[39{,}000 - (1.05)^2 \times 40{,}000, 0] = 0$
P		$P_{ud} = \text{Max}[X - udS, 0] = \text{Max}[39{,}000 - 1.05 \times 0.95 \times 40{,}000, 0] = 0$
	P_d	$P_{dd} = \text{Max}[X - d^2S, 0] = \text{Max}[39{,}000 - (0.95)^2 \times 40{,}000, 0] = 2{,}900$원

그리고 헤지확률 p를 구하면 다음과 같다.

$$p = \frac{(1 + r_{T/2}) - d}{u - d} = \frac{1.02 - 0.95}{1.05 - 0.95} = 0.7, \quad 1 - p = 0.3$$

그러므로 유럽형 풋옵션의 가치는 다음과 같이 구할 수 있다.

$$P=\frac{p^2P_{uu}+2p(1-p)P_{ud}+(1-p)^2P_{dd}}{(1+r_{T/2})^2}$$

$$=\frac{(0.7)^2\times 0+2\times 0.7\times 0.3\times 0+(0.3)^2\times 2,900}{1.02^2}=250.8651\text{원}$$

(3) $S+P-C=\frac{X}{(1+r_{T/2})^2} \rightarrow 40,000+P-2,765.2826=\frac{39,000}{1.02^2}$

$\therefore\ P=250.8651$원

6. (1) $S=20,000$원, $X=21,000$원, $T=0.5$년, $r=0.1$, $\sigma=0.8$이므로 먼저 d_1과 d_2의 값을 구하면 다음과 같다.

$$d_1=\frac{\ln\frac{S}{X}+\left(r+\frac{1}{2}\sigma^2\right)T}{\sigma\sqrt{T}}=\frac{\ln\left(\frac{20,000}{21,000}\right)+\left(0.1+\frac{1}{2}\times 0.8^2\right)\times 0.5}{0.8\times\sqrt{0.5}}=0.2850$$

$$d_2=d_1-\sigma\sqrt{T}=0.2850-0.8\times\sqrt{0.5}=-0.2807$$

본서의 〈부표〉를 이용하여 $N(d_1)$과 $N(d_2)$의 값을 구하면 다음과 같다.[2]

$N(d_1)=N(0.2850)\fallingdotseq N(0.29)=0.5+0.1141=0.6141$

$N(d_2)=N(-0.2807)\fallingdotseq N(-0.28)=0.5-0.1103=0.3897$

$\therefore\ C=SN(d_1)-Xe^{-rT}N(d_2)$

$=20,000\times 0.6141-21,000\times e^{-0.1\times 0.5}\times 0.3897=4,497.42$원

(2) 헤지비율(α)은 $N(d_1)$이며, 그 값은 0.6141이다. 즉 콜옵션 1개를 매도하고 주식 0.6141주를 매입하면 헤지상태에 있게 된다.

(3) 풋-콜 패리티 공식을 이용하여 풋옵션의 가치를 구하면 다음과 같다.

$P=C-S+Xe^{-rT}=4,497.42-20,000+21,000\times e^{-0.1\times 0.5}=4,473.24$원

---

2 $N(d)$값을 보다 정확하게 계산하기 위해서는 Excel의 함수식, 즉 '=Normsdist(d)'를 이용할 수 있으나 여기서는 근사치를 사용한다.

제11장 옵션가치의 민감도와 헤징

▸ 완성/선택형 문제

1. 옵션델타(delta : Δ) 2. 옵션감마(gamma : Γ) 3. 델타헤징(delta hedging), 델타중립(delta neutral) 4. ⑤ 5. ③ 6. ② 7. ③

▸ 계산형 문제

3. 콜옵션 델타 $=\dfrac{\partial C}{\partial S}=\dfrac{C-2{,}000}{9{,}000-10{,}000}=0.8$ $\quad\therefore$ 콜옵션의 가격$(C)=1{,}200$원

4. 주식의 매입량$=0.6\times 2{,}000=1{,}200$주

5. $V_H=n_S S+N_C C+n_P P$

$$\frac{\partial H}{\partial S}=n_S\frac{\partial S}{\partial S}+n_C\frac{\partial C}{\partial S}+n_P\frac{\partial P}{\partial S}$$

$$=n_S+(-20)\times 100\times 0.5+10\times 100\times(-0.3)=0$$

$\therefore\ n_S=1{,}300$주

제12장 선물과 옵션의 결합

▸ 완성/선택형 문제

1. 매입, 매입 2. 매입, 매도 3. 선물옵션(option on futures, futures option)
4. 스왑옵션(swap option) 또는 스왑션(swaption) 5. 지급자 스왑션(payer swaption), 수취자 스왑션(receiver swaption) 6. ④ 7. ⑤ 8. ① 9. ③

▸ 계산형 문제

4. (1) $F_{0,T}=100\times\left[1+(0.12-0.03)\left(\dfrac{40}{360}\right)\right]=101$포인트

(2) (단위 : 포인트)

포트폴리오	투 자 액	만기일(40일 후) 현금흐름	
		$S_T < 100$	$S_T \geq 100$
콜옵션 매입	2.50	0	$S_T - 100$
풋옵션 매도	−2.50	$-(100 - S_T)$	0
합성선물 매입	0	$S_T - 100$	$S_T - 100$

※ 만기일에서의 합성선물 매입의 손익(만기일 현금흐름−투자액) 그래표

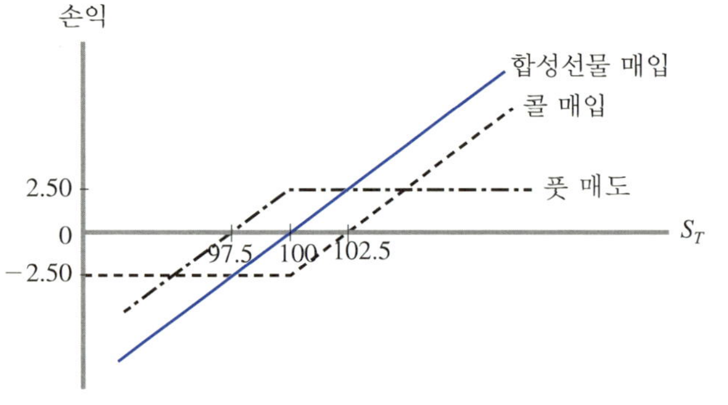

(3) 6월물 선물가격(101.5포인트) > 합성선물(100포인트)

(단위 : 포인트)

차익거래	현재의 현금흐름	만기일(40일 후) 현금흐름	
		$S_T < 100$	$S_T \geq 100$
선물 매도	0	$101.5 - S_T$	$101.5 - S_T$
콜옵션 매입	−2.50	0	$S_T - 100$
풋옵션 매도	2.50	$-(100 - S_T)$	0
차익거래이익	0	1.5	1.5

Tip

물음 (3)의 차익거래는 다음과 같은 두 개의 차익거래를 합한 것과 같다.

① 6월물 선물가격(101.5포인트) > 이론적 선물가격(101포인트)
 → 과대평가된 6월물 선물 매도, 과소평가된 현물 매입 및 차입

(단위 : 포인트)

차익거래	현재의 현금흐름	만기일(40일 후) 현금흐름	
		$S_T < 100$	$S_T \geq 100$
선물 매도	0	$101.5 - S_T$	$101.5 - S_T$
현물 매입	−100	$S_T + 100 \times 0.03 \times 40/360$	$S_T + 100 \times 0.03 \times 40/360$
차 입	100	$-100 \times (1 + 0.12 \times 40/360)$	$-100 \times (1 + 0.12 \times 40/360)$
차익거래이익	0	0.5	0.5

② 이론적 선물가격(101포인트) > 합성선물(100포인트)

→ 과대평가된 현물 공매도 및 대출, 과소평가된 합성선물 매입(콜옵션 매입, 풋옵션 매도)

(단위 : 포인트)

차익거래	현재의 현금흐름	만기일(40일 후) 현금흐름	
		$S_T < 100$	$S_T \geq 100$
현물 공매도	100	$-(S_T + 100 \times 0.03 \times 40/360)$	$-(S_T + 100 \times 0.03 \times 40/360)$
대 출	−100	$100 \times (1 + 0.12 \times 40/360)$	$100 \times (1 + 0.12 \times 40/360)$
콜옵션 매입	−2.5	0	$S_T - 100$
풋옵션 매도	2.5	$-(100 - S_T)$	0
차익거래이익	0	1.0	1.0

5. (1) $F_{0,\,3개월} = 100.00 \times (1 + r_T) = 101.00 \rightarrow r_T = 0.01$

(단위 : 포인트)

포트폴리오	투 자 액	만기일(3개월 후) 현금흐름	
		$S_T < 100$	$S_T \geq 100$
콜옵션 매입	3.00	0	$S_T - 100$
풋옵션 매도	−2.50	$-(100 - S_T)$	0
현금 차입	−0.50	$-0.50 \times (1 + 0.01)$	$-0.50 \times (1 + 0.01)$
합성선물 매입	0	$S_T - 100.505$	$S_T - 100.505$

(2) KOSPI200선물가격(101.00) > 합성선물가격(100.505)

→ KOSPI200선물 : 과대평가, 합성선물 : 과소평가

(단위 : 만원)

차익거래	현재의 현금흐름	만기일(3개월 후) 현금흐름	
		$S_T < 2{,}500$	$S_T \geq 2{,}500$
선물 1계약 매도	0	$2{,}525 - S_T$	$2{,}525 - S_T$
콜 1계약 매입	−75	0	$S_T - 2{,}500$
풋 1계약 매도	62.5	$-(2{,}500 - S_T)$	0
현금 차입	12.5	$-12.5 \times (1 + 0.01)$	$-12.5 \times (1 + 0.01)$
차익거래이익	0	12.375	12.375

국문색인

ㅇ

영문색인

A

B

C

D

E

F

G

H

P

Q

R

S

T

[공저자 약력]

감형규(甘炯奎)

성균관대학교 경영학과 졸업
성균관대학교 대학원 졸업(경영학 석사, 경영학 박사)
SK경제연구소 경영연구실 실장
한국재무관리학회 회장
한국기업경영학회 부회장
한국생산성학회 상임이사
청운대학교 기획처장
하나손해보험(주) 사외이사
현 청운대학교 인천캠퍼스 경영학과 교수
하나손해보험(주) 사외이사

[저서 및 주요논문]

Perfect 재무관리 Ⅰ, Ⅱ (유원북스)
파생금융상품(공저, 유원북스)
에센스 재무관리(제7판, 공저, 유원북스)
고급재무관리(공저, 박영사)
경영분석(유원북스)
증권투자론(제5판, 공저, 율곡출판사)
재테크와 금융상품(공저, 율곡출판사)
주식수익률과 거시경제변수의 관계에 관한 실증적 연구
한국주식시장에서의 역행투자성과에 관한 실증적 연구
정보유형과 주가변동성의 관계에 관한 연구
자본투자와 주식수익률의 관계에 관한 연구 외 다수

신용재(辛容在)

성균관대학교 경영학과 졸업
성균관대학교 대학원 졸업(경영학 석사, 경영학 박사)
공인회계사, 경영지도사, 신용분석사 시험 출제위원
한국재무관리학회, 한국기업경영학회 부회장
한국재무학회, 한국증권학회, 한국파생상품학회 이사
재무관리논총 편집위원장, 기술보증기금 자문위원
한국기업경영학회, 대한경영학회 논문편집위원
언론진흥기금 위험관리성과평가위원
Brock University 비지팅 스칼라(Visiting Scholar)
현 국립한경대학교 경영학과 교수

[저서 및 주요논문]

Perfect 재무관리 Ⅰ, Ⅱ (유원북스)
에센스 재무관리(제7판, 공저, 유원북스)
증권투자론(제5판, 공저, 율곡출판사)
파생금융상품(공저, 유원북스)
고급재무관리(공저, 박영사)
경영분석(공저, 유원북스)
재테크와 금융상품(공저, 율곡출판사)
Reducing Agency Conflicts with Target Debt Ratios
Momentum Profits and Idiosyncratic Volatility
Liquidity Hedging with Futures and Forward Contracts 외 다수

제 2 판
에센스 선물옵션

2022년 8월 20일 제2판발행
2020년 1월 20일 수정판발행
2016년 8월 10일 초판발행

공저자 감형규 · 신용재
발행인 이구만
발행처 유원북스 도서출판
04091 서울특별시 마포구 토정로 222
한국출판콘텐츠센터 416호
전화 (02)593-1800 FAX (02)6455-1809
등록 2011. 9. 6. 제25100-2012-3호
www.Uwonbooks.com uwbooks@daum.net

정 가 30,000원 ISBN 979-11-6288-157-6 (93320)